教育部哲学社会科学研究
重大课题攻关项目(06JZD0018)资助

上海交通大学中国服务经济与管理研究中心
上海大学中国服务经济研究中心 组编
复旦大学世界经济研究所

U0610662

◎ 主编 陈宪 程大中 成风

中国服务经济报告 2008

CHINA SERVICE ECONOMY REPORT 2008

经济管理出版社
ECONOMY & MANAGEMENT PUBLISHING HOUSE

图书在版编目（CIP）数据

中国服务经济报告 2008/陈宪等主编. —北京：经济
管理出版社，2008.12
　ISBN 978－7－5096－0478－6

　Ⅰ. 中… Ⅱ. 陈… Ⅲ. 服务经济—研究报告—中国—
2008 Ⅳ. F719

中国版本图书馆 CIP 数据核字（2008）第 197703 号

出版发行：经济管理出版社

北京市海淀区北蜂窝8号中雅大厦11层

电话：(010)51915602　邮编：100038

印刷：北京银祥印刷厂　　　　　　　　　经销：新华书店

组稿编辑：张　艳　　　　　　　　　责任编辑：张永美
技术编辑：杨国强　　　　　　　　　责任校对：超　凡

880mm×1230mm/16　　　　　　　18.75 印张 448 千字
2009 年 2 月第 1 版　　　　　　　2009 年 2 月第 1 次印刷
印数：1—2000 册　　　　　　　　　定价：88.00 元

书号：ISBN 978－7－5096－0478－6

《中国服务经济报告2008》编撰人员名单

主 编：陈 宪 程大中 殷 凤

撰 稿：陈 宪 程大中 殷 凤 李怀勇 韩太祥 李 炎 康艺凡

王 佳 赵佳佳 陈秋玲 张恒龙 黄建锋 王啸吟

目 录

法规政策/241

后记/287

Content

服务经济结构的增长效应
（代序）

长期的经济增长过程清楚地显示出农业部门主导，经历工业部门主导，向服务部门主导的结构变迁。相应地，起主导作用的要素大致经历了劳动、土地、资本、技术、人力资本的转换。创新从工业部门主导阶段开始，其重要性逐渐增强。熊彼特归纳的创新内容包括产品、工艺、市场、资源和组织等方面，均与工业部门主导阶段相适应。在服务部门主导阶段，创新的主要内容是创意，如设想、构思、蓝图、设计、程序等，特别是知识密集型服务业中的创新，其物质形态的成分越来越少，更多地表现为思想或意识形态的东西，所以，未来的经济发展趋势逐渐与服务业、人力资本、创意相联系。在这样两种迥然有异的经济结构的背景中，对经济增长也有着不同的解释。而且，这是一个令经济学家神往的领域。正如诺贝尔经济学奖得主、美国经济学家卢卡斯所说："一旦开始考虑这些问题，就很难再考虑其他任何问题。"[1] 他所说的这些问题，就是经济增长及其带来的人类福利。

我们知道，在农业部门、工业部门主导的阶段，要素投入的一个典型特征，是边际收益递减。"对于固定数量的某些投入品（比如种子和土地），任何其他投入品——比如化肥、劳动或机械——的后续添加的单位所增加的产量会越来越少。"[2] "对于厂商的生产函数，收益递减意味着每增加一单位劳动所增加的产量小于前一单位劳动生产的产量。"[3] 当然，要素边际收益递减的假设是其他要素投入保持不变。这里的其他要素当然也包括技术。不过，在农业部门和工业部门主导的时期，技术进步是相对缓慢的。尤其是在一个较短的时期，如一年之内，假定技术基本不变是可以接受的。

对应于边际收益递减，还有边际收益递增和边际收益不变。在同样的假设下，边际收益递增是指一种投入品的增加，导致产量更大比例地增加；边际收益不变是指增加一单位投入品所增加的产量相同。由于边际收益递增将产生完全不同的增长效应，因此，受到了经济学家的关注。舒尔茨在《报酬递增的源泉》一书的"绪论"中开宗明义："经济学家寻求发现报酬递增起源的努力

---

[1]　Robert E. Lucas: On the Mechanics of Economic Development, *Journal of Monetary Economics*, 22 (1988) 3—42, North-Holland.

[2]　斯蒂格利茨：《经济学》（第三版），中国人民大学出版社，2005年，第36页。

[3]　斯蒂格利茨：《经济学》（第三版），中国人民大学出版社，2005年，第138页。

并非徒劳。这导致了知识的进步，而知识的进步又带来了收入的增长。同样正确的是，每一次进步，作为一个过程，最终还是受制于报酬递减。这意味着不存在已为人知的、独特而持久的收入增长过程。"① 也就是说，可以被验证的报酬递增，是一个阶段性的现象，且引起报酬递增的因素也在发生变化，而长期是报酬递减规律在起作用。这好像和市场与企业家的关系相似：企业家在创造超额利润，市场使其平均化，企业家又继续创造超额利润，周而复始，市场的平均利润率规律总是在起作用。

需要进一步指出的是，新古典经济学框架中的一些基本结论，是以报酬递减规律为基础的，例如，厂商的利润最大化和消费者的效用最大化。正是基于此，舒尔茨指出："报酬递增思想成为正统理论的破坏者。它唤起了有关资本主义经济中剩余及未获利润的价值及分配的意识形态问题。它还倾向于损毁经济均衡理论的公理性核心的有用性。除此之外，事实上，我们可以观察到，报酬递增提高了人类的经济福利。"② 尽管现有的经验事实可以证明报酬递增的存在，但报酬递减规律仍然在一个更大的范围内起作用。二者看似矛盾，但假以辩证的思维，是不难理解二者的同时存在的。

用什么来解释报酬递增呢？这里，必须提到阿伦·扬于1928年发表的论文《报酬递增和经济进步》。"扬对报酬递增起源的分析发展了斯密的劳动分工思想。扬强调了各种报酬递增活动的聚集效应。他想探知的是所有报酬递增活动交互作用的综合效应……报酬递增可以归因于：劳动分工、专业化、技术进步、人力资本的积累（培训、教育、在干中学、知识的获得、知识的外溢）、经济思想和知识、经济制度、经济组织，以及恢复经济均衡。"③ 舒尔茨遗憾地指出："阿伦·扬没有使用数据来支持他的报酬递增的思想。若天假其寿，以他杰出的统计才能，必要的实证分析定能更好地呈现于世人之前。"④

近几十年来，经济学关于报酬递增的研究是和索洛剩余、全要素生产率的研究联系在一起的。舒尔茨说："现在我们有大量的数据显示，在生产力增长方面存在着巨大的未得到解释的剩余，这种剩余体现了我们对经济增长无知的程度。在这些未得到解释增长的组成部分中，隐藏着各种报酬递增的因素。"⑤ 在《中国服务经济报告 2008》的专题报告《文化要素、文化产业和经济增长》中，我们试图就文化要素、文化产业对经济增长的贡献提出若干假说，也是为了探究解释经济增长的报酬递增因素。

在若干与报酬递增有关的要素中，人力资本的重要性是怎么估计都不会过高的。对于这一点，舒尔茨是这样说的："我们的经济系统的最突出特点就是人力资本的增长。没有它，除了那些从财产中获得收入的人，就只有艰苦的体力劳动和贫穷。"⑥ 在舒尔茨那里，人力资本经常表述为专业人力资本。他说："我现在转向对经济思想和有关证据的搜寻工作，以评估认为专业人力资本是报酬递增重要来源的假说。我将（不）会不辞辛劳地去考察大量的有关企业家的绩效的证据，以显示从报酬递增事件中获得的收益率。"⑦

---

① 舒尔茨：《报酬递增的源泉》，北京大学出版社，2001年，第 1 页。
② 舒尔茨：《报酬递增的源泉》，北京大学出版社，2001年，第 22 页。
③④⑤ 舒尔茨：《报酬递增的源泉》，北京大学出版社，2001年，第 8 页。
⑥ 舒尔茨：《报酬递增的源泉》，北京大学出版社，2001年，第 10 页。
⑦ 舒尔茨：《报酬递增的源泉》，北京大学出版社，2001年，第 24 页。

在对舒尔茨的论述作大段引证后，我们需要据此说明两个问题：其一，在服务经济中，一般意义的专业人力资本是怎样产生报酬递增效应，并促进经济增长的。其二，在服务经济部门主导时，作为专业人力资本的创业者、企业家，对于报酬递增有着哪些特殊的作用。

关于第一个问题，最基本的途径是，专业人力资本投入数量的增长，引起要素投入结构的变化，创造出更有效的生产组合方式及生产方法，进而促进经济增长。新经济增长理论认为，人力资本投资或技术创新对整个社会生产函数具有正外部效应，这保证了物质资本边际收益不仅不致降为零，而且使社会生产函数具有报酬递增的特征。在探寻经济内生增长的原因时，罗默提出的假说是，知识的外溢性导致规模收益递增；卢卡斯提出的假说则是，人力资本的正外部性导致社会产出规模收益递增。二者的实质是一样的，因为知识和人力资本变量都是被用来内生化生产函数中的"索洛剩余"：人力资本创造了"知识"，而"知识"的外溢性导致规模收益递增，即人力资本通过知识这一中介，间接对产出产生了正外部效应。

更为重要的途径是，专业人力资本的结构优化，通过需求变动、技术进步、资源配置优化促进产业结构升级；产业结构升级则主要通过需求因素引致人力资本投资水平增加、人力资本层次结构升级、人力资本配置结构优化，最终达到人力资本结构优化升级。其互动机制如图1所示。

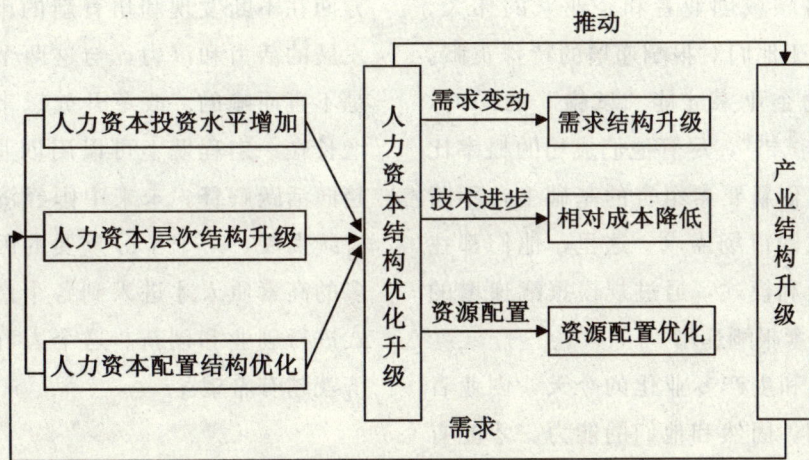

图1　人力资本与产业结构互动的作用机制

当人力资本与产业结构相一致时，能够促进产业结构的调整与升级，加快经济增长，后者又会进一步推动人力资本结构的优化；若一方的结构、层次明显低于另一方，或发展速度滞后，二者无法形成良性互动的格局，则或者造成产业结构低下，或者导致人力资本浪费或流失，其后果又会恶性循环，致使经济增长乏力，陷入"低水平陷阱"。这是对问题的反证。

1992年，诺贝尔经济学奖得主、美国经济学家贝克估计，"未来50年内，人力资本将是任何经济实体中最重要的资本"。"在不断变化的新经济环境中，只有那些有效利用人力资本的国家和地区，才能持续增长"①。在瞬息万变的经济环境中，一个有效的经济体，必须有灵活的劳工市场、灵活的价格水平、有限度的政府监管和介入，同时鼓励创业精神和终身学习。

关于第二个问题，我们要从服务需求不同于产品需求的特点说起，尽管这一特点还需要经验验证的进一步支持。服务需求，尤其是新兴的服务需求或高端的服务需求，大多处于潜在需求的状态。也就是说，人们对产品的需求有着比较明确的指向性，对应已知其内容的需求，供给只要根据订单就可以提供了；而服务的潜在需求转化为现实需求，则需要通过创业者和企业家的"试错"才能实现，只有被证明有满足盈利模式的生产规模，方可持续提供。理解了这一特点，就不难知道在服务经济领域创业者和企业家的伟大。其伟大之处，就在于他们对报酬递增的特殊贡献。创业者在对自己的企业家才能"试错"的同时，也在对市场需求"试错"，尽管他们成功的概率比较低；企业家则在创新要素组合的基础上，不断寻求满足盈利模式的市场需求。这里，他们都在通过规模经济的盈利模式，通过规模报酬递增的特定阶段，实现要素报酬递增。

在消费多样化和生产专业化的今天，创业者和企业家能否成功，固然和他们的能力、才能有关，也与项目选择有关。不难发现，创业者和企业家正在"试错"的项目五花八门，无奇不有。这里，凝聚着他们的创意和探索。没有他们的这些"试错"，就没有日后做大的专业化产品和服务，没有消费者从新产品、新服务中获得的便利和享受，没有其他生产者可能获得的盈利空间。当然，创业者和企业家如何选择项目，本身就与他们的能力、才能有关。具体地说，所谓企业家才能，就是当别人没有看到市场需求的时候，他们能够敏锐地感觉到它们的存在；当别人还不敢冒风险的时候，他们就挺身而出了。可见，他们所实现的要素报酬递增，是来自规模、创新和风险的共同产物。这些都是最为重要的经济增长的微观基础。

创业者和企业家在这两个意义上的"试错"，一方面在不断发现和培育经济活动的主体；另一方面在不断发现和培育新的市场。一个社会经济发展的活力和潜力，与这两个方面的高度相关性是不言而喻的。改革开放以来，中国经济的高速增长在一定程度上可以用创业、创新受到重视并趋向活跃解释。未来中国经济要保持又好又快的持续发展，一个十分重要的因素就是，有越来越多的高素质人才进入到各个产业领域，以各种方式进行创业和创新。这个人群越强大，中国的经济就越有希望。

---

① 新华网："诺贝尔奖获得者贝克谈人力资本是经济增长动力"，http://news.xinhuanet.com/employment/2003-04/30/content-854373.htm，2003 年 4 月 30 日。

主 题 报 告

服务经济结构的形成、特征与演进

现代经济增长方式在本质上都是结构主导的。这种结构变化主要是由技术革命引致的。换言之，现代经济增长的模式，是以技术革命所导致的经济结构变化为核心的模式。罗斯托认为，一个或几个新的制造业部门的迅速增长是经济转变的强有力的、核心的引擎，因为这些具有新的生产函数的主导部门会发出各种扩散效应，从而使经济增长产生飞跃。在此过程中，当旧的主导部门衰退时，新的主导部门便会诞生。因此，增长的完整序列就不再仅仅是总量的运动了，它形成了一连串的部门高潮的继起，并依次关联主导部门的序列。这也标志着现代经济史的历程①。罗斯托的这一观点尽管是在工业经济背景下提出的，但同样适用于服务经济的研究。在此，我们主要从经济结构的角度，探究服务经济的形成、特征与演进。

一、服务经济结构释义

服务经济是对应于农业经济、工业经济而言的。尽管关于新的经济形态的提法很多，如知识经济、信息经济、数字化经济、网络经济等，但从主导产业及其产出、就业的角度，唯有服务经济，是可以与农业经济、工业经济并列的。在以服务经济为主的产业结构中，服务产出、服务业就业、服务贸易、服务消费、服务业投资等经济活动，成为具有主导或重要意义的组成部分。以服务业产出和就业为例，到21世纪初，世界主要发达国家的服务业增加值占GDP的比重、服务业就业占全部就业的比重，大多超过或接近70％；中等发达国家的这两个指标均在50％～60％；发展中国家的平均水平为45％。这说明当今的发达国家已经形成以服务经济为主的产业结构，中等发达国家基本形成以服务经济为主的产业结构，发展中国家正在形成以服务经济为主的产业结构。

产业结构意义上的服务经济，是服务经济形态的基础，但不是全部。或者说，产业结构意义上的服务经济是狭义的服务经济。广义的服务经济是经济形态意义上的服务经济，它除了产业的主要活动与服务有关外，还包括与此相适应的基础设施、要素市场和管理体制，以及公共政策和公共服务体系。这里，基础设施主要是指提供信息技术与信息服务的平台；要素市场是以服务经

---

① 罗斯托：《从起飞进入持续增长的经济学》，四川人民出版社，1988年。

济发展的第一要素——人力资本市场为主体，形成新的构造；管理体制是指适应于服务业、服务贸易、服务消费和投资的，更加市场化、法制化和国际化的组织架构与治理方式；公共政策和公共服务则为服务经济发展创造低成本的运作环境。

二、经济形态的演变

关于经济形态在两种意义——生产关系、生产力——上的划分，我们在《中国服务经济报告2007》的"代序"中已经作出了阐述。这里，主要就经济形态的演变作进一步的论述，为本报告的后续部分作必要的铺陈。

经济形态的演变是分工发展的产物。农业经济是一种生产与消费过程合一的、自给自足的直接经济。"家庭"是生产和消费的基本单位，以劳动投入从土地提取各种消费物品为特征。这种生产方式与当时低下的社会生产力水平相适应。分工的形成导致工业经济的发展。亚当·斯密在《国富论》中深刻地揭示了工业文明与农业文明这一根本性的区别。分工、专业化使生产和消费分离，形成迂回性生产。企业成为基本的社会生产单位，家庭蜕变为单纯的消费单位。农业社会的家庭经济演变为工业社会的迂回经济，通过增加中间投入环节来创造社会财富[①]。在这一演进过程中，大量的生产性活动不断从消费单元中分离出来，资本、土地和劳动作为生产要素在要素市场获得交易价格，并通过特定的制度安排重新组合，投入社会生产过程。

分工、专业化首先发生在企业内部，产生大量的生产和服务性需求，企业规模随之不断膨胀，增加了组织层次和管理复杂性，导致管理效率下降和协调成本上升。内部分工、专业化造成的协调成本一旦超过了市场交易成本，企业便会把部分生产和服务活动，如原材料供应、零部件生产、设备维修、产品销售、物流、副产品利用和员工培训等外部化。这样，大量的生产和服务活动便从企业中分离出来，形成一种社会分工。企业逐步从全能型演变为专业型[②]。社会分工的发展极大地提高了生产效率，衍生出更多的中间需求，形成规模巨大的中间市场，从而使企业间的分工、专业化具有了规模经济效应。

随着分工、专业化的深化，服务业成为经济活动的主导部门，进入服务经济阶段。在分工、专业化基础上形成的迂回生产使得供应链不断延长，生产和管理更加复杂，企业需要外部提供更多、更专业性的服务支持。这样，大量分离出来的生产性服务不但日益复杂化、多样化，而且成为庞大而精细的社会化生产系统顺利运行的黏合剂。另一方面，分工、专业化的逻辑要求把消费

---

① 金德尔伯格认为，由于新的部门进入使交易的中间产品种类增多，以及部门间交易变得更加复杂和交易数量扩大，从而使整个产业体系的总产出增大。参见金德尔伯格等：《经济发展》，上海译文出版社，1986年。钱德里在统计分析的基础上，通过结构转换比较，论证了生产迂回路线拉长趋势是工业化的特征之一，并揭示了迂回生产过程与经济增长的相关性。参见钱德里等：《工业化与经济增长的比较研究》，上海三联书店，1989年。

② 施蒂格勒的产业寿命周期假说认为，新兴产业在发展初期，企业是"全能"型的，独立完成生产销售的全部过程。随着新兴产业的发展、市场规模的扩大和企业数量的增多，开始出现产业内专业化分工。参见G.J.施蒂格勒：《产业组织与政府管制》，上海人民出版社、上海三联书店，1996年，第22～37页。

活动中的"生产行为"转移到生产部门中去。贝克尔（Gary Becker）认为，在理性选择的假设下，当工资不断增长时，家务劳动逐渐被机器和具有规模经济效应的专业化公司提供的家庭服务所替代，从而导致生活中的自我服务向社会服务转化，节约时间成本。

在服务经济发展的进程中，无论是从产值，还是就业情况看，生产者服务业和公共服务业的增长速率都明显地超过了消费者服务业，成为服务经济发展的主导力量。格鲁伯（1993）、Greenfield（1996）等认为，现代社会服务业的增长是以生产者服务的增长为主要特征的，这一过程在西方国家大致发生在 20 世纪 60 年代后。生产者服务业的发展主要是企业将原来由企业内部从事的服务活动外部化给专业性服务企业引起的（Bhagwati，1984）。从某种意义上说，服务经济的发展是企业内部分工深化和外部化相互交织作用的结果。

从农业经济、工业经济到服务经济的依次演进过程中，分工深化是其直接原因，技术进步和需求结构变化则是两个重要因素。

亚当·斯密曾在《国富论》中分析了工业生产中机器的发明和使用对分工发展和生产力提高的作用。从以蒸汽机为代表的第一次产业革命，以电气化为代表的第二次产业革命到以计算机和信息技术为代表的第三次产业革命，产业文明的每一次重大技术进步实际上都在不断地扩大分工趋势，对经济结构演变产生作用。正如丹尼尔·贝尔指出的那样，前工业化社会的主导活动是农业和矿业，工业化社会的主导活动是物质产品生产，而后工业化社会的主导活动则是服务；前工业化社会的技术是简单手工工具，工业化社会的

技术是机器，而后工业化社会的技术是信息。费希尔在《安全与进步的冲突》一书中，将产业变动这一过程归结为由技术变动引发的生产方式变动的自然结果。

需求结构变化对经济形态演进的影响，主要体现在两个方面：一是深化了分工。亚当·斯密认为，社会分工发展受交换范围、市场规模影响①。富克斯强调了市场规模扩张所带来的专业化程度，加深对促进企业内部非生产性劳动的相应增加和整个生产服务部门增长的作用。杨格则进一步指出，分工可以内生地创造市场，分工和市场规模二者交互影响。正是由于需求规模的扩大，使分工、专业化具有了规模经济效应，促使分工、专业化的发展；而分工、专业化的发展又进一步衍生出更多的中间需求，推动分工和专业化的发展。二是改变了供给结构。库兹涅茨认为，反映与人类生理特征有关的需求等级的先后次序级别，在生产结构形成的年代中具有支配作用②。马斯洛（1954）认为，人类的一切生产活动都是人的活动，因而所有生产活动都是人类需求驱动的结果，经济结构的演进也是以人的这种需求驱动为前提的，受人类需求结构、层次的影响。当人们某一层次的需求得到满足后，便会产生高一层次的需求，要求供给结构发生相应转换。当人均国民收入处于较低水平阶段，生理性需求占统治地位，农业和轻工业自然成为经济结构中的主体；当人均国民收入处于较高水平阶段，产生追求便利与功能的消费，需求结构转向非必需品特别是耐用品消费，经济结构转变为以制造业为主体；当人均国民收入进入高水平阶段，形成追求时尚与个性消费，经济结构也就转变为以教育、医疗、娱

---

① 亚当·斯密：《国民财富的性质和原因研究》（上卷），商务印书馆，1972 年，第 6 页。
② 西蒙·库兹涅茨：《各国的经济增长》，商务印书馆，1985 年，第 344 页。

乐、文化等服务业为主体。

经济形态演进的内在机理是产业的比较生产率（即一产业生产率与国家总生产率之比），其约束条件是需求结构弹性。在其他条件不变的情况下，产业间的比较生产率越悬殊，其资源在产业间转移的可能性和势能就越大，产业间的产值和就业比重变化的产业依次演进的规律性也就表现得越清晰。但是，随着人均国内生产总值的提高，部门间的比较劳动生产率差距将趋于缩小[①]，产业演进机理也随之衰退。在需求结构弹性约束条件下，某一产业生产率的提高将促使其资源向其他需求结构弹性高的产业转移。因此，在服务经济发展的进程中，由于服务的需求结构弹性较高，也就出现了当劳动力从生产率较高的部门（工业）转移到生产率较低的部门（服务业）时，整个经济的增长率上升；反之，则经济增长放慢（鲍莫尔，2001）[②]。

三、服务经济的结构特征

（一）产业融合

产业融合是信息范式下一种特有的经济现象，指由技术融合引起产业边界模糊、不同产业发生聚合和创新的过程。它体现了信息范式的融合本质，是由技术融合、需求融合、管制放松、管理创新和替代收益等因素交互作用的结果。

（1）技术融合。在工业经济时代，不同产业具有特定的技术组合和技术边界，规定了其提供的产品及方式。技术进步主要发生在原有的技术边界内。随着分工、专业化的发展，不同产业的技术差异日益扩大，技术边界不断强化。在服务经济时代，信息化的发展导致技术融合现象日益增多。技术融合是指两种或两种以上不同技术相互渗透、融合为一体而发展出新技术的一种现象[③]。这种技术进步主要发生在技术边界的交叉处，并引起技术边界的变化。如纳米技术与其他技术融合，形成纳米电子技术、纳米材料技术和纳米显微技术等纳米技术群（Nano-tech）；生物技术与其他技术融合，产生生物芯片、生物信息、生物材料、生物能源、生物光电和生物传感器等生物技术群（Bio-tech）。

信息技术进步实际上在不断强化产业融合的趋势。在信息范式下，不同技术领域之间的持续聚合，起源于它们共有的信息产生逻辑[④]。美国麻省理工学院媒体实验室的尼古路庞特（Negrouponte）早在 1978 年就指出，计算、印刷和广播三者间技术边界的交叉处将是成长最快、创新最多的领域。未来学家托夫勒（2001）认为，数字革命仅仅是新经济这一更大、更长的过程的第一阶段。第二阶段将是信息技术与生物革命的充分融合。在上一阶段中，信息技术使生物学发生巨变；在下一阶段中，生物学将使信息技术发生巨变。技术融合使不同产品形成共同的技术基础，引致产品、市场的融合与创新，从而推动产业融

---

① 西蒙·库兹涅茨：《各国的经济增长》，商务印书馆，1985 年，第 344 页。

② Alan Krueger. An Interview With William J. Baumol. *Journal of Ecnomic Perspectives*, 2001, Vol. 15 No. 3, pp. 211—231.

③ Ottawa Center Research and Innovation. Ottawa's Technology Convergence Opportunity [R]. April, 2002.

④ 曼纽尔·卡斯特：《网络社会的崛起》，社会科学文献出版社，2001 年，第 86 页。

合的发展。20世纪90年代后，随着计算机处理成本降低和数字成像元件功能的增加，数字影像技术得到迅速扩散和普遍应用，形成由摄影、计算机和消费类电子产品等融合而成的数字成像产业，彻底改变了原有的产业格局：胶卷业的柯达和富士公司双寡头垄断遭到毁灭性的破坏；消费类电子业的索尼、松下等公司纷纷利用摄像机技术进入数字成像市场；图表艺术和印刷业的 Scitex 公司等也利用电子扫描技术渗入这一产业；就连计算机和半导体业的英特尔公司等也把数码相机看做是计算机外围设备。

（2）需求融合。在服务经济时代，人们从对物质产品的消费发展到对精神和文化产品的消费，更加注重消费过程中感官、情结和价值上的感受。这种消费层次的提升是需求融合发展的基础。需求融合是指需求及其实现方式的同一：一是互联网的发展把不同国家和地区的需求联结起来，消除了市场时空界限，形成统一的全球性市场，发展出远程医疗、远程教育和电子商务等新的市场。二是以组合产品销售或"一站式"购买等方式来实现多样化的需求，即综合性消费。例如，信息技术进步大大降低了信息服务的价格，丰富了信息服务的内容，促进了信息普遍服务的实现。原先那种由不同的网络供应商提供不同的信息服务的分割状况，已不能满足信息消费发展的要求。人们希望能够通过同一网络和"接口"，获得优质的语音、视像、数据等各种信息服务，而不是分别向不同的网络运营商购买不同的信息服务，如向电信运营商购买语音、数据等服务，向有线电视运营商购买影视、娱乐等服务。

需求融合有两个方面的重要特征：一是需求融合并不只是原有多种需求及其实现方式的简单叠加，而是通过融合形成新的属性，有时甚至需要重新定义市场。二是需求融合促使多种产品融合为单一产品或组合产品来满足多样化需求。这种融合产品或组合产品的价值高于单个产品价值的总和，也就是价值创新。

（3）管制放松。经济管制是对市场主体行事规范的一种制度安排。传统的经济管制是一种分别管制的模式，其特点是，针对不同的市场，设置不同的管制内容、管制方式和管制者。传统管制模式清晰地界定了产业边界，人为地分割了市场，成为产业融合发展的一种制度性障碍。其表现是，其一，固化产业边界，阻碍了社会资源的自由流动。其二，造成"超管制"现象。例如，当一个网络同时提供电信和广播电视服务功能时，就要同时获得电信和广播电视的双重许可，从而严重地阻碍了新产品、新业务、新市场的发展。其三，形成差别性歧视。不同国家和地区对融合产品的定义不同，造成对融合产品管制的差别性对待。其四，引起管制失效。在互联网基础上发展起来的网络电话、网络电视和网络电影等，把受管制的大众传播和不受管制的私人通信融合起来，很难明确定义它们究竟是公共性的，还是私人性的。因此，管制的中心问题，"不是怎样去管制融合，而是怎样使管制在融合事实面前必须改变"（D. ypsilanti and P. Xavier, 1998）。

在今天经济日益全球化、网络化的情况下，融合的发展不断模糊了不同产品和服务间的差别，而新产品、新服务也只有在打破产业边界的基础上才能发展起来。这就要求管制理论与政策不断创新，推动管制框架融合，采用单一管制①。同时，管制放松也为产业融合创造了新的制度环境。显然，管制放松已成为顺应产业融合发展的一种

---

① R. Collins & C. Murroni. New Media, New Policy [M]. London: Polity Press, 1996.

必然趋势。一方面表现为管制政策的变革。一些发达国家在管制变革实践方面作出了积极的、有益的尝试，为建立更广泛的公平交易和竞争方面的管制，扮演了积极的角色。最为典型的是欧美等发达国家在 20 世纪 70 年代后对电信业、广播电视业、出版业的管制政策进行了一系列重大变革，建立了新的管制框架，为产业融合清除了制度上的障碍。欧洲委员会在 1997 年"绿皮书"中提出了一个关于现存的和未来的电信业管制框架，主要涉及 8 个方面的问题：定义、市场进入与特许、进入网络和进入系统及其内容的使用权限、频率频谱的使用权限、标准、定价、单个消费者利益①，有力地推动了电信、广播电视和出版业产业融合的发展。另一方面表现为管制方式的转变。在一些网络效应强、集中度高的市场，即使在解除管制的情况下，由于在位企业的阻击，新进入企业也难以获得良好的成长性。例如，为了打破美国电话电报公司（TA&T）对长途电话业务的垄断，美国联邦最高法院在 1984 年宣布将 TA&T 分解为 8 个公司。但这一判决并没有像人们预期的那样形成一个富有竞争的市场，其他企业仍无法顺利开展长途电话业务。直到 90 年代，卫星通讯网、无线移动通信网和计算机数据网等新的网络兴起才打破这一垄断格局。因此，为了扶植新进入企业尽快达到临界市场容量，一些发达国家把管制重点从垂直关系的控制转变为横向关系的管理。

（4）管理创新。在工业经济时代，受资源和能力的约束，企业生产经营活动大多局限在某些特定领域，并通过构筑市场进入壁垒来阻断竞争者。产业融合的发展有可能对企业拥有的资源和能力造成毁灭性破坏，同时又为企业发展创造了

新的机会。这都促使企业极力摆脱固有的发展模式，培育新的核心能力，把事业领域扩大到新的方面。跨产业的并购和联盟也就成为企业的一种自然选择，并围绕着资源、产品和市场，对资源和能力进行系统整合，全面提升竞争力。正是这种跨产业并购和联盟才促使产业融合得以实现。

然而，这种基于融合的跨产业并购和联盟的成功与否，在很大程度上取决于管理创新。从 20 世纪 70 年代到 90 年代初期，电信、计算机、娱乐业出现大量旨在融合的跨产业并购和联盟，但由于缺乏管理创新而招致惨重失败，像电子消费品制造商索尼（SONY）公司向信息内容服务扩展、IBM 公司收购电话设备厂商 Rolm 和"卫星商业系统"（Satellite Business System）公司等。历史上，任何一次重大的范式变革总是伴随着相应的管理创新。这在工业化过程中已得到验证，像目标管理、全面质量管理、价值工程、零库存管理等新的管理方法有力地推动了工业生产力的发展。同理，产业融合范式变革也必然以管理创新为基础。90 年代后，为了适应信息化发展的新环境，大量新的管理方法应运而生，如企业资源计划、定制生产、流程再造、柔性管理、知识管理、客户关系管理、价值链管理和供应链管理等。这些管理创新从强调效率、成本控制转变为追求创新和速度；将生产活动转变为与知识体系相匹配的增值活动；把劳动分工和管理分工转变为体现个人价值的能力分工和团队合作，使企业能高效、灵活、最大限度地适应市场环境的变化。网络时代的高级联网与多媒体技术正在使公司从受物理边界高度约束和面向制造与销售的狭隘经营战略转向更稳健的经营战略，后者不受物理边界

---

① European Commission. Green Paper on the Convergence of the Telecommunications, Media and Information Technology Sectors, and the Implications for Regulation towards an Information Society Approach [R]. Brussels: European Commission, 1997.

约束，并且以消费者需求为导向①。

（5）替代收益。替代收益是指新的范式对当前的生产方式所产生的经济收益。任何一种范式转换都有一个成本和收益的问题。产业融合意味着需要建立与其相适应的新的规范。新的规范要对整个社会经济发生作用，就需要对社会和组织作出变革。因此，产业融合在产生高昂的转换成本的同时，又可能促使生产可能性边界扩大和生产率提高，带来巨大的收益。这种收益如果不仅能补偿范式转换成本，而且能增进社会福利，那么就能成为产业融合发展的动力。范式转换的成本和收益关系可以归结为学习成本与生产率的关系。

如果我们把学习定义为知识在不同主体间的转移，那么，学习成本就可以看做是在学习过程中消耗的资源和时间。学习成本与创新扩散的程度和范围相关。图1显示了创新扩散的学习曲线。

在创新扩散初期，新技术应用的程度和范围有限，受原有技术生态系统的约束较小，学习成本较低，短期内生产率提高显著，学习曲线呈上凸形。随着创新扩散程度的加深和范围的扩大，新技术应用受原有技术生态系统的约束增大，学习成本大幅度上升，生产率提高速率下降。特别是当创新扩散涉及社会其他部门时，新技术应用不仅要受本部门技术生态系统的制约，而且要受社会其他部门技术生态系统的制约，导致学习成本进一步增大。而且，不同部门技术基础和生产方式的差异也会造成其学习成本和潜在生产率水平的不同，从而影响新技术应用的程度和范围。因此，学习曲线呈下凹形。然而，创新扩散一旦突破原有技术生态系统约束，形成新的技术生态系统，就有可能进一步导致学习成本大幅度下降，生产率提高速率急剧上升，学习曲线呈上凸形。

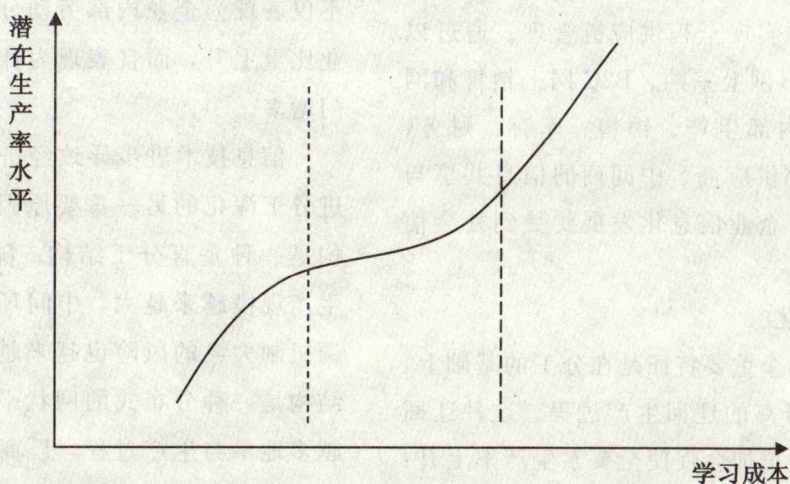

图1　创新扩散的学习曲线

---

① 斯蒂芬·P. 布雷德利、理查德·L. 诺兰主编：《感测与响应——网络营销战略革命》，新华社出版社，2000年。

随着新技术应用程度加深和范围扩大，有可能导致对原有技术生态系统的替代。此时，新技术应用过程往往有一个累积性反馈回路[①]，即应用领域和方法创新的问题。这种累积的速度相对较慢，大量前期投入只能应对于未来收益。当这种反馈累积达到一定程度，新的应用领域和方法不断涌现时，新技术的商业价值才有可能得到充分体现。以企业信息化为例。第一阶段，主要是把信息技术应用于单个业务和部门，如财务管理、人力资源管理和顾客关系管理等，以提高工作自动化水平，对企业整体运营影响不明显。因此，学习成本较低，生产率提高明显。第二阶段，引入企业资源计划（ERP）、计算机集成制造系统（CIMS），整合原先各自独立的信息系统，形成信息流、物流和资金流等高度集成管理的信息共享系统，导致工作性质、业务流程、组织结构和管理方法等重大变革，造成学习成本大幅度上升，生产率提高速率下降。第三阶段，企业内部信息系统向社会延伸，实现全程供应链管理。通过以 ERP 为后台的 B2B 网上采购、B2C 网上销售和网上支付等，实行内部生产、销售、库存、财务、人力资源等和外部供应商、中间商的信息共享与共同计划。因此，企业信息化发展要受到社会信息化发展的制约。

（二）分工深化

工业经济的一个重要特征是在分工的基础上，形成生产与消费分离的迂回生产过程。这种迂回生产的中间投入量增加会促使全要素生产率上升：一方面表现为中间产品的增多，间接地提高了最终产品的生产效率；另一方面表现为迂回生产链的延长，提高了生产率。在没有外在超经济强制

约束下，分工具有自我繁殖倾向。它受交换范围、市场规模[②]以及交易效率的影响（杨小凯，1999）。随着工业经济迂回生产方式的发展，交换范围、市场规模、交易效率持续扩大和提高，导致分工体系和迂回路径不断延展。但这种迂回生产方式在更多地创造需求和供给的同时，也将引致交易成本不断上升。只要分工带来的收益能补偿其交易成本，那么分工也就有足够的动力不断发展；反之，分工的发展有可能受阻。

在服务经济时代，呈现出明显的分工深化趋势。以信息技术为基础的服务经济是一种直接经济，消除了生产与消费的分离，降低了交易成本，并超越了时空界限，把市场扩展到全球。市场的物理距离和地理拓扑被网络架构和基于偏好的市场领域所取代[③]。市场规模的扩大，产生明显的供给方规模经济和需求方规模经济：更高质量的专业服务水平和更低的服务成本，促使分工深化，不仅表现为企业内部劳动分工深化，非生产性就业比重上升，而且表现为社会分工深化，产业部门增多。

信息技术进步导致经济协调机制转变，是促进分工深化的另一重要原因。工业经济的分工结构是一种垂直分工结构。随着社会分工的发展，生产规模越来越大，中间环节越来越多，经济协调机制失灵的风险也越来越高。服务经济的分工结构是一种分布式的网状平行结构：消费者越来越多地参与生产过程，厂商与消费者的联系越来越密切，消除了生产与消费的对立，模糊了供应商、中间商和消费者间的界限，经济协调机制也就更加直接、灵活和高效。若将经济协调机制看

① 曼纽尔·卡斯特：《网络社会的崛起》，社会科学文献出版社，2001年，第36页。

② 亚当·斯密：《国民财富的性质和原因研究》（上卷），商务印书馆，1972年，第6页。

③ Soon-Yong Choi, Dale O. Stahl Andrew B. Whinston. 电子商务经济学，电子工业出版社，2000年，第17页。

做是一种信息传递机制，我们发现，在以物质生产为主的工业经济中，信息传递机制的特点是间接的、单向的，主要通过价格和其他信息渠道，按供应链逐级传递市场信息，容易造成信息传递缓慢和漏损，引发经济波动并沿着供应链逐级放大，损害了分工效率。这种高成本、低效率的经济协调机制成为分工深化的障碍。服务经济的信息传递机制的特点是直接的、双向的，尽管不能完全消除，但在很大程度上改善了信息分布的离散和非对称现象，形成一种高效的经济协调机制。戴维·泰科尔等认为，数字知识减少了传递信息和进行协调的时间和费用[①]。

更重要的是，信息化的发展使经济生产从一种高成本社会化模式转变为一种低成本的社会化模式。工业经济是主要通过增加中间环节投入和资本物耗来实现经济增长。随着生产和消费社会化规模的扩大，其迂回成本也不断增加。边际成本递增反映了工业经济的本质特征。因此，工业时代的经济生产是一种高成本的社会化模式。社会化的内在动力必然在这一过程中被逐渐消耗殆尽，从而在很大程度上限制了分工的深化。在服务经济时代，信息化的发展使生产社会化过程不再是以增加中间环节投入和资本物耗为特征，而是利用信息技术来整合社会资源，在消除生产和消费中间环节的同时，以大量信息替代物质资本来支撑社会化的耗费。这种主要靠知识和信息的虚拟扩张的社会化过程，实现了对物质资源的更有效利用，大幅度降低了社会化的物耗成本。显然，只有在信息生产力和社会化直接生产方式条件下，才能形成低成本的社会化过程，不断增强

分工深化的内在动力。

（三）产业集聚

产业集聚表现为围绕着提供特定产品和服务而形成，是具有关联性的企业集群在地理位置上的集中。在工业经济时代，地理位置之所以重要，是经济活动在空间上的彼此接近会带来成本上的节约和规模经济效应，具体表现为：公共基础设施共享、劳动力市场共享、运输成本节约、技术外溢、非正式人员沟通等。这种以地理位置的邻近来构建的企业组织的网络关系，其空间范围是有限的。在服务经济时代，一些新的因素正在促使产业集聚的力量不断增强。

随着信息化的发展，一个开放性的全球市场正在形成，大大增进了资源和产品流动的距离、速度和效率。资源和产品的流动性是影响产业集聚的重要因素之一。如果资源和产品的流动性越强，那么，集聚因素就会超过分散因素；反之亦然。产业集聚力量的增强正是这种资源和产品流动空间高度扩展的结果。卡斯特尔斯认为，世界经济将由"地点空间"（Space of Place）转向用"流动空间"（Space of Flows），而"流动空间"的特征是跨越了广大领域而建立其功能性连接，在物理性的地理上有明显的不连续性[②]。特别是信息范式下服务特征及提供方式的改变，使得企业能够实现远距离传送，向全球任何可能的客户提供产品和服务，在很大程度上缓解了工业经济条件下生产集中与资源、消费分散的矛盾：交易成本因距离增加而扩大，生产效率因地域分散而迅速下降。从微观基础来看，在技术快速变迁的情

---

① 戴维·泰科尔、亚历克斯·洛伊、拉维·卡拉可塔：《迈进比特时代：电子商社的兴起》；唐·泰普斯科特等：《数字经济蓝图》，东北财经大学出版社，1999年，第15页。

② Castells M.. The Rise of the Network Society：The Information Age：Economy, Society, and Culture. 1996，Volume Ⅰ，Oxford：Blackwell.

况下，网络而非公司才是实际的运作单位[1]。企业组织空间结构的变化导致"公司的疆界向一个无形空间拓展"，打破了工业经济条件下产业集聚的物理网络和地理边界的限制。克鲁格曼认为，这种生产在地理上的集中正是某种收益递增的普遍影响的证明[2]。

在服务经济条件下，知识对经济增长的作用超过了资本，成为核心生产要素，创新成为社会财富的主要来源。正如丹尼尔·贝尔指出的那样，编码化的知识和信息正在取代资本和能源而成为创造财富的主要资产，就像 200 年以前资本和能源取代土地和劳动那样[3]。托夫勒在《未来的冲击》一书中把技术比作人类社会前进的火车头，其燃料就是知识。创新作为一种新的组合，既与知识存量与市场需求所构成的可能性空间相关，又与知识流动的方向与速度相关。要增强创新，就必须在增加知识存量的基础上，加快知识流动的速度。产业集聚有利于形成一个知识网络，在获取和共享知识和信息方面具有独特的作用，并容易通过信息交流产生新的创意。这也就是信息技术人员偏爱加利福尼亚、游艇设计人员喜爱英国西南地区、汽车设计人员向往加州、时装设计人员对巴黎和米兰一往情深的一个重要原因。因此，波特认为，产业集群之所以依地理集中，原因是彼此邻近有助于生产力的提高和创新，让产业集中得到好处[4]。地理集中性就好像一个磁场，会把高级人才和其他关键要素吸引进来。同时，地理集中性也会使产业集中的过程与产业集群内部的互动更完善[5]。威廉姆森认为，人力资本的专用性投资包括对操作过程和团队工作的学习，使

产业集聚有助于形成创新氛围。

城市化的发展促使要素和人口的高度集中（不仅表现为存量的累积，而且表现为流量的增加），形成了广泛的经济联系和发达的市场体系，从而加剧了产业集聚尤其是服务业集聚的过程。服务业由于其产品特性及提供方式，通常不具有生产的规模经济，却有明显的需求方规模经济。要素与人口的高度集中形成一种需求方规模经济，有力地促进了服务业集聚。更重要的是，在经济全球化的背景下，大城市成为构建全球性生产与服务体系的中心节点，因而也就演变为对高度分散化的经济活动进行控制与管理的现代服务业集聚地，凸显出地理空间接近和集聚对提高经济生产能力和竞争优势的重要性。换言之，经济全球化增强了大城市的经济协调功能，集聚了大量具有高水平的协调和服务功能的专业服务。沙森在解释纽约、伦敦、东京的生产者服务的国际化程度、集中度和强度时指出：①资本流动的增加不仅带来生产组织的地理区位及金融市场网络的变化，还要求形成确保对这种新型的生产和金融组织进行管理和控制，以及提供相关服务的新的生产形式。在此过程中，一些城市就成为国内外企业运作的跨国经济空间。②生产者服务集中于某些城市的重要基础是投资国际化和金融证券化，其植根于那些技术和空间的变化中，并赋予其在现阶段全球经济中的一个特殊角色。通过贸易和国外直接投资而形成的工业生产的国际化，引起在贸易、金融、会计和法律等领域提供相应配套服务的要求。③伴随着向服务业和金融业转移的

①　曼纽尔·卡斯特：《网络社会的崛起》，社会科学文献出版社，2001 年，第 214 页。
②　克鲁格曼：《地理贸易》，北京大学出版社，2000 年。
③　Bell. Daniel. The Coming of Past Industrial Society. New York: Basic Books, 1973.
④　迈克尔·波特：《竞争论》，中信出版社，2003 年，第 236 页。
⑤　迈克尔·波特：《国家竞争优势》，华夏出版社，2002 年，第 148 页。

全球经济结构转型，赋予主要城市作为某些特定生产、服务、市场和创新场所的一种全新的重要性。这种专业化服务是复杂的组织机构用来管理地域分散的工厂、办公室和服务代销等网络所必需的。它们也是金融创新产品和市场要素的生产基地，这些对于金融产业的国际化和扩张都是至关重要的[①]。

四、服务经济的结构效应

（一）创新效应

在服务经济时代，人力资本替代物质资本成为关键生产要素，创新成为价值增长的主要来源。在产业融合和分工深化的双重作用下，创新不但具有一般意义上的特征，而且具有若干独特的特征。

（1）创新是一种多领域、多层面的创造性活动，不仅包括技术创新、产品创新、业务创新，而且包括组织创新、管理创新、市场创新和制度创新等。严格地说，多领域、多层面的创新并不是服务经济时代创新的特征。工业经济时代的创新也同样表现在不同领域、不同层面上。熊彼特曾把创新概括为五个方面，即新产品的开发、新工艺的运用、新资源的利用、新市场的发展、新的生产组织和管理。但工业经济时代的创新大多是一种局部创新，不同领域和层面的创新不一定存在必然的内在联系。换言之，某一领域和层面的创新效应并不依赖于其他领域和层面的创新。在服务经济条件下，创新成为一种多领域、多层面的系统性创新。一项创新成果的效果并不完全取决于创新本身的水平，而是取决于其他相关领域和层面创新的整体效应。因为信息范式下的产业融合大大拓展了创新的范围和程度，要求不同领域和层面的创新相互连接，并取得大体一致的水平，才能显示创新效应。当创新只是发生在个别领域和层面，不能形成连锁创新和创新集群时，创新效应则很难显现。也就是说，某一领域和层面的创新必须以其他领域和层面的创新为约束条件。

（2）在服务经济时代，创新在很大程度上产生于科学、工程、产品开发、生产、营销间的反馈环路和连续的交互作用。它由不同机构和个人——企业、实验室、大学和消费者——间的相互作用提供养料[②]。这种创新的交互性不仅表现在创新主体间，而且表现在创新活动间。由于创新是一种不同领域和层面的交互作用过程，创新不再是孤立的、分散的，而是相互连接的、互动的，由此形成一种创新与环境共同演进的过程，扩大和提高了创新的规模、范围和效率，增强了创新的整体效应。

（3）在工业经济时代，创新主要发生在技术边界内，技术关联度相对较低，创新成果渗透的范围和程度有限。在服务经济时代，创新往往发生在技术边界交叉处，形成广泛的技术关联，从而增强了创新成果的渗透性，促使更多的领域采用创新成果。更重要的是，这种基于融合的创新有可能引发技术生态系统的变革，打破原有系统

① Saskia Sassen. The Global City：New Yorkv，Londonv，Tokyov. Pvricetonv. Princeton University Press，1991.

② 达尔·尼夫：《知识经济》，珠海出版社，1998年，第133页。

内和系统间相互依存、循环共生、平衡制约的关系，引起普遍创新的内在动力。企业只有通过采用创新技术进入新的技术生态系统，才能得以生存和发展。否则，就有可能游离于主体市场之外，甚至连正常的生产经营活动也无法维持。因此，创新也就能够在更广的范围和更深的层次上得以实现。

（4）在服务经济时代，创新的知识集成表现得更为突出。主要原因是，技术融合明显地增强了技术关联度，为在更广的范围内实现知识集成提供了可能性。同时也要求创新得到更多的知识支持，在更大的范围内整合创新资源。通过知识集成可以将原来处于分散状态的创新资源进行重新组合，把潜在的创新资源转变为现实的创新资源，拓展创新空间，而且可以使市场融合所要求的多领域、多层面系统创新成为可能。

（5）南森·罗森伯格曾分析了创新的两种不确定性。一是创新活动本身的不确定性；二是创新运用的不确定性。传统意义上的创新大多发生在相对稳定的市场环境下，而且是单一的、局部的创新，与原有技术生态系统匹配程度较高。因而，创新的不确定性相对较低。在服务经济时代，创新更多的是一种非连续创新和系统创新，这就大大增加了创新的不确定性。更重要的是，产业融合和分工深化使创新面临着高度的环境不确定性：一是技术环境的不确定性。当创新发生在技术边界交叉处，就有可能打破原有的技术生态系统，需要通过一系列创新，构造新的技术生态系统。二是产业环境的不确定性。在产业融合中，需求、竞争和规制等环境的急剧变化导致形成技术、产业与环境共同演进的状况，需要将创新的技术可能性与多变的市场环境相匹配。因而，创新扩散也就具有更高的难度和风险。

（二）关联效应

产业结构的关联效应，指产业间联系的方式、程度以及对经济增长的影响，主要反映生产的专业化和社会化程度。产业关联最终都可以抽象为物质流和信息流两大基本要素。在产业间能量传递和交换过程中，物质流与信息流是相互依存的，共同构成产业关联的基础。在现实经济中，产业关联有一个主导性的问题，即以物质流为主导还是以信息流为主导。在工业经济时代，产业关联是以物质流为主导的，表现为产业间中间产品和资本物品的交易关系，信息流处于从属地位，只是起着支持物质流的作用。在服务经济条件下，信息流正在深刻地改变着产业关联中物质流主导的格局，信息流替代物质流成为产业关联的主导。这就使产业关联有可能突破物质流的束缚，在更大的范围内实现系统集成，引导和加速产业关联中的物质流，并形成产业关联的新路径。

这一产业关联的转变，是在信息革命的基础上，供需双方的力量共同推动的结果。分工深化使得经济系统变得日益庞大且精细，产业关联不断延伸，增加了经济活动的不确定性。需求的个性化、多样化发展导致市场环境快速多变，要求信息在生产与消费过程中发挥更大的引导和黏合作用，减少不确定性。更重要的是，网络和信息技术的发展从根本上改变了信息的形式及传递方式，使信息流的地位和作用得以迅速提升。产业关联也就从物质流为主导转变为以信息流为主导。

（1）技术关联水平提高。产业间技术关联及其水平是产业关联的基础。在工业经济时代，当某一产业技术进步而导致产业间投入产出不均衡时，其他关联产业可以通过粗放型的扩大再生产，如增加资本和劳动的投入等来实现投入产出的均衡。在服务经济时代，具有强大渗透力的信息技术的发展，导致产业生态环境发生重大变化，促使各产业技术水平大幅度提高。

如果部分产业因技术进步进入新的产业生态系统，就会强制那些关联产业也必须采用新技术，否则就无法进入新的产业生态系统，危及其生存和发展，从而有力地促进了产业间技术关联水平的提高。

（2）产业关联方式变化。在以信息流为主导的产业关联中，信息和服务成为主要媒介物，支配和主导着产业间的物流关系。信息流不像物质流那样按产业链依次传递，而是呈分布式平行传递，形成全方位的网络延伸。这种产业关联方式的转变明显增强了产业间的关联。正如夏皮罗和瓦里安指出的那样，网络带给我们的新东西，是控制信息的能力，而不是可获得的信息的总量[①]。这种控制信息能力的增强消除了时空障碍，使产业关联更加密切，物质流更加顺畅和有序，并能通过快速重组及时响应需求的变化。

（3）产业关联程度深化。在工业经济时代，产业关联程度主要取决于分工深化。但分工越深化，生产迂回路径越长，中间产品的交易规模就越大，系统的组织与控制的复杂程度也随之增加，从而有可能导致系统的运行效率下降。

网络的发展使产业环境发生了根本性变化，中间环节作为网络的节点，构成分布式结构，具有很强的自组织能力。这就使得产业关联深化有了新的内涵：一是产业间交易规模扩大的主要是信息、服务等无形产品，有形产品交易规模扩大主要是由无形产品交易规模扩大引起的。二是生产与消费能够超越时空直接契合，最直接、快捷地贴近消费者，大幅度降低了中间环节的物耗成本，实现了低成本扩张，从而消除了在工业经济条件下的时空距离成本。总之，以信息流为基础的产业关联程度深化，不仅表现为对市场变化的适应性增强，而且表现为对产业系统的组织与控制能力提高。

产业关联通常可以用中间产品的交易规模度量。服务经济条件下产业关联效应增强，首先表现为服务业消耗系数和中间需求率的上升。表1、表2显示了美国、日本第三产业的直接消耗系数，以及美国、日本和英国第三产业的中间需求率较高且处于上升趋势。这说明这些国家生产的专业化和社会化程度高，服务业的产出作为其他产业的中间投入具有突出的地位，服务业与其他产业的关联效应显著。

表1　美国、日本第一、二产业对第三产业的直接消耗系数

产业	美　国			日　本		
	1972 年	1982 年	1990 年	1970 年	1980 年	1990 年
第一产业	0.14307	0.13553	0.12693	0.07907	0.12365	0.12979
第二产业	0.11155	0.14901	0.13577	0.17296	0.17965	0.17186

资料来源：李冠霖：《第三产业投入产出分析——从投入产出的角度看第三产业的产业关联与产业波及特性》，中国物价出版社，2002 年。

[①] 卡尔·夏皮罗、哈尔·瓦里安：《信息规则：网络经济的策略指导》，中国人民大学出版社，2000 年，第 7 页。

表2　1990 年美国、日本和英国第三产业的中间需求率

产　业	美　国	日　本	英　国
第三产业	32.0	33.2	39.9

资料来源：李冠霖：《第三产业投入产出分析——从投入产出的角度看第三产业的产业关联与产业波及特性》，中国物价出版社，2002 年。Christine Greenhalgh and Mary Bregory, Structural Change and the Emergence of the New Service Economy, Oxford Bulletin of Economics and Statstics, 63, Special Issue (2001), p.634. 经作者整理。

其次表现为服务业发展对相关部门就业增长的贡献率。美国信息服务业的发展对社会总就业状况产生明显影响。美国商务部的一份报告指出，到 2006 年，美国工人中有一半将受雇于信息技术产业或者是信息技术的使用者。表 3 显示了信息产业对就业增长贡献率远远超过信息产业从业人数占总就业人数比重的上升。这意味着信息服务业对相关产业的就业率增长作出了显著贡献。

表3　美国信息技术产业对就业增长的贡献率

年　份	1991	1992	1993	1994	1995	1996
信息产业总就业人数	4078.8	3995.5	4026.3	4161.0	4406.1	4637.9
信息产业从业人数占总就业人数的百分比（%）	4.5	4.4	4.4	4.4	4.5	4.6
信息技术产业对就业增长的贡献率	−0.1	−0.1	0.0	0.1	0.3	0.2

资料来源：姜奇平：《数字财富》，海洋出版社，1999 年，第 43 页。

最后表现为服务业发展的溢出效应。中国网络游戏市场的发展为相关部门带来了丰厚的收益。2006 年，网络游戏市场规模为 65.4 亿元，而电信业由网络游戏产生的收入 210.5 亿元，为网络游戏市场规模的 3.2 倍；信息业由网络游戏产生的收入 83.3 亿元，为网络游戏市场规模的 1.27 倍；出版和媒体业由网络游戏产生的收入 39.4 亿元，为网络游戏市场规模的 0.6 倍（见表 4）。

表4　中国网络游戏市场的溢出效应　　　　　　　单位：亿元

年份	网络游戏市场规模	相关产业市场					
		电信业		信息业		出版和媒体业	
		由网络游戏产生的收入	与网络游戏市场规模之比（倍）	由网络游戏产生的收入	与网络游戏市场规模之比（倍）	由网络游戏产生的收入	与网络游戏市场规模之比（倍）
2002	9.1	68.3	7.5	32.8	3.6	18.2	2
2003	13.2	87.1	6.6	35	2.65	26.4	2
2004	24.7	150.7	6.1	63.7	2.57	35.8	1.44
2005	37.7	173.4	4.6	71.6	1.9	37.1	1
2006	65.4	210.5	3.2	83.3	1.27	39.4	0.6

资料来源：中国出版工作者协会游戏工作委员会（CGPA）、国际数据公司：《中国（IDC）中国游戏产业报告（2002～2006）》。经过作者整理。

（三）弹性效应

产业结构的弹性效应，指的是供给结构对需求结构变化的适应程度以及对经济增长的影响。对产业结构弹性的分析主要是着眼于长期供给的角度。需求结构通常随人均GDP的提高而变化，主要表现为需求结构的多样化、需求结构的高级化和需求结构的规模扩大。供给结构变化因素主要取决技术水平、固定资产结构和中间要素投入结构。产业的技术水平和固定资产结构相对稳定，是一种长期变量；中间要素投入结构则比较活跃，能通过要素市场在短期内调整，是一种短期变量。

供给结构变化主要有两种形式：短期供给结构调整主要通过中间要素投入结构的变化；长期供给结构调整主要通过技术水平和固定资产结构的变化。中间要素投入结构与技术水平和固定资产结构有一定的比例关系和一定的弹性。中间投入要素对供给结构调整只能限定在一定范围内，不可能对需求结构变化作出持久的反应。当达到一定临界点时，供给结构会停止变化。由于技术水平和固定资产结构的变化总是滞后于中间要素投入结构变化，潜在供给结构与实际供给结构往往并不完全一致。在经济生产中，当需求结构变化时，产业结构弹性总是首先以中间要素投入结构变化调整供给结构；如果需求结构变化非常强烈和持久，以致中间要素投入结构变化那么有确定性，就有可能进一步导致供给结构在技术水平、固定资产结构上的变化。显然，供给结构两种变化形式是相互依赖、相互作用和相互演化的，是短期变化与长期变化的统一。

在工业经济条件下，供给结构弹性较低，经常发生资产存量和增量配置失灵的现象。一是由于信息不对称、市场分割与垄断等原因，导致市场信号失灵；二是技术和固定资产专用性程度高，资产存量转移障碍高，在一定程度上限制了资源自由流动；三是在迂回生产条件下，某一产品和生产环节的变化有可能引起整个产业链的变化，导致原有产业供求关系重组，从而在很大程度上限制了供给结构对需求结构的适应性。因此，具有刚性的工业生产力很难适应需求结构多变的情况，造成社会福利损失。

在服务经济时代，信息生产力的发展大大增强了产业结构的弹性效应。这主要是因为：

（1）生产方式转变。信息化的发展使标准化、大批量生产方式向大规模定制生产（Mass Customization Production）方式转变，并有可能成为21世纪的产业组织原则（安德森和派恩二世，1999），从而解决了工业生产中产品个性化、多样化与低成本间的矛盾，提高了对需求变化的响应速度。这种快速变化的生产能力使企业具备了为若干小市场提供产品的能力，能够获得适合分散市场的高额回报，专业化经济①也就成为一种可能。因此，单一产品的大规模生产不再是提高生产率的主要方式，与之相适应的产品开发"最低变化"战略也显得没有必要。例如，美国通用汽车公司为"别克"轿车提供一种服务系统。顾客可以在经销商的计算机终端选择车身、发动机、轮胎、色彩和车内装饰等，自主设计所喜爱的汽车；数字模拟系统能够形象地显示设计车样，模拟驾驶体验，同步计算价格，为顾客购买抉择提供参考；电子信用分析系统帮助顾客制订付款计划；在线订货单系统能将信息直接输入公司生产计划表，从订货到交货一般不超过8周时间，价格也不高于批量生产的标准车型。

（2）社会资源整合。信息化的作用实质上是

---

① 专业化经济是指小型工厂可以为一个或一系列小规模的本地市场和出口市场提供产品。

用知识和信息整合传统的生产要素，用高流动性的知识和信息资源重组低流动性的物质资源，从而大大提高了供给结构对需求结构变化的适应能力，增加了结构弹性效应。这就明显导致实物资产重要性下降，无形资产价值上升。根据经济合作发展组织的测算，美国1995年1/3企业的无形资产比例在50%～60%。显然，以投入更多的非实物资源对存量实物资源进行重新整合，这实际上是对现有资源更充分地利用和新资源更大规模的开发。非实物资源由于再生性、外部性等，具有很大的扩张性，能更好地满足原有产业规模扩张和新兴产业发展的要求。

（3）产品替代性增强。在工业经济时代，产品创新主要有两种情况：如果技术进步发生在技术边界内，那就表现为对原有产品结构、功能和质量等进行改良；如果技术进步超越了技术边界，那就有可能创造出全新产品。可见，技术进步无论发生在技术边界内还是技术边界外，其产品概念都是明确的。在服务经济时代，技术融合使不同产品生成共同的技术基础，有可能对不同功能的产品进行集成和融合，创造出大量的新产品和新服务，增强了产品替代性。这不仅使消费者拥有更广泛的选择权，而且明显地提高了产业结构的弹性。

（四）成长效应

产业结构的成长效应，是指在一个开放经济动态系统中的产业间优势地位更迭及对经济增长的影响。这种产业间优势地位的更迭是产业结构与外部环境交互的结果。在经济发展过程中总存在新兴产业、主导产业、成熟产业和衰退产业，形成一个连续的依次更迭过程，一些高增长性的产业形成对另一些低增长性的产业替代，促使产

业结构的有序演变，从而带动整个经济的发展，严格地说，产业结构成长是一种非均衡增长的结果，并受产业关联的影响。换言之，即使是那些高增长性的主导产业，由于它们在产业关联中的地位不同，对经济增长的作用也不同。

在服务经济条件下，产业结构成长主要有三个方面的内容：一是结构规模扩大，分工深化导致产业数量的增加。二是结构水平提高，知识和技术密集型产业取代资本和资源密集型产业。三是结构关系由松散变为紧密，产业间的聚合程度提高，关联耦合更加密切。

产业结构成长的内在动力是技术进步。由于各产业技术进步速率不同，产业间会出现"生产率增长不均等增长"的现象，从而推动产业结构变化。从静态角度看，一是当某一产业出现技术进步并带来潜在生产率的提高，如果其需求弹性较大，那将促使社会资源向该产业转移。如果其需求弹性较小，那将促使其资源向其他产业转移。技术进步所引起的生产要素转移会引起产业的扩张和收缩。这是技术进步对产业结构成长的直接影响。二是技术进步有可能通过对生产要素相对收益的影响而促使产业结构变化。霍克斯（Hicks）认为，创新会通过改变各种生产要素，尤其是劳动和资本的相对边际生产率，改变其收益间的平衡[1]。也就是说，技术进步通过对劳动和资本相对收益的影响，改变其在国民收入中的相对份额。在通常情况下，资本和劳动边际生产率的非均衡会刺激资本与劳动的相互替代，即边际生产率高的要素替代边际生产率低的要素，进而影响产业结构的变化。这是技术进步对产业结构成长的间接影响。

从动态角度看，一是技术进步决定了个别产

---

[1]　Hicks, Jone R. ：The Theory of Wages. New York, St, Martin, 1964.

业的扩张和收缩。一个产业的扩张和收缩往往与创新的兴衰有密切的关系。重大的技术创新往往导致新兴产业的诞生，技术改良又将导致该产业生产成本的大幅度降低，从而进入一个高速成长期。这种高速增长达到一定点之后，便出现减速增长趋势，技术进步减缓是其中一个重要的因素[①]。二是技术进步决定了优势产业更迭的有序演变。在经济发展中，促使产业结构演变的优势产业更迭是有序的。库兹涅茨认为：①最终需求的特定结构倾向于稳定，它限制了任何一定时间内能够被引入的种种革新的相对比例，也限制了一种革新一旦采用后所能保持的较高相对价值的时间长度。②技术的总体水平，有待于各方面的不同程度的改进，而这种改进则有赖于一个国家的经济和技术发展的情况[②]。三是技术进步决定了产业结构变化的方向。产业结构高度化本质上并不只是指某一产业比重的升降，而是指采用先进技术产业在数量和比重上的增加。因此，只有引入新的生产函数，并对其他部门增长有广泛影响的主导部门的更迭，才是产业结构高度化的演进方向。也就是说，产业结构的变化方向是由技术进步在某一产业内迅速、有效地聚集，并能通过产业间的技术联系进行扩散。

（五）竞合效应

传统上，竞争主要体现在同一产业的企业间，不同产业间的竞争主要是替代品的竞争。在服务经济背景下，产业融合使不同产业在聚合的基础上形成一种新的产业分工。这样，原来处于不同产业的企业也就有可能形成竞争关系。同时，产业融合促使更多的企业选择多元化战略，形成一种交叉竞争的格局。显然，产业融合为企业开发新产品和新市场、扩展事业领域、实现资源在更大范围内的合理配置提供了巨大的机会；但又将引起市场环境急剧变化，对企业长期积累的资源和能力造成颠覆性破坏。这种具有毁灭性的力量有可能使原先占据市场支配地位的企业在短时期内丧失竞争优势，从而大大增强了竞争效应。

（1）市场集中度降低。产业融合有可能为创造和获取新的价值而确立新的市场边界，也可能为创造新的竞争优势和重新评价现有竞争优势而重组市场。这样，即使处于垄断地位的企业，也仍然面临着大量来自替代品和新进入者的威胁。基于此，在位企业往往表现出强烈的自我竞争意识。产业融合的一种可能景象是形成高效、竞争性的经济，而众多角色参与及分散式的市场及资源分配的高效性是其重要的基础。在融合中形成大量的相关市场，有可能将垄断者的巨大成功纳入更宽广的视野。如果其他部门涌现出相匹敌的或者几乎可匹敌的市场，一家卖主支配一个主要领域不会被视为可界定产业势力的因素[③]。从总体上说，市场集中度可能降低（Greenstein, Khanna, 1997）。①产业融合引发众多相关领域的创新，产生大量的新产品、新服务，创造出规模巨大的新需求。在这样一个高成长性的融合市场，在位企业的扩张速度通常不可能与市场同步，从而为新企业进入提供了更多的潜在机会。这种市场的全面扩大是缩小任何卖主权力的最有效的手段。②产业融合扩大了企业技术基础，降低了市场进入壁垒，促使更多的企业采取横向战略，向融合市场渗透，导致多元化大企业的数量明显增多，形成一种新的竞争关系和更大范围的竞争，

---

① 西蒙·库兹涅茨：《生产和价格的长期趋势》，波士顿，1930年，第1～58页。
② 西蒙·库兹涅茨：《各国的经济增长》，商务印书馆，1985年，第365页。
③ 戴维·莫谢拉：《权力的浪潮——全球信息技术的发展与前景（1964～2010年）》，社会科学文献出版社，2002年，第199页。

削弱了市场领导者的支配力量。③产业融合增强了融合产品对其他产品的替代性,消费者拥有更广泛的选择权,从根本上动摇了在位企业的垄断力量,加剧市场竞争。以中国电信市场为例,随着移动通信和互联网的发展,电信市场趋于融合,产生大量新的增值业务,市场规模急剧膨胀,电信业务总量从 1995 年的 616.8 亿元上升到 2005 年的 11575.3 亿元,年平均增长率为 177.7%。同时,通信服务的替代效应也大大增强,如 IP 电话对长途电信、移动电话对市话的替代,明显地改变了市场结构。电信业从中国电信独家垄断转变为中国网通、中国电信、中国移动、中国联通、中国铁通和中国卫通六大电信运营商所主导,赫芬达尔指数从 1995 年的 9998.00 降低到 2005 年的 2742.74,市场集中度大幅度下降(见表5)。

表5　中国电信市场结构(赫芬达尔指数)

年份	1995	1996	1997	1998	1999	2000	2001	2002	2003	2004	2005
中国电信	99.99	99.97	99.86	99.04	62.91	53.42	50.24	32.45	33.1	30.7	32.3
中国联通	0.01	0.03	0.14	0.96	5.28	8.44	11.57	11.71	12.4	14.5	14
中国移动					31.05	35.55	36.85	37.81	36.66	37	34.8
中国网通								16.78	16.4	16.2	17.1
市场结构(H_i)	9998.00	9994.00	9972.04	9809.84	4949.65	4188.73	4015.85	2845.12	2862.28	2784.18	2742.74

资料来源:国家统计局:《中国统计年鉴》(2006),中国统计出版社,2006 年;中国通信年鉴编委会:《中国通信年鉴》(2006),中国通信年鉴编辑部,2006 年;中国信息产业部网站。数据经作者整理。

(2)横向市场结构。在服务经济时代,产业融合促使市场从纵向一体化结构转变为横向结构。一些企业不再追求垂直整合关系,而是追求不同功能企业间的水平整合关系;竞争从对价值链整体的控制转变为对价值链环节的市场占有率的争取,竞争优势也主要体现在某一价值链环节上。如产业融合使计算机市场从原先的纵向一体化结构转变为由微处理器、电脑平台、操作系统、应用软件和分销五个专业化环节所构成的横向水平结构。鲍德温(Baldwin,2003)研究了 1950~1996 年由 1500 多家企业组成的计算机产业簇群(Industry Cluster)的数据,发现在 20 世纪 50~70 年代计算机产业的市场价值集中于少数几家企业。IBM 公司及相关企业在 1969 年约占 71% 的市场价值。80 年代后,计算机产业逐渐摆脱了 IBM 公司的垄断。至 1996 年,计算机产业的市场价值在大幅度增长的同时,逐步转移和分散到 16 个领域,没有一家企业的市场价值超过 15%。计算机生产由分布在不同价值链环节上的企业分别提供不同的功能模块,在共同标准界面下集成,不存在任何一家能独立设计、制造整个计算机系统的企业。

在经济服务化的趋势下,产业融合的发展使企业的生存与发展的空间范围扩展到产业边界交叉处。这不仅增强了竞争效应,而且使企业间的合作关系得到发展。如果把每个企业看成是一个子系统,那么,企业已在寻求子系统间的整合,构成更高层次的系统,获取资源位和能级的提升。战略联盟成为企业从外部获得更多的相关资源和能力,对技术、业务、产品和服务等进行系统整合和创新，争取更广阔的发展空间的一种行为方式。因为融合扩大了企业技术基础，并形成大量交叉业务。但企业的资源和能力总是有限的，通常只能在价值链的某些环节上占有优势，不可能拥有覆盖整个价值链的资源和能力。因此，企业需要从外部获得相关知识和能力，在更大范围内整合技术、业务和市场，并导致一个从专业化经营到多元化经营，再到围绕核心能力经营的转变过程。企业在致力于发挥核心能力成为某一领域的市场领导者的同时，更加注重与其他企业在优势环节上展开合作，建立一种开放性的生产经营体系，获取更多的利益。

在服务经济时代，战略联盟表现为一种更为灵活和宽泛的形式，即业务外包。企业既接受服务又提供服务成为一种基本的经营方式。这种合作关系包括供应商、生产者、中间商、消费者甚至竞争者。企业通过业务外包，突破了自身固有的边界，向着灵活协作关系的方向发展。竞争优势也就不只是来自于企业内部的核心能力，而是更多地来自于将效率、收益扩散到包括供应商、中间商、消费者等在内的整个体统中的能力。但是，这种外包合约通常比传统合约要复杂得多，涉及关键技术能力和创新业务流程的长期安排。

五、服务经济的现实分类

服务业的产业分类是服务经济结构的现实反映。各种服务业产业分类从不同角度揭示了服务业的经济性质、内部结构变化，并可反映服务业部门与经济增长的关系。服务业的产业分类是一件十分复杂的工作。目前，这一分类大致有三种情形：一是国际组织的分类，如世界贸易组织的服务业分类；二是各国政府为了满足统计需要的服务业分类；三是有关专家做的各种研究中的分类。科学的服务业分类，有助于提高服务产品统计的准确性，增强国际间的可比性，从而有助于政府制定相关政策，优化产业结构，增强对服务业发展的支持。

（一）《服务贸易总协定》中的服务业分类

《服务贸易总协定》（GATS）是在乌拉圭回合谈判中最终签署的。由于服务定义涉及广泛的经济活动领域，世界贸易组织（WTO）秘书处将其分为12个大类、53个中类、151个小类，具体参见表6。

表6   《服务贸易总协定》中的服务业分类

类　别	具体服务项目
1. 商业性服务	包括：专业服务；计算机和相关服务；研究与开发服务；不动产服务；无操作人员的租赁服务；其他的商业性服务
2. 通信服务	包括：邮政服务；信件服务；电信服务；视听服务；其他
3. 建筑与有关的工程服务	包括：建筑物的一般建筑工作；民用工程的一般建筑工作；安装与装配工作；建筑物的完工与装修工作；其他
4. 销售服务	包括：经纪人服务；批发贸易服务；零售服务；特约权；其他

续表

类　别	具体服务项目
5. 教育服务	包括：初等教育服务；中等教育服务；高等教育服务；成人教育服务；其他教育服务
6. 环境服务	包括：污水处理服务；垃圾处理服务；卫生及其类似的服务；其他
7. 金融服务	包括：所有保险和与保险有关的服务；银行和其他金融服务（不包括保险）；其他
8. 与健康有关的服务和社会服务	包括：医院服务；其他方面人的健康服务；社会服务；其他
9. 旅游及与旅游有关的服务	包括：饭店和餐馆（包括食堂）；旅行社和旅游经纪者的服务；导游服务；其他
10. 娱乐、文化和体育服务（除了视听服务）	包括：文娱服务（包括剧院、现场乐队和杂技场的服务）；新闻社服务；图书馆、档案馆、博物馆和其他文化服务；体育和其他娱乐服务；其他
11. 交通运输服务	包括：海上运输服务；内陆水上运输服务；空中运输服务；航天运输服务；铁路运输服务；公路运输服务；管道运输服务；所有运输方式的辅助服务
12. 其他服务	

资料来源：联合国国际贸易中心著：《世界贸易体系商务指南》（第二版），上海财经大学出版社，2001年，第309～316页。

（二）BPM5 中的标准服务分类

国际货币基金组织的《国际收支手册》第五版（BPM5）阐述了国际收支统计的概念框架。BPM5统计是一种结构一致的统计，包括政策制定、分析研究、预测、具体组成部分或总体交易的相互比较，以及地区和全球的集中，不仅便于使用，而且适用于多种用途。国际收支报表系统地概述一个特定时间段发生在某一经济体和世界其他地方间的交易。对于居民和非居民间的大多数交易来说，它们的组成部分包括：涉及货物、服务和收入的交易；涉及世界其他地方的债权债务的交易；以及被分类为移交的交易。BPM5标准服务的11种主要组成部分为：①运输服务；②旅游服务；③通信服务；④建筑服务；⑤保险服务；⑥金融服务；⑦计算机和信息服务；⑧特许权使用和许可费用；⑨其他商业服务；⑩个人、文化和娱乐服务；⑪别处未包括的政府服务。

（三）北美产业体系中的服务业分类

北美产业分类体系（NAICS）的前身系标准产业分类体系（SIC），是国际上最具影响力的产业分类体系之一。从20世纪30年代末到1997年，美国发布的经济调查数据都以SIC作为产业分类标准。为了满足产业发展和国际可比性的需要，1997年4月9日，美国预算管理办公室（OMB）宣布用北美产业分类体系来取代1987年版的标准产业分类体系。北美产业分类体系是由美国经济分类政策委员会（ECPC）与加拿大、墨西哥的统计机构共同创立的，旨在构建一个能反映北美经济实际情况、增加北美自由贸易区国家间统计数据可比性的产业分类体系。它不仅反映了美国、加拿大和墨西哥三国的新兴产业、服务业和高新技术产业，还是一个柔性体系，各国可视其具体情况予以调整。从2002年1月1日起，北美国家开始采用2002年版的北美产业分类体系作为经济活动的分类标准。表7为2002年版的北美产业分类体系（NAICS）的部门划分，其中：从48～49（运输和仓储）到81（其他服务业）的12个部门就是服务业。

表7　2002 年版北美产业分类体系（NAICS）的部门划分

部门代码	包括的产业
11	农业、林业、渔业和狩猎
21	采矿业
22	公用事业
23	建筑业
31~33	制造业
42	批发贸易
44~45	零售贸易
48~49	运输和仓储
51	信息
52	金融和保险
53	不动产和租赁业
54	专业、科学和技术服务
55	公司和企业管理
56	行政、支持、废物管理和补救服务
61	教育服务
62	卫生保健和社会救助
71	艺术和娱乐
72	住宿和餐饮服务
81	其他服务业（除政府管理外）
92	政府管理

资料来源：www.census.gov/naics/。

此外，1999 年 2 月，美国、加拿大和墨西哥三国的统计机构共同发起了一项三期行动，该行动旨在建立一个全面的需求导向型产品分类体系，即北美产品分类体系（NAPCS），而 NAPCS 的工作重点正是这 12 个服务业部门所生产的产品。

（四）欧盟产业分类体系和国际标准产业分类体系中的服务业分类

欧盟产业分类体系（NACE）派生于国际标准产业分类体系（ISIC），旨在确保各成员国与欧盟间的统计分类具有可比性，该体系由欧盟统计处负责管理，是目前最具影响力的派生型产业分类体系之一。欧盟产业分类体系源于 1961 年欧共体所采用的"欧共体产业分类体系"（NIEC），经过多次修改于 2005 年推出了 NACE2.0 版的草案。

国际标准产业分类体系由联合国统计委员会制定，对所有经济活动的分类是依据产业来划分的。从 1948 年的初稿到目前 ISIC4.0 版本的草案，已经过多次修订，是目前有关经济活动分类最有权威、最具影响力的国际标准之一。NACE 的每一次修订几乎都与 ISIC 相对应，且二者的分类符号体系也越来越趋向一致。

表8　2005 年 NACE2.0 版草稿和 ISIC4.0 版草稿的产业大类划分

NACE2.0 版草稿		ISIC4.0 版草稿	
大类编号	包含的产业	大类编号	包含的产业
A	农业、林业和渔业	A	农业、林业和渔业
B	采矿和采石业	B	采矿和采石业
C	制造业	C	制造业
D	电、气、流体和空气调节装置的供应	D	电、气、流体和空调的供应
E	水供应，污水、垃圾的管理和再利用	E	水供应，污水、垃圾的管理和再利用
F	建筑业	F	建筑业

大类编号	包含的产业	大类编号	包含的产业
	NACE2.0版草稿		ISIC4.0版草稿
G	批发、零售、汽车和摩托车修理	G	批发和零售交易；机动车和摩托车修理
H	运输与储存	H	运输和仓储
I	供给住宿与食品服务	I	住宿和餐饮业
J	信息与交流	J	信息和交流
K	金融与保险	K	金融和保险业
L	不动产	L	不动产业
M	职业、科学与技术	M	专业服务和科技服务
N	管理与服务支持	N	行政及支援服务
O	政府管理、国防和义务的社会保障	O	公共管理和国防；义务社会保障
P	教育	P	教育
Q	医疗和社会服务	Q	人体保健和社会福利活动
R	艺术与娱乐	R	艺术和娱乐业
S	其他服务活动	S	其他服务活动
T	家庭雇佣活动，未细分的生产产品与服务的家庭活动	T	私人家庭的雇佣活动以及家用无差别产品和服务的生产
U	国外机构的活动	U	跨境组织和机构

资料来源：http://unstats.un.org/unsd/cr/registry/regdnld.asp? Lg＝1；崔维军、袁勤俭：《欧盟产业分类体系的演化》，《统计与信息管理》，2006 年第 5 期。

（五）中心产品分类体系中的服务业分类

中心产品分类体系（CPC）源于 1976 年的商品与服务的国际分类体系（ICGS），CPC 由联合国统计部门的统计分类机构负责管理，其分类单位是产品（包括所有商品和服务）。对于服务而言，CPC 是第一部针对各种行业的所有产出门类作出的国际分类目录。1989 年，在联合国统计委员会第 25 次会议上，CPC 最终草案被批准为临时文件出版，即临时 CPC。1997 年，在联合国统计委员会第 25 次会议上，CPC1.0 版被批准实施。不仅如此，对于货物的说明，CPC1.0 版还与世界海关组织商品统一分类和编码系统（HS）协调一致。现行的 CPC1.1 版是 2002 年 5 月颁布的。表 9 所示为 CPC1.0 版中的服务业及其代码。

表9　CPC 1.0版中的服务业及其代码

	部门代码	组数	类	子类
5	54 建筑服务①	8	38	53
6	分销贸易服务；住宿；餐饮业服务；运输服务；公用事业分配服务	31	122	478
	61 批发业服务	2	18	118
	62 零售业服务	5	45	265
	63 住宿；餐饮业服务	3	7	12
	64 陆地运输服务	3	10	29
	65 水上运输服务	2	8	15
	66 航空运输服务	4	6	6
	67 辅助及其他运输服务	9	22	24
	68 邮政和快递服务	1	2	5
	69 电力分配服务；管道输送燃气、水服务	2	4	4
7	金融及相关服务；不动产服务；租赁服务	9	33	66
	71 金融机构、保险和其他金融服务	3	17	35
	72 不动产服务	2	6	10
	73 无操作人员的租赁服务	4	10	21
8	商业和生产活动	31	124	199
	81 研究与开发服务	4	12	12
	82 专业、科学和技术服务	2	10	15
	83 其他专业、科学和技术服务	2	31	70
	84 电信服务；信息检索和提供服务	6	9	9
	85 支撑服务	3	21	26
	86 基于费用或契约的生产服务	7	31	50
	87 维护和修理服务	7	10	17
9	社区、社会和个人服务	22	84	121
	91 社区的公共管理和其他服务；强制性社会保障服务	3	17	32
	92 教育服务	5	8	8
	93 与健康有关的服务和社会服务	3	8	18
	94 污水和垃圾处理、卫生和其他环境保护服务	1	7	9
	95 成员组织的服务	3	6	9
	96 娱乐、文化和体育活动	4	23	30
	97 其他服务	1	13	13
	98 家政服务	1	1	1
	99 由境外组织和机构提供的服务	1	1	1

资料来源：http：//unstats. un. org/unsd/cr/registry/regdnld. asp？Lg＝1。

---

① 建筑服务的代码为54，属于部门代码中的5（无形资产；国土；建筑业；建筑服务），该项中共有四个大类，其他三项分别为：51 无形资产；52 土地；53 建筑业。

CPC1.0 版和 CPC1.1 版有两点区别：①在 CPC1.0 版中，部门 5 的标题是"无形资产；国土；建筑业；建筑服务"，包括 4 个大类，分别是：51 无形资产，52 土地，53 建筑业，54 建筑服务；而在 CPC1.1 版中，部门 5 的标题则是"建筑服务"，其大类也只有一项，即 54 建筑服务。②在 CPC1.0 版中，部门 8 中共有 7 个大类；而在 CPC1.1 版中，部门 8 中共有 9 个大类，依次是：81 研究与开发服务，82 法律和会计服务，83 其他专业、技术和商业服务，84 电信服务、信息检索和提供服务，85 支撑服务，86 农业、狩猎、林业、渔业、采矿业和公共事业所发生的服务，87 除建筑业外的维修和安装服务，88 有他人物质投入的制造业服务，89 其他制造业服务。

（六）经济合作与发展组织有关服务业的分类

经济合作与发展组织（OECD）根据国际标准产业分类（ISIC3.0 版）提出了一个目前在科技统计中采用的服务业分类标准，参见表 10。

表 10　OECD 有关服务业的分类

编　号	包括的产业
50～52	批发、零售与车辆修理
55	饭店与餐馆
60～63	运输与仓储
64	通信
641	邮政
642	电信
65～67	金融媒介（包括保险业）
70～74	房地产、租赁和商业活动
72	计算机及有关活动
722	软件咨询和供应
72	（不包括 722）其他计算机服务
73	研究与开发
70+71+74	其他商业活动
75～99	社区、社会和个人服务活动等

（七）国际标准化组织中的服务业分类

国际标准化组织（ISO）成立于 1947 年，是世界上最具权威的标准化组织。1987 年，国际标准化组织颁布了一系列有关质量管理和质量保证方面的国际标准——ISO9000 系列国际标准，包括 ISO9001、ISO9002、ISO9003 和 ISO9004。前三个标准提供了三种质量保证模式，而 ISO9004 为质量管理标准，其中 ISO9004－2《质量管理和质量体系要素 第二部分：服务指南》则是服务企业内部建立质量体系的基础性标准，其中心为"服务组织应建立、实施并保持一个文件化的质量体系，以确保其服务的质量方针和目标得以实现"。该标准中适用的服务领域共有 12 大类、69 个小类，具体分类参见表 11。

表11　ISO9004—2中的服务业分类

类　别	具体服务项目
招待服务	餐厅、旅馆、旅行社、娱乐场所、广播、电视、度假村
交通与邮电	机场、航空公司、公路、铁路、海运、电信、邮局、数据通信
卫生服务	医疗所、医院、救护队、医疗实验室、牙科、配镜师
维修	电器、机械、车辆、热力系统、空调、建筑、计算机
公用事业	清洁工作、垃圾处理、供水、场地维护、供电、煤气和能源供应、消防、治安、公共服务
贸易	批发、零售、采购商、销售商、营销、包装
金融	银行、抚恤机构、地产服务、会计
专业	建筑设计、测量、法律、执法和检查、安全、工程、项目管理、质量管理、咨询、培训和教育
行政管理	人事、计算机处理、机关服务
技术	咨询、摄影、实验室
采购	签订契约、库存货物的管理和销售
科学	探索、开发、研究、决策性支援

资料来源：[英]罗瑟瑞、李仁良、咸奎桐、范与华等：《服务业国际标准化手册》，宇航出版社，1998年。

（八）中国的服务业分类

1985年，中国国家统计局将服务业划分为四个层次：①流通部门，包括交通运输业、邮电通信业、商业、饮食业、物资供销和仓储业；②为生产和生活服务的部门，包括金融业、保险业、地质普查业、房地产管理业、公用事业、居民服务业、旅游业、信息咨询服务业和各类技术服务业；③为提高科学文化水平和居民素质服务的部门，包括教育、文化、广播、电视、科学研究、卫生、体育和社会福利事业；④为社会公共需要服务的部门，包括国家机关、党政机关、社会团体、警察军队等。从2002年10月1日起，中国正式实施《国民经济行业分类》（GB/T4754—2002），该标准是对《国民经济行业分类与代码》（GB/T 4754－1994）国家标准的修订，对应于联合国统计署编制的《全部经济活动的国际标准产业分类》（简称ISIC3.0版），但与ISIC3.0版的一致性程度为非等效。表12所示为《国民经济行业分类》、ISIC3.1版和ISIC4.0版的服务业分类框架结构比较。

表12　《国民经济行业分类》、ISIC3.1版与ISIC4.0版服务业分类框架结构比较

《国民经济行业分类》		ISIC/Rev3.1		ISIC/Rev4.0（草案）	
门类编号和名称	大类	门类编号和名称	大类	门类编号和名称	大类
F交通运输、仓储和邮政业	9	G批发和零售交易；机动车、摩托车、私人及家庭用品修理	3	G批发和零售交易；机动车和摩托车修理	3
G信息传输、计算机服务和软件业	3				
H批发和零售业	2	H饭店和餐馆	1	H运输和仓储	5
I住宿和餐饮业	2	I运输、仓储和通信	5	I住宿和餐饮业	2

续表

《国民经济行业分类》		ISIC/Rev3.1		ISIC/Rev4.0（草案）	
门类编号和名称	大类	门类编号和名称	大类	门类编号和名称	大类
J 金融业	4	J 金融中介	3	J 信息和交流	6
K 房地产业	1	K 不动产、租赁及商业活动	5	K 金融和保险业	3
L 租赁和商务服务业	2	L 公共管理和国防；义务社会保障	1	L 不动产业	1
M 科学研究、技术服务和地质勘查业	4	M 教育	1	M 专业服务和科技服务	7
N 水利、环境和公共设施管理业	3	N 卫生及社会福利工作	1	N 行政及支援服务	6
O 居民服务和其他服务业	2	O 社区、社会和私人的其他服务活动	4	O 公共管理和国防；义务社会保障	1
P 教育	1	P 私人家庭的雇佣活动和私人家庭无差别的生产活动	3	P 教育	1
Q 卫生、社会保障和社会服务业	3	Q 跨境组织和机构	1	Q 人体保健和社会福利活动	3
R 文化、体育和娱乐业	5			R 艺术和娱乐业	4
S 公共管理和社会组织	5			S 其他服务活动	3
T 国际组织	1			T 私人家庭的雇佣活动以及家用无差别产品和服务的生产	2
				U 跨境组织和机构	1
（合计）15	47	（合计）11	28	（合计）15	54

从上述各种分类中不难发现，根据不同的标准，对服务业有不同的分类。但各种国际和地区性组织的统计分类，以及各国的统计分类间还是有一些联系的。

其一，BPM5 的 11 项服务组成部分与 GATS 产品覆盖面基本吻合，但仍然有几点例外。①别处未包括的政府服务这部分没有包括在 GATS 中。②GATS 认为是服务的某些交易在 BPM5 中被记录在货物名下，这与被送往境外进行维修的大多数货物的修理价值和大部分加工服务有关。③BPM5 的一些组成部分，特别是旅行，包括了货物交易。④BPM5 包括对特许使用费和许可费用的偿付。除了特许权付款之外，GATS 的覆盖面不包括这个组成部分。

其二，欧盟经济活动产业分类体系（NACE）是国际产业分类体系（ISIC）的派生分类，尽管早期 NACE 的体系结构与 ISIC 有较大差别，但从 1.0 版开始，NACE 与 ISIC 的对应性便越来越明显，不但对部门的划分完全相同，而且分类符号体系也基本相同。

其三，中国于 2002 年实施的《国民经济行业分类》（GB/T4754-2002）是在 ISIC3.0 版的基础上，根据中国的实际情况建立起来的。该体系共设 20 个门类、95 个大类、395 个中类和 912 个小类。尽管在分类结构上有所不同，但在主要门类划分上，《国民经济行业分类》与 ISIC3.0 版的对应性是很好的。因此，NACE 还可以借助 ISIC 与《国民经济行业分类》建立起相应的联系。

其四，北美 97 版不仅将标准 87 版的 10 个部门扩大到 20 个部门，还对快速增长的服务部门做了更为详细的描述，新增了大量的服务业。例如，北美 97 版中的公用事业与交通部门是从标准 87 版的运输、通信和公用事业部门中分离出来的。类似地，标准 87 版的服务部门，在北美 97 版中被划分为专业、科学与技术服务，行政、支持、废物管理和补救服务，教育服务，卫生保健和社会救助，艺术与娱乐和其他服务业（政府管理除外）6个部门。不仅如此，在标准87版的1004个产业中，仅有416个与服务业有关，而在北美97版的1170个产业中，服务业占到了565个。

六、体验经济：服务经济的结构演进

从产业革命的演进逻辑看，体验经济（Experience Economy）有可能成为继服务经济之后又一新的经济形态。美国未来学家托夫勒早在1970年《未来的冲击》一书中就提出了体验经济，认为服务业最终还是会超过制造业，体验生产又会超过服务业。体验工业可能会成为超工业化的支柱之一，甚至成为继服务业之后的经济的基础。在服务经济发展的今天，体验经济已初露端倪，如惠普公司的全面客户体验（Total Customer Experience，TCE)[①]，微软公司的XP体验，以及在娱乐业兴起和发展的互动式体验等。

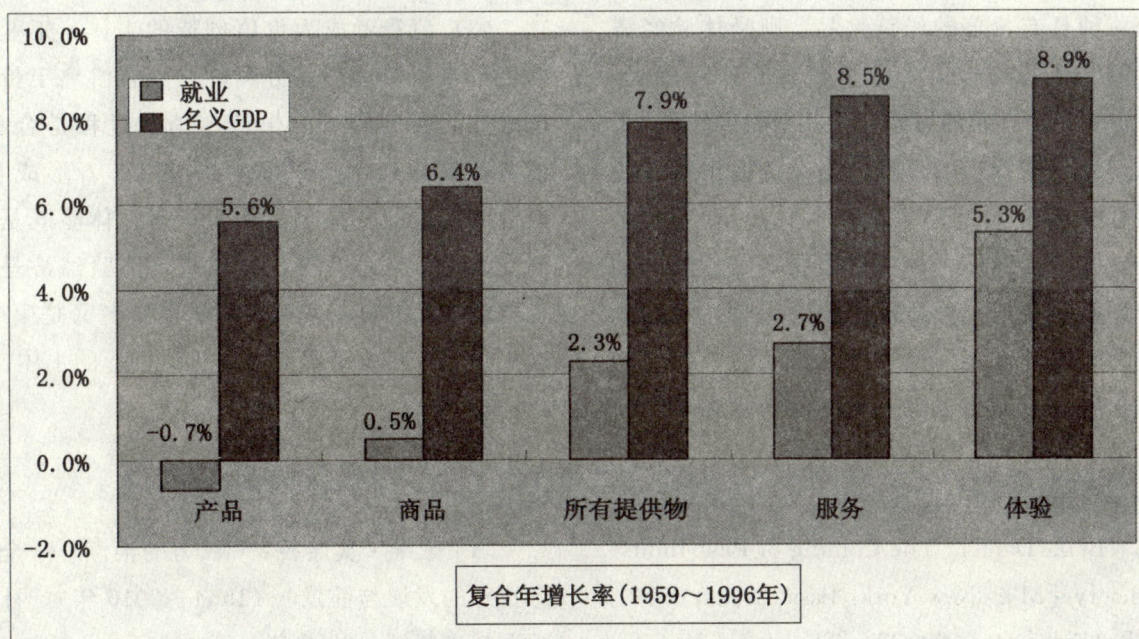

图2 根据经济提供物区分的就业增长与名义GDP增长

资料来源：B. 约瑟夫·派恩二世、詹姆斯 H. 吉尔摩：《体验经济》，机械工业出版社，2008年，第19页。

[①] 提出全面客户体验（Total Customer Experience，TCE）的惠普公司对其定义为，TCE是客户根据自己与企业的互动产生的印象和感觉。

体验经济内生于服务经济之中。这一方面是基于人类需要发展的结果。农业经济和工业经济满足的是人类生存的需要，服务经济满足的是人类发展的需要，而体验经济满足的是人类自我实现的需要。这种随经济发展而不断升级的人类需要是体验经济发展的社会基础。另一方面是基于信息化发展的缘故。当信息革命把体现个性化的定制成本降低到允许大规模经营的程度，也就意味着体验经济时代的到来。体验经济作为一种新的经济形态有其显著的特征。

（1）人的主观感受成为一种经济物品。在服务经济时代，经济物品主要是产品和服务。体验作为一种心理活动早已广泛存在于社会经济活动中，只是作为一种对产品和服务消费的附属品。而成为一种具有价值的经济物品，则是体验经济所特有的。体验的价值来源于顾客的独特感受，它使每个人以个性化的方式参与其中的事件[①]。正如派恩和吉尔摩指出的那样，当经济提供物变成更加不可触及时，价值却变成更加可触及[②]。更重要的是，体验不仅是一种生活需要，而且是一种学习和创新需要，一种适应变化的工具。随着人们体验的范围越来越广泛，对经济生活中出现的各种变化的适应能力也就有可能越来越强。如通过虚拟环境的"试错"体验，可以使企业增加对当今剧烈动荡的环境的适应力，安全地提高"创造性毁灭"的能力。

（2）生产与消费高度的个性化。在不同的经济时代，经济物品的生产方式是不同的。工业经济时代的产品生产具有明显的供给方规模经济，主要采取标准化、大批量的生产方式。服务经济时代服务提供的需求方规模经济显著，主要采取大规模定制的生产方式。体验经济是一种以人为本的经济。企业提供的不是产品和服务，而是"舞台"。消费者在这一精心制作的"舞台"上，进行自我的、唯一的、值得回忆的表演。劳动不再是一种体力支出，而是一种创造体验的行为。这是在一种被高度个性化了的消费中生产的方式。

（3）消费者成为价值创造的主体。工业经济的生产与消费过程是分离的，顾客游离于价值创造之外。服务经济的生产与消费过程是合一的，消费者参与到生产过程中，与生产者形成互动，但价值创造的主体仍然是生产者。体验既是一种消费过程，又是一种生产过程，体验经济是生产者与消费者的合一，顾客既是消费者又是生产者。这实际上意味着消费者成为价值创造的主体。

参考文献

[1] Bell. Daniel. The Coming of Past Industrial Society [M]. New York: Basic Books, 1973.

[2] Hicks, Jone R. The Theory of Wages. New York, St, Martin, 1964.

[3] B. 约瑟夫·派恩二世、詹姆斯·H. 吉尔摩：《体验经济》，机械工业出版社，2008年，第17页。

[4] 戴维·莫谢拉：《权力的浪潮——全球信息技术的发展与前景》（1964～2010年），社会科学文献出版社，2002年，第199页。

[5] 罗斯托：《从起飞进入持续增长的经济学》，四川人民出版社，1988年，第7页。

[6] 西蒙·库兹涅茨：《生产和价格的长期趋

---

① B. 约瑟夫·派恩二世、詹姆斯 H. 吉尔摩：《体验经济》，机械工业出版社，2008年，第17页。
② 同①，第178页。

势》，波士顿出版社，1930年，第1～58页。

[7] 西蒙·库兹涅茨：《各国的经济增长》，商务印书馆，1985年，第365页。

[8] 曼纽尔·卡斯特：《网络社会的崛起》，社会科学文献出版社，2001年，第214页。

[9] 克鲁格曼：《地理贸易》，北京大学出版社，2000年。

[10] 迈克尔·波特：《竞争论》，中信出版社，2003年，第236页。

[11] 迈克尔·波特：《国家竞争优势》，华夏出版社，2002年，第148页。

[12] 罗瑟瑞、李仁良、咸奎桐、范与华等：《服务业国际标准化手册》，宇航出版社，1998年。

[13] 崔维军、袁勤俭：《欧盟产业分类体系的演化》，《统计与信息论坛》，2006年第5期。

[14] 冯卫：《服务分类标准化——以服务业现代化管理的基础》，《世界标准化与质量管理》，2001年第9期。

[15] 联合国国际贸易中心著：《世界贸易体系商务指南》，上海财经大学出版社，2001年。

（执笔：上海大学管理学院副教授　李怀勇
上海交通大学安泰经济与管理学院教授　陈　宪
上海社会科学院博士研究生　康艺凡）

专题报告

文化要素、文化产业与经济增长

内容提要：本文对文化和文化产业作出较狭义的界定后，基于企业生产率与经济增长之间关系的分析、经济增长的部门过程分析方法、文化作为知识资产的作用和经济增长的演化分析法，试图对文化要素、文化产业与经济增长之间的关系提供一种理论解释，并提出几个理论性假说：第一，文化要素通过影响企业家职业选择、企业管理者选择机制，影响企业层次生产率，进而影响总生产率和经济增长；第二，文化作为知识资产，以其特有的方式进入总生产函数，从而决定了经济增长率和增长路径；第三，文化产业通过扩散效应和分工效应促进总生产率提高；第四，经济和文化的共生将转变经济增长方式和经济竞争方式。

关键词：文化   知识资本   文化产业   经济增长

一、引　言

在新古典经济增长模型中，作为主要增长源泉的"索洛剩余"包括庞杂的内容，文化要素一定位居其中。韦伯（M. Weber，1958）从宗教角度，探讨了新教伦理与资本主义精神进而与经济增长之间的关系。森岛通夫（M. Morishima，1973）遵循韦伯的思路，探讨了儒教[①]对日本经济成功增长的作用。德龙（B. Delong，1988）通过对经济史的研究，在经验上证实了韦伯和森岛通夫的观点。邹恒甫（Heng-fu, Zou，1991，1993）则为韦伯的命题建立了数学模型，探讨了宗教所代表的文化要素对经济增长的作用。实际上，发展经济学的先驱之一刘易斯（W. Lewis，1955）

明确指出，在经济增长三个直接原因中，首要的就是经济主体的态度、价值观和制度这些属于文化范畴的因素。刘易斯的观点在诺斯（D. North，1990）的制度分析中得到了更充分的体现，他的制度、制度变迁与经济增长关系的一般性框架，部分包含了文化对经济增长作用的关系。新制度经济学的最新研究（S. 鲍尔斯，2004），则基于行为经济学的发展，进一步揭示了制度和个人偏好共生演进的机制，为把握文化要素与经济增长的关系提供了有力的工具。

由于文化要素的复杂性和模糊性，对其影响经济增长的机制一直缺少探讨，更没有明确的结

---

① 当然，森岛通夫（1973）认为："在某些重要的方面，日本的儒教是非常不同于中国儒教的。"

论。但是，随着服务业在现代经济中的作用不断提高，随着服务业本身由附属型产业转变为依赖型独立产业，再转变为知识或智力密集型主导产业，经济增长已经并将继续显现两个相关的典型化事实：一是制造业服务化和服务业流程化导致的经济活动报酬递增，会提高长期经济增长率；二是知识或智力密集型服务业对经济增长的贡献程度将不断提高，具体体现为经济产出的无重化[①]（D. 科伊尔，1997），即"经济价值正在不断非物质化"[②]，而这主要是与文化产业的增长相联系。

本文侧重研究上述的第二个典型化事实。为此，需要在把握服务业变化趋势的基础上，探讨文化要素对经济增长的作用机制，探讨文化产业的性质及其增长效应，这样既能深化对经济增长过程的认识，从而具有重要的理论意义；也能启发服务业结构变迁条件下的增长政策思考。本文基于企业生产率与经济增长之间关系的分析（熊彼特，1911；舒尔茨，1987；鲍莫尔，1993，

2002；纳尔逊，1996）、文化作为知识资产的作用、经济增长过程中的主导部门转换分析（W. 罗斯托，1963；P. 巴德汉和 C. 尤迪，1999）和经济增长过程演化特征的分析，试图对文化要素、文化产业与经济增长之间的关系提供一种理论解释。本文的主要观点是，文化要素通过影响企业家职业选择、企业管理者选择机制，影响企业层次生产率，进而影响总生产率和经济增长；文化作为知识资产，以其特有的方式进入总生产函数，从而决定了经济增长率和增长路径；文化产业通过扩散效应和分工效应促进总生产率提高；文化与经济的共生演进会改变经济竞争和经济增长方式。本文结构如下：首先对文化、文化产业等概念，给出符合经济学分析的界定并简要综述已有的研究；然后基于相关的概念框架，分析文化要素和文化产业的经济增长效应，得出四个理论假说；最后是结论。

二、相关概念和理论述评

费孝通认为[③]，文化包含三个层次：第一个层次是生产、生活的工具，这是器物层次；第二个层次是组织层次，即这个社会怎样把个人组织起来，让单独的个人能够结合在一起，在一个社会里面共同生活，以及他们之间怎样互动，它包含

很多内容，比如政治组织、宗教组织、生产组织、国家机器等；第三个层次是价值观念的层次，包括宗教信仰、风俗习惯、伦理道德、意识形态与科学假说等多种价值观集合。他认为，这三个层次不可分割，是一个有机整体，它们构成"文化"

---

① 根据科伊尔（1997）的观点，第一个用日益"无重（weighless）性"来描述经济特征的人是前美联储主席格林斯潘。格林斯潘这样说过："尽管当前经济产出的重量，也许仅比半个世纪前高一点点，但调整价格因素后的实际增值则增加了三倍多。"（www. blog. frb. fed. us \ BOARDDOCS \ SPEECHES）

② 科伊尔，D.（1997）：《无重的世界》，第 22 页。

③ 见费孝通等翻译的马林诺夫斯基（Malinowski）的《文化论》一书（商务印书馆 1946 年版）。

的完整含义①。但是，本文中我们把"文化"概念限定在费孝通定义的第三层次上，并且具体地界定为"惯例"和"信仰"，前者是世代相传下来的、规则的、可以预测的公众行为方式，后者是一套价值观念和相应伦理规范。第一，这符合一般性的认识。因为文化通常特指精神层次的因素，它与物质资料和组织存在明显的区别，它与制度也不完全相同，物质资料、组织和制度均可以通过技术发明和应用、谈判或革命，在相对短的时期内加以改变，但文化是植根于公众和民族的心理结构之中，在长期的历史演化中，一代代地传承下来，几乎是无意识的东西。对于每一代人而言，文化如同父母，无可选择。一般认为，文化是社会的"非理性"（non-rational）因素，是一系列通常不加反思而获得接受并执行的社会习惯和非正式规则。文化对人的心理或思维是不自觉的影响，通过在日常生活中的教育、引导、惩戒等多种方式，文化得以从一代人相当完整地传递到下一代，除了受外来文化的冲击，一个本土文化是相当稳定的。第二，便于明确解释变量的范围，为进一步的经验实证提供条件。经济学解释的特点在于，寻求可观察因素变化引起的人类行为变化及其后果（E. Silberberg，2001），为了检验基于文化对经济增长的解释，在一个相对狭义的范围内给文化下定义，便于人们辨析文化与经济绩效之间的联系。同时，文化的功能也是多方面的，本文侧重于它对经济增长的影响，也不否认它在其他方面的作用。

M. 韦伯（1958）从宗教角度，探讨了新教伦理与资本主义精神，进而与经济增长之间的关系，

这可看做对文化要素影响经济增长的早期分析。韦伯认为，新教具有的节欲、勤劳和敬业传统，有利于提高积累和资本形成率，并与经济数字化管理的理性相符合，从而为现代经济增长提供了基础条件，这也是工业化首先在新教传统国家成功发动的原因。

森岛通夫（1973）遵循韦伯的思路，但不同意韦伯认为儒教阻碍资本主义精神的观点。他探讨了儒教对日本经济成功增长的作用，认为日本工业化的成功得益于西方国家的技术和日本化的儒家伦理，特别是儒家文化的节俭观，由此提供了经济增长所需的资本积累。

德龙（B. Delong，1988）通过对经济史的研究发现，从1870～1970年，相对于天主教为宗教主流的国家，新教为宗教主流的国家的人均收入高 1/3，并没有出现收入水平的趋同，他把新教定义为哑变量，放进经济增长决定因素的回归方程中，显示出这个哑变量与经济增长的回归系数在统计上非常显著，这意味着在经验上证实了韦伯和森岛通夫的观点。

邹恒甫（Heng-fu，Zou，1991，1993）则明确把宗教代表的文化要素纳入经济增长的数理模型中，得出一国储蓄率与该国资本主义精神体现的文化呈正相关关系的结论，即为积累而积累的资本主义精神能提高一国储蓄率，而高储蓄率又转化为高投资率和高产量增长率。他把资本家作为经济体系的经济代理人，并为其构建了一个包含消费和资本积累的效用函数：$u(c) + \beta v(k)$，其中 $\beta > 0$，是反映文化影响程度的参数，$\beta v(k)$ 表示积累资本带来的效用，$u(c)$ 表示消费带来

---

① 也有人把文化分为四个层次，即物态文化、制度文化、行为文化、心态文化。物态文化层是人类的物质生产活动方式和产品的总和，是具有物质实体的文化事物。制度文化层是人类在社会实践中形成的各种社会行为规范。行为文化层是人际交往中约定俗成的以礼俗、民俗、风俗等形态表现出来的行为模式。心态文化层是人类在社会意识活动中孕育出来的价值观念、审美情趣、思维方式等主观因素，相当于通常所说的精神文化、社会意识等概念。

的效用。经济代理人在资本动态路径 $dk/dt = f(k) - c$ 的约束下，最大化效用函数，即

$$\max \int_0^\infty [u(c) + \beta_v(k)e^{-\delta t}dt]。$$

假定效用函数取自然对数形式：$u(c) + \beta_v(k) = lnc + \beta lnk$，生产函数为 $f(k) = Ak$ 形式，并将它们分别代入效用函数和资本动态路径方程，用动态最优化的求解方法，得到资本和消费的最优时间函数。假定资本、消费和产量均按统一增长率平衡增长，经济的内生增长率 $g = A - \dfrac{\delta}{1+\beta}$。求增长率 g 对文化影响程度参数 β 的导数，有 $dg/d\beta = \dfrac{\delta}{(1+\beta)^2} > 0$，可见，$\beta$ 的值越大，增长率会越高，即文化要素与增长率之间具有正向关系，不同国家的 β 不同，部分解释了它们长期经济增长率的差异。同时，一国平衡增长过程中的储蓄率可表示为 $s = \dfrac{dk/dt}{f(k)} = \dfrac{dk/dt}{k} \cdot \dfrac{k}{Ak} = \dfrac{g}{A} = 1 - \dfrac{\delta}{A(1+\beta)}$，所以，有 $ds/d\beta = \dfrac{\delta}{A(1+\beta)^2} > 0$，即文化要素与储蓄率之间也具有正向关系，并且可能是文化影响经济增长的关键性渠道。

上述研究主要是基于资本的作用，从某种文化特质对储蓄率和资本形成影响的角度，探讨文化与经济增长之间的关系。但是，根据新古典增长理论（索洛，1957），储蓄率的提高只有水平效应，而不会影响长期均衡增长率，所以，文化要素对长期增长率的影响一定有另外的机制。

刘易斯（1955）指出，在最一般的意义上，经济增长主要取决于人的行为，理论研究需要根据不同层次探讨人的行为。首先，促使经济增长的直接原因包括经济主体从事经济活动的努力、知识的积累和资本的积累。其次，决定这些直接原因的因素是制度，从而需要研究制度如何起作用。最后，需要进一步研究什么原因使一国形成

了有利于（或不利于）增长的制度，这就要进入观念的领域，研究社会价值观，也就是文化要素的作用。刘易斯侧重从文化影响经济主体行为的角度，分析文化对经济增长的作用，他分析了文化决定经济主体对财富的态度，进而决定对获取财富的努力的态度，这两类态度决定了经济增长能否启动。

诺斯（1990）则将制度纳入新古典经济学框架，探讨了制度与个人选择之间的联系。他特别强调以"文化"形式沉淀下来的非正规制度对人的行为的重要作用，建立了文化－正式制度－经济绩效之间的逻辑联系。

鲍尔斯（2004）放弃了新古典经济学偏好不变的假设，分析了文化、制度与偏好的相互影响和共生演化。因为坚持给定偏好假设，就无法解释异质的个体参与人如何互动，进而演化出一个社会秩序。鲍尔斯的思路是，个体参与经济活动，但个体的偏好是异质的，并且可以通过后天学习获得。个体又是处于不同群体当中，作为群体的一员进行社会交往，有限理性的个体在组群内部以及组群之间行动，而无论组群内还是组群间都可能存在各种各样的利益矛盾，对这种冲突的协调需要某种规则，个体的互动形成这种规则，即制度，所以，制度取决于个体的偏好。但这个过程是互动的，即制度反过来会影响个体偏好，制度通过群体规范等形式来塑造个体偏好，这就表现出社会对个体行为的决定。结果，在这个互动过程中，个体偏好和制度共生演化，个人和集体相互作用。这种思路对分析文化－主体行为－经济增长具有极大的启发作用。

可见，与文化－储蓄率－资本形成－经济增长的逻辑线索不同，上述分析侧重于文化对经济主体行为的影响，这更能触及问题的本质，因为各种要素只有通过经济主体的行为，才能导致经

济增长，并且资本积累、技术进步也决定于经济主体的节俭、冒险、创新等行为，更重要的是，文化因素主要是影响经济主体的行为，进而影响经济增长，所以，按文化—经济主体行为—经济增长的逻辑线索，可能更适合理解文化的作用。

与增长相关的经济主体包括个人或家庭、企业、政府、学校和研究机构等，不论是私人性的还是公共性的，竞争性的还是合作性的，都是在一定的文化作用下逐渐演化和成长的，并在不同程度上决定或影响着经济增长的复杂过程。工业化开始以来的经济增长中，企业逐步从家庭单位独立出来，由家庭作坊发展成以机器为基础的工厂制企业（马克思，1867），再由传统单工厂企业主导，发展为多工厂现代大公司主导（钱德勒，1977），所以，用企业代表现代经济增长的行为主体是恰当的[1]，通过探讨文化要素对企业行为[2]进而对经济增长产生影响，为认识文化对经济增长的作用提供一种新视角。

"文化产业"的界定与文化的理论定义并不严格对应。2004 年，中国国家统计局在与有关部门共同研究的基础上制定的《文化及相关产业分类》，将文化及相关产业界定为：向社会公众提供文化、娱乐产品和服务的活动，以及与这些活动有关联的活动的集合。具体包括：第一，为社会公众提供实物形态文化产品和娱乐产品的活动，如书籍、报纸的出版、制作、发行等；第二，为社会公众提供可参与和选择的文化服务和娱乐服务，如广播电视服务、电影服务、文艺表演服务等；第三，提供文化管理和研究等服务，如文物

和文化遗产保护、图书馆服务、文化社会团体活动等；第四，提供文化、娱乐产品所必需的设备、材料的生产和销售活动，如印刷设备、文具等生产经营活动；第五，提供文化、娱乐服务所必需的设备、用品的生产和销售活动，如广播电视设备、电影设备等生产经营活动；第六，与文化、娱乐相关的其他活动，如工艺美术、设计等活动。

文化产业被认为是 21 世纪经济全球化时代的"朝阳产业"或"黄金产业"。20 世纪 90 年代初，美国提出文化产业（Culture Industry）的概念，大致包括文化艺术、音乐唱片、出版、影视、传媒、网络服务等。不久，英国提出创意产业（Creative Industry）的概念，并定义为源于个人创意、技巧和才华，通过知识产权的开发和运用而形成的具有创造财富和就业潜力的产业。按照英国专家的意见，创意产业大致包括广告、建筑艺术、艺术品和文物交易、工艺品制作、时尚设计、时装设计、电影及影像制作、互动休闲软件、音乐制作、表演艺术、出版、软件开发、电视广播等门类。新加坡将创意产业分为三大类：第一类是艺术与文化，包括摄影、表演及视觉艺术、艺术品与古董买卖、手工艺品；第二类是设计，包括软件设计、广告设计、建筑设计、室内设计、平面产品及服装设计；第三类是媒体，包括出版、广播、数字媒体、电影。

经济增长的行为主体是企业，经济增长的过程则具体表现为产业（部门）的扩展和升级、调整和整合，以及产业结构的演化。首先，决定经

---

① 中小型企业在刺激劳动密集型产业及服务产业发展上，可能比大企业具有更重要的意义……小企业在资本密集型产业中，也是形成大企业周边企业网络和集群不可缺少的部分……但是，大企业仍是现代经济增长动力的核心机构，其主要任务是推动技术进步，大企业通过在全球范围内将新技术商品化来实现它的职能，另外还要不断保持和发掘技术潜力。大企业主要通过对实物资本、人力资本投资，成为技术进步的一种工具，这对充分开发、利用技术的潜力十分重要。这些企业提供公司组织原理，从而转化生产、销售的技术方法，提升现有技术（钱德勒，1997，第 55～56 页）。

② 理论分析中，经常把企业行为等同于企业家行为，本文也是如此。

济增长的关键因素的"新技术的吸收"（应用），本来就是一个部门过程。新技术的吸收（应用）并不是出现在 GNP 或投资这类抽象指数中……技术变化就是，比如说，引进新良种，汽车装配线上使用机器人操作，发射卫星实现远程通信。这就意味着技术创新的作用，不仅会遇到一个特定部门在经济上的问题，也会遇到这个部门在制度和社会上的所有问题……其次，引进新的重要技术或其他创新于某个部门之中，是一个与其他部门以及与整个经济的运转纵横交错极其复杂的过程[①]。实际上，与新古典增长理论的技术进步外生化假定不同，新技术的研发和应用均是追求利润的企业进行投资决策的产物（P. Romer, 1986, 1990）[②]。这样，只有在企业、产业（或部门）层次上，才能把握技术进步和经济增长的机制。

此外，某种新产业的形成和扩展，对经济体系会产生扩散效应和结构（分工）效应，由此影响经济增长率，这可以解释为什么一次较大的技术应用和新产业形成时期，经济增长率会高于长期的平均水平，从而导致长期的经济增长率会波动。具体到本文的分析，文化产业的扩展、升级和整合也会影响经济增长率，只是需要一个理论框架，解释其中的机制。

三、几个重要假说

（一）文化要素的增长效应

作为影响人们行为的"惯例"和"信仰"，文化是一种传统、一种集体性意识，是一种决定经济、社会活动的外生因素。尽管它会随着自然、经济、社会的变迁而逐步演进，但文化的变化是极其缓慢的，并且一种文化的内核难以变化，否则就不会有千百年之后的华夏文化、欧美文化、中东文化等不同区域的文化类型，甚至一个国家内的不同区域也会形成局部差异的次级文化类型，如中国的吴越文化、湘楚文化、客家文化等。因此，本文把文化作为外生的既定要素，探讨它对经济增长的影响，而不考虑文化本身的演进，也不考虑经济增长对文化的反馈作用，但这并不意味着文化演进和增长对文化的反馈作用不存在或不重要，而是出于理论分析的需要。

经济增长的传统分析是探讨不同要素的贡献，以及增长均衡路径的存在性（索洛，1956，1967），最近的研究侧重于技术内生化和不同国家增长率趋同或趋异性问题（P. Romer, 1986, 1990；巴罗和萨拉伊马丁，1995）。但较少涉及经济增长中的经济主体及其作用，即使考虑相关主体，也是假定其偏好、动机和行为给定，其作用也仅仅是一种象征，并不起实际作用，例如，企业及其行为被设定为生产函数，在每一时点上，企业雇用资本和劳动存量，对其按边际产品支付报酬，并销售所生产的产品；家庭被设定为效用最大化单位，按提供要素给企业获取的收入用于消费和储蓄，追求跨时效用最大化；企业和家庭

[①] 罗斯托·W.（1963）：《从起飞进入持续增长的经济学》，四川人民出版社，1988 年，第 23～24 页。

[②] 由于知识或技术具有正外部性，导致以下后果：第一，使得企业水平的完全竞争与规模报酬相容，从而可以解释经济增长率的持续；第二，意味着企业的私人收益率低于社会收益率，使得竞争性均衡增长率低于社会最优增长率；第三，知识或技术的生产与配置不能全部由竞争性市场力量决定，一定程度的垄断可能是对企业的激励。

在市场上的相互作用，决定了经济总量的动态变化路径（经济增长），在家庭满足其预算约束和资本存量不能为负的条件下，经济增长率必然趋向稳定水平（D. 罗默，1996），这种缺少企业行为及其作用的增长分析，就像没有主角的戏剧文本，终究存在很大的缺憾。

熊彼特（1912）把企业家及其创新行为作为经济增长的最终动力，他认为，正是企业家创新竞争导致的"创造性破坏"，形成经济中的企业产生、成长，以及被新企业替代这样的动态过程，打破经济的循环流转，实现经济增长。因此，企业家创新及其引起的经济变化才是经济增长的根本现象。舒尔茨（1987）根据对扬格定理的理解，指出"经济增长理论存在两个缺陷，一是忽略了增长过程的不均衡性质和特点，二是忽略了企业家在处理这些不均衡时所作贡献的经济价值。"[1]他认为，经济增长一定与报酬递增相联系，但经济学家为了得到经济变量分析的均衡结果，必须假定报酬递减，正是经济学家们的现有分析工具，可能妨碍了他们把报酬递增作为一般性现象加以处理。"每一种收益递增状态都意味着不均衡，当这种不均衡出现时，就存在着通过资源重新配置以取得收益的机会，那些了解这个机会存在，并能抓住这个机会的人就是企业家。"[2]鲍莫尔（1993，2002）对企业家行为与经济增长的关系进行了深入探讨，认为一个经济体系中的企业家资源既可以用于生产性的价值创造活动，从而促进经济增长，也可以用于非生产性的"寻租"活动，从而对经济增长造成破坏性作用，所以，企业家与经济增长关系的性质，取决于企业家资源在两种用途中如何配置。他分析了发达市场经济国家的增长，发现这些经济体令人羡慕的增长记录，

很大程度上归功于创新，而使得创新规模较大的原因在于，自由市场的压力迫使企业把产品和市场创新作为最重要的竞争手段，作为企业生死攸关的事情，经济中竞争的主要手段不是价格，而是创新。纳尔逊（1996）认为，新古典增长理论把技术进步处理为生产函数曲线的移动是过于简单的，无法使人了解这种移动的原因，把这种未经解释的生产函数曲线移动作为经济增长的最终原因，实际上是用假设来代替解释。于是，他分析了决定企业生产率高低的因素，决定企业间生产率差异的因素，认为企业不是简单的投入—产出转换器，而是一个"社会体系"，这一体系对其成员的激励作用有高有低，程度不同，也影响着管理决策的执行方式，影响着如何识别和评价可供选择的方案，由此决定不同企业的效率差异。只有把握了企业生产率的决定因素，才能理解导致经济总量增长的生产率提高的原因，尽管不能通过简单加总企业生产率获得总体生产率水平。并且，关于技术进步的新古典分析也存在缺陷，表现在过于简化了研发支出与技术进步之间的关系，对市场条件与研发支出带来的盈利机会之间联系的认识也存在矛盾。理解技术创新过程中的以下问题才是重要的：技术创新过程存在明显的不确定性；研发活动的承担者有许多承担者，他们的竞争决定了何种新技术会胜出；对于许多技术，干中学是对研发的重要补充和替代；不同企业（或企业家）对被选技术的范围、新技术的评价上都存在差异，技术扩散起码和技术创新是同等重要的。

经济学研究通常把企业作为"黑箱"，较少考虑其内部的关系，科斯（1937）的早期研究经过

---

① ②　舒尔茨·T. （1987）："未实现收益递增进行的专业化人力资本投资"，《发展经济学的新格局——进步与展望》，经济科学出版社，1987年，第178页。

许多经济学家的发展之后，情况有所改变，但仍然没有对经济增长研究产生影响，因为增长的源泉与企业行为没有联系，没有在企业生产率决定与总生产率水平决定之间建立逻辑联系。上述的研究显示，理解企业生产率的决定因素，可能是把握总体生产率的基础；理解企业水平的技术创新和扩散，可能是把握宏观水平技术进步的关键。由此，可以得出以下的命题：企业层次的技术创新和扩散以及生产率水平，决定了一个经济体的总生产率水平和经济增长率。

接下来的问题自然是，企业或企业家的行为是否、如何以及在多大程度上受到文化的影响。首先，只能从企业层次的技术水平和生产率，推断出经济体系总体的一般技术水平和生产率，而不能相反。其次，企业层次的生产率无疑取决于自然资源状况、市场需求状况、基本的经营支持条件等，但最根本的因素还是企业内部的核心能力，正是这种核心能力使得企业的技术创新动力和压力等条件得以保证。最后，这种核心能力是什么，至今仍是见仁见智，有人认为是专有性技术，有人认为是管理，也有人把它概括为企业资源或企业知识。而且，这种资源具有稀缺性、不可模仿性和不可分割性。

我们认为，上述各种对企业核心能力的界定，在不同层次都是有道理的，但企业家能力和企业行为是最关键的，正是在这里，文化要素显示出它的作用。

首先，文化要素决定了企业家的选择机制。假定一个人在就业时面临两种选择：一是作为雇员，一是作为（创业的）企业家，作为经济人的考虑当然是综合的成本—收益权衡，如果人们的习惯或信念偏向于个人成功和承担风险，他会选择企业家职业，这样文化特征的经济体会有较高的生产率；反之则会选择雇员，这样文化特征的经济体将只有较低的生产率。林毅夫（1992）关于中国"李约瑟之谜"的分析说明了这一点。中国古代经济处于"高水平均衡陷阱"，而没有发生技术革命，与中国文化形成的激励结构有关，"前现代中国，由于从各种意义上讲，在政府任职都是最为荣耀、最有利的职业，因而，传统中国社会把进入统治阶层看做是人们在社会中不断向上爬的最终目标，最有才华的人自然被吸引到这一工作中来。为积累参加这些考试所需的特殊人力资本，人们将他们有限的时间和资源用于这方面的足够激励"。① 这样，必然限制从事科学研究、实业经营方面的资源。哈里森（L. Harrison, 1985）的研究也显示，由于拉丁美洲文化中有一种反企业家精神和反节俭因素，这种文化压抑了企业家本能，从而阻碍了经济增长率。

其次，文化要素决定了企业内部管理者的选择机制，进而影响经济总体的生产率。与人有生命一样，企业组织也有相应的生命周期，很少有一家企业能够长期存在。当然，正常技术变化、产业调整导致的老企业退出、新企业进入，恰恰是经济增长的动力之一。但在正常情况下，企业经营的持续和业务规模的扩展，一定是基于企业层次生产率的提高，这对总生产率和经济增长自然具有积极作用。而要保证这一点，最关键的就是企业成长过程中的管理人员选择机制和企业内部的激励机制。文化因素在这方面具有相当的影响，如果一种文化倾向于把最有经营能力的人挑选出来，并安排在适当的企业管理岗位，企业的生产率一定较高，从而也有较高的总体经济增长率。N. Bloom 和 J. Reenen（2006）根据对美国、

---

① 林毅夫："李约瑟之谜：工业革命为什么没有发源于中国"，《制度、技术与中国农业发展》，上海三联书店，1992 年，第 269 页。

法国、德国、英国共 732 家企业的实证研究，发现不同文化背景下的管理者选择机制不同，对企业生产率产生显著影响。①管理经验和水平与反映企业绩效的多项指标具有很强的正向关系，绩效指标包括生产率、利润率、托宾 q、销售规模和企业存活率。②管理经验显示了明显的跨国差异，美国企业的平均管理水平高于欧洲国家，并且发现，产品市场竞争越弱、家族拥有并且是长子继承的企业，管理水平通常较低。③研究也发现，欧洲企业面对较弱的产品竞争市场，企业生产率水平低于美国。同时，英国和法国企业由于受诺曼法规和家庭财产继承传统的影响，从而较多是长子继承，它们的企业生产率也低于德国。

最后，文化要素也会影响企业内部的劳资关系，以及企业之间的分工协作关系，从而影响企业生产率，这方面有大量关于日、美企业与日、欧企业的比较研究，尽管结论不同，甚至互相矛盾，但有一点是确定的，即不同文化背景下，企业内部及企业之间的关系显示不同的特征，相应地对企业生产率差异具有部分的解释能力。

假说 1：文化通过对企业家职业选择、管理者选择和企业内及企业间关系的影响，决定了企业生产率，进而影响总体生产率和经济增长率。

（二）文化作为知识资产

按照经济学的定义，资产是一笔存量，其使用可以提供相应的服务流，例如，流动资产提供的服务流预期时间少于一年，固定资产提供的服务流预期时间在一年以上。厂房和设备等物质资本、自然资源、劳动力、技术等要素的存量，均可以视为不同形态的资产，它们均提供相应的服务流，对产品和服务的生产作出贡献。不同形态资产的增加是实现产品和服务增加的前提条件，古典经济学把劳动力使用的分工和专业化，作为总产量增长的源泉（A. 斯密，1776），并把自然资源（土地）作为经济增长的最终约束（李嘉图，1817；马尔萨斯，1798），新古典增长理论对物质资本和劳动力增加导致的产量增加，给出了合乎逻辑的结论（索洛，1956），新增长理论进一步揭示了技术进步导致经济增长的机制（P. 罗默，1986，1990），来自 R&D 投资、学校教育和培训、干中学等途径的知识增加，是技术进步的来源，至此，经济学家终于把知识纳入生产函数[①]，克服了假设外生技术进步讨论经济增长的不足。

与物质资本、劳动力存量这些传统资产不同，知识资产不具有独立的形态，而是通过三种方式渗透在实体因素中：第一，直接融入实物资源中，即嵌入在实物产品或工艺中；第二，把实物资源组织起来，即知识本身作为信息，嵌入生产经营过程的设计和操作文件中；第三，增强行为主体的理解力，即知识本身嵌入个人大脑或组织中。因此，知识资产无法被直接观察到，通常只能通过实物资源的性质间接显示出来。劳动力总是具有一定知识和技能的活动主体[②]，物质资本也同样包含不同时期的知识，例如，数控车床比普通机床包含了更多的新知识，可用自然资源也是随时间过程不断增加的知识的函数，没有关于煤炭、石油的知识，它们均是无用之物，土壤方面的知识可能使原有土地效用更大。特别是通常的生产函数完全不考虑要素的组织[③]，从而抹杀了生产的组织性知识，实际上，管理知识增长对总产量增

---

① 当然，也有经济学家对知识的这种处理方式不认同。例如，M. 斯科特（1989）认为，罗默把知识纳入现有生产函数中去的尝试是站不住脚的。

② 所以，通过区分劳动和人力资本以显示知识的独立性，可能并不合适。

③ 马歇尔（1890）曾把组织作为一种独立的生产要素。

加的作用，绝不逊色于设备、工艺等方面的技术进步。

按照费孝通的文化定义，上述嵌入在生产要素中的知识和组织性知识，属于其定义的前两个层次，加上第三层次的宗教信仰、风俗习惯、伦理道德、意识形态等多种价值观集合，我们可称为"广义的文化知识"，可以大致分成技术性知识、组织性知识和制度性知识，同时把制度性知识称为"狭义的文化知识"①。前两个层次无疑是知识资产，第三层次是否也可以归入知识资产呢？

人们往往把价值观念层次的制度性知识看做理所当然，而不看做是需要重视和利用的一种资产，实际上这是片面的。技术性和管理性知识资产的潜在价值，很大程度上决定于如何使用，以及它们被用于何种环境，正是制度性知识框定了技术、管理性知识的使用方式和使用环境，从这个意义上说，制度性知识是企业、行业、区域和国家的公共知识资产。

知识是通过对数据和信息进行编码、抽象化而形成的（M. 博伊索特，1998），编码和抽象化的水平确定了知识被嵌入实物、文件、组织以及主体头脑之中的范围，实物、文件会腐朽，组织和人会衰老、消亡，但有些知识会被同时代人及子孙后代所掌握，变成他们自我的一部分得以传承，并对人们的行为形成规范，这些就是制度性知识，所以，有人把文化称为一种"集体的记忆"，这种集体记忆的不同层次分别构成企业文化、区域文化和民族（国家）文化等，不同文化的差异会对知识资产积累形成不同的影响。博伊索特（1998）根据经济交易的信息特点，在他设计的使用编码程度、抽象程度和扩散程度表示的三维信息空间中，区分了四种类型的文化：市场文化、官僚制文化、宗族文化和采邑文化，它们分别对应着不同的制度性知识，它们影响着主体的学习方式和创造知识资产的途径。

综上所述，狭义的文化知识通过框定了技术、管理性知识的使用方式和使用环境，影响主体的学习方式和创造知识资产途径，对一般性的知识资产产生影响，从而可以有充分的理由把文化看做知识资产。实际上，在 20 世纪 80 年代后的管理学研究中，已经把企业文化作为一种战略性资产（迪尔和肯尼迪，1982；科特和赫斯克特，1992）。

文化作为知识资产，它对经济增长的作用机制可以通过生产函数进行讨论，并在下面讨论中，对知识资产和文化不加区分。由于知识资产不能作为一种独立要素出现，而是包含在物质资本、劳动、资源等要素之中，按照增长核算的思路，分解出知识增长对总产量增长的贡献份额并不恰当。应用于生产过程的知识，既表现为嵌入各种要素结构之中的知识，也表现为整合这些要素的组织知识，还包括影响"嵌入"和"整合"的制度性知识，知识成分越多，在生产要素使用上的节约就越显著，所以，总产量水平既是各种要素的函数，也是各类知识的函数。传统生产函数不考虑知识的作用，假定技术水平给定时，把特定水平的总产量（用等产量曲线表示）看成是劳动和资本投入不同组合的结果，沿着任一条等产量曲线的移动，反映了要素之间的边际技术替代率。

如果对生产函数稍加改造，可以讨论知识资产的作用。如果把要素的物质属性与知识属性分

---

① Throsby（2001）界定了四种类型的资本：实物资本、人力资本、自然资本和文化资本。他认为文化资本（资产）除了具有经济价值外，还内含、储藏或提供文化价值。文化资本也有存量和流量之分。文化资本以两种形态存在：第一种是有形的建筑物、位置、场所、艺术品等形式；第二种是无形的心智资本，以群体共有的观念、习惯、信仰及价值的形式存在。

别抽象出来，分别表示为两个维度，从而可以把特定水平的总产量（用等产量曲线表示）看成要素物质属性与知识属性不同组合的结果，如图1所示。沿着任一条等产量曲线的移动，反映了要素物质属性与知识属性之间的边际技术替代率，这意味着在一定的总产量水平下，知识资产投入与物质资源投入之间存在权衡替换关系，通过沿着等产量曲线的移动，一个经济可以通过增加知识资产投入来节省物质资源的投入；反之亦然。不过，从人类长期的发展经历看，基本趋势是沿着等产量曲线向左上方移动，反映了知识资产在经济活动中的作用逐步提高。比这种权衡替换更重要的是，随着知识资产作用的提高，知识资产积累中的学习效应和知识资产使用中的外溢效应，导致对物质要素和知识的同时节约，形成图1中曲线A向曲线B的不连续变化。由于知识资产的积累也要耗费资源，对知识资产的节约具有同样的经济意义。

综上所述，文化作为知识资产，对经济增长的作用机制有二：一是通过对物质要素的替代，二是通过对物质要素和知识资产的节约。

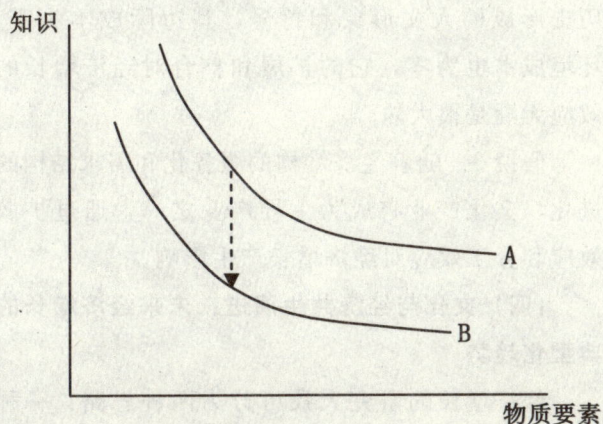

图1 改造的等产量曲线

假说2：文化作为知识资产，以其特有的方式进入总生产函数，从而决定了经济增长率和增长路径。

（三）文化产业的增长效应

经济增长分析的传统是总量分析，所以，结构因素不加考虑，从而具体产业的增长效应自然不会进入增长理论的范畴。然而，以罗斯托为代表的增长部门分析法，则强调增长过程的不均衡性，因为经济增长来自技术进步，它对经济增长的作用一定体现在应用中，即技术进步必然体现为某一具体部门的产品创新、过程创新或工艺、组织创新，所以，经济增长必然是由这些技术应用部门的增长拉动，并通过这类部门与其他部门的联系，带动更多部门的产量增长，进而形成增长过程。这类最先应用技术的部门就是某个时期的主导部门，原有主导部门潜力逐渐减小，经济增长就会减速，这时出现另外的新技术应用部门，经济增长的主导部门就发生变化，继续新一轮的增长，现实的经济增长就是在这种主导部门的形成和替换中实现的。增长的总量分析是主流，而增长的部门分析方法影响较小，但这并不意味着后一种方法有错，而是出于不同的研究目标，这两种分析思路并不矛盾，而是互补的。

经济增长中的产业演进规律，经济学家已有充分研究，有配第一克拉克定理、钱纳里结构标准模型、刘易斯－费－拉尼斯模型等。但这些模型主要是寻找经济增长过程中结构转换的一般性趋势，结构转换对增长率的效应较少涉及，而罗斯托的部门分析方法提供了较好的分析依据。

罗斯托方法中的结构转换表现为经济增长过程中的主导部门变换，结构转换对增长率的影响表现为扩散效应，包括以下方面：回顾效应、旁侧效应和前向效应。回顾效应是指主导部门增长过程中，会对原材料、机器产生新的投入需求，这些需求导致这些投入品生产部门技术进步和产量增加，主导部门形成的投入要求可能是物质的，也可能是人力的或制度的。旁侧效应是指主导部门发展引起周围相关部门的一系列相关变化，这种变化趋向于在广泛的方面推进经济结构的转变，例如，制造型的主导部门扩张，会导致工业化的展开，相应地导致人口的转移和城市化，又进一步导致配套的基础设施和相关服务业的形成，所有这些旁侧影响又反过来进一步加快最初的主导部门扩展，特别是，这种旁侧效应会形成企业和产业在某个区域的集聚，从而产生规模经济和范围经济。前向效应是指主导部门发展引起其他部门投入品价格的下降，吸引企业家进一步开发新的产品和服务，这样，主导部门产生了一种刺激力，为更大范围的经济活动提供了可能性，有时候甚至为下一个主导部门建立台阶。

经济增长过程中的部门结构变化除了上述的扩散效应，还有分工效应，即经济活动过程的分工越来越深化，分工深化导致的报酬递增收益，只要大于分工深化导致的交易成本增加，分工过程就会继续，一直持续了报酬递增收益等于增加的交易成本，达到均衡分工水平。并且，在分工深化的过程中，经济主体也会同时寻求提高交易效率的技术，节约交易成本。所以，在一定范围内，结构变化导致的分工过程与经济增长率之间存在着互相促进的强化作用。

文化产业作为新兴产业，其规模扩大迅速，它在现代经济中能否作为主导部门，产生上述的扩散效应和分工效应，是我们关注的重点。

首先，文化产业包括的范围广泛，具有强大的扩散效应。按照目前我国的分类，文化产业包括核心层、相关层和外围层三个层次，数十个子产业（顾江，2007）。从产业链条看，具有很强的扩散效应。例如，一个创意的题材，可以形成电影、电视剧、动画、漫画、形象产品、音乐、舞台剧、纸质出版物等大量的衍生产品，并且可以与广告、设计等许多方面联系开发，可见，文化产业的旁侧效应非常显著。文化产业还会带动相关设备制造、设计、研发等后向部门发展，也会为前向的推广、知识产权交易等提供条件。

其次，文化产业的最大特殊性在于，它主要提供精神产品，除了给产品或服务购买者提供娱乐、休闲等直接经济效用外，还具有不同程度的教育效用，从而具有附带的人力资本投资功能。通常的人力资本投资方式是学校教育活动或各种培训，需要相应的投入成本，经济人也是根据人力资本投资的成本－收益权衡，确定最优的资源量配置于该项投资。但文化产业的人力资本投资是一种正外部的溢出效应，就是说，相当于无成本的投资。依据卢卡斯的人力资本溢出模型，考虑到人力资本投资的溢出效应后，即使没有劳动力的外生增长，经济增长率也会持续，进而可以说，文化产业具有显著的增长效应。

最后，文化产业中除了创意部分之外，还有一个重要的部分是以文化（人文）资源为基础的旅游和相关的产业开发，这类产业的主要投入是历史形成的人文形象和符号，其边际成本为零，环境成本也为零，它的扩展和整合对经济增长的效应无疑是很大的。

假说3：随着经济结构的服务化和需求结构的进化，文化产业将成为主导产业之一，通过扩散效应和分工效应对经济增长产生影响。

（四）文化与经济共生演进：未来经济增长的典型化趋势

经济增长的研究大致可分为两种思路：一种是动态一般均衡方法，以索洛－斯旺－拉姆赛模型和新增长理论（D. 罗默，1996）为代表；另一种是演化论方法，以纳尔逊－温特模型（纳尔逊和温特，1982）为代表。动态一般均衡分析侧重于经济增长均衡路径的存在性，以及技术因素内生－外生性处理，但存在以下不足：首先，这种分析的结论并不符合极长期经济增长过程的典型化事实，特别是发达国家早期从马尔萨斯陷阱向持续增长的转换，以及 20 世纪 50 年代以来各国经济增长绩效的巨大差异（O. Galor，2004）；其次，完全忽视了经济增长的复杂过程及其微观基础，无法揭示技术进步的具体机制。

实际上，经济增长是一种极其复杂的动态过程，它由不同的企业竞争行为导致的经济结构变迁所推动，是一种非均衡的过程，而动态一般均衡模型恰恰抽象掉了这种过程。演化论方法虽然不很成熟，但对经济增长非均衡过程的方向和速度给出了比较合理的解释（J. 梅特卡夫，1998），补充了增长的动态一般均衡分析。

首先，演化论方法强调经济增长是一个选择过程。企业的创新、模仿、扩散这三种不同的类型行为，导致了它们的多样性，这些多样性企业之间互动，形成不同的增长速率和生存状态，市场选择使得增长速率高的企业生存下来并获得更多资源，增长速率低于平均水平的企业被淘汰，从而形成不同企业分布的变化，由此引致结构变化，这就是经济增长的现实过程。可见，宏观上的增长是对微观多样性进行市场协调的产物，尽管我们总是在宏观层次上衡量经济增长，但只能将经济增长理解为微观驱动的现象，这样不仅把握了技术进步的实现机制，也确定了技术创新的主体。

其次，演化论方法认为，企业之间竞争行为是经济增长的初始动力。但这里的竞争概念不同于新古典经济学均衡分析中的竞争概念（J. 梅特

卡夫，1998）。后者的完全竞争理论基于完全市场、价格接受者和自由进出思想，将竞争视为一种均衡状态，实际上不包含任何竞争；前者把竞争理解为对抗，基于企业多样性事实再添加垄断因素，定义为熊彼特式竞争，即竞争的驱动力不是价格调整而是创新。正是追求生存、适应和成长的竞赛，使得企业不断创新，形成技术进步的持续和加速。

最后，演化论方法把企业创新行为与市场协调及信念和制度背景联系起来。创新包括现有企业实施的，或者新进入企业进行的，哪些创新会在市场上成功并得到模仿或扩散，只有通过市场过程的选择才能确定，"未经协调的对创新的追逐，以及随后对所产生的行动的市场协调，把这两者联系起来就是资本主义经济变迁模式与众不同的特征……创新的经济和社会后果，直接取决于它们运用于一般用途的范围以及扩散程度。而其影响的扩散则取决于市场对相互竞争的创新进行协调的方式"[①]。特别重要的是，上述的创新及其市场协调，也是与广泛的信念和制度背景相适应的，这些信念和制度决定了创新的速率和方向，同时，技术创新及其经济增长作为快变量，迟早会影响信念和制度这类慢变量，所以，技术、经济与属于文化范畴的信念、制度之间，不同程度地存在共生演化的关系。

长期经济增长过程清楚地显示出农业部门主导，经历工业部门主导向服务部门主导的结构变迁，相应地，起主导作用的要素大致经历了土地、资本、技术、智力资本的转换，创新（innovation）从工业部门主导阶段开始，其重要性逐渐增强，熊彼特（1912）归纳的创新内容包括产品、工艺、市场、资源和组织等方面，均与工业部门

---

① J. 梅特卡夫（1998），第 5 页。

主导阶段相适应，而服务部门主导阶段创新的主要内容是创意（idea），如设想、构思、蓝图、设计、程序等，特别是现代知识密集型服务业中的创新，其物质形态的成分越来越少，更多地表现为思想或意识形态的东西，所以，未来的经济发展趋势逐渐与服务业、智力资本、创意相联系，而这些方面均与文化因素和文化产业具有天然的共生关系。

生物学和生态学中的"共生"，是描述植物、动物、微生物等物种间关系及其与环境关系的概念，共生过程是不同单元的一种自组织过程和共同进化过程，合作协同、相互适应、相互依赖、共同发展、共同进化是共生现象的本质特征。随后被社会科学或人文学科借用，并被用于指导经济活动方式的设计。例如，利用共生概念研究国际合作关系、可持续发展、企业集群、银行与企业的合作等，世界各地的工业生态园建设就是依据共生概念和生态学原理的实践。正是由于服务经济发展趋势以及其他与文化的密切联系，我们把经济和文化的共生演进作为未来经济增长的典型化事实，正如工业革命后，基于科学的技术（库兹涅茨，1966）与经济共生一样，在当今服务业结构不断高度化的时代，文化与经济共生是一种必然。

服务经济条件下，增长的主要因素是人力资本或智力资本，增长的创新动力是创意。一方面，智力资本的规模和创意的数量，均更多地受到文化因素的制约，即人们的价值观、信仰、惯例等

对经济增长的影响效应在增强；另一方面，基于智力资本创意的经济增长也推动文化的变革，从而产生两者的共生演进。相对于工业化社会的经济增长，经济与文化共生演进导致的一个重大变化，可能就是增长方式的转变，即主要依赖物质资源投入转变为主要依赖智力资源投入，因为智力资本的积累更多地依赖于文化因素和文化产业，而智力资本积累本身的大部分内容就是文化；文化产业的发达有利于智力资本积累，从而促进创意的规模扩大。同时，更多创意产生大多带来文化产业门类的扩大。可见，这种文化（产业）与经济增长的共生演进会产生正反馈效应，对两者均产生规模报酬递增。

服务经济条件下，企业组织形态也会出现新的特点，由传统的层级制为主，转变为多种组织形式并存的情况，联盟式、网络式的企业组织形式逐渐增加，层级制形式本身也会逐渐减少纵向层次，向扁平式、集团式等转变。企业组织形式的转变，导致企业竞争方式的变化，由侧重于彼多此少的竞争，转变为侧重于合作式竞争，更多地关注"共赢"。智力资本作为主要生产要素的条件下，企业管理的理念也越来越关注人力资源的激励，相应地，企业文化对企业经营战略和绩效具有越来越重要的作用，这反映了经济微观层次上文化与增长的共生演进。

假说4：随着服务经济的发展和结构升级，经济与文化的共生演化成为趋势，由此改变经济增长方式和经济竞争方式。

四、结　论

虽然文化因素的复杂性和模糊性，增加了理论分析难度，但对文化和文化产业作出较狭义的

界定后，本文基于企业生产率与经济增长之间关系的分析、经济增长的部门过程分析方法和经济

增长的演化分析法，试图对文化要素、文化产业与经济增长之间的关系提供一种理论解释，并提出四个理论性假说：第一，文化要素通过影响企业家职业选择、企业管理者选择机制，影响企业层次生产率，进而影响总生产率和经济增长；第二，文化作为知识资产，以其特有的方式进入总生产函数，从而决定了经济增长率和增长路径；第三，文化产业通过扩散效应和分工效应促进总生产率提高；第四，经济和文化的共生将转变经济增长方式和经济竞争方式。这些假说只是初步的分析，有待进一步的建模和经验实证。希望有更多的进一步研究，尤其是经验实证的研究，使我们对文化与经济的关系有更透彻的理解。

参考文献

[1] 巴德汉·P.、C. 尤迪（1999）：《发展微观经济学》，陶然等译，北京：北京大学出版社，2002 年。

[2] 鲍尔斯·S.（2004）：《微观经济学：行为、制度和演化》，江艇等译，北京：中国人民大学出版社，2006 年。

[3] 博伊索特·M.（1998）：《知识资产：在信息经济中赢得竞争优势》，张群群等译，上海：上海人民出版社，2005 年。

[4] 迪尔·T.，A. 肯尼迪（1982）：《企业文化：现代企业的精神支柱》，唐铁军等译，上海：上海科学技术文献出版社，1989 年。

[5] 科伊尔·D.（1997）：《无重的世界》，罗汉等译，上海：上海人民出版社，1999 年。

[6] 顾江：《文化产业经济学》，南京：南京大学出版社，2007 年。

[7] 刘易斯·W.（1955）：《经济增长理论》，梁小民译，上海：上海三联书店，1990 年。

[8] 罗默·D.（1996）：《高级宏观经济学》，罗剑译，北京：商务印书馆，1999 年。

[9] 罗斯托·W.（1963）：《从起飞进入持续增长的经济学》，贺力平等译，成都：四川人民出版社，1988 年。

[10] 梅特卡夫·J.（1998）：《演化经济学与创造性毁灭》，冯健译，北京：中国人民大学出版社，2007 年。

[11] 纳尔逊和温特（1982）：《经济变迁的演化理论》，胡世凯译，北京：商务印书馆，1997 年。

[12] 诺斯·D.（1990）：《制度、制度变迁与经济绩效》，刘守英译，上海：上海三联书店，1994 年。

[13] 诺斯·D.（1998）：《制度、意识形态和经济绩效》，载 J. 道等编：《发展经济学的革命》，黄祖辉等译，上海：上海三联书店，2000 年，第 119～120 页。

[14] 森岛通夫（1973）：《日本为什么成功》，胡国成译，成都：四川人民出版社，1986 年。

[15] 韦伯·M.（1958）：《新教伦理与资本主义精神》，于晓、陈维纲译，北京：生活·读书·新知三联书店，1987 年。

[16] 邹恒甫（1993）：《积累欲、节俭与经济增长》，载《经济研究》第 2 期，第 56～64 页。

[17] B. Delong：Productivity growth, convergence and welfare：comment. *American Economic Review*，December，1988.

[18] D. Throsby：Economics and Culture, Cambridge University Press，2001.

[19] E. Silberberg & W. Suen：The structure of economics，*McGraw-Hill Companies, Inc*，2001.

[20] Heng-fu Zou: Thespirit of capitalism and long-run growth. The World Bank Working Papers, No. 630, March 1991.

[21] L. Harrisen: Underdevelopment is a state of mind, *Harvard University Press*, 1985.

[22] N. Bloom & J. Reenen: Measuring and explaining management practices across firms and courntries, *NEBR Working Paper* (2006) No. 12216.

[23] O. Galor: From stagnation to growth: unified growth theory, in P. Aghion & S. Durlauf (eds.): Handbook of Economic Growth, *North-Holland*. 2004.

[24] P. Romer: Increasing returns and long-run growth, *Journal of Political Economy*, Vol. 94, No. 5 (1986), pp. 1002~1037.

[25] M. Scott (1989): A New View of Economic Growth, Oxford: Oxford University Press.

（执笔：上海交通大学安泰经济管理学院教授 陈 宪
上海大学经济学院副教授 韩太祥）

文化产业：云南服务经济的主导产业

内容提要：云南拥有丰富的自然资源和民族文化资源，旅游业的迅速发展促进了云南文化产业的发展。近年来，云南文化产业逐步走在了全国大部分地区的前列，尤其是在西部民族地区具有较为典型的代表性。由于云南的服务经济缺乏良好经济基础的支撑和高新科技力量的推动，文化产业就成为云南服务经济的主导产业。

关键词：云南　服务经济　文化产业

随着社会进步和生产力的迅速提高，产业结构调整成为经济发展的必然要求。服务业的迅速崛起成为现代社会经济发达国家和地区产业结构的主要特点，服务经济越来越多地被作为经济社会发展的重要内容，得到极大的重视和推动。一般地说，服务经济建立在一定的经济基础之上，以科学技术为引擎，主要的表现形式是各种类型服务产品的提供和消费。不同地区、不同经济水平和社会发展程度决定了服务经济的门类、结构和特点之间的差异。

长期以来，云南是经济发展相对滞后的地区，消费市场体系还有待逐步完善，科技水平也远落后于发达国家或者我国东部发达地区。但是，云南拥有丰富的自然资源和民族文化资源，随着旅游业在近年来的兴起，这些资源逐步发挥出极大的优势，因此，与旅游业相关的服务行业门类得到迅速发展。

文化产业的主要内容是文化产品和服务的提供和消费。旅游业的迅速发展促进了云南文化产业的发展。近年来，云南文化产业逐步走在了全国大部分地区的前列，尤其是在西部民族地区具有较为典型的代表性。云南文化产业的发展和经济发达地区规模化、集群化发展新闻出版、影视传媒、信息网络等不同，主要体现在民族文化资源挖掘和文化体验服务提供上。云南的服务经济缺乏良好经济基础的支撑和高新科技力量的推动，目前是围绕着文化服务来拓展的，因此，文化产业成为云南服务经济的主导产业。

一、文化产业迅速发展，服务经济总体上升

云南的经济发展多年来处于相对下游的水平，但随着近年来旅游业兴起，并成为云南经济发展的主要支柱以来，人们的收入水平稳步提高，促进了总体经济水平的上升，同时也促进了云南以

文化产业为主导的服务经济显现出较快的发展势头。旅游业的发展不仅给云南本地人带来了收入，提高了生活水平，而且，大量外来游客的涌入，已成为云南消费市场上最重要的力量。

（一）本地消费市场日臻成熟，为扩大文化消费奠定了基础

经济总体水平的提高促进了服务经济的发展。2007 年，云南全省生产总值（GDP）完成 4721.77 亿元，比上年增长 12.3%，增速比上年提高了 0.4 个百分点。其中，服务业增加值 1813.24 亿元，增长 12.1%。人们收入水平的提高，直接影响着服务经济的发展。近年来，云南经济呈现稳步发展的趋势，城镇居民可支配收入和农村居民人均纯收入不断提升，支出和消费也随之上升。与此同时，2007 年，全省地方一般预算支出完成 1134.7 亿元，比上年增长 27.0%，其中用于交通运输、教育、科技、医疗卫生、社会保障和就业的支出分别增长 122.3%、14.1%、19.3%、31.1% 和 26.9%[①]。当然，限于云南省社会发展的实际情况，本地市场的主要构成仍然是城镇居民。就今年 1～9 月份来说，云南省城镇居民可支配收入为 9725.82 元，同比增长 12%，扣除价格因素后实际增长 5%。与收入增加相适应的是，消费性支出呈现相应增长的态势。2007 年 1～9 月，云南省城镇居民人均消费性支出 6753.93 元，比上年同期增长 15.6%，扣除价格因素后实际增长 8.3%。同期，城镇居民因价格上涨多支出 424.1 元，占消费支出的 6.3%。其中，8 大类消费支出呈"6 增 2 降"态势。"6 增"，即食品类、衣着用品、居住、家庭设备及服务、交通通信、文化娱乐及服务增长。"2 降"，即其他商品和服务支出降幅较大，医疗保健支出略有下

降[②]。2007 年 1～9 月，云南省城镇居民家庭恩格尔系数达到 47.7%。2007 年末，全省城市化水平达到 31.6%，比上年提高 1.1 个百分点。通过这些数据可以看出，即使在商品价格上涨幅度较大的时期，云南省的城镇居民实际收入仍然保持着上升的势头，尤其是文化娱乐等服务消费支出的增长，显示了云南省本地文化消费市场的日臻成熟，为文化产业和服务经济的发展奠定了坚实基础。

（二）外来消费市场的不断扩大，为文化服务业发展开拓了广阔空间

2007 年，云南全省旅游人次达到 9444.51 万人次，旅游总收入为 559.21 亿元，占 GDP 的 11.8%，其中入境海外游客为 458.36 万人次，旅游收入为 8.6 亿美金，国内游客为 8986.15 万人次，旅游收入为 497.74 亿元。根据国际上对旅游中文化消费的计算方法，在欧美等发达国家，文化消费在旅游消费中所占比重大约为 60%。我国尤其是我省经济水平相对落后，因此，根据旅游总收入和文化相关门类的测算，云南省文化消费在旅游消费中的比重在 40% 左右。以此推算，2007 年旅游消费中的文化服务消费近 223.7 亿元，与之相关的交通运输、食宿等服务消费则达到 335.5 亿元左右。整个外来游客消费市场占据了云南服务消费近 60% 的市场，外来消费市场的持续扩大，为云南服务经济发展开拓了广阔的空间。

（三）文化产业保持强劲发展势头

2001～2005 年，全省文化及相关产业增加值年均增长 27.53%，2005 年达 183.58 亿元，占全省 GDP 的 5.29%。2006 年，云南省文化产业增加值超过 216 亿元，比 2005 年增长 18.1%，占全省生产总值比重为 5.41%，比 2005 年提高 0.12 个百分点。个

---

① 数据来源：中国发展门户网，http://cn.chinagate.com.cn。
② 数据来源：云南新闻网，http://www.yn.chinanews.com.cn。

体文化产业增加值比上年增长 15.2%（详见表1）。

表1 2006年云南省文化产业增加值

指标名称	绝对值（万元）	比重（%）
全省文化产业增加值	2167179.00	100.00
一、文化创意业单位增加值	1257653.56	58.03
劳动者报酬	488276.43	38.82
本年固定资产折旧	262628.63	20.88
生产税净额	151624.59	12.06
营业盈余	355123.91	28.24
二、文化产业个体增加值	909525.44	41.97

资料来源：根据云南省文化体制改革和文化产业发展领导小组办公室统计数据整理。

云南文化产业在总体迅速上升的同时，各行业门类也出现不同的发展趋势，不断地调整和优化内部的产业结构。其中，文化艺术服务的增加值在 2003～2005 年增加了 38.3%，在 2005～2006 年增加了 14.83%，年平均增长 17% 左右，是增幅较大的一个行业（详见表2）。其他文化服务行业门类也上升较快。以高新科技为动力的几个行业门类也显现出上升的趋势，这些行业门类主要集中在中心城市，逐渐形成了与中东部城市服务经济体系相近的行业结构。

表2 有关年份云南省文化产业行业门类增加值比较 单位：万元

	2003 年	2005 年	2006 年
出版发行和版权服务	440038.103	400402.269	439280.95
广播、电视、电影服务	28667.888	26135.413	47900
文化艺术服务	5509.609	8929.733	10254.01
网络文化服务	3787.6322	9561.314	13536.91
文化休闲娱乐服务	212879.837	196125.324	249551.73
其他文化服务	54919.926	117576.831	145887.29
文化用品、设备及相关文化产品的生产	94123.914	148610.471	182307.93
文化用品、设备及相关文化产品的销售	110801.412	138083.256	156191.62
体育产业	2248.147	764.181	12743.12

资料来源：根据云南省文化体制改革和文化产业领导小组办公室多年统计数据整理。

二、以旅游业为平台，文化服务产业特色明显

云南的文化产业是依托旅游业迅速发展起来的。和旅游相关的演出演艺、民族民间工艺品、乡村文化等以民族文化体验为核心内容的文化服务业得到充分发展，体现出云南文化产业和服务经济行业门类上的显著特征。

（一）演出演艺业

演艺业即舞台表演艺术业，几乎囊括了所有可以进行现场表演的艺术门类。云南特有的丰富多样的文化资源为演艺业的发展带来了得天独厚的资源优势。2005 年，云南演艺业的总产值规模

位于全国第八，增加值位于第十。总体来说，云南已进入全国演艺业十强之列。近年来，云南演出演艺产业精品层出不穷，演出硬件设施的不断完善，演出运行模式的多样化，农村演出队伍的日益活跃，大量民族演艺人才的输出和对外文化艺术交流的发展，成为促进云南演出演艺产业的良性推动力。

云南省文化艺术全面繁荣，优秀作品不断涌现。全省艺术表演团体每年新创上演剧（节）目都在 100 台以上，年均演出 8000 多场次，观众逾1000 万人次。大量的文艺演出作品在省内外的重大文艺赛事上获得了可喜的成绩。2006 年，云南选手和表演团体在第十二届 CCTV 全国青年歌手电视大奖赛中获得 1 金 2 银 3 铜的好成绩，奖牌数位居全国第一，取得了云南省组团参加这项全国音乐赛事以来的最好成绩。中央电视台著名栏目"梦想中国"和"星光大道"的年度总冠军也被云南选手获得。同时，一大批旅游演艺业的知名品牌出现，支撑了旅游文化产业的发展，如《云南映象》、《丽水金沙》和《蝴蝶之梦》等演出，已是赴昆明、丽江和大理旅游者必选的精神大餐。一批艺术水准较高、市场前景看好的演艺新品也不断涌现，如云南省首个大型室内水上景观艺术歌舞晚会《福田宝地》、大型实景演出《印象丽江》、大型原生态民族音乐集《云岭天籁》、原创芭蕾舞剧《小河淌水》等精品。

在演出的硬件条件上，按照国家一级剧院标准建设的云南大剧院已于 2006 年 12 月投入使用，大剧院具备大型活动开、闭幕式，会议，文艺演出，电影放映等多项功能，舞台总面积达 1443 平方米，是全国设备设施最先进的全自动机械舞台之一。昆明市文化艺术生产基地暨昆明文化产业基地正式落成投入使用。

"一戏一公司"（以一台精品化的剧目为龙头，把相关院团等行业单位重新组合优化为一个新的文化产业）、"一公司多戏"、"驻场式加巡演式"（固定场地演出与跨地域巡回演出相结合）等多种比较成熟的演出运行模式已经出现，极大地丰富了云南的旅游演艺市场。

除了城市的文艺演出市场和景区旅游演艺市场之外，一批农村演出队伍活跃着农村演出市场，其主力是民营剧团，它们规模小、演员精、演出成本低，比较符合当前农村演出市场的特点。乡村演出演艺业同时也构成了乡村文化业的重要内容，促进了以乡村文化体验为中心的服务业的发展。

民族演艺人才劳务输出也呈现出云南省演出演艺服务业的优势。在临沧市，以佤文化为主的歌舞表演逐步显现出品牌效应，而演艺劳务输出已逐步成为临沧市农民增收和农村劳动力转移就业的重要途径和方式。临沧市近几年已为全国各地输送了 1000 多名以佤族为主的少数民族舞蹈演艺人才，分别分布在深圳锦绣中华民俗文化村、烟台市中华文化园、云南映象等表演团队中。

（二）民族工艺品业

随着云南旅游业的高速发展，云南的民族工艺品销售每年以 12％～15％的速度递增，作为伴生于旅游业的直接消费品，显示出强大的后劲。云南省丰富的自然资源、民族文化资源和人才资源，带来民族工艺品的多元化。以材质来区分，云南民族工艺品基本分为金属工艺品、陶石工艺品、染织绣品、木竹藤草、民族乐器以及工艺画六大类型。适应社会化大生产的企业开发与民间工匠的手工作业相结合的生产方式，省内三级的营销机制和有效的行业组织的出现，以及新的网上销售方式的开发，都是云南民族工艺品业发展的优势所在。

云南省登记注册的以生产民族民间工艺品为主的企业为7058家，产品涉及7大种类40多个分类，构成了云南民族民间工艺品产业的主体力量。其中，玉石珠宝加工业因高附加值和巨额利润已经成为云南民族民间工艺产业的龙头行业。全省各种大小珠宝企业接近6000家，占民族民间工艺品企业的80%以上，从业人员接近40万人，为全国总量的15%，年销售额在人民币70亿元左右。与地区资源优势有关，在金属制品类行业，企业共有230家，占民族民间工艺品企业的3.25%，其产品逐渐呈现出了材质的特殊性、艺术的审美性、民族文化差异性等诸多特征。虽然金属制品类企业在数量上不能与玉石工艺相比，但它依然成为云南民族民间工艺品产业的又一特色。如果不考虑企业规模的大小，从整体看，云南省民族民间工艺企业基数高于全国的平均水平。

除了适应社会化大生产的企业产品开发之外，在民族民间工艺品生产的主体中也有活跃于田间地脚的工匠们，他们带出了一大批工艺从业人员。以大理周城、剑川狮河为例。2004年，新华村从事手工艺品加工的农户将近900多户，占全村总户数的77.49%①。2006年，剑川狮河从事木雕的个体经营加工户达到了446户，占全村总户数的71.2%②。他们多以"公司＋农户"或是"合作社"的方式生产、订货和销售其产品，充分利用旅游工艺品的规模化开发，使当地从事手工作业的村民比例达到了60%以上，开启了民族工艺资源优势向产业优势转化的步伐。但是，松散性和多向性仍然是当前民间进行民族工艺品开发不可回避的缺憾。特别是一些适销对路的民族服饰、绣品类的产品，由于中间环节以及组织不力的问题，也在一定程度上影响了产业化规模。

目前，云南民族工艺品市场主要包括昆明旅游市场和工艺品集散中心、滇西北旅游市场和滇西南旅游市场。滇西北旅游市场主要是指大理、丽江古城的旅游纪念品市场，其月销售总额平均在1500万元以上。滇西南旅游市场以腾瑞珠宝玉石加工销售为主，包括部分的傣族、景颇族民族民间工艺品。云南民族工艺品市场已经形成了一个以昆明为中心，以腾冲、瑞丽、盈江、河口等口岸为支撑，以大理、丽江、版纳等旅游名城为营销终端的三级市场网络营销体系。

新的销售形式——网上在线销售，以及行业组织的出现也推动着这一产业的发展。网上销售方式主要是网上在线销售，辅之以传统的连锁加盟方式，主要包括云南工艺品批发网（艺铭坊）、艺博云天云南民族民间手工艺品、新云南民族民间工艺品购物网、彩云之声民族特色商城等几大网站。由云南省文化厅主管的"云南省非营利性社会团体——云南民族民间文化遗产保护与开发协会"已经成立，各个州市甚至县村都已经出现了自己的行业协会。

（三）乡村文化产业

乡村文化产业是云南省独有的新兴劳动密集型文化产业，也是云南省文化产业中最具地方特色、发展潜力和社会经济效益的产业。乡村文化产业基本涵盖了文化产业分类中的群众文化服务、文艺表演服务、休闲健身娱乐活动和工艺美术品制造等类别。云南乡村文化产业的发展经历了从自发性的实践活动到市场化、产业化进程。近年来，依托民族文化资源的多样性与独特性，云南省的乡村文化产业得到了迅速的发展，在全国的乡村文化产业发展方面处于领先的地位，形成了

---

① 数据来源：2004年、2005年8月以及2007年1月，作者进行新华村田野调研，由当地政府提供。
② 数据来源：2007年笔者对剑川狮河进行田野调研时，由剑川县文产办提供。

规模、效益、模式以及民族文化的传承、自然生态环境的保护等方面良好的发展势头。

云南省乡村文化产业已经形成了一定的规模和水平，其中，民族文化旅游业遍地开花，民族手工艺品的生产、民族民间文艺的展演业和民间的饮食文化也得到进一步发展。全省已经形成了滇中—滇西北—滇西—滇南几大市场为主要核心区域和发展重点，带动了整个乡村文化业发展的基本格局。从整体上看，云南省的乡村文化产业处于一个迅速崛起的时期，对产业格局转变、农民生活改善，以及民族文化进一步得到重视，都产生了积极的作用。乡村文化产业的发展，促进了农村基础设施建设，促进了农民增收致富，促进了乡村治理，促进了生态资源保护，并丰富了城镇居民的文化生活。

以民族传统手工艺的保护、挖掘和发展为例，经过两年多对民族民间传统文化的普查，国家于2005年10月对非物质文化遗产名录进行了评审，评出了518项，其中传统手工技艺就有89项。云南省西双版纳的傣族慢轮制陶技艺，大关县的苗族芦笙制作技艺，陇川县阿昌族户撒刀锻制技艺，临沧市和香格里拉县的傣族及纳西族手工造纸技艺，大理市的白族扎染等4项民族传统手工艺，列入了第一批国家非物质文化遗产保护名录。2006年1月，通过云南省第一批非物质文化遗产保护名录的评审，西双版纳州、红河县、新平县、孟连县、潞西县的傣族传统制陶技艺，大理市的白族扎染技艺，大关县的苗族芦笙制作技艺，陇川县的阿昌刀制作技艺，香格里拉县的纳西族东巴造纸技艺，昌宁县的苗族服饰制作技艺，临沧县、孟连县的傣族手工造纸技艺，澜沧县的拉祜族葫芦笙制作技艺，石屏县、晋宁县的汉族乌铜走银制作技艺，昆明市、会泽县的斑铜制作技艺，南华县的南月琴制作技艺，腾冲县的皮影制作技艺12项民族民间工艺进入了云南省第一批非物质文化遗产保护名录。目前，全省已收集到民歌2万多首、舞蹈6718套、戏剧2000多个、器乐200多种、叙事长诗50多部。

在乡村文化产业发展的实践中，云南省已经出现"民族工艺品＋传统的民族手工艺"（少数民族地区一村一品、一乡一业的工艺品制作，鹤庆县新华村白族的铜银工艺品制作，德钦县奔子栏镇藏族的木制工艺品制作，新平县嘎洒乡土锅寨傣族的土陶工艺品制作、阿昌族的户撒刀制作等），"文艺表演者＋演艺节目"（有表演才能的农户，在自娱自乐的同时，组织的文化表演队，富源县的农村文化户），"民族风情＋自然景观"（利用特有的民族民俗风情，作为吸引物，依托优美的自然景观开发乡村旅游，西双版纳的傣族园），"特色手工技能＋民族特色产品"（带有浓郁民族特色的旅游商品，扎染布），"民族艺人＋民族艺术品"（文山州马关县仁和镇阿峨新寨的版画），"民歌舞蹈＋民族歌舞演艺"（滇南彝族歌舞海菜腔和烟盒舞），"民族工艺＋民间服饰"（石林刺绣专业村阿着底村），"历史文化＋古民居建筑"（禄丰黑井古镇、腾冲和顺镇）等多样化的发展模式。

云南乡村文化产业的发展，虽然有民族文化资源、生态环境资源等优势，但也存在着乡村文化产业投资匮乏的问题。以旅游投资为例。据有关资料显示，云南2006年启动开发建设和进行改造提升的旅游项目达117个，投入建设资金总额达到66.8亿元。其中，在全省60个旅游小镇中，已有29个旅游小镇引进企业进入开发建设，其他31个旅游小镇也不同程度地启动了建设，共吸引国内外资金12.28亿元投入开发建设。乡村旅游投资占到全省旅游建设投资的18.38％，这个数额还包括了农村基础设施建设投资，文化建设投资，旅游景区和配套设施开发建设，旅游小镇保护等资金①。尽管云南乡村文化产业的物质基础已经有了一定的发展，但总体而言，还是处于相当薄弱的水平。

（四）休闲娱乐产业

休闲娱乐业的范围包括公园、歌舞厅、KTV、酒吧、网吧、书吧、棋牌室、茶室、温泉洗浴场、影院、城郊休闲园、康体健身场所、城市人群有别于外出旅游的短途户外休闲娱乐活动场所，以及现代数字通信技术（移动电话、MP3、MP4）等为公众提供的休闲娱乐类产品和服务。在中心城市和旅游热点地区（昆明、大理、丽江等）的拉动下，云南的休闲娱乐业与旅游业相结合，涌现出大量的颇具特色的产品，新的娱乐活动也不断出现，休闲娱乐业的产业链在形成和深化，呈现出快速增长的良好态势，已经成为云南省文化产业中的一个重要组成部分，是云南省最具做强做大潜力的文化产业门类之一。

除了与流行时尚相关的类型（如歌舞厅、KTV、酒吧、网吧、书吧、棋牌室、茶室等）持续成长，受旅游业的刺激和推动，部分休闲娱乐业正逐渐与强劲发展的旅游业融为一体，出现许多颇具特色休闲娱乐类产品，诸如以腾冲和顺镇、丽江束河镇为代表的"古镇休闲度假型"产品，以昆明团结乡、福保文化村、玉溪大营街为代表的"现代复合休闲型"产品等，极大地促进了这些地区和全省文化产业及旅游业的发展。

由于公众休闲娱乐活动边界的不断拓展，一些新的休闲娱乐活动正随着人们的观念意识、收入水平和交通方式的改变而出现。从产品供应方面看，休闲娱乐产品的种类、数量和质量都在不断增加，并逐步形成了若干较为丰富完整的产品群，从消费档次、活动特征、参与方式等方面均能满足不同的消费需求，诸如民族民间歌舞、健身方式、茶产品和茶文化等具有本土特色的文化元素逐渐被公众所接受。这些具有本土特色的文化元素，借助于来自各个方面的市场推广，逐渐成为人们进行休闲娱乐活动的重要载体。最具代表性的事例，当首推已经持续热了数年的"普洱茶现象"。以普洱茶为代表的具有较高品牌价值的茶产业和茶文化在一定程度上使云南各地区尤其是大中城市与饮茶活动有关，特别是在茶室中展开的休闲娱乐活动得以快速成长。

与持续增长的现代休闲娱乐方式相对应，一些具有浓郁地方特色的大众休闲娱乐活动呈快速增长的趋势，赢得了越来越多的省内外消费者。例如，纷纷在各个城市周边兴起的"农家乐"，遍及城市各个角落的茶室及烧烤餐饮夜市，遍布城市街头巷尾的群众性演艺体育健身娱乐活动等的发展势头尤为迅猛。

尤其是昆明，据文化、工商等部门的不完全统计，2006年，昆明市休闲娱乐业仅歌舞厅、电子游戏室、网吧、茶室、台球室、保龄球室等创造的经营收入约为15亿元。昆明在云南省的大众休闲文化消费方面，如珠宝玉石消费、民族民间工艺品、茶文化、时尚文化、演出演艺、"农家乐"、网吧、文化主题社区和花卉九个休闲文化消费方面，都占有重要的地位，成为主要的消费市场。

休闲娱乐业的发展带动了一批相关产业的发展，其产业链正逐渐延伸。作为服务性的行业，休闲娱乐业涉及许多产业门类。近几年来，特别是2006年，云南省休闲娱乐业的持续发展实实在在地带动了一批相关产业的发展，最突出地体现

---

① 参见罗明义：《在2007年全省旅游工作会议中的讲话》。

在茶产业、主题房地产业等方面。据相关部门统计，2006 年，云南省的茶叶产量达 12 万吨左右，茶叶总产值将达 88 亿元左右，其中农业产值 31 亿元。在云南茶叶市场的年交易量中，本地区的消费量约占 30%，随着云南各种茶叶质量和品牌的不断提升，全国各地到云南采购茶叶十分活跃。另据相关资料显示，在 2006 年，与休闲娱乐业和

旅游业相关的"主题房地产"占了云南房地产开发项目的 20% 左右，并且其效益大都比较好。休闲娱乐的产业链也呈不断延伸之势，正越来越深入到诸如图书、影视、特色餐饮、相关产品的制造、包装和广告、装潢设计、特色食品生产，以及以网络、移动通信等为代表的现代数字技术等领域。

三、文化产业结构完善，现代服务业体系逐渐形成

现代服务业和高新技术的发展必然也影响到云南文化产业的发展，过去以民族文化资源开发为主要特色的产业发展模式，也在逐渐地依托新兴技术、媒介等不断拓展市场和发展空间。现代服务业的影响促使云南文化产业结构逐步完善，包括新闻出版、广播影视、会展等产业门类也得到了很大程度的推进和中东部发达城市相类似的现代服务业的体系在云南的中心城市也渐次形成。

（一）新闻出版产业

目前，新闻出版业占全省 GDP 的 1.28%，文化产业占全省 GDP 的 4.01%，新闻出版业几乎占有文化产业中 32% 的份额。总的来说，云南出版挑起了云南文化产业的大梁。2006 年，云南新闻出版产业资产总额达到 166 亿元，从业人员 9 万人，销售收入 131 亿元，完成增加值 40.04 亿元。云南新闻出版产业以报业、图书产业、期刊产业为支撑，已基本形成书、报、刊、音像、电子出版物等门类齐全，编、印、发、供、贸和教育、科研等各个环节相互配套的新闻出版体系[1]。

云南省现有报纸总数 63 种。其中党委机关报 24 种（含少数民族文字版 6 种，政协报 1 种），占

报纸总数的 38%；行业类报纸 10 种，生活服务类报纸 2 种，文摘类报纸 1 种，晨、晚报及都市类报纸 5 种（统称社会文化生活类报纸），占报纸总数的 29%；高校校报 21 种，占报纸总数的 33%。在省会城市昆明出版的报纸有 36 种，以社会文化生活类报纸为主，占报纸总数的 57%；16 个州市共有党报和高校校报 27 种，占报纸总数的 43%[2]。《春城晚报》、《都市时报》、《生活新报》、《云南信息报》等一批文化生活类报纸，率先步入市场，在市场运作中不断壮大，发展较为健康，成为云南报业"四强"。在 2005 年，全国报业遭遇拐点，云南的《春城晚报》和《都市时报》的广告收入不仅未下滑，反而一路攀升，2005 年分别达到 1.6 亿元和 1.1 亿元，2006 年分别达到 2 亿元和 1.2 亿元。云南报业已有一家报业集团，发挥着云南主流媒体的作用，旗下有 9 报 3 刊 1 网站和 1 个影视中心，融政治、经济、文化、生活等类报刊为一体，并且实现了跨媒体经营，在云南省的传媒业一直发挥着主流平面媒体的作用。所辖的《春城晚报》自 1980 年创刊以来，一直是

① 云南省新闻出版局：《云南省新闻出版"十一五"规划》，2006 年 7 月，第 2 页。
② 云南省新闻出版局办公室编：《云南省新闻出版业行业发展状况调研报告》，2006 年 3 月，第 39～40 页。

云南发行量和广告收入最大的都市类报纸。

云南出版作为传媒服务业的重要部分，截至2005年末，云南省拥有出版社13家，其中音像、电子出版社5家，年出版各类出版物2000余种，从业人员785人。有各类印刷复制单位4650家，从业人员3.7万人。新批准成立了1家光盘生产复制企业，已获准引进光盘生产线2条（4头）。有出版物发行单位（含音像）8000多家，从业人员5.4万人[①]。

经过2005年的资源整合，云南出版市场形成了云南出版集团，它是以图书、报纸、期刊、音像、电子出版物、软件及互联网的出版、印制、发行、物资供应、版权贸易为主业，由省政府授权经营的国有独资企业。2004年出版集团所属13家成员单位实现销售收入27.29亿元，利润总额1.26亿元。截至2004年9月，拥有总资产21.6亿元，净资产8.7亿元[②]。

2005年，全省有公开发行的期刊127种，社会科学类期刊78种，自然科学类期刊49种，其中主要以行业指导与学术类杂志和学报类为主。昆明出版的有117种，占云南期刊总数的93%，州市出版19种，只有1种自然科学类。其中，州市出版的刊物以文艺类为主，其中有9种是学报，2种民族文字报，大部分刊物都靠拨款维持生计。2005年的云南省期刊年总发行量2241万册，期发行量158万册，平均期发行量10万册以上的3种，平均期发行量最高的是《云南支部生活》，达40万册[③]。

（二）广播影视产业

云南省广播电视产业总体上呈现出广电快速发展与广播电视节目制作播出稳定增长的趋势。

2006年，在全国广播电视创收收入排序中，云南位居第21，收入14.13亿元；在全国广播电视广告收入中，云南名列第21，收入5.75亿元，处于中下游；在全国有线广播电视收视费收入中，云南排名第16，收入4.91亿元[④]。广播与电视的跨媒体合作是2006年云南省广播电视产业变化的一大亮点。如昆明地区的电视新闻栏目《都市条形码》、《街头巷尾》均与电台合作，实现节目同步直播。云南省电台现有9套节目，全年播音52165小时（不含试播）。昆明电台3套节目均接近全天24小时播音。除汉语节目外，全省各级电台开办了藏语、西双版纳傣语、德宏傣语、拉祜语、景颇语、景颇载瓦语、傈僳语、苗语、壮语、瑶语、哈尼语、彝语、佤语共13种少数民族语言节目及越南语节目。与全国大多数电台一样，云南人民广播电台近几年的广告经营额呈现持续、稳定、快速发展的态势，尤其自2005年在全国省级电台中第2家实行广告分行业代理制以来，广告经营额逐年递增，年增幅28%，而医疗类广告所占比例逐年递减5个百分点。云南省电视台现有7套节目，全年播出43800小时（不含试播）。云南卫视每日24小时播出。昆明电视台有6套节目，全年播出44122小时，日均播出120.9小时。全省地级以上电视台全年播出233026小时，日均播出638.43小时，比上年日均增加99.3小时。云南电视台在探索节目制作公司化运营模式上卓有成效。少儿频道节目与北京和顺通泰投资有限公司合作，双方共同出资组建云南猜猜影视节目制作有限公司，负责少儿频道节目的运营；与大理旅游集团

---

① 云南省新闻出版局：《云南省新闻出版"十一五"规划》，2006年7月，第2~3页。
② 龙雪飞：《云南新闻出版产业发展状况综述》。
③ 云南省新闻出版局办公室编：《云南省新闻出版业行业发展状况调研报告》，2006年。
④ 在"（一）广播电视"部分中，此处及其余（除特别注明外）涉及全国广播电视的数据均源于国家广播电影电视总局网站http://gdtj.chinasarft.gov.cn。

有限公司合作开办栏目"旅行＋"，等栏目、节目运作同市场的经营、开拓相结合，尝试节目活动化、活动节目市场化。生活资讯频道与台湾百是集团合作，对"盛世典藏"、"争锋21"、"天天房市"、"天天车市"和"清风车影"等栏目推行市场化运作。云南电视台和台图文电视中心共同出资组建云南无线数字电视文化传媒有限公司，推动数字移动电视七彩公交频道的开播，并着力推进以出租车和私家车为主的交通频道和城市楼宇电视频道建设，完成了城市频道布点 300 个，同时推进了云南无线移动数字电视从城市走向农村，完成移动电视 100 万用户的技术规划方案①。

　　在政府的政策引导下，云南影视产业得到迅速发展，依托曲靖翠山影视文化城、大理天龙八部影视城、玉龙湾东南亚影视城及丽江束河茶马古道影视城等"天然摄影棚"的优势，除了继续关注民族语电影的译制工作之外，着力提升民族电影整体水平，增加民营资本在电影产业中的比重，引进市场化的运作机制，在农村电影放映的普及和新的观影方式的产生之外，促进"云南影响"新技术类型和民族电影精品也不断出现。云南以优惠的投融资政策和税收减免政策积极支持和鼓励影视产业发展，鼓励、支持和引导社会资本在国家政策许可范围内，以股份制、股份合作制、合伙制和独资等多种形式，参与或兴办影视制作、放映、发行、中介服务等文化企业。现今进入云南影视资本中的民营资本达 80％以上，政府与民营影视机构在电影的投资拍摄中居主体地位。在调查抽样的 93 个电影发行放映企业样本数中，公有机构约占 87％，非公有机构约占 4％。尽管非公有企业所占比重不大，但在经营效益上却位居云南所有影视机构的前列，2006 年，云南

本省生产（含参与、完成或正在生产）的电影数量并不多，约 11 部，仅占全国电影生产总量的 3％。其中，政府参与生产 7 部，政府独立投资 3 部；民营参与生产 6 部，民营独立投资 2 部。各种类型的电影也得到全面发展。2006 年，云南电影出现了 5 种新类型：高清数字电影《油菜花开》、动漫电影《孙悟空大战二郎神》、方言电影《光荣的愤怒》、仿真电影《南山古城》和系列电影《云南影响》。各州市也在探索电影产业的发展途径，尤其是红河州着力发展影视业，组建影视创作生产实体，推出民族影视产品系列，不仅充分体现地域文化特色，而且精心营造宣传效应，成功推出了哈尼族题材影片《婼玛的十七岁》和彝族题材影片《花腰新娘》，并双双荣获电影"华表奖"最佳故事片奖。这种带有"云南影响"的新电影系列项目已经走向国内外影视交流舞台。云南电影院线制初显雏形，出现本地院线和外地院线的竞争。依赖高科技和先进管理理念的多厅影院和数字影院逐渐成为电影院发展的新方向。目前，多厅影院有西南电影超市、新圆通电影院、西双版纳莎湾星美影城等 10 多家。新兴的观影途径也在不断发展。全省各地州市电视台纷纷开设电影频道或者综合频道，东西部影视频道已有所发展，但南部区域还没有影视频道覆盖。家庭影院发展迅速，手机电影开始出现，网络电影和网络视频已进入观众视野，水幕电影也于 2006 年在云南民族村亮相。

（三）体育产业

　　随着云南省社会经济的快速增长，云南的体育产业进入快速发展时期。以体育彩票、体育管理和公共服务、体育健身娱乐、竞赛表演、技术培训、体育用品为主的体育产业已初具规模。虽

---

① 云南电视台统计数据。

然云南体育产业投资格局愈发多元化和企业管理制度现代化,但与中东部地区相比,云南省体育产业所产生的增加值较小,体育产业社会化、市场化程度仍然不高,发展结构不合理,在区域上也不均衡。

在2001~2006年,全省体育产业产值以年均17.9%的速度增长;体育产业增加值以年均21.64%的速度增长。体育产业从业人员的增长平均以每年63.45%的速度增长;体育产业部门对全社会的就业贡献率从2001年的0.02%增长到2006年的0.24%。截至2006年10月底,体育云南体育产业已实现总产值38.27亿元,占2006年全省GDP的0.96%;体育产业实现增加值为11.29亿元,对全省当年GDP的贡献率为0.28%;2006年全省体育产业增加值率为29.50%;体育产业部门从业人员已达5.9725万人,占全省2006年就业人口的0.24%。

云南省体育产业经营单位的所有制结构已呈现出多元化的局面,私营企业办体育的比例有所上升。2006年,私营性质的企业或公司经营比例上升较快,从2000年的20.4%上升到2006年26.7%。与此同时,国有性质经营单位的进入比重也有所上升,由2000年的9.6%上升到2006年的14.3%;集体性质经营单位的增长率也上升较快,从2000年的13.2%上升到2006年的30.7%。从整体上看,专营体育产业的经营单位上升幅度较大,从2000年的27.4%上升到2006年的37.4%,呈现出多元化的社会体育产业投资格局。

从企业经营的治理结构来看,2006年云南省已出现公司治理结构的现代企业制度形式。这一情况表明,随着经济社会的快速发展,体育经营单位的管理模式已逐渐朝着更加科学化、规范化的现代企业制度方向转变。经营项目更加多样,消费档次不断提升,体育消费市场的经营规模与效益也不断提高。

在云南省体育产业经营项目上,已经出现了一些新的高端消费,如航空体育、高尔夫球、冰雪运动等项目,但一般性的中低档运动项目仍是体育企业经营的主要内容。

(四)会展业

昆明是全国会展业起步较早的城市之一。近年来,在昆交会成功办会的基础上,云南先后举办了国际旅游节、国际花卉展、民交会、中国国际旅游交易会等一些国际国内的会展活动。尤其是1999年世界园艺博览会的成功举办,中国一东盟部长级会议(GMS)的圆满召开,更让昆明成为国内的热点城市,使得云南的会展层次得到较大的提升。经过10多年的发展,昆明市的会展业已初具规模,软硬件设施日趋完善。昆明还率先提出节、会、展、演等概念,将会展与旅游完美地结合起来。

目前,昆明已建成规模及设施在西部城市首屈一指的昆明国际贸易中心,新落成的昆明国际会展中心新馆已正式投入使用,昆明国际会展中心占地面积达到22.5万平方米,新、老场馆总面积达12万平方米,约5500个国际标准展位,硬件设施的完善大大加强了昆明市举办国内、国际会展的能力。

在会展业的发展过程中,昆明提出了节、会、展等"大会展"发展战略。在节庆品牌方面,昆明利用得天独厚的旅游自然资源和丰富多彩的民族历史文化所构成的人文资源,结合旅游业发展,推出了以"中国昆明国际文化旅游节"为代表的一批优秀节庆品牌,并发展成为在国内外具有一定影响的节庆活动。在会议品牌方面,积极申办各类高规格的全国性及区域性国际会议,多次组织或参与相关部门各类会议的争办、申办等活动,并组织由政府和企业构成的"混合兵团",全方位出击,举办了"首届东亚城市市长论坛"、"国际城市可持续发展市长论坛"、"第三届国际学生奶大会"、"2005 年北极科学高峰周会议"、"第二届GMS 国家领导人会议"等大型会议。在展览品牌方面,一方面着力打造如"中国昆明进出口商品交易会"等原有本地会展品牌,另一方面,结合自身优势,发动各方资源,积极申办了"世界马铃薯大会"、"第三届世界养生大会"、"第 52 届全国医疗器械博览会"、"全国库存商品及闲置物资交易会"等大型国际、国内品牌展会。一些展会

主办方已选择昆明长期安家落户,这些展会正逐渐成为昆明地方会展品牌。

此外,会展在全省各地、州、市也呈现欣欣向荣的景象。各地、州、市根据各自的旅游资源及特色产品着力打造会展经济。楚雄的火把节、赛装节,西双版纳的泼水节,大理三月街等传统民间盛会如火如荼,已经成为当地经济发展的一大品牌。近年来兴起的思茅中国普洱茶节,已经成功举办了八届,大理兴建的龙山国际会议中心成功举办了中国—东盟部长级会议,瑞丽、腾冲也先后举办了珠宝展。

四、云南服务经济的若干特征

(1)以挖掘地方民族文化为主体,旅游业为平台,形成特色产业群。云南服务经济以文化产业为内容主体,文化产业所具有的特征也决定了服务经济的主要特色。和所有西部民族地区一样,云南的文化产业主要依靠挖掘地方民族文化资源,以旅游业发展为依托,形成文化产品的提供和文化体验服务体系。围绕着文化产业和旅游业的发展,文化、旅游相关服务业,如演出演艺、乡村文化、休闲娱乐、民族民间手工艺品等成为特色产业。

(2)中心城市的服务经济体系逐渐完善。云南文化产业和文化服务经济的发展还体现出中心城市效应的特点,像昆明、玉溪、楚雄、曲靖等一批处于滇中地区,人口较多、经济水平相对较高的城市,消费市场的成熟度也较高,高新科技、信息技术的运用相对广泛,因此,如新闻出版、影视传媒、网络信息、会展等产业大都集中在这些中心城市。在中心城市中,文化产业和服务经济的结构都日益完善,其水平逐渐向中东部地区

靠近。但和中东部发达地区相比,云南文化产业和服务经济还是存在着规模小、产品研发力度小、产品效应辐射面不大等差异。

(3)旅游城市成为服务经济的亮点,发挥集聚和辐射带动作用。云南的文化产业和服务经济都依托旅游业这个平台得到发展,一批链接旅游线路和旅游资源丰富的城镇,如大理、丽江、景洪、腾冲等,逐渐凸显其特色,形成了以点带动周围区域的发展方式。围绕旅游业形成的文化服务在这些城市得到特别的关注和推动,以不同的文化特色形成了云南文化产业和服务经济的标志和品牌。

(4)民族文化产品生产和民族文化服务彰显力量。云南民族文化产品的生产销售和民族文化服务的提供,不仅带动了民族地区经济的发展,提高了民族地区群众的收入水平,成为民族地区服务经济的主导,也成为本地城市文化消费、外来文化消费的重要内容,这弥补了服务经济中服务消费不足的缺憾,成为推动服务经济发展的重要资源和力量。

参考文献

[1] 施惟达主编：《态与势：2006 云南文化产业发展研究》，云南大学出版社，2007 年。

[2] 陈宪等主编：《中国服务经济报告（2007）》，经济管理出版社，2008 年。

[3] 云南省文化体制改革和文化产业发展领导小组办公室编制：《云南省服务业发展之文化产业发展专项规划》，2007 年。

[4] 云南省文化体制改革和文化产业发展领导小组办公室：《回视与前瞻——2003～2007 年云南文化产业发展状况调查与分析》，2007 年。

（执笔：云南大学国家文化产业研究中心　王佳、李炎

云南大学人文学院　赵佳佳）

国际服务贸易非关税壁垒衡量方法评述①

内容提要：由于服务产品及其国际贸易的特殊性，国际服务贸易政策措施和工具主要体现为非关税壁垒。如何衡量非关税壁垒的保护程度就成为国际服务贸易政策分析的焦点。本文详细评述了衡量国际服务贸易非关税壁垒的三种重要方法——频率衡量法、基于价格的衡量法和基于数量的衡量法。这些方法对于准确评估我国服务贸易领域存在的非关税壁垒，从而做好服务贸易领域中的"走出去"和"引进来"两方面工作，将具有积极的借鉴作用。

关键词：国际服务贸易　非关税壁垒　频率衡量法　基于价格的衡量法　基于数量的衡量法

与有形产品（货物）相比，服务一般是无形的、难以储存和运输的，服务的生产与消费往往要求同时与（或）同地发生。服务产品本身的独特性决定了国际服务贸易模式的多样性，即不仅包括跨境意义上的服务贸易（包括"跨境交付"、"境外消费"和"自然人流动"），还包括"商业存在"意义上的服务贸易（涉及服务业 FDI）。由于服务产品及其国际贸易的特殊性，国际服务贸易政策措施和工具很难采取关税壁垒的形式，而是主要体现为非关税壁垒。因此，非关税壁垒在国际服务贸易政策分析中占有更为重要的位置。而如何衡量国际服务贸易非关税壁垒的保护程度，则成为国际服务贸易政策分析的焦点。

总体上说，对于贸易壁垒的衡量有直接方法和间接方法之分，前者是基于对一项明确政策或做法（比如进口配额或对外国服务提供者的规制）的观察；后者则通过观察实际经济绩效与自由贸易下的预期经济绩效之间的偏差来推断贸易壁垒的存在。但对于服务贸易来说，使用直接方法和间接方法都要非常小心。本文将评述三种具体的衡量方法。

① 本文受以下基金项目资助：国家自然科学基金（70773021）、教育部人文社会科学重点研究基地重大项目（2007JJD790118）和2006 年度哲学社会科学研究重大攻关项目（2006JZD0018）（陈宪教授主持）、复旦大学"中国经济国际竞争力研究国家哲学社会科学创新基地"项目。感谢陈宪教授十分中肯的建议！

一、频率衡量法

国际服务贸易非关税壁垒的"频率衡量法"（Frequency Measures）是由 Hoekman 和 PECC 提出的[①]。该种方法的信息来源是基于 GATS 的承诺表，包含服务贸易的所有四种提供模式。

Hoekman 首先使用"三类加权法"（Three-category Weighting Method）将 GATS 承诺表涉及的每个服务部门的每种提供模式的市场准入或国民待遇承诺加以数量化。具体计算方法是：①如果一成员方没有提出任何警告而作出承诺，或者对于特定模式由于缺乏技术可行性而不作承诺（而如果其他模式是不加限制的，比如建筑及相关工程服务的跨境提供），则赋予的权数为 1。②如果一成员方保留特定限制而作出承诺，则赋予的权数为 0.5。如果除水平承诺内容外不作承诺，也被赋予 0.5 的权数。这通常针对关于自然人流动承诺的情形，在该种情况下的移民限制继续适用。③如果一成员方没有作出任何承诺，则赋予的权数为 0。Hoekman 将这些权数称为开放/限制因子（Openness/Binding Factors）。按照 Hoekman 的计算，GATS 分类表中总共有 155 个服务部门和分部门、4 种提供模式，这样对于每个经济体来说，其市场准入和国民待遇方面的总承诺数为 $155 \times 4 \times 2 = 1240$，即每个方面为 620 个。

有了上述权数或因子，Hoekman 计算出三种部门覆盖指数（Sectoral Coverage Indicators）或称为 Hoekman 指数、频率指数或比率（Frequency Indices or Ratios）。第一种指数为一国在其 GATS 列表中作出的承诺数除以部门总数 620。这类似于货物贸易领域中用来衡量非关税壁垒（NTBs）的频率比率（Frequency Ratio），即等于受到 NTBs 影响的产品数除以产品总数。第二种指数被 Hoekman 称为"平均覆盖"（Average Coverage），即等于所列部门/模式数比例，再以开放/限制因子进行加权。这类似于用来衡量受 NTBs 影响的进口值的进口覆盖比率（Import Coverage Ratio），即等于受到 NTBs 影响的产品进口值除以该类产品的总进口。第三种指数为"无限制"承诺在一国总承诺或 155 个部门中所占的比重。

Hoekman 使用该指数近似地反映不同国家和不同服务部门的服务贸易市场准入壁垒的相对限制程度。比如，如果一国在其 620 个部门/模式中作出了 10% 的承诺，那么采用第一种 Hoekman 指数则可以得到 0.9 的限制度（Restrictiveness Score），即意味着有 90% 的部门/模式是不开放的。另外，Hoekman 还使用覆盖指数，就每个服务部门设立一套关税等值标准（Benchmark Tariff Equivalents），来反映相应部门在市场准入方面的受限程度。基准关税等值的范围位于最高的 200% 到最低的 20%～50%，最高的表示相应服务部门的市场准入是被禁止的，比如内河运输、空运、邮政服务、声讯服务和寿险等；最低的则意味着

---

① Hoekman, Bernard, Assessing the General Agreement on Trade in Services, in Martin, W. and L. Alan Winters (eds.), *The Uruguay Round and the Developing Countries*, World Bank Discussion Paper 307, Washington, DC: World Bank, 1995. Pacific Economic Cooperation Council (PECC), *Survey of Impediments to Trade and Investment in the APEC Region*, Singapore: PECC, 1995.

相应服务部门的市场准入是受到较少限制的。据此，求得每个国家和部门的基准关税等值，再乘以频率比率。比如，假定邮政服务的基准关税等值为 200％，反映市场准入承诺的频率比率为 50％，则该部门的关税等值就为 100％。

应该强调的是，Hoekman 的计算方法旨在显示相对的限制程度，不能理解为绝对的从价税等值。Hardin and Holmes 指出[1]，Hoekman 的计算方法也存在一些缺陷，可能产生误导或偏差，因为他假定如果没有在承诺表中作出"肯定承诺"（Positive Commitments），那么将被视为存在限制，但事实可能未必如此。而且，不同的限制被赋予同一权重，没有根据其经济效应而加以区分。最后，他仅仅考虑了市场准入限制。基于这些问题，Hardin and Holmes 试图改进 Hoekman 方法，他们的目标是建立针对 FDI 限制的指数（An Index of FDI Restrictions），而且该指数可以转换成关税等值或税收等值（Tax Equivalent）。他们确认五种类型的外国投资壁垒〔即对所有企业的外国股权限制、对现存企业的外国股权限制（但不包括绿地投资）、政府审查与许可、控制与管理限制、投入与运营限制〕，并通过确定不同权重来反映不同壁垒的限制程度。比如，一项完全排除外国企业进入的政策被赋予的权重要高于允许外国股权以高于 50％但低于 100％比重进入的政策的权重。

继 Hardin and Holmes 之后，来自澳大利亚的一批研究者构建了新的频率衡量法——"贸易限制指数"（Trade Restrictiveness Indices）[2]。该指数将服务部门限制分为两大方面。首先，有关限制措施是否适用于：① 创业权（Establishment），即服务提供者在一国境内创立实体以及通过该实体提供服务的能力；或者② 持续运营权（Ongoing Operations），即外国服务提供者进入市场之后的经营。对创业权的限制通常包括对新公司的许可证要求、对现存公司直接投资的限制以及对人员长久流动的限制；对持续运营权的限制通常包括对企业经营其核心业务、服务定价以及人员临时流动的限制。其次，有关限制措施分为：① 非歧视性限制（Non-discriminatory），即对本国国内和外国服务提供者的限制是一样的；② 歧视性限制（Discriminatory），即仅对外国服务提供者或仅对本国服务提供者进行限制。

"贸易限制指数"应分别针对本国和外国服务提供者来进行计算。"外国指数"（A Foreign In-

① Hardin, Alexis and Leanne Holmes, *Services Trade and Foreign Direct Investment*, Staff Research Paper, Industry Commission, Canberra：Australian Government Publishing Services, 1997.

② 有关研究涉及较多服务行业，比如：①对电信的研究有：Warren, Tony, "The identification of impediments to trade and investment in telecommunications services", in Christopher Findlay and Tony Warren (eds.), *Impediments to Trade in Services：Measurement and Policy Implications*, New York：Routledge, 2001。②对银行的研究有：McGuire, Greg and Michael Schuele, "Restrictiveness of International Trade in Banking Services", in Christopher Findlay and Tony Warren (eds.), *Impediments to Trade in Services：Measurement and Policy Implications*. New York：Routledge, 2001。③对海运服务的研究有：McGuire, Greg, Michael Schuele and Tina Smith, "Restrictiveness of International Trade in Maritime Services", in Christopher Findlay and Tony Warren (eds.), Impediments to Trade in Services：Measurement and Policy Implication. New York：Routledge, 2001。④对教育的研究有：Kemp, S. "Trade in Education Services and the Impacts of Barriers to Trade", in Christopher Findlay and Tony Warren (eds.) *Impediments to Trade in Services：Measurement and Policy Implications*, New York：Routledge, 2001。⑤对分销服务的研究有：Kalirajan, Kaleeswaran, "Restrictions on Trade in Distribution Services", Productivity Commission Staff Research Paper, Ausinfo, Canberra, 2000。⑥对专业性服务的研究有：Nguyen-Hong, Duc "Restrictions on Trade in Professional Services," Productivity Commission Staff Research Paper, Ausinfo, Canberra, 2000。⑦对基础设施服务的研究有：Dee, P. and Nguyen-Hong, Duc, *Trade in Infrastructure Services and Economic Efficiency：Australia's Experience*, conference paper, WTO Symposium on assessment of trade in services, Geneva, 14－15 March 2002.

dex）用来衡量所有阻止外国企业进入本国市场并进行经营的限制措施，包括歧视性的和非歧视性的限制措施；"本国指数"（A Domestic Index）用来衡量所有针对本国企业的限制措施，一般仅包括非歧视性限制措施（对于大多数服务，针对本国企业的限制措施是没有差别的）。"外国指数"与"本国指数"之间的差异可以衡量对外国企业的歧视程度。如图1所示。

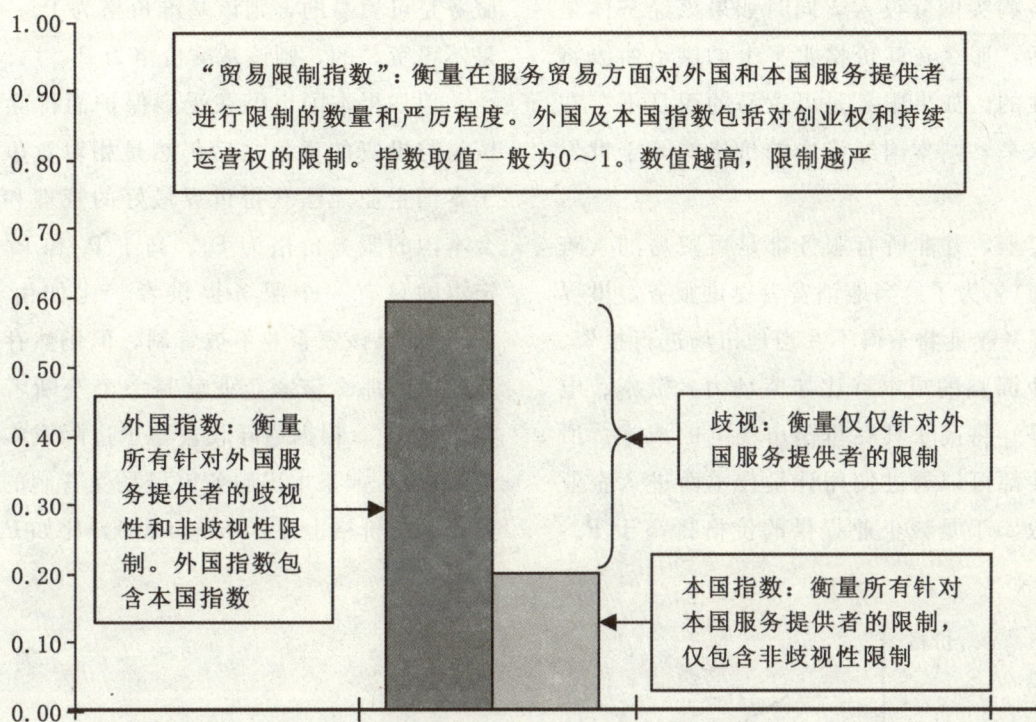

> "贸易限制指数"：衡量在服务贸易方面对外国和本国服务提供者进行限制的数量和严厉程度。外国及本国指数包括对创业权和持续运营权的限制。指数取值一般为0～1。数值越高，限制越严

> 外国指数：衡量所有针对外国服务提供者的歧视性和非歧视性限制。外国指数包含本国指数

> 歧视：衡量仅仅针对外国服务提供者的限制

> 本国指数：衡量所有针对本国服务提供者的限制，仅包含非歧视性限制

图1　某经济体服务领域"贸易限制指数"的水平及构成

二、基于价格的衡量法

"基于价格的衡量法"（Price-based Measures）是根据国内外的价格差异（或称为"价格楔子"，Price Wedge）来衡量服务贸易非关税壁垒的。如果关于价格的数据很充分的话，那么就可以直接比较进口品的国内价格（P）和国际价格（P*），找出引起国内外价格差异的原因。该种方法隐含的基本理论是：如果市场不存在进入壁垒的话，那么这样的市场将是竞争性的，市场价格将趋近于企业的长期边际成本。但如果存在壁垒的话，价格与边际成本之间就会出现差异。由于低成本的提供者被排除在市场之外或者由于被保护企业不是以最低成本来运营，那么成本本身将提高，这时的价格也将高于没有市场壁垒时的价格。

如图2所示，横轴表示提供服务的数量，比如国际电信服务；纵轴表示服务价格。该图反映

一个经济体某种服务的市场状况。为简化分析，假定供给曲线是水平的（边际成本＝平均成本），最低价格（P_w）是指在世界市场上由最廉价提供者提供服务时的价格。假定该提供者以母国为基地提供服务，按照当地价格使用当地投入以及按照世界价格购买国际投入，同时如果该经济体是个小国的话，那么在此价格水平上的供给曲线将是完全弹性的。如果服务是可贸易的而且不存在跨境贸易壁垒，则本国经济中的价格将等于世界价格（P_w）。

但事实上，并非所有服务都是可贸易的（跨境意义上的）。为了给当地消费者提供服务，世界上最优的服务企业将不得不在当地市场进行投资。这样该企业面临的成本（比如劳动力、资本、电信、运输等）将高于其在母国市场上的成本。所有这些因素都可以通过使用计量技术而进入企业的成本函数。于是该企业提供的价格将高于 P_w，

比如 P_i。因此，如果服务是不可贸易的且不存在外国投资壁垒，本国竞争条件下的价格将等于该最优服务企业在本国市场上所能提供的价格（P_i）。由此可以得到一个基准价格（Benchmark Price）即不存在贸易与投资壁垒时的价格：如果服务是可贸易的，则该基准价格为 P_w；如果服务是不可贸易的，则该基准价格为 P_i。

但如果本国市场在受到保护而排除国际服务贸易与投资的竞争之后仍然是相对竞争的话，由于本国企业无法获得世界最好的管理和技术，那么本国的服务价格为 P_h，高于 P_i 和 P_w。现在假定本国只有一个服务提供者（比如由于规模经济），如果该家企业不被管制，但仍然存在服务贸易壁垒，那么该家企业就是一个垄断者，其价格将定在 P_m（根据边际收益等于边际成本确定利润最大化）。如果本国服务市场是受管制的，当地企业受制于价格上浮（Price Cap），比如 P_r。

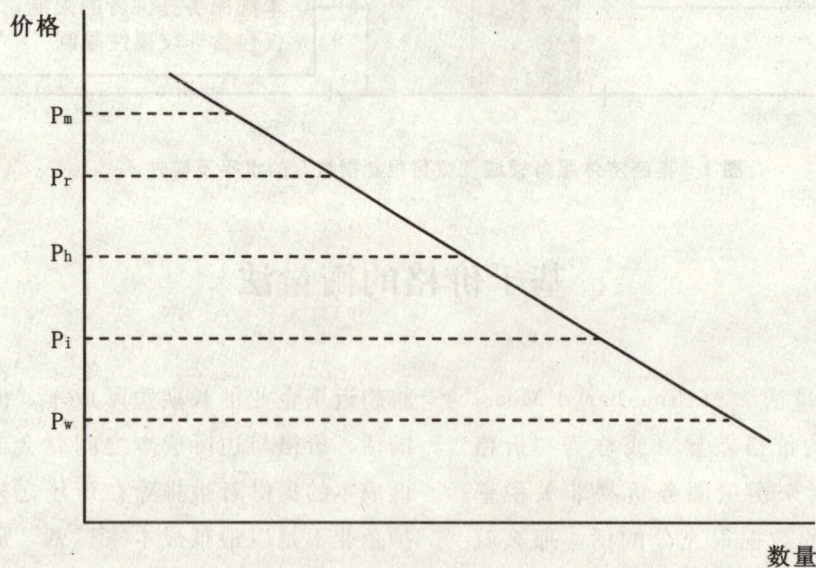

图 2　不同情况下的服务价格比较

注：P_m——本国市场上的垄断价格，P_r——本国市场上的管制价格，P_h——本国市场上的竞争价格，P_i——在本国市场上最优（Best Practice）外国投资者提供的价格，P_w——世界价格。

图 2 显示的逻辑可以用来分析服务领域改革的效应：①如果一经济体决定对本国服务市场放松管制，但不促进服务贸易自由化，则服务价格将从 P_m 或 P_r 降至 P_h；②如果该经济体允许外国投资者进入，服务价格将从 P_h 降至 P_i；③如果该经济体允许外国提供者基于其母国而对本国自由提供服务的话（假定服务是可贸易的），则服务价格将降至 P_w。

迄今为止，有关国内外价格差异及其原因的经验研究基本上都是针对货物贸易领域的 NTBs，因为服务贸易领域缺乏与价格有关的充分数据。但研究者们还是想出了一些方法。

首先是 Francois-Hoekman 方法[①]，该方法的基本思路是基于对微观企业总经营毛利的分析，有关数据取自于上市公司的财务报表[②]。该方法有两大分析视角：其一，比较贸易相对自由化的基准国与所考察的样本国在平均毛利（Average Margins）上的差异，以此衡量服务贸易壁垒的大小；其二，比较制造业与服务业在平均毛利上的差异，将制造业作为基准，以此衡量服务贸易壁垒的大小。表 1 列出了 Francois 和 Hoekman 根据该种方法计算出的结果。从中可以看出：①服务业在总体上的营业毛利要大于制造业，但在某些服务部门比如零售和批发，其营业毛利则低于制造业；②如果以美国为基准国的话，则大多数发展中经济体的服务业毛利则相当的高。由此，Hoekman 将此作为发展中经济体对服务业采取限制措施以阻碍竞争而使本国在位企业攫取利润的一大证据。

表 1　不同经济体、不同行业的平均总营业毛利

（Average Gross Operating Margins）比较（%）：1994～1996 年

	制造业	所有服务	娱乐	商务服务	建筑	咨询	金融	健康	旅馆	零售	批发	交通运输/公用设施
澳大利亚	15.5	16.6	18.0	13.8	15.3	7.0	41.0	—	27.3	7.9	9.1	—
加拿大	22.6	32.9	60.0	51.7	14.4	19.2	45.0	2.3	67.8	12.0	16.0	36.5
智利	40.8	44.0	—	—	68.7	—	55.0	—	—	21.3	27.9	46.8
中国	28.1	49.5		—	45.9	67.1	34.0		77.5	24.4	25.5	46.9
欧盟	23.8	31.6	43.0	32.1	19.3	22.1	52.0	22.3	23.7	23.6	19.9	32.6
中国香港	12.8	18.1	—	6.5	12.9	11.5	25.0		31.3	10.1	6.9	31.0
印度尼西亚	34.3	41.3		81.1	22.9	25.3	54.0	—	68.2	26.4	24.8	45.3

① Francois, Joseph F. and Bernard Hoekman, *Market Access in the Service Sectors*, manuscript, Tinbergen Institute, 1999. Hoekman, Bernard, The Next Round of Services Negotiations: Identifying Priorities and Options, *Federal Reserve Bank at St. Louis Review*, July/August 2000.

② 因此，该种方法有时又被称为"基于财务的衡量法"（financial-based measures），而被单独讨论。见 Brown, D. and Stern, R., Measurement and Modeling of the Economic Effects of Trade and Investment Barriers in Services, *Review of International Economics*, 9 (2), 2001, pp. 262—286. Deardorff, A. and Stern, R., *Empirical Analysis of Barriers to International Services Transactions and Consequences of Liberalization*, A World bank Course, January 2, 2004. Chen, Zhiqi and Schembri, L., Measuring the Barriers to Trade in Services: Literature and Methodologies, In Christopher Findlay and Tony Warren (eds) *Impediments to Trade in Services: Measurement and Policy Implications*, New York: Routledge, 2001.

续表

	制造业	所有服务	娱乐	商务服务	建筑	咨询	金融	健康	旅馆	零售	批发	交通运输/公用设施
日本	26.4	28.7	28.0	31.6	14.2	28.6	41.0	40.1	27.2	32.9	15.6	20.6
韩国	25.7	25.8	—	41.2	15.3	—	—	—	—	26.7	14.9	31.2
马来西亚	6.0	21.6	13.0	—	18.3	14.7	28.0	24.3	38.7	11.2	10.8	30.7
墨西哥	39.3	37.2	20.0	—	25.7	37.3	33.0	—	49.6	28.4	25.0	51.0
新西兰	16.6	26.8	—	—	13.8	—	58.0	—	26.9	6.6	19.7	35.6
菲律宾	28.6	42.3	20.0	—	40.2	—	54.0	—	55.8	43.9	40.3	42.3
新加坡	11.1	22.0	47.0	8.6	10.6	7.7	46.0	29.2	28.2	5.4	7.9	28.0
中国台湾	25.1	41.3	80.0	36.3	21.6	11.1	65.0	—	74.5	21.5	23.2	38.9
泰国	27.3	52.6	85.0	35.8	38.1	−8.8	60.0	40.6	55.5	44.2	25.6	56.7
美国	21.1	42.3	47.0	56.2	20.2	—	56.0	37.0	48.5	34.6	27.0	43.4

注：平均总营业毛利＝（总销售收入－总成本）/总成本。
资料来源：Hoekman（2000），Table 4.

其次是澳大利亚研究者们提出的经济计量方法[①]。该种方法的基本程序是：①确定被研究行业的国内价格的替代变量（Proxy）；②构建模型，列出影响服务价格的变量，其中一个变量是由前面介绍过的"贸易限制指数"衡量的贸易壁垒；③设定回归模型并进行估计；④用估计的系数和"贸易限制指数"来计算每个经济体"价格楔子"的大小。我们以 Doove 等对国际空中客运的研究为例来介绍该种方法[②]。Doove 等研究的样本为

35 个 OECD 和非 OECD 经济体，其估计价格效应的基本等式为：

$$\dot{p} = \alpha + \beta BRI + \gamma E + \varepsilon$$

其中，因变量 $\dot{p}$ 表示特定飞行路线上的空中旅行价格，它衡量实际飞机票价 p_a 对基于飞行距离预测的飞机票价 $\hat{p}_a$ 的偏离度，即 $\dot{p} = \dfrac{p_a - \hat{p}_a}{\hat{p}_a}$。对于商务舱（Business Sector），$\hat{p}_a = 623 + 0.45 km$，km 为飞行路线距离（单位为千米）；对于经济舱

---

① 使用该种计量方法进行的研究涉及较多服务行业，比如：①对电信服务的研究有：Trewin，Ray，A Price-Impact Measure of Impediments to Trade in Telecommunications Services，in Christopher Findlay and Tony Warren（eds.），*Impediments to Trade in Services：Measurement and Policy Implications*，New York：Routledge，2001.②对银行服务的研究有：Kalirajan，Kaleeswaran，Greg McGuire，Duc Nguyen-Hong and Michael Schuele，The Price Impact of Restrictions on Banking Services，in Christopher Findlay and Tony Warren（eds.）*Impediments to Trade in Services：Measurement and Policy Implications*，New York：Routledge，2001.③对海运服务的研究有：Kang，Price Impact of Restrictions on Maritime Transport Services，in Christopher Findlay and Tony Warren（eds.）Impediments to Trade in Services：Measurement and Policy Implications，New York：Routledge，2001.④对食品分销服务的研究有：Kalirajan，Kaleeswaran，Restrictions on Trade in Distribution Services，Productivity Commission Staff Research Paper，Ausinfo，Canberra，2000.⑤对工程服务的研究有：Nguyen-Hong，Duc，Restrictions on Trade in Professional Services，Productivity Commission Staff Research Paper，Ausinfo，Canberra，2000.⑥对空中客运服务等的研究：Doove，Samantha，Owen Gaabbitas，Duc Nguyen-Hong，and Joe Owen，Price Effects of Regulation：Telecommunications，Air Passenger Transport and Electricity Supply，Productivity Commission Staff Research Paper，AusInfo，Canberra，October，2001.

② Doove，Samantha，Owen Gaabbitas，Duc Nguyen-Hong，and Joe Owen，Price Effects of Regulation：Telecommunications，Air Passenger Transport and Electricity Supply，*Productivity Commission Staff Research Paper*，AusInfo，Canberra，October，2001.

(Economy Sector)，$\hat{p}_a = 548 + 0.31km$；对于折扣舱 (Discount Sector)，$\hat{p}_a = 109 + 0.12km$。自变量 BRI 为特定飞行路线的双边限制指数（Bilateral Restriction Index）。自变量 E 为价格决定因素的环境变量向量（Environmental Variables），包括市场结构指数、机场条件、政府管制、人们的空中旅行倾向、汇率等。系数 α、β、γ 为待估系数，ε 为扰动项。

假定预测的飞机票价不受特定贸易限制措施的影响，那么估计系数 β 就衡量出限制程度为"1"时，飞机票价的提高幅度（相对于限制程度为"0"时的飞机票价）。Doove 等由此得到的估计结果如表2所示。从中可以看出，发展中经济体的价格效应、商务旅行的价格效应是最大的。

表2　国际空中客运服务：双边限制指数与价格影响

		协议/路线数量	双边限制指数（BRI）*	价格影响**		
				商务舱	经济舱	折扣舱
亚太经济体	澳大利亚	24	0.62	146.0	54.8	14.6
	印度	20	0.77	164.4	81.3	21.8
	印度尼西亚	16	0.73	139.7	53.0	20.4
	日本	29	0.73	121.1	41.4	18.1
	韩国	18	0.72	181.5	89.9	20.4
	马来西亚	22	0.71	199.1	95.6	18.4
	新西兰	15	0.39	82.1	66.8	11.7
	菲律宾	20	0.79	207.5	70.1	20.9
	新加坡	30	0.70	141.5	57.5	16.8
	泰国	25	0.68	124.5	71.3	16.2
美洲经济体	阿根廷	12	0.74	161.7	62.0	17.5
	巴西	19	0.70	195.5	63.9	15.5
	加拿大	29	0.60	114.5	56.9	11.4
	智利	17	0.61	125.2	49.5	12.9
	墨西哥	19	0.82	224.7	92.2	18.4
	乌拉圭	32	0.52	96.9	38.5	12.3
	美国	32	0.40	52.9	33.2	8.9

续表

		协议/路线数量	双边限制指数（BRI）*	价格影响**		
				商务舱	经济舱	折扣舱
欧洲经济体	奥地利	28	0.32	47.2	20.6	6.1
	比利时	31	0.36	63.3	22.0	6.9
	丹麦	30	0.34	53.1	21.1	7.0
	芬兰	22	0.23	33.6	11.5	3.8
	法国	32	0.35	57.0	20.8	8.3
	德国	32	0.37	56.5	20.3	8.1
	希腊	26	0.31	72.1	24.9	7.2
	爱尔兰	23	0.21	32.2	20.1	4.5
	意大利	25	0.29	49.9	18.5	6.4
	卢森堡	23	0.24	36.9	15.0	4.2
	荷兰	31	0.39	104.0	20.0	10.0
	挪威	28	0.32	62.1	16.4	4.4
	葡萄牙	21	0.14	45.5	20.3	6.1
	西班牙	31	0.36	68.0	25.4	8.9
	瑞典	29	0.32	45.5	20.3	6.1
	瑞士	32	0.75	102.5	42.6	13.8
	土耳其	20	0.56	98.8	32.2	10.7
	英国	32	0.30	46.3	21.5	7.6

注：*基于协议/路线数量的飞行线路双边限制指数（未加权平均，取值为 0～0.97，数值越大，限制程度越高）。**与基准体制相比（Benchmark Regime），飞机票价上涨百分比。

资料来源：Doove et al.（2001，p.39）。

三、基于数量的衡量法

"基于数量的衡量法"（Quantity‐based Measures）主要是基于标准的贸易决定模型并采用经济计量模型来衡量服务贸易非关税壁垒的。在 Heckscher‐Ohlin 模型中，贸易是由比较优势促动的；在 Helpman‐Krugman 模型中，贸易是由产品差异性促动的；在重力模型（Gravity Model）中，贸易在很大程度上是由贸易伙伴的相对规模、彼此之间的距离、语言、文化等因素决定的。NTBs 的规模既可以通过回归的残差（即实际贸易水平与模型估计的贸易水平之间的差异）来衡量，也可以使用不同的虚拟变量（Dummy-Variables）来衡量[1]。有关研究多数是针对货物贸易领域，关于服务贸易壁垒的基于数量的衡量有两项代表性研究：

首先是 Francois and Hoekman 的研究[2]。他们使用重力模型研究美国与其主要贸易伙伴之间的双边服务贸易，将中国香港和新加坡看做是自由贸易的基准经济体。自变量为贸易伙伴之间的距离、人均收入、GDP 和一个西半球虚拟变量。实际进口量与预测进口量之间的差异（残差）反映贸易壁垒的大小，并相对于基准经济体进行标准化。还可以通过假定需求弹性为 -4 而将数量衡量转换成关税等值（Tariff Equivalents）。如表3 所示，巴西在商务/金融服务方面的关税等值最高（35.7%），接下来的经济体是日本、中国、土耳其，大约为 20%。中国、俄罗斯等发展中经济体和转型经济体的建筑服务的关税等值为 40%～60%，而工业化经济体则位于 10%～30%。

表 3　基于重力模型估算的服务贸易关税等值（%）

	货物贸易平均关税	商务/金融服务	建筑
北美洲	6.0	8.2	9.8
西欧	6.0	8.5	18.3
澳大利亚和新西兰	5.0	6.9	24.4
日本	6.0	19.7	29.7
中国	18.0	18.8	40.9
中国台湾	—	2.6	5.3
其他新兴工业化经济体（NICs）	—	2.1	10.3
印度尼西亚	13.0	6.8	9.6
其他东南亚经济体	10.0	5.0	17.7
印度	30.0	13.1	61.6
其他南亚经济体	25.0	20.4	46.3
巴西	15.0	35.7	57.2
其他拉丁美洲经济体	12.0	4.7	26.0
土耳其	13.0	20.4	46.3
中东和北非	20.0	4.0	9.5
中东欧经济体（CEECs）和俄罗斯	10.0	18.4	51.9
南非	6.0	15.7	42.1
其他南撒哈拉沙漠非洲经济体	—	0.3	11.1
世界其他地方	—	20.4	46.3

资料来源：Francois and Hoekman（1999）.

---

[1] Deardorff, Alan v. and Robert M. Stern, *Measurement of Nontariff Barriers*, Ann Arbor：University of Michigan Press, 1998.

[2] Francois, Joseph F. and Bernard Hoekman, *Market Access in the Service Sectors*, manuscript, Tinbergen Institute, 1999.

其次是 Warren 的研究[①]。他使用经济计量模型估算服务贸易与投资壁垒对电信服务消费数量的影响。以下计量模型是针对移动电话服务的：

$$Q_i^m = \alpha + \beta_1 Y_i + \beta_2 Y_i^2 + \beta_3 PD_i + \beta_4 [P_i^m] + \varepsilon_i$$

对于每个经济体 i，Q_i^m 为每 100 个居民中移动电话使用者的数量，Y_i 为人均 GDP，PD_i 为人口密度。$[P_i^m]$ 为政策变量，对于移动电话服务来说，该变量采取两种形式：①针对特定产业投资的市场准入指数，基于竞争者的数量、私有化以及关于竞争的政策；②几个与贸易和投资相关的指数的平均值。表 4 列出了主要经济体电信服务领域市场准入和国民待遇限制的数量效应：美国与英国为 0，而中国则高达 100％以上，甚至达到 267％。

需要注意的是，Warren 的方法与 Francois and Hoekman 的研究有两点不同：一是 Warren 估算的数量效应是基于消费数量而不是贸易数量。比较理想的是应该基于贸易数量，但缺乏双边贸易数据。二是 Warren 没有采用残差或虚拟变量来衡量壁垒的大小，相反却使用贸易限制指数，以分离这些壁垒与其他因素（如人均收入、人口密度等）所产生的影响。

表 4　电信投资限制的数量效应（％）

	固定电话服务的市场准入限制	固定电话服务的国民待遇限制	移动电话服务的市场准入限制
美国	0.0	0.0	0.0
英国	0.0	0.0	0.0
法国	0.9	5.1	1.8
德国	0.9	0.0	1.6
意大利	3.4	0.0	4.4
日本	0.7	0.0	1.1
荷兰	0.6	0.0	1.1
西班牙	6.1	0.0	7.5
比利时	0.6	3.0	1.2
卢森堡	0.8	0.0	2.2
中国香港	—	—	—
奥地利	3.5	0.0	2.2
加拿大	0.3	3.5	2.8
瑞士	3.3	0.0	5.1
韩国	5.5	7.0	9.4
中国	110.0	267.0	115.0
土耳其	29.0	18.9	63.0

---

① Warren, Tony, The impact on output of impediments to trade and investment in telecommunications services, in Christopher Findlay and Tony Warren (eds.), *Impediments to Trade in Services: Measurement and Policy Implications*, New York: Routledge, 2001.

续表

	固定电话服务的市场准入限制	固定电话服务的国民待遇限制	移动电话服务的市场准入限制
新加坡	4.8	2.8	2.9
瑞典	2.4	0.0	2.2
澳大利亚	0.8	0.0	1.8

资料来源：Warren（2001）.

四、结　语

随着我国总体对外开放战略的推进，服务业的对外开放正不断深入，国际服务贸易的发展也日益受到重视。如何准确评估我国服务贸易领域存在的非关税壁垒，对于做好服务经济领域中的"走出去"和"引进来"两方面工作意义重大。本文以上介绍的衡量国际服务贸易非关税壁垒的三种重要方法——频率衡量法、基于价格的衡量法和基于数量的衡量法，对于开展基于我国服务贸易政策的理论与经验研究，甚至对于我国服务贸易统计工作以及宏观经济决策，都将具有积极的借鉴作用和启示意义。

（执笔：复旦大学世界经济系和世界经济研究所副教授、复旦大学"中国经济国际竞争力研究国家哲学社会科学创新基地"研究员 程大中）

中国制造业与服务业双向溢出效应的实证分析[①]

内容提要：自 20 世纪 80 年代开始，全球产业结构呈现出"工业型经济"向"服务型经济"转型的总趋势。在产业结构不断调整与升级的过程中，制造业与服务业的互动体现得越来越明显。本文对改革开放以来中国制造业与服务业之间的关系进行了实证分析。结果表明，二者间存在着长期动态联系，但相互间的影响系数较小。制造业与服务业之间存在双向溢出效应，是互动发展的关系。推动二者的协调互动发展，对于中国经济增长和结构转型具有至关重要的意义。

关键词：制造业　服务业　双向溢出效应

一、引　言

自 20 世纪 80 年代开始，全球产业结构呈现出"工业型经济"向"服务型经济"转型的总趋势，制造业与服务业[②]之间的关系日渐成为学术界关注的热点。相关观点可归纳为"需求遵从论"、"供给主导论"、"互动论"和"融合论"[1]。"需求遵从论"者认为，制造业是服务业发展的前提和基础，服务业发展处于一种需求遵从地位，服务业的发展是通过制造业的扩展引致发展的[2][3][4][5]；"供给主导论"者认为，服务业尤其是生产性服务业是制造业生产率得以提高的前提和基础，没有发达的生产者服务业，就不可能形成具有较强竞争力的制造业部门[6][7][8]；"互动论"者认为，服务业和制造业部门表现为相互作用、相互依赖、共同发展的互动关系[9][10][11]；"融合论"者认为，目前服务业和制造业的边界越来越模糊，两者出现了融合趋势[12][13]。

我们认为，制造业与服务业通过产业关联，会对彼此产生重要的影响，它们之间存在着互动关系。制造业是服务业的基础，制造业的发展一方面可为服务业提供"硬件"与技术支持、运行平台和诸多服务赖以存在的介质；另一方面，可以增加对服务业的中间需求，且随着制造业的不

---

① 本文获教育部哲学社会科学研究重大课题攻关项目"中国现代服务经济理论与发展战略研究"（2006JZD0018）、国家自然科学基金项目（70803031）及上海市哲学社会科学规划一般课题（2007BJL006）资助。

② 在过去较长一段时间，中国多使用"第三产业"，最近几年，"服务业"概念使用得越来越多，这两个概念的内涵大致相同。本文除引用和统计数据部分外，其余使用"服务业"的提法。

断发展，对服务业的需求层次和总量会不断提高，有助于增加服务产品，提高服务质量，扩大服务内涵和手段，带动服务业及整体经济的进一步发展。服务业是一个包含众多部门的庞大产业，一些服务部门是满足最终需求的，其单位资本产出增长主要来自于生产过程本身，资本和技术发挥作用的空间较小，其生产率通常会低于制造业。这以消费者服务业为代表。随着这些服务部门占经济比重的上升，整体生产率增长和经济增长趋缓，可能导致鲍莫尔提出的"成本病"现象。但是，还有诸多部门，它们依附于制造业企业而存在，贯穿于企业生产的上游、中游和下游诸环节中，以人力资本和知识资本作为主要投入品，把日益专业化的人力资本和知识资本引进制造业，是产品价值增值的主要源泉，被称为生产性服务业（也称生产者服务业）。生产性服务业的发展集中反映了专业化分工的广度（服务门类或种类）与深度（服务数量或比重）。格鲁伯和沃克（1989）指出，在生产性服务中，大部分都以人力资本和知识资本作为主要投入。由于这种产出被用做商品与服务进一步生产的投入，它们最终是物化在为最后使用与出口而提供的商品与服务当中。"生产性服务部门乃是把日益专业化的人力资本和知识资本引进商品生产部门的飞轮……在生产过程中，它们为劳动与物质资本带来更高的生产率并改进了商品与其他服务的质量。""生产性服务并没有取代制造业而损害经济的增长。它们只是现代经济发展的一种补充[14]。"由于具有广泛的关联效应，生产性服务业发挥着 Riddle（1986）

所谓的"黏合剂"作用，充当着促进其他部门增长的过程产业角色，能直接影响经济增长速度的快慢，并提高整体生产效率。国际经验也表明，制造业发展到一定阶段后，其附加值和市场竞争力的提升更多地靠服务业支撑。

改革开放以来，中国经济取得了举世瞩目的成绩，特别是制造业的持续高速增长，使得中国经济总量居世界前列。根据世界银行的数据，1978～2004年，中国制造业增加值以2000年不变价格美元衡量的年均增速为10.89%，2000～2005年为11.1%，远远超过世界平均水平和主要国家指标①。另据联合国工业发展组织估算，2007年中国制造业增加值（MVA）占世界的11.44%。但不容否认的是，中国制造业位于全球产业链的低端，资源消耗大，附加价值低，缺乏核心技术优势，整体竞争力不强，同时还面临着成本优势不断弱化，而国际竞争日益加剧的严峻形势。这样一种发展模式若不能得到及时、合理的校正，将可能使中国经济陷入"贫困化增长"的境地。

从服务业来看，2004年第一次全国经济普查后，中国第三产业增加值及占比有了较大幅度的向上修订，产业结构体现出一种第一产业占比缩小，第三产业占比逐步扩大，第二产业基本不变的态势。但是，我国三次产业中服务业比重依然较低，对国民经济发展的贡献率②不高，经济增长的动力主要还是依靠制造业拉动，见图1。1978～2007年，中国服务业的增加值占GDP的比重仅由23.7%上升至40.1%③，不仅大大低于高收入与上中等收入经济体，也明显低于同等收入水平

① 世界银行集团"世界发展指数"数据库，http://ddp-ext.worldbank.org。
② 产业贡献率指各产业增加值增量与GDP增量之比。
③ 国家统计局：《改革开放30年我国经济社会发展成就系列报告之一：大改革 大开放 大发展》，http://www.stats.gov.cn/tjfx/ztfx/jnggkf30n/t20081027-402512199.htm。

的大部分国家①。同时，中国服务业还面临"总体
上供给不足，结构不合理，服务水平低，竞争力

不强"② 等问题。

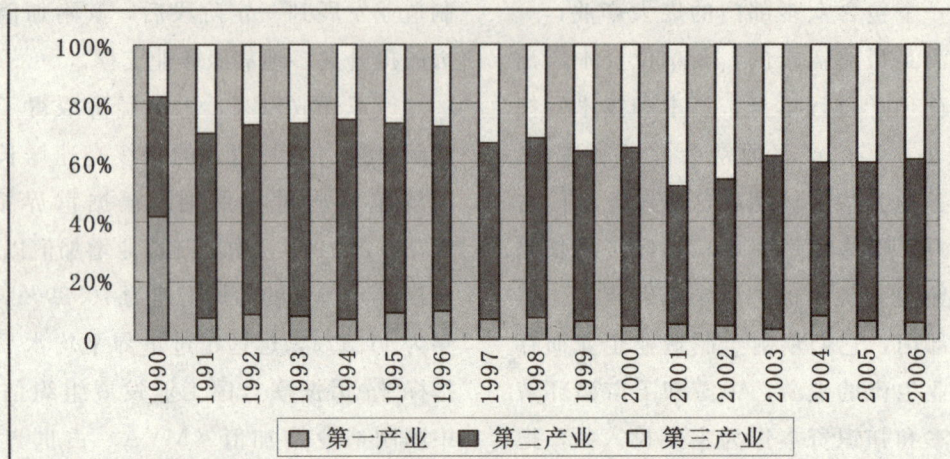

图1　中国三次产业的贡献率

发达国家近20多年来产业结构变化的一般趋势是生产性服务业成为国民经济中的支柱产业。目前，在主要发达国家，以通信、金融、物流、专业服务等为主的生产性服务业占全部服务业的比重已超过50%。相比较而言，我国生产性服务业③的发展则甚为滞后。动态来看，改革开放以来，交通运输、仓储和邮政业以及金融业④增加值占GDP的比重始终很低，也并未体现出一种稳步

增长的态势，甚至在20世纪90年代以后还出现了不同程度的降低（见图2）。1990年，中国生产性服务业⑤占GDP的比重为13.2%，占服务业的比重为41.8%，2005年，生产性服务业⑥占GDP的比重略有增加，为14.6%，但其占服务业的比重则下降至36.5%。生产性服务业是制造业与服务业融合互动的关键，其发展的滞后将影响制造业竞争力的提高，不利于中国经济的转型。

---

①　据世界银行集团统计，2005年，高收入国家（OECD）服务业增加值占GDP的比重达到73%，上中等收入国家达到62%，下中等收入国家为44%，低收入国家为50%。数据来源：世界银行集团"世界发展指数"数据库，http://ddp-ext.worldbank.org。

②　《国务院关于加快发展服务业的若干意见》，中华人民共和国中央人民政府门户网站，www.gov.cn。

③　生产性服务业的分类一直存在比较大的争议，导致不同分类所包括的部门、行业不完全一致。一般把中间需求率（指某一产业的中间需求与总需求的比例）大于50%的第三产业定义为生产性服务业，即表示该产业部门是以生产性服务为主的第三产业部门，属于为企业生产提供中间需求服务的生产性服务业。根据新国民经济行业分类（GB/T 4754—2002）和投入产出调查计算的产业部门的中间需求率，交通运输、仓储和邮政业，信息传输、计算机服务和软件业，金融业，租赁和商务服务业，科学研究、技术服务和地质勘查业属于生产性服务业。

④　由于无法获取1990年以前全部细分行业的增加值数据，且统计分类前后有较大差异，出于数据可得性和统计口径一致性的考虑，这里我们仅分析《中国统计年鉴2007》提供的1978～2006年交通运输、仓储和邮政业以及金融业增加值数据。

⑤　包括交通运输、仓储及邮政业、金融业、保险业、科学研究和综合技术服务业。

⑥　包括交通运输、仓储和邮政业，信息传输、计算机服务和软件业，金融业，租赁和商务服务业，科学研究、技术服务和地质勘查业。

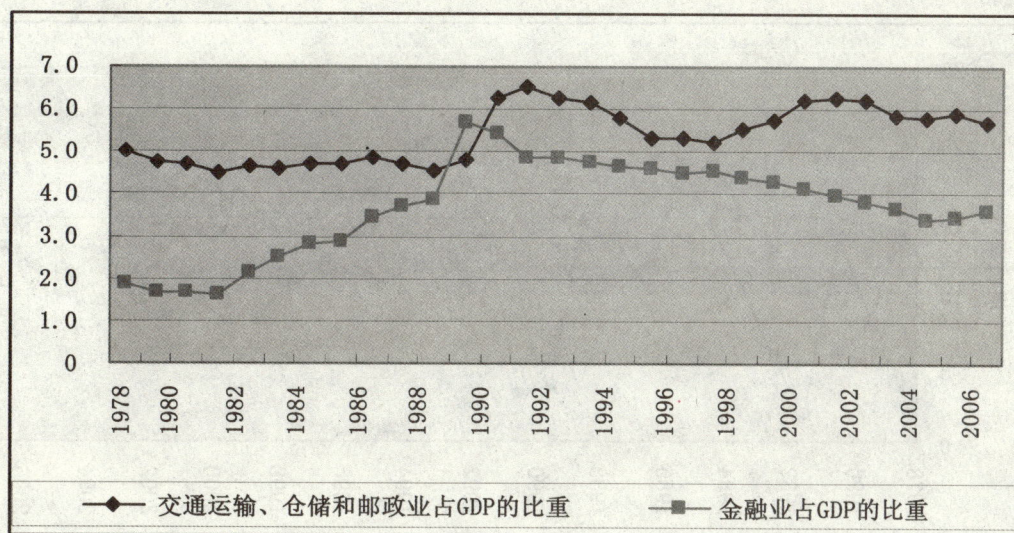

图 2　改革开放以来交通运输、仓储和邮政业以及金融业增加值占 GDP 的比重

提升制造业的竞争力，实现产业的转型与升级是当前中国迫切要解决的问题。深入了解制造业与服务业之间的关系，把握其互动的内在机理，对于规划产业发展、实现产业链的高效整合、提升经济增长质量具有重要的现实意义。本文试图描述改革开放以来中国制造业与服务业的相互关系，检验它们在发展的过程中是否存在着相互影响、作用有多大，并探究其背后的政策含义。

本文共分五部分。第一部分引言；第二部分利用向量自回归模型，描述中国制造业和服务业的长期动态关系；第三部分建立计量模型，实证检验和分析服务业对制造业的溢出效应；第四部分分析制造业对服务业的溢出效应；第五部分是本文的结论。

二、中国制造业与服务业的关系

改革开放以来，中国第二、三产业增长率有较大波动，但二者变动的趋势基本上是一致的。见图 3。经计算，两序列的同期相关系数达 0.5151。当然，仅凭此，我们并不能得出制造业与服务业之间存在着互动关系，还需进一步检验。

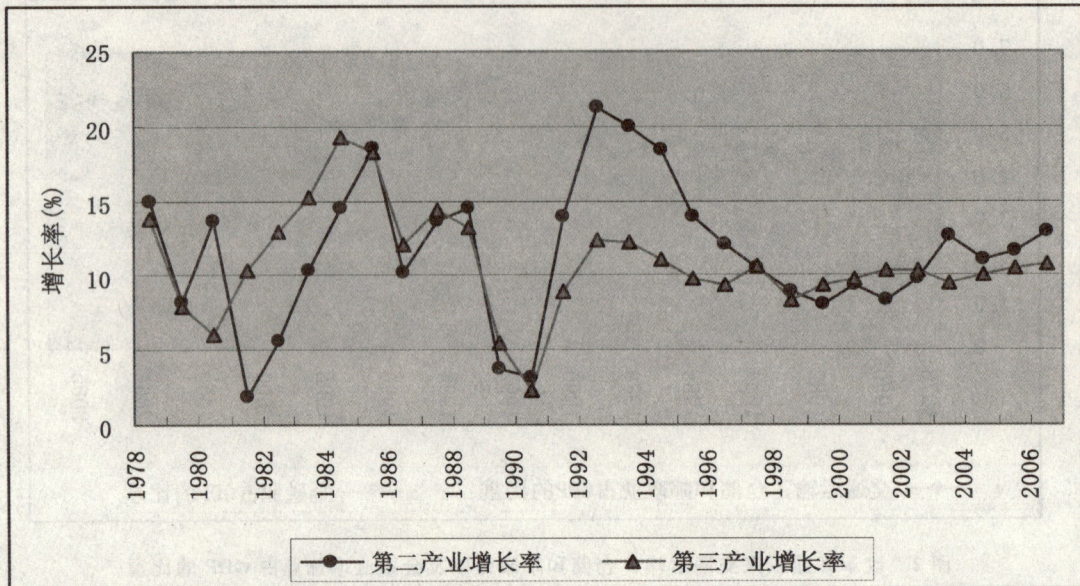

图 3　改革开放以来中国第二、三产业增长率

为了描述中国制造业与服务业间的长期关系，本文采用 1978～2006 年的数据，运用向量自回归（VAR）模型进行实证分析。M 为工业增加值，S 为第三产业增加值。原始数据来自《新中国 50 年统计资料汇编》及《中国统计年鉴》。

对于非平稳时间序列变量的回归可能是伪回归。首先，采用增广的 Dickey-Fuller 检验（ADF）检验序列 M 和 S 的平稳性。检验结果①表明：M 和 S 序列的二阶差分序列可在 10％的显著性水平下拒绝原假设，接受不存在单位根的结论，为平稳序列。

其次，建立向量自回归（VAR）模型。VAR 模型的优点在于无须事先区分变量的外生性和内生性，可以较合理地描述变量间的互动关系，通常用于刻画相关时间序列系统的关联和随机扰动项对变量系统的动态影响。

在实际应用中面临如何选择滞后阶数 p 的问题，滞后阶数越大，越能完整反映模型的动态特征，但是滞后期越长，模型待估参数增多，自由度将减少，因此，应在滞后期与自由度间寻求平衡，通常依据 AIC 准则和 SC 准则确定模型的最优滞后阶数。

运用 Eviews3.1 软件，建立 VAR 系统。当滞后阶数 p＝3 时，VAR 模型 AIC 值和 SC 值最小，且多数系数显著，故选择 p＝3 作为最优滞后阶数。运用最小二乘法对模型进行估计，结果如下：

$$M=526.20-0.048S(-1)+1.343S(-2)-0.923S(-3)+1.917M(-1)-1.710M(-2)+0.404M(-3)$$

$$(1)$$

$$(326.63) \quad (0.40) \quad (0.64) \quad (0.46) \quad (0.25) \quad (0.43) \quad (0.30)$$

$$[1.61] \quad [-0.21] \quad [2.10] \quad [-2.02] \quad [7.54] \quad [-3.95] \quad [1.35]$$

---

① 受篇幅限制，单位根检验结果略。

$R^2=0.9991$，调整后的 $R^2=0.9988$

$$S=166.81+1.357S(-1)+0.022S(-2)-0.445S(-3)+0.568M(-1)-1.143M(-2)+0.684M(-3) \quad (2)$$

(165.14)　(0.20)　　　(0.32)　　　(0.23)　　(0.13)　　　(0.21)　　　(0.15)

[1.01]　　[6.68]　　　[0.07]　　　[-1.93]　　[4.42]　　　[-5.22]　　　[4.52]

$R^2=0.9998$，调整后的 $R^2=0.9997$

圆括号中是估计系数的标准差，方括号中是 t 统计量。

结果显示，第三产业增加值对工业增加值的滞后影响系数分别为-0.048、1.343、-0.923，滞后两期和三期时具有统计显著性，最大影响系数为滞后两期，影响系数和为0.372；工业增加值对第三产业增加值的滞后影响系数分别为0.568、-1.143、0.684，均具有统计显著性，影响系数和为0.109，小于第三产业增加值对工业增加值的影响系数之和，说明工业对第三产业的拉力不足。基于该 VAR（3）模型所做的 Granger 因果检验也证实，两序列间存在互为因果的关系。实证结果表明，中国制造业与服务业之间存在着长期动态联系，但相互间的影响系数较小，说明目前二者间的良性互动尚未形成。

三、服务业对制造业的溢出效应

对柯布—道格拉斯生产函数进行拓展，将劳动力要素区分为生产产品的劳动力 L_m 和生产中间投入服务（即生产性服务）的劳动力 L_{ps}。函数形式为：

$$Y=f(L_m, L_{ps}, K)=A(L_m^\beta L_{ps}^{1-\beta})^\alpha K^{1-\alpha} \quad (3)$$

两边取对数，得：

$$\ln Y=\ln A+\alpha\beta\ln L_m+\alpha(1-\beta)\ln L_{ps}+(1-\alpha)\ln K \quad (4)$$

回归方程各变量对应的赋值方式如下：Y 用工业增加值表示，并统一折算为 1978 年可比价；A 为全要素生产率，L_m 用年末制造业就业人员数表示；L_{ps} 用年末生产性服务业就业人员数[①]表示；K 为第二产业固定资本形成总额[②]。历年资本形成总额数据来自《中国统计摘要2008》。为将其分配到各产业中，利用可获得的按产业分的固定资产投资数据[③]，计算出三次产业的投资比例，用第二产业的投资比例乘以固定资本形成总额来近似替代。由于固定资产投资价格指数直到1992年才开始在《中国统计年鉴》中公布，以前年份的数

[①] 1978～2002年生产性服务业包括：交通运输仓储和邮电通信业、金融、保险业、科学研究和综合技术服务业。2003～2006年根据新国民经济行业分类（GB/T 4754—2002），生产性服务业包括：交通运输、仓储和邮电业、信息传输、计算机服务和软件业、金融业、租赁和商务服务业、科学研究、技术服务和地质勘查业。

[②] 受统计数据的限制，我们无法将建筑业的固定资本形成总额分离出去，只能使用第二产业固定资本形成总额的估计数。

[③] 1995～1998年的数据来自《中国固定资产投资统计年鉴》1997年、1998年、1999年，2000年和2002～2006年的数据来自《中国统计年鉴》。

据无法得到，借鉴张军等（2003）[15] 的处理办法①，用《上海统计年鉴》提供上海市的固定资本形成指数和固定资本形成总额，计算出上海市的固定资产投资价格指数（以 1978 年为 1），用该指数来代替全国固定资产投资价格指数对历年固定资本形成总额进行平减。

采用 ADF 检验方法对序列进行单位根检验。检验结果显示，序列 $\ln Y$、$\ln L_m$、$\ln L_{ps}$ 和 $\ln K$ 及其一阶差分序列存在单位根，是非平稳序列，但它们的二阶差分序列均可在 5% 的显著性水平下拒绝原假设，接受不存在单位根的结论，因此可以确定，$\ln Y$、$\ln L_m$、$\ln L_{ps}$ 和 $\ln K$ 序列均为 2 阶单整序列。

根据协整理论②，虽然这些经济变量本身是非平稳序列，但它们的线性组合却可能是平稳的，这种平稳的线性组合可被解释为变量之间的长期稳定的均衡关系。本文采用 E—G 两步法进行协整分析。

首先，对同属 2 阶单整序列的 $\ln Y$、$\ln L_c$、$\ln L_s$ 和 $\ln K$ 序列进行最小二乘法估计（OLS），模型的估计结果如表 1 所示。

表 1 模型估计结果

自变量	系数	标准差	T 统计量
C	0.115582	0.946691	1.897500
$\ln L_m$	0.128669	0.188294	2.083340
$\ln L_{ps}$	0.480856	0.188745	2.547642
$\ln K$	0.748603	0.036383	2.575591
R^2	0.996736	D. W. 统计量	1.675061
调整后的 R^2	0.996345	F 统计量	190.1543

其次，用 ADF 检验判断残差序列的平稳性，检验结果如表 2 所示。

表 2 残差序列平稳性检验结果

ADF 值	−3.072794	1% 临界值	−3.7076
		5% 临界值	−2.9798
		10% 临界值	−2.6290

由表可以看出，ADF 统计量值小于 5% 显著性下的临界值，由此可知，该残差序列不存在单位根，属于平稳序列。上述结果表明，序列之间存在着协整关系，模型设定是合理的。

从实证结果可得如下结论：各变量对工业增加值均有正的显著影响，$\ln K$ 的回归系数（资本产出弹性）最大，达 0.7486，即当年第二产业固定资本形成额增加 1 个百分点时，工业增加值约增加 0.75 个百分点，这表明投资对中国制造业有较大的拉动作用；制造业就业人员数增加一个百分点，工业增加值仅增加 0.13 个百分点，说明增加制造业劳动投入对工业的带动作用相对较小。这个现象的出现，可能与我国劳动力供给过剩且劳动力素质③相对较低有关；生产性服务业就业人员数增加一个百分点，工业增加值可增加 0.48 个百分点，表明生产性服务业劳动投入对制造业增长存在正的显著影响，若将劳动力素质引入生产函数，这种影响应该会更大④。这一结论从一个方面支持了本文的假定，即生产性服务业的发展对制造业存在"溢出效应"。

① 张军等（2003）认为，"如果相对于其他价格指数而言，上海市的价格波动与全国的价格波动相一致的话，那么我们也有理由相信上海市的和全国的固定资产投资价格指数的波动相一致"。参见张军、章元：《对中国资本存量 K 的再估计》，《经济研究》，2003 年第 7 期，第 38 页。

② Engle, Robert F. and C. W. J. Granger, Co-integration and Error Correction: Representation, Estimation, and Testing, Econometrica, 1987, 55: 251—276.

③ 因细分行业的人力资本更难以数量化，本模型没有考虑劳动力素质。若以平均受教育程度作为人力资本水平的代表，许多研究业已表明，中国制造业的人力资本投入水平较低，对经济增长的作用较小。

④ 从第五次人口普查数据（2000 年）中可知，生产性服务业人口平均受教育程度高于制造业。

下面，我们再来看一下服务业对制造业劳动生产率的影响。

构造如下计量模型：

$$MP = \alpha PCK + \beta PPS + u_t \qquad (5)$$

其中，MP 为制造业劳动生产率，PCK 为制造业人均资本数量，PPS 为生产性服务业就业人员数与制造业就业人员数的比值[①]。研究区间为 1978～2006 年，数据来自《中国统计年鉴》、《中国固定资产投资统计年鉴》、《中国人口和就业统计年鉴》相关各年。在对模型进行拟合时，为避免变量计量单位差异所引发的异方差，自变量与因变量均采用了自然对数形式。

首先用 ADF 检验方法，对序列进行单位根检验。检验结果显示，序列 $\ln MP$、$\ln PCK$ 和 $\ln PPS$ 存在单位根，是非平稳序列，但它们的一阶差分序列均可在 5% 的显著性水平下拒绝原假设，接受不存在单位根的结论，即 $\ln MP$、$\ln PCK$ 和 $\ln PPS$ 序列为 1 阶单整序列。

最小二乘法估计（OLS）结果如表 3 所示。

表 3　模型估计结果

自变量	系数	标准差	T 统计量
$\ln PCK$	0.831992	0.031589	26.33765
$\ln PPS$	1.023893	0.082603	12.39535
R^2	0.983282	D.W. 统计量	0.417658
调整后的 R^2	0.982663		

用 ADF 检验判断残差序列的平稳性，检验结果如表 4 所示。

表 4　残差序列平稳性检验结果

ADF 值	−3.216458	1% 临界值	−3.7204
		5% 临界值	−2.9850
		10% 临界值	−2.6318

由表 4 可以看出，ADF 统计量值小于 5% 显著性下的临界值，由此可知，该残差序列不存在单位根，属于平稳序列，变量间存在协整关系。

但从 D.W. 统计量来看，模型存在正的序列相关。采用 Breusch-Godfrey 序列相关的 LM 检验（$p = 2$），得到的结果如表 5 所示。

表 5　LM 检验结果

F 统计量	20.51763	概率值（P 值）	0.000005
T×R^2 统计量	18.01956	概率值（P 值）	0.000122

LM 统计量显示，在 5% 显著性水平拒绝原假设，回归方程的残差序列存在序列相关性，必须采取相应的方式修正残差的自相关性。本文采用 AR(2) 模型进行修正，回归估计结果如下：

$$\ln MLP = 0.8598 \times \ln MPK + 0.9536 \times \ln PPS + u_t \qquad (6)$$
$$\qquad\quad (19.84) \qquad\qquad (8.36)$$

$$\hat{u}_t = 1.1546 \hat{u}_{t-1} - 0.4962 \hat{u}_{t-2} + \varepsilon_t \qquad (7)$$
$$\quad (6.22) \qquad\quad (-2.65)$$

$R^2 = 0.9948$，调整后的 $R^2 = 0.9941$，D.W. = 2.088

再对新生的残差序列 $\hat{\varepsilon}_t$ 进行 LM 检验，检验结果不能拒绝原假设，即修正后的回归方程的残差序列不存在序列相关性，估计结果是有效的。

---

① 需要说明的是，基于不同的视角，影响制造业劳动生产率的因素很多，且各种因素之间还可能存在一定程度的关联，因此，实证研究中的变量选择和模型设定千差万别。本部分旨在考察服务业对制造业劳动生产率的影响，故采用了该简易模型。

从实证结果可得如下结论：制造业人均资本数量、生产性服务业就业人员数与制造业就业人员数的比值对制造业劳动生产率均有正的显著影响，制造业人均资本数量增加 1 个百分点，制造业劳动生产率提高 0.86 个百分点；生产性服务业就业人员数与制造业就业人员数的比值增加 1 个百分点，制造业劳动生产率将提高 0.95 个百分点，这表明生产性服务业劳动投入较之资本投入，更能提高制造业的劳动生产率。探究其背后的原因，是由于生产性服务业可将知识资本和人力资本引入制造业，这不仅有利于知识和技术的进步，弱化劳动投入和资本投入的相对重要性，同时，知识和技术的大规模专业化利用可实现报酬递增，从而促进劳动生产率的提高。这一结论再次支持了本文的假定，即生产性服务业的发展对制造业存在"溢出效应"。

四、制造业对服务业的溢出效应

较之服务业，特别是生产性服务业对制造业的影响，学术界关于制造业对服务业的作用探讨较少，这主要是因为传统观点认为，服务部门的增长是随着 GDP 的增长而自动出现的，是经济增长的必然结果。从世界经济发展的历程来看，服务业增加值及其占 GDP 的比重均体现出一种增长的态势。众多实证研究也为人均 GDP 与服务业增加值占 GDP 比重之间的关系提供了佐证。

由于统计[①]和体制方面的原因，中国服务业长期徘徊在较低的发展水平上，服务业增加值比重、就业比重和劳动生产率均偏低，也未体现出一种快于整体经济增长速度的发展规律。但是，我们认为，服务业的快速增长及其在国民经济中地位的提升是经济发展的客观趋势，中国目前尚处在工业化的中期，即由重工业化阶段向高加工度化阶段逐步推进的时期，制造业的发展将越来越多地依赖技术创新与技术进步，在产业链条不断向两端拓展和拉伸的趋势和要求下，制造业对服务业的需求会日益扩大，其依靠服务投入所实现的价值会越来越多。并且，随着专业化分工的不断深化，制造业企业会将更多的内部服务活动外部化，将诸多服务环节外包给生产性服务企业，这将大大促进生产性服务业[②]的发展。同时，由于许多技术和服务需要物化在产品上或依赖某些介质而存在，制造业的发展也会给服务业提供雄厚的物质基础、技术支持和运作平台。也就是说，制造业可以从需求和供给两个层面对服务业产生"溢出"。

分析投入产出表[③]，可以得出制造业部门对服务业的需求。经初步计算，投入制造业部门的生产性服务业[④]在 1990～2002 年增长了 2.04 倍（按 1978 年不变价格计算）。制造业对生产性服务业

---

① 笔者在第一次全国经济普查后，探讨了服务业相关数据变化的原因及其影响，并利用修订后的数据重估了服务业增加值比重与 GDP 和人均 GDP 的长期关系式。详见殷凤、陈宪：《从经济普查看中国服务业》，《统计研究》，2007 年第 10 期。

② 从经济学的角度来看，生产性服务业的产生和发展就是建立在成本优势基础上的专业化分工的深化，以及企业外包活动的发展。

③ 数据来源：中国投入产出学会，http://www.iochina.org.cn/touruchanchubiao.htm。

④ 需要说明的是，由于中国投入产出表的行业分类在 1990 年和 2002 年有较大差异，两个年份中生产性服务业所涵盖的部门不同，1990 年为货运邮电业和金融保险业，2002 年则包括交通运输及仓储业、邮政业、信息传输、计算机服务业和软件业、金融保险业、租赁和商务服务业、科学研究事业和综合技术服务业。统计口径的不一致会导致计算结果有一定偏差，实际数额可能小于 2.04。

的中间需求有较大程度的提升。这说明随着制造业的发展，其对生产性服务业的需求在不断增长，从而有助于服务产品、部门以及整体产业的衍生和发展。

下面我们构建一个简单的计量模型，考察制造业的增长是否会带动生产性服务业的发展。

$$PS = C + \alpha M + u_t \qquad (8)$$

其中，PS 为生产性服务业增加值[①]，M 为制造业增加值[②]。研究区间为 1978～2006 年。在对模型进行拟合时，自变量与因变量均采用了自然对数形式。

首先对序列进行单位根检验。ADF 检验结果显示，序列 $\ln PS$ 和 $\ln M$ 及其一阶差分序列均存在单位根，是非平稳序列，二阶差分序列可在 5% 的显著性水平下拒绝原假设，接受不存在单位根的结论，即 $\ln PS$ 和 $\ln M$ 序列为 I（2）序列。估计结果如表 6 所示。

表 6　模型估计结果

自变量	系数	标准差	T 统计量
C	−2.419728	0.238755	−10.13477
lnM	1.098053	0.025328	43.35416
R²	0.985839	D. W. 统计量	0.179547
调整后的 R²	0.985314		

用 ADF 检验判断残差序列的平稳性，检验结果如表 7 所示。

表 7　残差序列平稳性检验结果

ADF 值	−2.050380	1%临界值	−2.6522
		5%临界值	−1.9540
		10%临界值	−1.6223

由表 7 可以看出，ADF 统计量值小于 5% 显著性下的临界值，由此可知，该残差序列不存在单位根，属于平稳序列，变量间存在协整关系。

但从 D. W. 统计量来看，模型存在正的序列相关。必须采取相应的方式修正残差的自相关性。本文采用 AR（2）模型进行修正，回归估计结果[③]如表 8 所示。

表 8　模型估计结果

自变量	系数	标准差	T 统计量
lnM	0.866770	0.015025	57.69009
AR（1）	1.312257	0.170264	7.707176
AR（2）	−0.391610	0.160757	−2.436030
R²	0.998511	D. W. 统计量	2.070807
调整后的 R²	0.998386		

再对新生的残差序列 $\hat{\varepsilon}_t$ 进行 LM 检验，检验结果不能拒绝原假设，即修正后的回归方程的残差序列不存在序列相关性，估计结果是有效的。

以上结果显示，制造业增加值对生产性服务业增加值存在正的显著影响，制造业增加值增加 1 个百分点，生产性服务业增加值将提高 0.87 个百分点，可以在一定程度上支持我们的假设，即随着制造业的发展，其对服务投入的需求会拉动生产性服务业的发展，产生"溢出效应"。

---

①　因无法获得分行业增加值 1978～2006 年所有的年度数据，且为了保证口径的一致性，这里的生产性服务业仅包括交通运输、仓储和邮政业以及金融业，数据来自《中国统计年鉴》（2007）。

②　采用《中国统计年鉴》中的工业增加值。

③　常数项没有通过 t 检验，故舍去。

五、结　论

本文对改革开放以来中国制造业与服务业之间的关系进行了实证分析。基于 VAR 模型的实证研究结果表明，制造业与服务业间存在着长期动态联系，但相互间的影响系数较小，说明目前二者间的良性互动尚未形成。制造业对服务业的影响系数之和小于服务业对制造业的影响系数之和，这在一定程度上可以说明，我国的专业化分工程度还不够高，制造业产业链较短，产业间的前向和后向关联度较低，制造业企业外包生产性服务业环节的意愿不强，对服务业的中间需求不足，一方面抑制了服务业的发展，另一方面也影响了制造业的价值实现和竞争力的提升。制造业的服务投入率低，其发展因缺乏金融保险业、信息业等部门的有效配合，而使发展空间受到限制；在生产过程以外因缺乏商务服务业的配套支持，而影响循环的实现及效率的提升；因缺乏综合技术、科学研究、教育等部门的发展，而创新不足、动力匮乏。事实上，这也正是目前"中国制造"走入困境的症结之一。当然，从另外一个角度来看，制造业对服务业的需求不足，也有服务业自身的原因。中国生产性服务业发展滞后、专业化程度低、服务成本高，难以为制造业提供高端、高效、质优、价廉的产前与产后服务，导致制造业企业或者自我服务，这与内部服务活动外部化的总体趋势相左，不利于企业核心竞争力的提升；或者借助于外部服务提供商，致使"中国制造"停留在全球产业价值链的低端，高端环节和高额利润则被发达国家的跨国公司所掌控和攫取。

通过构建不同形式的计量模型及投入产出分析，我们发现，中国制造业与服务业之间存在双向溢出效应，是互动发展的关系。这一结论具有很强的政策含义。迈克尔·波特（1990）[16]指出，制造业与服务业的结合对国家竞争优势关系重大。中国目前正处在工业化的中期，特定的内部国情和外部环境均决定了这一过程难以逾越，也不可能一蹴而就。既然我们无法从"中国加工"、"中国制造"一步跨越到"中国创造"、"中国服务"，那么，借由制造业与服务业的协调互动发展，为服务业提供良好的发展基础，提升制造业的生产率和竞争力，对于经济增长和结构转型均具有至关重要的意义。而且，这种双向溢出效应若能得到更好的发挥，将有助于产业链的整合，推动中国企业向全球产业链的中、高端环节演进，实现产品附加价值的增加和国际分工地位的提升。

参考文献

［1］顾乃华、毕斗斗、任旺兵：《生产性服务业与制造业互动发展：文献综述》［J］，《经济学家》，2006（6）：35～41。

［2］Rowthorn, R. and R. Ramaswamy. Growth, Trade and Deindustrialization［J］. IMF Staff Papers, 1999, 46（1）：18～41.

［3］Guerrieri P., Meliciani v. International Competitiveness in Producer Services［A］. Paper presented at the SETI Meeting in Rome, May 2003.

［4］张世贤：《工业投资效率与产业结构变动的实证研究——兼与郭克莎博士商榷》［J］，《管理世界》，2000（5）：79～85。

［5］刘培林、宋湛：《经济普查揭示的"秘密"：服务业是一个"昂贵"的产业》［J］，林毅夫发展论坛讨论稿，2006。

［6］Karaomerioglu and Bo Carlsson. Manufacturing in Decline? A Matter of Definition［J］. *Economy, Innovation, New Technology*, 1999, 8：175～196.

［7］Pappas, N. and P. Sheehan. The New Manufacturing：Linkages between Production and Service Activities［J］. in P. Sheehan and G. Tegart（eds）Working for the Future. Melbourne：Victoria University Press 1998. 127～155.

［8］Eswaran, Kotwal. The role of the service sector in the process of industrialization［M］. *Manuscript, University of British Columbia*, 2001.

［9］Park S. H. and K. S. Chan. A Cross-country Input-output Analysis of Intersectoral Relationships Between Manufacturing and Service and Their Employment Implications［J］. 1989 （2）：199～212.

［10］陈宪、黄建锋：《分工、互动与融合：服务业与制造业关系演进的实证研究》［J］，《中国软科学》，2004（10）：65～71。

［11］顾乃华：《我国服务业对工业发展外溢效应的理论和实证分析》［J］，《统计研究》，2005（12）：9～13。

［12］Lundvall, B. A. and Borras, S. The Globalising Learning Economy：Implication for Innovation Policy［R］. Report prepared under the TSER Program, DG Ⅻ. Luxembourg：Commission of the European Union. 1998.

［13］周振华：《产业融合：产业发展及经济增长的新动力》［J］，《中国工业经济》，2003（4）：46～52。

［14］格鲁伯、沃克：《服务业的增长：原因与影响》［M］，陈彪如译，上海：上海三联书店，1993。

［15］张军、章元：《对中国资本存量K的再估计》［J］，《经济研究》，2003（7）：35～43。

［16］迈克尔·波特：《国家竞争优势》［M］，北京：华夏出版社，2002年。

（执笔：上海大学国际工商与管理学院副教授　殷凤）

服务业转变上海经济发展方式的机制分析[①]

内容提要：本文总结了世界大都市产业发展与结构演变的路径与趋势，对改革开放以来上海产业结构变动与服务经济发展的现状、特征进行了考察，并将上海服务经济发展水平与国内、国外若干城市进行了比较。在此基础上，运用统计学、计量经济学方法，深入探讨了上海服务业发展的经济效应，包括增长效应、就业效应、收入效应、资源环境效应，从多个角度证明了服务业对经济发展的重要作用。在总结了生产性服务业对制造业的作用机理后，对上海生产性服务业的现状、与国外大城市的差距进行了分析，然后运用投入—产出分析，计算了上海生产性服务业的产业关联效应。基于对上海发展阶段和现状的认识，结合转变经济发展方式的客观要求，我们认为，未来上海的发展，应以生产性服务业为着力点，以长三角、长江流域、中国乃至世界为服务对象，不断拓展服务半径，使产业链中的服务环节增加并延长，扩大产业的辐射度与影响力，充分形成和发挥"集聚、扩散、管理、服务和创新"的能力，并以生产性服务业的发展，带动制造业与服务业的融合、互动与提升。

关键词：服务业　经济发展方式　上海　经济效应

一、大都市产业发展与结构演变——路径与趋势分析

自 20 世纪 80 年代开始，全球产业结构呈现出"工业型经济"向"服务型经济"转型的总趋势。具体而言，当今世界服务业呈现出如下态势：①服务业地位迅速上升，作用明显增强，服务业就业份额稳步上升；②服务业内涵日益丰富，经营方式不断创新，逐步从劳动密集型向资本和知识密集型转变；③服务业经营日益国际化、网络化和一体化；④服务业与制造业相互融合的趋势加强，呈现出良性互动的发展态势；⑤对外直接投资成为拓展服务地域范围的重要形式，跨国公司服务化趋势明显，一方面表现为制造型跨国公司向服务型转变，另一方面表现为服务型跨国公司的实力不断增强。

服务经济的发展，服务经济结构的形成，与城市化进程息息相关。一个国家或地区经济服务化首先表现为城市的经济服务化，具体表现在：

① 本文获教育部哲学社会科学研究重大课题攻关项目"中国现代服务经济理论与发展战略研究"（2006JZD0018）、2008 年度上海市决策咨询研究（购买成果）项目及上海市哲学社会科学规划一般课题（2007BJL006）资助。

制造业产值及其比重和就业人数都有显著的下降，而服务业产值与就业人数在城市经济中逐渐取得绝对优势。表1是若干世界城市服务业增加值占GDP的比重与服务业从业人员比重，从中可以看出，在世界大城市中，经济服务化的特征已非常明显，服务业在经济中占绝对优势，一些国际大都市服务业增加值占比与就业占比甚至达到了80％以上。

表1　若干世界城市服务业增加值占比与就业占比　　　　单位：%

指标	纽约	伦敦	柏林	法兰克福	巴黎大区	约翰内斯堡	墨西哥城	东京	大阪府	首尔	中国香港	中国台北	中国澳门	新加坡
服务业增加值占GDP的比重	87.6 (1997)	86.5 (1987)	79.5 (1999)	83.7 (2002)	84.6 (2003)	74.0 (2000)	69.1 (2004)	85.7 (2005)	82.8 (2003)	73.0 (2005)	87.6 (2004)	82.2 (2001)	91.6 (2004)	66.4 (2004)
服务业从业人员比重	90.4 (2001)	89.8 (2001)	79.8 (1999)	86.7 (2002)	82.8 (2004)	60.7 (2001)	57.8 (2004)	80.8 (2005)	71.2 (2005)	66.4 (1991)	84.8 (2004)	80.3 (2001)	77.3 (2004)	76.1 (2004)

资料来源：周振华、陈向明、黄建富：《世界城市——国际经验与上海发展》，上海社会科学院出版社，2004年；朱庆芳、莫家豪、麦法新：《世界大城市社会指标比较》，中国城市出版社，1997年；2008年奥运会对北京现代化进程的影响和推动分析课题组："关于北京城市现代化和国际化水平的比较研究"，《北京行政学院学报》，2003年第1期；《2006中国第三产业统计年鉴》，中国统计出版社，2007年；屠启宇、金芳：《国际大都市发展报告》，上海人民出版社，2007年，大阪府官方网站，http://www.pref.osaka.jp/cn/。

（一）大都市产业结构演变趋势

大都市不仅是区域性、全球性的经济活动中心，同时也是城市化演进到一定阶段的产物。除了城市本身的人口和面积外，大都市还有向外延伸的广泛空间，即经济区域；城市除了拥有跨国公司总部外，还要有庞大的企业集团、中介组织和相当的资产、要素存量和内外贸易额；除了城市的一般基础设施外，还要有显示现代化的公用事业和生态环境；另外，大都市经济文化和第三产业高度发达，综合服务功能较完善。随着经济的发展，大都市的特征也在发生变化，其产业结构也发生了有序的变动。

1. 三次产业结构有序变动

20世纪90年代以来，大都市第一产业的就业人口和产值比重都处于持续的下降过程；第二产业的产值比重都是在经过长时期的增长之后开始下降。以美国和日本为例，日本第二产业的就业比重在经过一定时期的增长之后才开始下降，而美国第二产业的就业比重从相对稳定转向逐渐下降，这种差异反映了两国经济发展阶段的不同；在第三产业方面，美国的就业和产值比重都经历了高速增长，日本的就业比重是持续上升的，但产值比重是在经过早期的小幅下降后，直至20世纪80年代才开始快速提高。

2. 工业内部结构趋向集约化和高加工化

在整个工业化时期，第二产业处于决定性的地位，并且其内部也表现出稳定的变化趋势：首先是重工业化趋势，即工业结构由以轻工业为主逐步向以重工业为主转变。其次是深加工化趋势，即深加工工业比重不断提高，由以原材料工业为主逐步转向以深加工工业和组装工业为主，反映了工业增长对能源、原材料依赖程度逐步下降的趋势，而是越来越多地依赖于资本和技术投入。最后是技术集约化趋势，一方面所有制造业部门都不断地采用先进的技术、工艺，从而在整体上提高科技含量和技术集约度；另一方面新的以技术密集为特征的新兴产业，特别是高新技术产业的出现与发展，在制造业中所占的比重不断上升。

3. 制造业地位呈"倒U形"演变趋势

制造业地位演变表现出"倒U形"的特征，虽然其相对地位有所下降，但制造业产出总量仍然不断上升。例如，英国制造业增加值在1948～2002年总体表现出稳定上升的态势，但比重却呈现先上升后下降的"倒U形"变化特征。其中，1948～1974年，制造业产出比重和在经济中的地位呈现稳中略有上升的趋势，而1974年之后则趋于下降。美国制造业收入占国民收入的比重在1929～2002年也经历了类似的"倒U形"变化过程。从1932～1943年的11年里，年均增长超过1.5个百分比，在经过长时间的增长后，该比重于1943年达到历史最高水平（33.9%）；随后，受一段时期波动的影响，制造业收入比重长期增长趋势结束，并逐渐降至2002年的13.7%。

（二）国外几大都市产业发展的阶段性规律

从第一、二、三次产业结构演变的进程看，经济发展大致可以划分为三个阶段：第一阶段是农业化阶段，生产活动以单一的农业为主，农业是主导产业，农业劳动力在就业总数中占绝对优势。第二阶段是工业化阶段，其标志是第二产业大规模发展，并成为主导产业，工业化阶段前期，一般是农业和轻纺业起主导作用；工业化阶段中期，大机器工业体系日趋完善，产业结构明显向重化工业倾斜，电力、钢铁、机器制造等产业在经济发展中起主导作用，基础工业和基础设施得到很大的完善；工业化后期，以汽车、家电为代表的耐用消费品和以微电子技术、信息技术、航天技术、生物工程、新能源和新材料为代表的新兴产业迅速发展，产业结构趋向高度化。第三阶段是服务化阶段，第三产业经过上升、徘徊、再上升，直至成为国民经济最大产业。知识融合的信息产业、咨询等现代工商服务业、商业、金融、旅游、科技、教育、医疗、保健、房地产等第三产业将有空前的发展。综观国外许多城市自农业社会以来产业发展的轨迹，可以将这些城市的产业变化分为三个阶段，即自然要素主导型阶段、资本要素主导型阶段和知识经济阶段。

1. 自然要素主导型阶段的产业特点

在工业化的初期阶段，城市的自然资源和自然条件（主要是地理位置）在影响城市产业的选择和发展中发挥了重要作用。另外，基础设施较完善也是影响中心区中低技术产品制造业和商业发展的重要保障要素。因此，城市通常发展原材料加工型制造业，如巴黎和纽约。而伦敦则不同，一方面由于缺乏煤炭资源无法成为工业区，另一方面，由于周围有伯明翰、利物浦等工业城市，因此其主要发展商业，成为商业中心。

2. 资本要素主导型阶段的产业特点

当城市处于工业化的中期和后期时，由于基础设施的不断完善，交通技术的不断进步，区域间资本和技术的流动性不断增强，资本的聚集往往对城市的产业发展产生重要影响，促使城市内部资本密集型产业快速发展，产品的技术含量普遍高于前一阶段。另外，企业的数量、贸易量的增加，使得金融、保险、商务服务、科学研究的需求也迅速增加，这些都大大刺激了生产性服务业的发展。

3. 知识经济阶段

进入后工业化时期的大都市处于知识经济阶段，其产业主要以金融保险、房地产、社会服务等服务业为主，不过产业结构中仍有部分制造业，主要是一些都市型产业和高新技术产业（信息、新材料、生物等产业）。例如，目前纽约市内仍旧保持了一定规模的工业，布局以小型制造业企业为主，主要是服装加工、印刷出版和食品生产企业。纽约市内的工业分布呈现出两种形式：一种是通过改造废弃小区所形成的"袖珍工业园"，主要集聚着规模有限的小型制造企业；另一种是依托大学的"高科技产业园"，主要负责研发技术等。大型工业分布在纽约市区周围地区（与新泽西相接的地区），与纽约联系紧密，并通过纽约港作为出海口。

知识经济阶段下的城市要素环境中，自然要素与其他两个阶段并无太大差异，区别主要集中在非自然要素上。在这一阶段，城市内部资本充裕，人力资本丰富，电子技术和信息技术的出现并得到快速发展；政府强调政策和制度的完善，许多政府还利用规划引导产业发展，如许多政府在这一阶段强调郊区新城的规划，疏散市中心制造业；政府推动城市的国际定位，巴黎被政府定位为法国的金融中心和欧洲国际金融中心并采取相应措施配合；城市基础设施进一步完善，市中心、郊区和周围城市交通通信十分方便，国际交流设施完善；交通、电子信息技术的发展促进了产业链环节的分工。在一次一次的技术革命推动下，当完成工业化过程后，制度、技术、知识资源等要素在大都市产业发展过程中的作用日益突出，逐步成为产业选择的主导要素。

根据大都市主要产业的演化与发展过程，可以总结出大城市产业发展的阶段性规律：从自然要素主导型阶段到资本要素主导型阶段，随后进入知识经济阶段这样一个渐次高度化的发展过程，从而实现产业结构的高级化。这是大都市经济发展到一定阶段之后所出现的共同趋势。其中，自然要素主导型阶段是工业化过程的起点，主要是

冶金业、化学工业、纺织、食品等产品；资本要素主导阶段中主要是钢铁、化工、机械、电子等资金和技术密集的产业，商业、物流等第三产业也得到了快速的发展。知识经济阶段下，城市的产业主要集中在金融保险、房地产等生产性服务业和社会服务业，而高技术的制造业，如电子通信、航空航天以及新材料、太阳能、海洋产业等新兴产业也是城市产业结构的重要组成部分。总的来讲，城市产业结构的优化和升级主要表现为产业结构的知识集约化和经济服务化。

（三）大都市服务业的基本结构特征及其发展趋势

大都市通常位于区域产业分工格局的顶层，因此，各个时期的主导型产业都集中在这些大都市，并且相关的服务配套产业也很发达。自20世纪80年代开始，随着信息通信技术的快速发展以及经济全球化进程的加快，全球产业结构呈现出"工业型经济"向"服务型经济"转型的总趋势。服务经济能否成为一座城市的主导力量，必须考虑两个条件：一是服务业产值在国内生产总值中的比重；二是服务业就业在整个社会就业中的比重。1980～2004年，服务业占GDP比重不断上升，全球服务业增加值占GDP比重由56%升至68%，高收入国家达到72%，中等收入国家达到53%，低收入国家为49%。2004年，美国这一比重为77%，法国为76%，英国为73%，德国、荷兰、澳大利亚、比利时、意大利、丹麦及希腊均超过70%，日本、新加坡、韩国和印度分别为68%、65%、56%和52%，纽约、伦敦、中国香港等国际大都市则达到80%以上。从服务业就业比重看，高收入国家为68.5%，上中等收入国家为56%，下中等收入国家为47.3%，纽约、巴黎、东京、新加坡和中国香港等大都市服务业的就业比重均在60%以上，这说明服务业在大都市

经济中占据主导地位。服务业作为城市经济体系和城市功能的最基本和重要组成部分，对城市经济实力和竞争力、城市功能、城市就业与社会结构、城市土地利用与城市功能分区、城市形象等都有着直接或者间接的影响。事实证明，服务业是城市的"芯片"和内核，是推动城市发展的引擎，服务业特别是生产性服务业越来越成为城市经济乃至区域经济增长的核心动力。在知识、技术和全球化力量的推动下，大都市服务业的基本结构特征如下：

第一，服务业高度集聚、占据绝对主导地位。这是典型国际大都市的基本特征，不论服务业增加值占 GDP 的比重，还是服务业就业人口占总人口的比重，都占据绝对优势。

第二，服务业的结构完善，辐射功能强大，服务经济实力雄厚。不论生产性服务业、分配性服务业、消费性服务业，还是社会性（公共）服务业，都得到充分发展，服务功能体系十分完善，服务业具有强大的经济实力、影响力和辐射力。

第三，生产性服务业高度发达，是全球高级生产性服务业聚集中心。如金融、保险、房地产和会计、法律、信息咨询等商务服务的增加值比重占整个服务业的主导地位，这为跨国公司总部运营提供了重要保障。

第四，信息服务业与信息产业发展迅速，成为大都市经济增长的重要动力。信息服务业是信息技术在服务行业中广泛应用的结果，它大大提高了传统服务业的运行效率，形成了新兴服务行业，进一步强化了典型大都市的控制能力和中心地位。

第五，不同层次国际大都市的服务业内部结构存在明显差异。顶级国际大都市的高级生产性服务业和社会性（公共）服务业高度发达，服务业内部结构高度化，而中低层次国际大都市的生产性服务业发展水平较顶级国际大都市要低，传统服务业占较大比重，服务业结构层次相对较低。

近年来，随着世界科技进步和信息技术的飞速发展，经济全球化加剧，国际劳动分工不断深化，全球典型大都市的服务业发展出现了一些新趋势，主要表现在以下几个方面：

第一，高端生产性服务业的集聚程度不断加强在经济结构中的地位越来越重要，低层次服务业开始出现扩散趋势。主要体现在新兴生产性服务业上，如金融、保险、办公活动和商务服务等行业的最高管理控制服务出现了进一步强化，其在大都市的服务业产值及就业比重逐步上升。

第二，新兴服务行业不断涌现，服务业的多样化趋势更加明显。由于信息技术的广泛应用，服务部门的分工进一步深化，对服务业的日益增强的需求产生了更多新兴服务业，如信息咨询与中介、代理服务业、商务服务、娱乐消费服务、社会服务等。

第三，服务业的专业化水平不断提高。受科技进步和信息技术发展的影响，大都市服务业内部分工进一步细化，而服务业的专业化水平进一步提高，包括会计、广告、管理顾问、国际法律服务、工程服务、信息生产和服务以及其他商务服务等内容，此外还有保证客流、货流在城市内外的安全、便捷地流动而提供的城市交通运输服务、通信信息服务；为贸易发展提供的中介咨询服务、会展服务；为城市居民、旅游者提供的娱乐休闲服务。

第四，知识与技术密集型服务业发展最快，并逐步占据主导地位。电子信息技术和互联网是知识与技术密集型服务业发展的核心推动力量，国际大都市的高层次科技人才充足，创新活动十分活跃，依托完善服务体系，知识与密集型产业集群快速发展，并逐步占据大都市服务业的核心地位。

第五，大都市服务业体系的国际化日益加深，高等级金融商务活动在全球的影响日益扩大，国际服务贸易占国际贸易的比重不断提高，新兴生产性服务业逐步成为大都市国际贸易的主导行业。

二、近年来上海服务业和服务贸易发展概况

改革开放以后，上海服务业增加值逐年递增，服务业增加值占 GDP 的比重除个别年份外也呈递增趋势（见图 1）。1992 年，上海市委、市政府提出了以"三、二、一"为序的产业发展战略构想，上海服务业增加值及其占 GDP 的比重迅速上升。

1999 年服务业增加值所占比重达到 49.59%，首次超过第二产业，比第二产业高 1.16 个百分点，打破了"二、三、一"的格局。2007 年上海服务业增加值占 GDP 的比重上升至 52.6%，较 1978年上升了 34 个百分点。

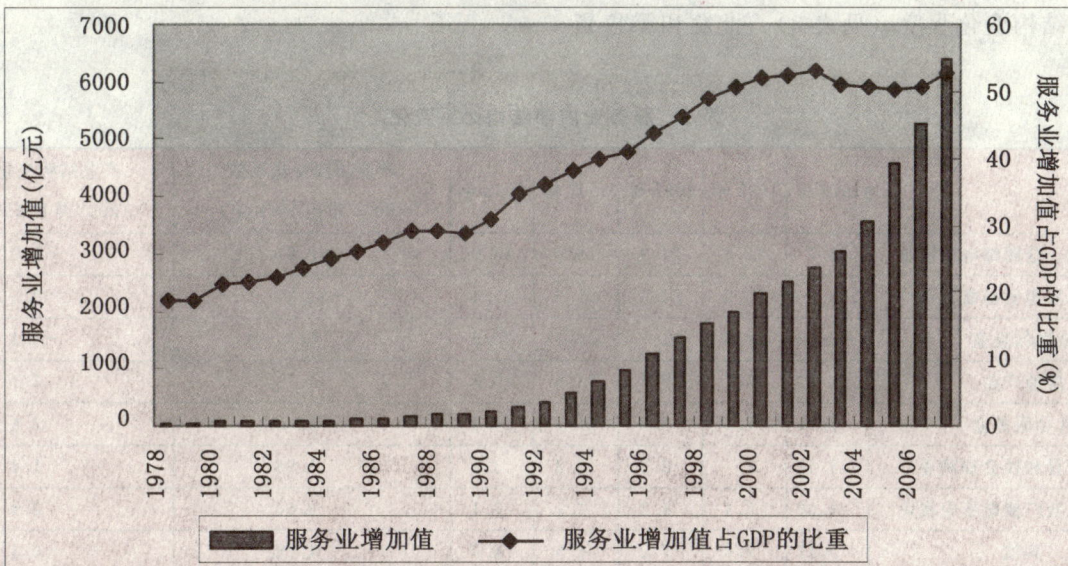

图 1   改革开放以来上海服务业增加值及其占 GDP 的比重

同时，服务业内部结构也得到不断调整和优化，城市综合服务功能有所增强。代表上海服务业发展方向的金融保险、商贸流通、通信服务、房地产、旅游等行业增势较强，服务网络、辐射地域迅速扩大；生产服务性行业中的研究开发、营销推展、融资筹划等服务性部门及其业务增长迅猛；信息咨询业、中介、现代物流等新兴服务业经过大力培育和扶植，呈现出良好的发展势头。目前，金融、商贸、物流、房地产、旅游和信息六大行业在上海服务业增加值中的比重已超过 80%，成为上海服务业的主要支撑。上海经济在加速结构高度化的过程中，高层次服务型经济特征日趋显现，进一步增强了中心城市综合服务功能。这标志着上海经济发展已经进入了工业化后

期的新阶段。

（一）改革开放以来上海服务业的内部结构

改革开放以来，服务业内部结构得到不断提升，1978 年上海服务业增加值中，批发零售贸易餐饮业的比重最大，占 45.6％；房地产业的比重最小，占 0.53％；到 2007 年，批发和零售业的比重已下降至 16.82％，房地产业为 12.59％。交通运输、仓储和邮政业与批发和零售业两大传统产业的增加值占服务业比重由 1978 年的七成下降为28.1％；金融业、信息传输、计算机服务和软件业的比重明显攀升，分别占 18.87％和 7.81％[①]。

通过产业结构系数公式[②]计算，2003 年比1978 年产业结构变化系数为 68.06％，反映出较高的产业结构变化程度（见表 2）。批发和零售贸易餐饮业与交通运输、仓储邮电通信业呈负向变化，变化幅度均比较大；呈正向变化且变动幅度较大的依次有房地产业、金融保险业和社会服务业；其余产业变动幅度较小。1997 年以来，上海服务业结构能级进入了更高层次的发展，但是发展速度趋缓，与 1997 年相比，2003 年的产业结构变化系数仅为 27.6％。而按照新的统计分类，与2001 年相比，2007 年的产业结构变化系数则下降到 13.27％，从定量的角度反映出服务业内部结构升级速度较慢。从产业结构变化系数的内部组成要素来看，传统服务产业虽然呈现负向变化，但变化幅度不大，而高层次产业的正向变化幅度同样微弱（见表 3）。

表 2　服务业内部结构比重变化　　　　　　　　　　　　　　　　　　　　　　单位：%

	1978 年	1992 年	1997 年	2002 年	2003 年	产业结构变化系数 （2003 年比 1978 年）	产业结构变化系数 （2003 年比 1997 年）
交通运输、仓储邮电通信业	23.7	23.8	14.9	13.9	13.9	−9.8	−1.0
批发和零售贸易餐饮业	45.6	23.9	24.9	21.9	21.4	−24.2	−3.5
金融保险业	13.8	24.6	30	21.2	20.6	6.8	−9.4
房地产业	0.53	5.1	9.6	13.6	15.3	14.77	5.7
社会服务业	5.71	7.7	7.8	11.9	11.4	5.69	3.6
卫生体育和社会福利业	1.42	2	2.2	3.2	3.4	1.98	1.2
教育文艺及广播电影电视业	4.06	5.4	4.2	7.1	7.1	3.04	2.9
其他	5.12	7.6	7.2	6.6	6.9	1.78	−0.3
合计	100	100	100	100	100	68.06（绝对值）	27.6（绝对值）

资料来源：根据历年《上海统计年鉴》数据整理计算。

---

① 根据《上海统计年鉴》（2008）计算。

② 产业结构变化系数计算公式为：$C = \sum |Q_{J_1} - Q_{J_2}|$，$Q_J$ 表示某产业部门在整个产业中所占的百分比，下标 1、2 表示不同年份，系数 C 表示随着时间的推移，区域产业结构的变化程度，其数值在 0～100％，系数 C 越大表示区域产业结构改变程度越高；反之，说明产业结构变化越小。

表3　2001、2007年服务业内部结构比重变化（按照新统计分类）　　　　单位：%

行　业	2001 年	2007 年	产业结构变化系数 （2007 年比 2001 年）
交通运输、仓储和邮政业	12.05	11.28	−0.77
信息传输、计算机服务和软件业	7.42	7.81	0.39
批发和零售业	18.18	16.82	−1.36
住宿和餐饮业	3.68	3.42	−0.26
金融业	14.95	18.87	3.92
房地产业	16.26	12.59	−3.67
租赁和商务服务业	6.18	7.42	1.24
科学研究、技术服务和地质勘查业	4.19	4.21	0.02
水利、环境和公共设施管理业	1.28	0.88	−0.40
居民服务和其他服务业	1.80	2.18	0.38
教育	5.54	5.69	0.15
卫生、社会保障和社会福利业	3.04	2.90	−0.14
文化、体育和娱乐业	1.58	1.55	−0.03
公共管理和社会组织	3.84	4.38	0.54
合计	100	100	13.27（绝对值）

资料来源：根据《上海统计年鉴2008》计算。

（二）服务业从业人员情况

改革开放以来，上海从业人员结构不断变化，具体表现为：第一产业从业人员趋于减少，第二产业从业人员有所增加，第三产业从业人员大量增加，已成为吸纳从业人员的主要力量。1978年服务业从业人员为145.53万人，占全部从业人员的21.1%，增加值占GDP的比重为18.6%，低于服务业从业人员的比重，服务业相对劳动生产率[①]为0.8815。自1985年开始，服务业增加值占GDP的比重开始高于从业人员的比重。20世纪90年代以来，随着产业结构由适应性调整转向战略性调整，上海从业人员向服务业转移的趋势明显。从1990～2007年，就业结构比例逐步向国际大都市靠拢，服务业从业人员比重加速上升，由29.6%上升到56.39%，相对劳动生产率为0.9328，服务业从业人员达512.62万人，就业结构比例继续向国际大都市靠拢。

（三）服务业劳动生产率

1978年，上海服务业劳动生产率为3488元/人。20世纪80年代，服务业大量吸纳了从第一、二产业转移的从业人员，劳动生产率曾一度下降，但到了90年代，在优先发展服务业的政策引导下，服务业进入扩张的发展阶段，在从业人员增长的情况下增加值更是高速增长，推动了劳动生产率的迅速提高。2007年服务业劳动生产率为12.5万元/人，比1978年增长了35.8倍；从业人员由145.53万人发展为512.62万人，仅增长3.52倍。

---

① 相对劳动生产率＝产值比重/从业人员比重。

表4反映的是2007年上海服务业主要行业劳动生产率。劳动生产率最高的是金融业,占服务业从业人员4.22%的金融业创造了占服务业18.87%的增加值,劳动生产率为55.95万元/人;其次是信息传输、计算机服务和软件业,劳动生产率为45.72万元/人,房地产业为25.63万元/人,科学研究、技术服务和地质勘查业15.37万元/人,交通运输、仓储和邮政业14.54万元/人,公共管理和社会组织14.51万元/人,其余行业低于服务业劳动生产率平均水平。

表4　2007年上海服务业主要行业劳动生产率比较

行　　业	从业人员占服务业比重（%）	增加值占服务业比重（%）	劳动生产率（万元/人）
交通运输、仓储和邮政业	9.70	11.28	14.54
信息传输、计算机服务和软件业	2.14	7.81	45.72
批发和零售业	25.75	16.82	8.16
住宿和餐饮业	4.84	3.42	8.84
金融业	4.22	18.87	55.95
房地产业	6.14	12.59	25.63
租赁和商务服务业	10.20	7.42	9.09
科学研究、技术服务和地质勘查业	3.42	4.21	15.37
水利、环境和公共设施管理业	1.36	0.88	8.06
居民服务和其他服务业	17.45	2.18	1.56
教育	5.48	5.69	12.97
卫生、社会保障和社会福利业	3.55	2.9	10.23
文化、体育和娱乐业	1.98	1.55	9.82
公共管理和社会组织	3.77	4.38	14.51

资料来源:根据《上海统计年鉴》(2008)计算。

(四)服务性消费支出

从国际经验来看,当人均GDP达到一定水准后,人均服务性消费支出的增速明显加快。上海消费结构也呈现出这一趋势:1980～1990年,上海城市居民的服务性消费支出增长缓慢,而从1990年初至今,则呈迅速增长态势。与上海城市居民服务性消费支出的增长速度相一致,在1980～1991年,上海服务性消费支出的增长速度与消费总支出的增长基本持平,其占消费总支出的比例11年来几乎没有增长。1991年以后,随着服务性消费支出的增长加速,服务性消费支出占上海城市居民消费总支出的比例一路走高,1999年突破了20%大关,2003年突破了30%。2007年上海城市居民人均服务性消费支出5595元,比1980年的75元增长了74倍,平均年递增17.3%,占人均消费支出的比重从13.6%上升至32.4%。这表明,上海城市居民已经初步步入了服务型消费社会,消费结构由生存型消费向发展型与享受型消费转变,城市居民消费从重视生活水平的提高转向重视生活质量的提高,从追求物质消费转向追求精神消费和服务消费。

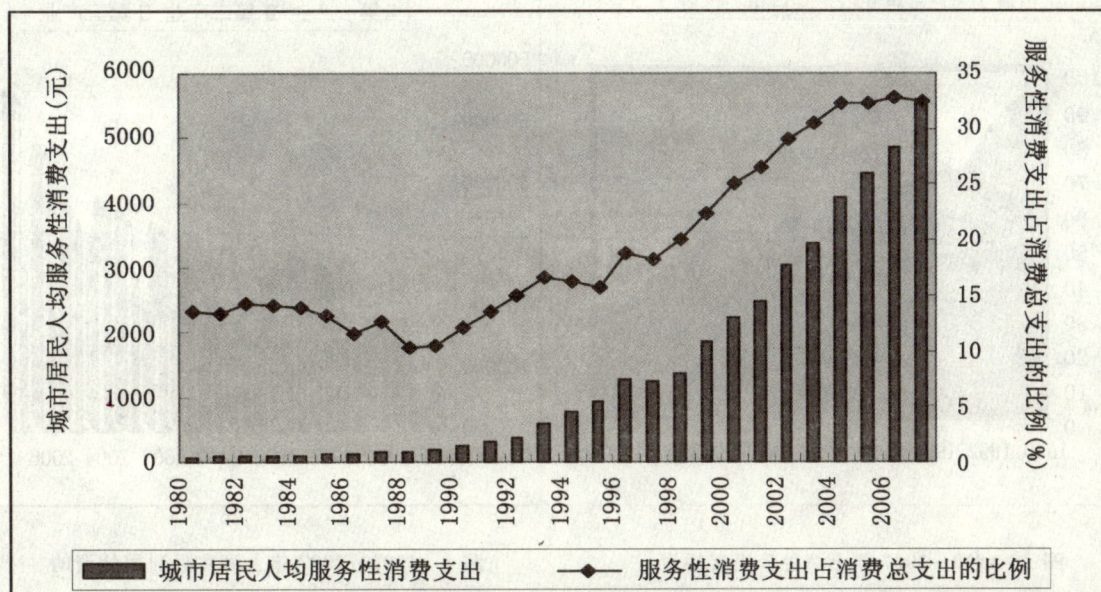

图 2　改革开放以来上海城市居民人均服务性消费支出情况

（五）上海服务业利用外资情况

改革开放以来，上海在吸收外商直接投资方面一直走在全国的前列，特别是进入 20 世纪 90 年代以后，随着经济结构的调整、投资环境的改善和市场运行机制的日臻完善，上海外商直接投资的规模和质量均有了极大的发展。在外资总量不断增长的同时，上海 FDI 的产业分布也呈不断优化的趋势。90 年代以来，除个别年份外，上海 FDI 产业分布基本呈现以下态势：第二产业的外商直接投资项目比重逐年递减，而服务业的外资项目比重逐年上升，这与上海经济结构的调整方向是相协调的，见图 3。图 4 显示的是 1992～2007 年上海实际利用外资的产业分布。2007 年，上海服务业吸收外资增长进一步加快，服务业外商直接投资合同项目数达 3395 个，占全市的 81％，服务业实际利用外资 53.15 亿美元，占全市利用外资总额的 67％。截至 2007 年底，上海服务业共吸引外资项目达 24039 个，占外资项目总数的 49.3％，吸引合同外资为 587.16 亿美元，占合同外资总数的 45.4％，实际吸收外资金额 382.81 亿美元，占 51.3％。

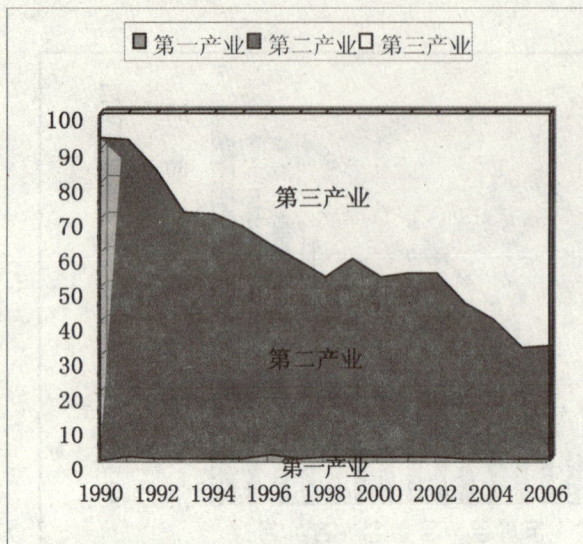

图3 1990～2007年上海外商直接投资
合同项目产业构成比（%）

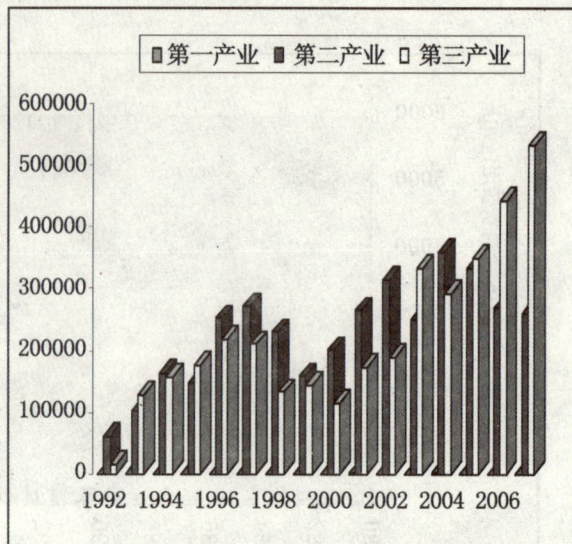

图4 1992～2007年上海实际利用外资的
产业分布（万美元）

（六）上海国际服务贸易情况

随着全球经济的较快发展和国内经济的强劲增长，上海服务贸易保持了较快的增长速度，规模持续增加。服务贸易进出口额占本市国际贸易总额的比重由 2000 年的 12.6% 上升至 2007 年的 19.76%。上海服务贸易进出口总额占全国服务贸易进出口总额的比重也逐年递增，2000～2007 年分别为 12%、13.2%、13.5%、15.8%、18.3%、20.6%、21% 和 21.8%[①]。见图 5。

虽然上海国际服务贸易进出口总额不断增长，但总体规模仍然偏小。2007 年，新加坡、中国香港服务贸易出口分别为 663.91 亿美元和 818.12 亿美元，是同年上海的 2.65 倍和 3.26 倍；服务贸易进口分别为 701.19 亿美元和 399.58 亿美元，是上海的 2.27 倍和 1.3 倍。

从贸易结构看，上海国际服务贸易类型较少，形态相对单一，且主要集中在运输、旅游、咨询三大领域，其贸易额占上海服务贸易总额的 70% 以上，而金融、保险、邮电通信、计算机和信息等技术、资金、知识密集型服务行业发展还比较滞后，规模很小。

表 5 是 2000～2007 年上海国际服务贸易 TC 指数[②]，从中可以看出上海国际服务贸易总体和分部门的竞争能力。

---

① 上海数据来自《2007 上海服务贸易发展报告》，中国 2007 年服务贸易数据根据 2007 年上半年数据估计得出，来自商务部网站，http://tradeinservices.mofcom.gov.cn/c/2008－05－29/42984.shtml。
② TC 指数即服务贸易比较优势指数，是行业结构国际竞争力分析的一种有力工具，总体上能够反映出计算对象的比较优势状况，大致反映一个国家某行业或某产品的国际竞争力和市场定位。TC 指数＝（出口－进口）／（出口＋进口），其数值在－1 和 1 之间，数值越大就越具有竞争优势。

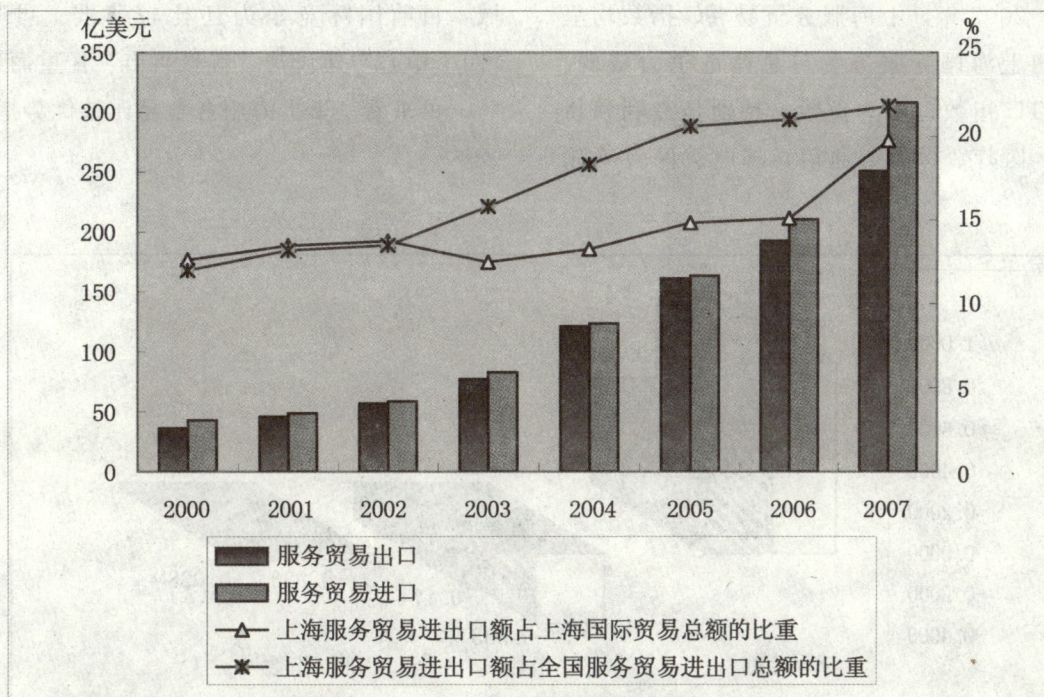

图 5　上海 2000～2007 年服务贸易情况

表 5　2000～2007 年上海国际服务贸易 TC 指数

	2000 年	2001 年	2002 年	2003 年	2004 年	2005 年	2006 年	2007 年
总体情况	−0.088	−0.030	−0.015	−0.035	−0.01	−0.007	−0.045	−0.103
运输	−0.076	−0.040	−0.063	−0.088	−0.094	−0.148	−0.144	−0.162
保险	0.046	−0.015	−0.058	−0.116	−0.20	−0.207	−0.252	−0.180
旅游	−0.052	0.222	0.593	0.656	0.367	0.170	−0.161	−0.418
金融	−0.178	−0.184	−0.416	−0.607	−0.170	−0.118	−0.190	0.277
通信、邮电	0.429	0.333	−0.245	−0.430	−0.326	−0.34	−0.488	−0.249
建筑安装和承包工程	0.015	0.381	0.478	−0.055	0.13	−0.051	−0.002	−0.024
计算机和信息服务	0.049	0.732	0.269	0.419	0.424	0.367	0.406	0.555
专利权使用费和特许费	−0.749	−0.858	−0.914	−0.965	−0.881	−0.930	−0.955	−0.965
咨询	0.024	0.264	−0.044	−0.074	0.116	0.262	0.274	0.366
教育、医疗、保健	−0.686	−0.726	−0.714	−0.727	−0.542	−0.34	−0.451	−0.589
广告宣传	0.292	0.368	0.279	0.447	0.320	0.595	0.657	0.624
电影音像	−0.333	0.412	−0.333	0.02	−0.570	−0.605	−0.045	0.428
个人劳务	—	−0.598	−0.229	−0.042	0.123	0.54	0.644	0.389

资料来源：根据国家外汇管理局上海市分局提供的 BOP 统计数据计算。

2000~2007 年，上海服务贸易 TC 指数均呈负值，表明上海国际服务贸易总体竞争力较弱。分部门的 TC 指数也多为负数，特别是专利和特许、教育、医疗、保健、通信、邮电、保险等领域，目前国际竞争力还比较薄弱。可见，上海"四个中心"建设与"科教兴市"任重而道远。

再来看一下上海服务贸易比较优势指数。

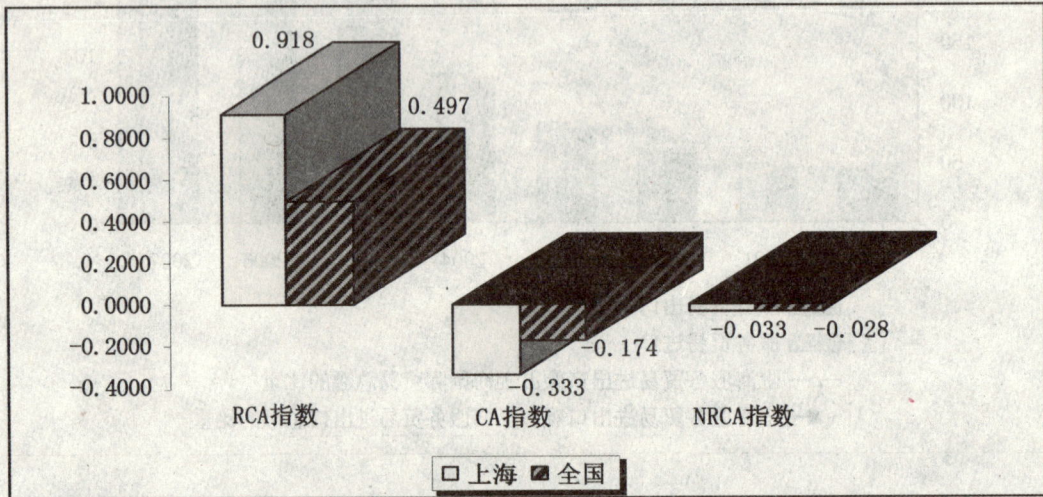

图 6　服务贸易比较优势指数

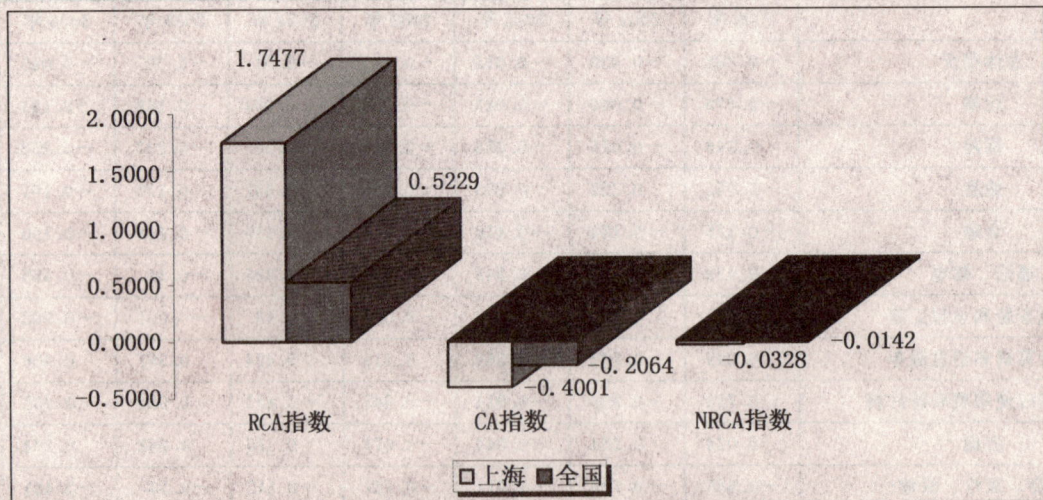

图 7　运输服务贸易比较优势指数

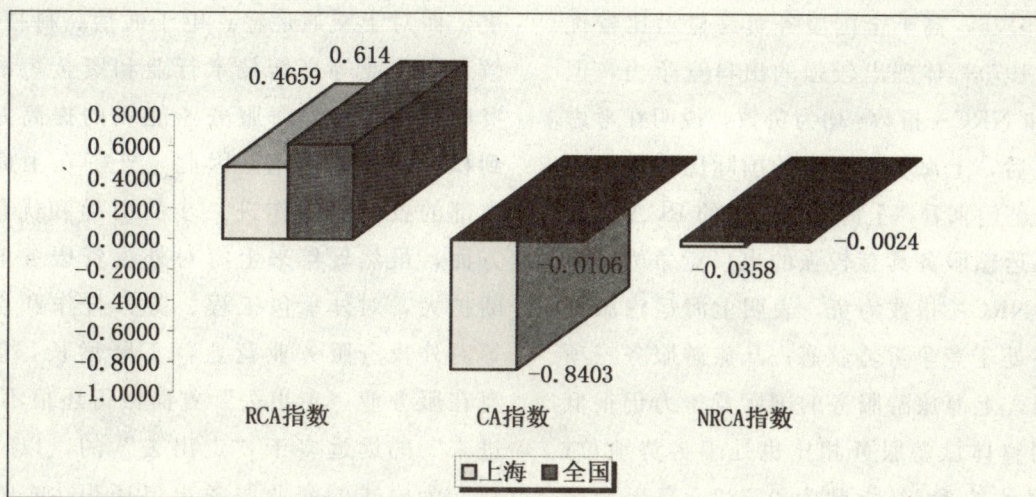

图 8　旅游服务贸易比较优势指数

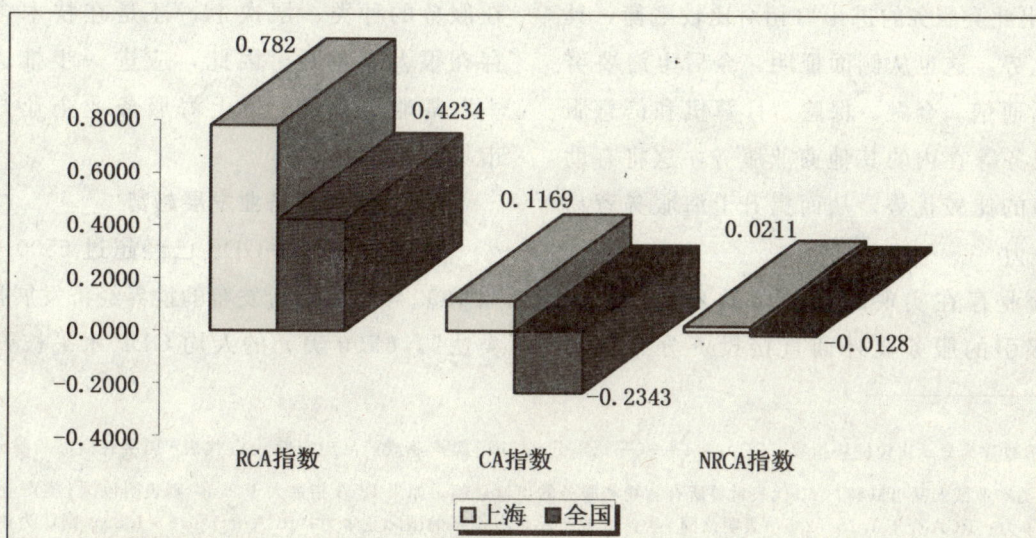

图 9　其他商业服务贸易比较优势指数

资料来源：根据国家外汇管理局上海市分局提供的 BOP 统计数据及 WTO Statistics Database 数据计算。

从图 6~图 9 可以看出，上海服务贸易 RCA 指数[①]为 0.9175，高于全国服务贸易显示比较优势指数（0.497），体现出较强的出口竞争力，但 CA 指数[②]和 NRCA 指数[③]均为负数，说明在考虑了进口因素后，上海服务贸易的国际比较优势还很薄弱。分部门来看，上海运输服务的 RCA 指数较高，说明运输服务具有较强的出口竞争力，但 CA 指数和 NRCA 指数为负，表明上海运输服务在整体上还处于竞争劣势状态；从旅游服务三项指数可看出，上海旅游服务的国际竞争力仍很低下，与全国整体旅游服务相比也处于劣势地位；其他商业服务的 RCA 指数为 0.782，高于全国（0.4231），说明其他商业服务具有较强的出口竞争力，且 CA 指数和 NRCA 指数均为正（全国为负），反映出此类服务的进出口相对比较平衡，具有一定的优势。这也从侧面证明，今后上海要努力发展包括通信、金融、保险、计算机和信息服务、商贸服务等在内的其他商业服务，这将有助于发挥上海的比较优势，从而提升上海服务贸易的总体竞争力。

从以商业存在实现的服务贸易来看，一方面，上海吸引的服务业外商直接投资分布很不平衡，投资于房地产的外资一直占相当大的比重，而对于交通运输、电子通信、科技服务业、教育文化业等高新技术行业和资金短缺行业投资则较少，对上海服务业能级的提高并没能起到积极的促进作用。因此，外资在上海服务业内部的投向仍需作进一步的引导和优化。另一方面，虽然近年来上海对外投资服务业规模不断扩大，对外承包工程、劳务合作和设计咨询等对外投资服务业营业额不断增长，但是，上海在服务业"走出去"方面做得还很不够，"引进来"的远远多于"走出去"的，以"商业存在"为模式的商业服务出口还很少；对于国际市场拓展不足，项目多集中在亚洲市场；与其他国际大都市相比，上海对外投资服务业无论在服务的种类、层次上，还是在技术含量上都存在很大的差距。因此，应进一步推进"走出去"战略，积极支持上海服务业企业开拓国际市场。

（七）上海服务业发展趋势

目前上海人均 GDP 已经超过 6500 美元。按照 1999 年世界银行发布的世界经济发展报告"分类法"，6500 美元的人均 GDP 水平被归入世界

---

① RCA 指数称为显示比较优势指数。$RCA_{ij} = \frac{X_{ij}}{Y_i} \div \frac{X_{iw}}{Y_w}$，$X_{ij}$ 代表 i 国 j 类产业或产品出口额，Y_i 代表 i 国所有商品和服务的出口额；X_{iw} 代表世界 j 类产业或产品出口额，Y_w 代表世界所有货物和服务的出口总额。如果 RCA 指数大于 2.5，则表明该国 j 类产业或产品具有极强的国际竞争力；RCA 介于 1.25~2.5，表明该国 j 类产业或产品具有很强的国际竞争力；RCA 介于 0.8~1.25，则认为该国 j 类产业或产品具有较强的国际竞争力；倘若 RCA<0.8，则表明该国 j 类产业或产品的国际竞争力较弱。

② CA 指数称为显示性竞争优势指数。$CA = RCA_{ij} - \frac{M_{ij}}{M_i} \div \frac{M_{iw}}{M_w}$，$M_{ij}$ 代表 i 国 j 类产业或产品进口额，M_i 代表 i 国所有商品和服务的进口额；M_{iw} 代表世界 j 类产业或产品进口额，M_w 代表世界所有货物和服务的进口总额。显示性竞争优势指数由沃尔拉斯等（Vollrath）于 1988 年提出，即从出口的比较优势中减去该产业进口的比较优势，从而得到该国该产业的真正竞争优势。因为一个产业内可能既有出口又有进口，而 RCA 指数只考虑了一个产业出口所占的相对比例，并没有考虑该产业进口的影响。如果一国 CA 指数大于 0，说明该国服务贸易具有比较优势；若 CA 指数小于 0，则说明该国服务贸易不具有比较优势。该指数越高，该国服务贸易国际竞争力越强；反之，该指数越低，该国服务贸易国际竞争力越弱。

③ NRCA 指数称为净出口显示性比较优势指数。为了反映进口对出口竞争力的影响，1989 年，贝拉·巴拉萨又提出了一个改进的显示性比较优势指数，用一国某一产业出口在总出口中的比例与该国该产业进口在总进口中的比例之差来表示该产业的贸易竞争优势。指数值大于 0 表示存在竞争优势，指数值小于 0 表示存在竞争劣势，指数值等于 0 表示贸易自我平衡。净出口显示性比较优势指数剔除了产业内贸易或分工的影响，反映了进口和出口两个方面的影响，因此，用该指数判断产业国际竞争力要比其他指数更能真实反映进出口情况。该指数值越高，国际竞争力越强；该指数值越低，国际竞争力越弱。

"上中等收入国家（地区）"的行列。按照国际经验，这一期间正处于服务业和服务贸易快速增长的阶段。构建以服务经济为主的产业结构，既是适应世界经济发展趋势的需要，也是上海进一步转变城市功能、提升城市竞争力的内在要求。中共上海市委八届八次全会提出，在保持先进制造业快速发展的同时，切实把发展现代服务业放到更加突出的位置，加快形成服务经济为主的产业结构；上海市"十一五"规划纲要明确提出，中心城区要进一步吸引国内外各类服务机构，完善高端服务功能，要以现代服务业集聚区为突破口，提升服务业的规模与能级。

随着国家对服务业发展导向力度逐步加大，上海服务业发展的市场环境、体制环境和政策环境得到进一步改善；"入世"承诺的履行和 CEPA 安排，加快了服务业开放的步伐，市场准入限制进一步放开，有助于上海服务业的体制变革和经营创新；上海及长三角地区雄厚的制造业基础极大地拓展了上海生产性服务业的发展空间；浦东开发开放形成明显的先发效应，服务业外资不断涌入。2005 年初，上海市颁布了《上海加速发展现代服务业实施纲要》，把优化发展现代服务业作为推进产业结构升级的首要任务，制定了 10 个方面的促进政策。围绕"抓关键、聚政策、降门槛、强主体"四个关键环节，上海进一步深化完善了重点行业的发展规划和相关政策举措，加快推进现代服务业集聚区的建设。2008 年 7 月 5 日，商务部部长陈德铭和上海市市长韩正在上海签署了《商务部和上海市人民政府关于共同推进上海市服务贸易发展的合作协议》。该《合作协议》提出，要加快培育一批拥有自主知识产权和知名品牌的龙头企业，全面提升上海市服务贸易发展的质量和水平，并带动和促进长三角地区服务贸易的整体发展。这一举措可视为上海在服务贸易方面"先行先试"的重大契机。

"十一五"期间是上海基本建成"四个中心"框架的关键时期。根据上海市九次党代会提出的"在加快服务业发展中推进结构调整，形成服务经济为主的产业结构，到 2012 年第三产业增加值占全市生产总值比重达到 55％左右"的总体目标，上海将以信息化为基础，以金融、物流、文化等为重点，以现代服务业集聚区建设为突破口，以大型服务企业集团为载体，集聚高端人才，加强综合集成，提升服务业规模与能级。到 2010 年，服务业发展速度将保持两位数增长，中心城区服务业增加值要占中心城区生产总值的比重达到 80％以上，国际金融中心建设要取得重大进展，国际航运中心建设要取得重大突破。

预计到 2010 年，上海将基本构筑起与社会主义现代化国际大都市相适应的"高增值、强辐射、广就业"的现代服务业体系；服务能级切实提升，知识（技术）密集型的新兴服务业在整个服务业中的比重不断提高；服务业成为经济增长的强力支撑。

目前及今后一个时期，上海经济和全球、全国经济一样，将处于一个深度调整的时期。由此会引发一系列变化和问题。其一，全球金融危机及其引发的实体经济衰退，将使世界经济环境发生深刻变化；其二，中国正在转变经济发展方式，世界经济环境的变化，更加深了这一转变的迫切性；其三，这些年的实践表明，发展服务经济是上海调整、优化产业结构，完善、提升城市功能的内生要求。在全球、全国经济调整的大背景下，如何实现这一要求，又给我们提出了新的难题。因此，如果没有发展服务经济的新的战略思考和创新举措，上海服务经济的发展将继续滞后，这势必影响上海这一轮调整的成果，以及为未来经济社会发展可能创造的条件。

三、上海服务业竞争力与国际、国内有关大城市的比较

从我们以 2005 年数据测算的"中国城市服务经济指数"可以看出，在 35 个大中城市中，上海位列第三，与北京有较大差距，与深圳、广州相比，优势并不明显。

再从长三角地区 16 城市服务经济指数来看，在长三角地区 16 个城市中，上海服务经济指数以绝对的优势位列第一，证明上海服务业在该地区具有明显的竞争优势。长三角地区是中国工业实力最为雄厚的地区之一，这是该地区城市服务经济指数不高的重要原因，但这却也给上海发展面向生产的生产性服务业提供了极为广阔的空间，其所具备的得天独厚的条件是中国其他大中城市难以企及的。未来上海应该依托已形成的服务业优势，以长三角地区为服务对象，不断拓展服务半径，增加服务业的辐射效应。

为了对上海服务业发展水平有更加深入的认识，出于统计指标的可得性与可比性的考虑，我们选定了服务业增加值、人均服务业增加值、服务业增加值占 GDP 的比重、服务业从业人员数、服务业从业人员比重、服务业劳动生产率、服务业集聚度 7 个指标，将上海与北京、深圳、广州、东京、大阪府、中国香港、中国澳门、新加坡等亚洲大城市进行比较（见表 6）。从单个指标及服务经济指数来看，上海虽然在国内仅次于北京，但与亚洲其他大城市相比，还存在相当大的差距。这种差距不仅体现在总量上，更体现在效率与结构上。人均服务业增加值、服务业劳动生产率、服务业集聚度这三项反映服务经济效率的指标，上海与海外城市的差距竟然以倍数计。当然，各个城市由于历史原因、自然禀赋、发展阶段、产业基础等不同，我们不能单纯从某些指标的比较就得出某城市服务经济发展水平或高或低的简单结论。服务经济——"没有最好，只有更好"，只要我们认识到经济发展的趋势，并顺应这种趋势，不断优化产业结构，提高发展的质量，服务经济发展水平必然会得到明显提升。

表 6　北京、上海、广州、深圳与东京、大阪府、中国香港、中国澳门、新加坡服务经济指数排名(7 个指标，2004 年)

	服务业增加值（亿元）	人均服务业增加值[1]（元）	服务业增加值占 GDP 的比重（%）	服务业从业人员数（万人）	服务业从业人员比重（%）	服务业劳动生产率	服务业集聚度每平方公里服务业增加值[2]（万元/平方公里）	服务经济指数	排名
东京	40625.48	323863.84	85.7[3]	457.3[3]	80.8	888376.99	185758.94	0.92062	1
大阪府	22901.32	259587.4	76.9	283.16	71.2[3]	808776.66	120895.31	0.70821	2
中国香港	12009.11	177047.18	87.6	280.49	84.8	428147.53	110785.15	0.60706	3
中国澳门	590.74	129264.77	91.6	16.85	77.3	350587.54	275403.26	0.54549	4
新加坡	5881.29	138699.86	66.4	157.9	76.1	372469.28	85808.14	0.46541	5
北京	4111.16	26765.4	67.84	559.75	69.03	73446.36	2505.277	0.41157	6

续表

	服务业增加值（亿元）	人均服务业增加值①（元）	服务业增加值占GDP的比重（%）	服务业从业人员数（万人）	服务业从业人员比重（%）	服务业劳动生产率	服务业集聚度每平方公里服务业增加值②（万元/平方公里）	服务经济指数	排名
上海	4097.26	23044.2	50.75	453.61	57.43	90327.6	6262.051	0.33943	7
广州	2545.34	26828.4	57.19	245.92	55.71	103502.77	3423.917	0.29112	8
深圳	2058.85	24897.2	48.08	192.8	44.77	106786.83	10547.387	0.24561	9

注：①北京、上海、深圳、广州人均服务业增加值为该城市服务业增加值/常住人口数；②北京、上海、深圳、广州每平方公里服务业增加值为该城市服务业增加值/行政区域面积；③2005年数据。

资料来源：根据各城市2005年、2006年统计年鉴、《中国区域经济统计年鉴2005》、《2006中国第三产业统计年鉴》、《2005年中国城市竞争力年鉴》数据整理计算。东京和大阪府数据来自http://www.metro.tokyo.jp/CHINESE/PROFILE/overview03.htm，http://www.kippo.or.jp/place-c/data/data13.htm，汇率为1美元＝113.03日元，1美元＝8.277人民币。

以下我们再将上海的服务经济结构与北京、深圳、广州及亚洲若干城市进行比较（见表7～表16）。

上海服务业中占比较高的依次有批发和零售业，房地产业，金融业，交通运输、仓储和邮政业；北京占比最大的是金融业，以下依次为批发和零售业、信息传输、计算机服务和软件业、房地产业、租赁和商务服务业；广州占比较高的依次是交通运输、仓储和邮政业，批发和零售业，房地产业，租赁和商务服务业；深圳依次为批发和零售业、房地产业、金融业。

中国香港是亚太地区最重要的国际金融、贸易、航运中心，其批发、零售、进口与出口贸易、饮食及酒店业在服务业中占比最大，为31.72%，其次为金融、保险、地产及商用服务业，占24.17%，社区、社会及个人服务业21.20%；中国澳门作为一个相对独立的超小型经济体系，其产业结构具有特殊性，博彩业、旅游业、金融保险和建筑房地产业是澳门的主要产业，其中，又以博彩业为主导，导致澳门服务业中，公共行政、社会服务及个人服务（包括博彩业）占据了55.81%的份额；东京是日本的政治、经济、文化和教育中心，金融业和商业发达，对内对外商务活动频繁，批发和零售贸易在服务业中占比最大，达31.21%，其次为其他服务、饭店、宾馆及房地产业；新加坡作为世界重要的航运中心和国际贸易中心，在贸易、运输与通信、商业和金融服务方面占比较大；首尔占比最大的行业为房地产、租赁业、商务服务业，其次为金融保险业、批发零售业；德里服务业中，金融保险、房地产及商业服务业份额最大，其次为贸易、宾馆及餐饮服务业。

从以上数据可以看出，在亚洲服务经济相对发达的城市中，贸易、金融、地产及商业服务业往往占比较高。上海与它们相比，服务业内部结构还有待进一步升级（有关这一问题，我们将在下文进一步分析）。

表 7　上海服务业结构（2005 年）

服务业增加值 结构（%）	服务业	100.0
	交通运输、仓储和邮政业	12.61
	信息传输、计算机服务和软件业	7.77
	批发和零售业	18.20
	住宿和餐饮业	3.64
	金融业	14.61
	房地产业	14.63
	租赁和商务服务业	6.32
	科学研究、技术服务和地质勘查业	4.61
	水利、环境和公共设施管理业	1.16
	居民服务和其他服务业	1.79
	教育	5.84
	卫生、社会保障和社会福利业	3.14
	文化、体育和娱乐业	1.68
	公共管理和社会组织	4.01

资料来源：根据《上海统计年鉴》（2006）数据计算。

表 8　北京服务业结构（2005 年）

服务业增加值 结构（%）	服务业	100.0
	交通运输、仓储和邮政业	8.50
	信息传输、计算机服务和软件业	12.25
	批发和零售业	13.74
	住宿和餐饮业	3.84
	金融业	17.57
	房地产业	9.56
	租赁和商务服务业	7.28
	科学研究、技术服务和地质勘查业	7.18
	水利、环境和公共设施管理业	0.84
	居民服务和其他服务业	1.77
	教育	6.62
	卫生、社会保障和社会福利业	2.44
	文化、体育和娱乐业	3.60
	公共管理和社会组织	4.81

资料来源：根据《北京统计年鉴》（2006）数据计算。

表9　广州服务业结构（2005年）

	服务业	100.0
	交通运输、仓储和邮政业	19.04
	信息传输、计算机服务和软件业	7.79
	批发和零售业	18.71
	住宿和餐饮业	4.24
	金融业	6.69
服务业增加值 结构（%）	房地产业	11.24
	租赁和商务服务业	10.33
	科学研究、技术服务和地质勘查业	2.34
	水利、环境和公共设施管理业	1.03
	居民服务和其他服务业	3.12
	教育	4.89
	卫生、社会保障和社会福利业	2.78
	文化、体育和娱乐业	1.88
	公共管理和社会组织	5.91

资料来源：根据《广州统计年鉴》（2006）数据计算。

表10　深圳服务业结构（2005年）

	服务业	100.0
	交通运输、仓储和邮政业	9.50
	信息传输、计算机服务和软件业	6.68
	批发和零售业	22.28
	住宿和餐饮业	4.09
	金融业	13.47
服务业增加值 结构（%）	房地产业	21.08
	租赁和商务服务业	6.02
	科学研究、技术服务和地质勘查业	2.14
	水利、环境和公共设施管理业	1.45
	居民服务和其他服务业	2.50
	教育	2.73
	卫生、社会保障和社会福利业	2.29
	文化、体育和娱乐业	1.45
	公共管理和社会组织	4.32

资料来源：根据《深圳统计年鉴》（2006）数据计算。

表 11　中国香港服务业结构（2005 年）

服务业增加值结构（%）	服务业	100.0
	批发、零售、进口与出口贸易、饮食及酒店业	31.72
	运输、仓库及通信业	11.08
	金融、保险、地产及商用服务业	24.17
	社区、社会及个人服务业	21.20
	楼宇业权	11.83

资料来源：《中国第三产业统计年鉴》（2006），中国统计出版社，2007 年。

表 12　中国澳门服务业结构（2005 年）

服务业增加值结构（%）	服务业	100.0
	批发零售、维修、酒店、餐厅及酒楼业	13.64
	运输、仓库及通信业	5.30
	金融、保险、不动产、租赁及商业服务	25.37
	公共行政、社会服务及个人服务（包括博彩业）	55.81

资料来源：《中国第三产业统计年鉴》（2006），中国统计出版社，2007 年。

表 13　东京服务业结构（2005 年）

服务业增加值结构（%）	服务业	100.0
	电力、煤气、供暖、自来水业	0.04
	信息及通信业	3.34
	交通运输业	3.93
	批发和零售贸易	31.21
	金融和保险业	1.77
	房地产业	9.08
	饭店和宾馆等	18.1
	健康和福利	5.78
	教育	2.88
	政府服务	0.23
	其他服务业	23.64

资料来源：根据日本 Statistics Bureau，Ministry of Public Management，Home Affairs，Posts and Telecommunications；"Establishment Census" 数据计算。

表 14　新加坡服务业结构（2005 年）

服务业增加值结构（％）	服务业	100.0
	批发和零售贸易业	23.67
	宾馆和餐饮服务业	2.98
	运输与通信业	18.97
	金融服务业	17.08
	商业服务业	20.22
	其他服务业	17.08

资料来源：Ministry of Trade and Industry Singapore，http：//app. mti. gov. sg。

表 15　首尔服务业结构（2005 年）

服务业增加值结构（％）	服务业	100.0
	批发零售业	17.08
	宾馆、餐饮及旅游业	4.00
	交通运输业	6.10
	信息和电信服务业	6.01
	金融保险业	19.74
	房地产、租赁业、商务服务业	31.44

资料来源：上海情报中心，http：//www. istis. sh. cn/istis-old/kjcy/cyfz/xdfw/list. asp? id＝4448。

表 16　德里服务业结构（2005 年）

服务业增加值结构（％）	服务业	100.0
	贸易、宾馆及餐饮服务业	27.20
	交通运输及仓储服务业	13.04
	邮政通信与 IT 服务业	6.55
	金融保险、房地产及商业服务业	39.69

资料来源：《德里统计手册 2006》（Delhi Statistical Hand Book 2006）。

四、服务业在上海结构升级与经济发展中的作用

服务业对于国民经济的重要作用已无须赘言。从上文的分析，我们可以对上海服务业的发展现状与地位有一个清楚的认识。下面，我们将侧重分析服务业发展的经济效应，从多个角度证明服务业对经济发展的重要作用。

图 10 总结了服务业对经济发展的作用机理。

从中可以看出，传统服务业与不断出现的新兴服务业，一方面，通过刺激投资和新的需求产生初级乘数效应，促进服务型产业以及整体国民经济的发展。再经由产业的前向关联和后向关联效应使服务业惠及更多的产业部门，拉长产业链条中服务的部分，提升产业链的附加值。另一方面，新派生或诱发出的各种需求又会进一步拉动服务业的发展，促使其增加服务品种，创新服务业态，提高服务质量。与服务业相关的产业的发展还会刺激、带动众多非相关产业的发展，产生二级乘数效应，引发新的投资、消费。上述过程循环往复构成了服务业刺激下的、开放的国民经济持续增长和就业增长的机制。另外，服务业除了具有促进经济增长、收入和就业增加等方面的直接经济效应外，还发挥着促进创新（如对知识本身的积累与创新、企业的行为创新等）、降低企业交易成本、提高经济增长效率的间接经济效应。

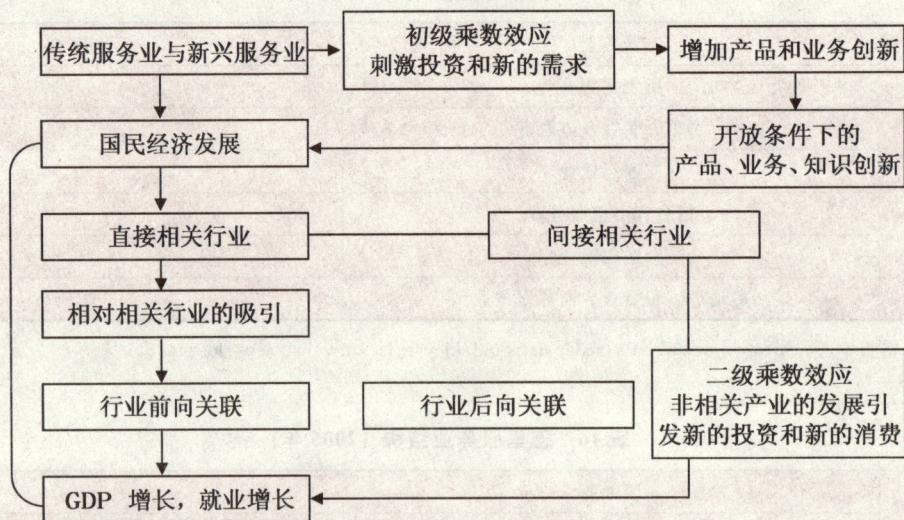

图 10　服务业对经济发展的作用机理

下面，我们具体分析上海服务业在结构升级与经济发展中的作用。

（一）增长效应

从上文的数据可以看出，改革开放以来上海三次产业不断调整，特别是 20 世纪 90 年代以来，第三产业发展加速，对经济增长的贡献率日益提升。1978 年，第三产业对经济增长的贡献率仅为11.6%，到 1990 年，贡献率达 40.4%，2007 年进一步增长到 57.7%[①]。服务业在国民经济中的作用日益突出。

根据我们对上海生产总值增长率与第二、三产业增加值增长率（时间区间为 1990～2006年）所做的回归分析，可以得到以下方程：

---

① 产业贡献率指各产业增加值增量与 GDP 增量之比。根据历年《上海统计年鉴》GDP 数据计算。

lnGGDP ＝ 0.6041101442×lnGMGDP ＋ 0.3886820236×lnGSGDP

　　　(37.36)　　　　　　　　　(24.48)

R^2＝0.9955，调整后的 R^2＝0.9952，D. W. 统计量＝1.80

GGDP 为生产总值增长率，GMGDP 为第二产业增加值增长率，GSGDP 为第三产业增加值增长率。结果表明，第二产业增加值增长率每提高 1%，生产总值增长率会提高 0.6%，而第三产业增加值增长率每提高 1%，生产总值增长率会提高 0.39%。

下面我们通过计量模型来考察产业发展与劳动生产率之间的关系。

首先建立以下回归方程：

$$TP ＝ \alpha_0 ＋ \alpha_1 MGDP ＋ \alpha_2 SGDP ＋ \varepsilon$$

因变量 TP 为上海全员劳动生产率，自变量 MGDP 为第三产业生产总值，SGDP 为第三产业增加值。为避免变量计量单位差异引发异方差，在对模型进行拟合时，自变量与因变量均采用了自然对数形式。研究区间为 1990～2006 年，数据来自《上海统计年鉴》。

估计结果如下：

表17　模型实证计量结果

自变量	系数	标准差	T 统计量
lnMGDP	−1.0025	0.0872	−11.5018
lnSGDP	1.5365	0.0893	17.2156
R^2	0.9850	D. W. 统计量	0.7465
调整后的 R^2	0.9840	F 统计量	764.6304

lnTP＝−1.00254124×lnMGDP＋1.536523883
　　　　×lnSGDP

从上式可知，第三产业生产总值增长 1%，全员劳动生产率将相应提高 1.54%，带动效应明显。

（二）就业效应

根据历年的从业人员数据，我们把改革开放以来上海市三次产业的就业人数变化划分为 1978～1993 年和 1994～2006 年两个阶段，对三次产业的产值结构和劳动力分布进行相关分析。在第一阶段，第一产业生产总值与从业人员数之间呈现出强负相关关系，相关系数为−0.875，表明改革开放以来，农业劳动力迅速向其他产业转移；第二产业生产总值与从业人员数之间虽然呈正相关，但是相关系数只有 0.519，表明第二产业吸纳劳动力的能力相对有限；第三产业呈强正相关关系，相关系数高达 0.855，表明其在吸纳就业人员方面发挥着重要作用。在第二阶段，第一产业生产总值与从业人员数之间不存在显著的相关关系，说明农业人口继续向其他产业转移的数量减少，速度趋缓；第二产业生产总值与劳动力就业人数之间虽然呈负相关，却在 0.01 的水平上没有显著差异，与第一阶段的情况相反，第二产业的从业人数呈下降趋势，但减少比较缓慢；第三产业呈强正相关关系，相关系数达 0.9231，比第一阶段更高。这主要是因为 1992 年，上海市委、市政府在深刻把握上海长远发展的动态比较优势的基础上，提出了以"三、二、一"为序的产业发展战略构想，且在"十五"规划中，将信息、金融服务、商贸流通、汽车制造、成套设备和房地产定为新的六大支柱产业。与汽车制造、通信设备、成套设备、石油化工、钢铁和家电旧的六大支柱产业相比，新六大支柱产业更趋向于高科技和服务产业，使第三产业的劳动力大幅增加，同时劳动力就业结构的高度化也极大地促进了上海经济的发展。

下面我们通过计量模型来考察一下第三产业生产总值与第三产业从业人员之间的关系。

1. 模型构建与变量选取

首先建立以下回归方程：

$$SLABOR = C + \alpha_1 SGDP + \epsilon$$

因变量 SLABOR 为上海第三产业从业人员，自变量 SGDP 为第三产业增加值。为避免变量计量单位差异引发异方差，在对模型进行拟合时，自变量与因变量均采用了自然对数形式。研究区间为 1978～2006 年，数据来自《上海统计年鉴》。

2. 平稳性检验

根据计量经济学理论，对于非平稳时间序列变量的回归可能是伪回归，因而需要首先检查序列的平稳性。本文采用 ADF（Augmented Dickey-Fuller）单位根检验方法，运用 Eviews3.1，发现序列 lnSLABOR 和 lnSGDP 是非平稳的，二阶差分以后在 5% 显著水平下拒绝原假设，即 lnSLABOR 和 lnSGDP 为二阶单整序列。

估计结果如下：

表 18　模型实证计量结果

自变量	系数	标准差	T 统计量
C	4.222943	0.050391	83.80298
lnSGDP	0.219997	0.007956	27.65195
R^2	0.9659	D.W. 统计量	0.2545
调整后的 R^2	0.9646	F 统计量	764.6304

$$lnSLABOR = 4.222943466 + 0.2199974334 \times lnSGDP + \hat{\epsilon}$$

对上式的残差 $\hat{\epsilon}$ 进行单位根检验，其结果如下：

表 19　单位根检验结果

ADF 统计量	显著性水平	检验临界值
−1.791222	1%	−2.6522
	5%	−1.9540
	10%	−1.6223

检验结果显示，$\hat{\epsilon}$ 序列在 10% 的显著性水平下拒绝原假设，接受不存在单位根的结论，可以确定 $\hat{\epsilon}$ 为平稳序列。上述结果表明，lnSLABOR 和 lnSGDP 之间存在协整关系。从估计方程可知，第三产业生产总值每增加 1%，第三产业从业人员将增加 0.22%。

　　下面，我们再从就业弹性来看一下上海服务业发展的就业效应。就业弹性指就业增长对经济增长变化的反应程度，即经济增长率每提高1％带来的就业增长的百分比。公式如下：

$$E=Gl_i/GY_i$$

　　式中，E表示就业弹性，Gl_i表示第i产业的经济增长率，GY_i表示第i产业的就业增长率。就业弹性能够反映经济增长对从业人员的吸纳程度：就业弹性越大，单位经济增长带动的就业增长的水平就越高，依靠经济增长拉动就业的作用就越明显。一定的经济增长速度是从业人员增长的前提条件，上海自改革开放以来经济的快速增长为大量吸纳从业人员奠定了基础。

　　第三产业就业弹性的平均值为0.422，其中1978～1993年就业弹性的平均值为0.423，1994～2006年就业弹性的平均值为0.422，两个阶段基本一致，这表明服务业已成为拉动就业的稳定来源。这一结果与上文计量模型的结论是一致的，即服务业发展可以拉动就业。

表20　上海第三产业就业弹性

年 份	第三产业生产总值	第三产业从业人数	第三产业生产总值增长率	第三产业从业人员增长率	就业弹性
1978	50.76	150.78	10.6	7.5	0.708
1979	53.83	156.86	3.1	4	1.29
1980	65.69	163.89	22.2	4.5	0.203
1981	69.84	170.5	8.9	4	0.449
1982	74.44	181.15	13.4	6.2	0.463
1983	82.97	186.8	9.8	3.1	0.316
1984	98.22	195.4	14.7	4.6	0.313
1985	121.59	203.37	14.7	4.1	0.279
1986	135.12	214.09	6	5.3	0.883
1987	159.48	222.02	8.9	3.7	0.416
1988	187.89	231.4	12.6	4.2	0.333
1989	200.73	232.44	7.6	0.4	0.053
1990	241.17	233.1	5.3	0.4	0.075
1991	309.07	244.31	8.6	4.7	0.547
1992	402.77	258.74	12	5.9	0.492
1993	573.07	256.58	13.7	−0.8	−0.058
1994	780.09	269.91	16.2	5.2	0.321
1995	991.04	283.37	13.7	5	0.365
1996	1248.12	303.89	18.1	7.2	0.398
1997	1530.02	323.54	17.9	6.5	0.363
1998	1762.5	347.28	14.8	7.3	0.493
1999	2000.98	242.12	13.4	−1.5	−0.112

年　份	第三产业 生产总值	第三产业 从业人数	第三产业生产 总值增长率	第三产业从业 人员增长率	就业弹性
2000	2304.27	343.18	13.5	0.3	0.022
2001	2509.81	355.17	9.4	3.5	0.372
2002	2755.83	386.87	10.9	8.9	0.817
2003	3027.11	422.21	9	9.1	1.011
2004	3565.34	453.61	14.1	7.4	0.525
2005	4588.38	479.97	11.1	5.8	0.523
2006	5244.2	502.55	12	4.7	0.392

资料来源：根据《上海统计年鉴》整理计算。

通过分析上海第三产业从业人员序列的相关图和偏相关图，并进行 ADF 平稳性检验，可知该序列为非平稳序列，二阶差分后在5%显著性水平下拒绝原假设，接受不存在单位根的结论，为平稳序列。经进一步分析，初步认定为 AR（2）序列。运用 Eviews 软件进行自回归预测，得到如下结果：

表 21　上海第三产业从业人员预测

年　份	实际值	估计值	标准误差
1978	150.78	—	—
1979	156.86	—	—
1980	163.89	163.927	−0.037
1981	170.5	171.553	−1.053
1982	181.15	178.182	2.968
1983	186.8	190.810	−4.01
1984	195.4	194.558	0.842
1985	203.37	204.627	−1.257
1986	214.09	212.568	1.522
1987	222.02	224.735	−2.715
1988	231.4	231.743	−0.343
1989	232.44	241.994	−9.554
1990	233.39	239.619	−6.229
1991	244.31	240.559	3.751
1992	258.74	255.916	2.824

续表

年　份	实际值	估计值	标准误差
1993	256.58	272.215	−15.635
1994	269.91	263.138	6.772
1995	283.37	283.255	0.115
1996	303.89	297.159	6.731
1997	323.54	321.192	2.348
1998	347.28	341.053	6.227
1999	342.12	367.172	−25.052
2000	343.18	349.922	−6.742
2001	355.17	353.583	1.587
2002	386.87	370.437	16.433
2003	422.21	411.200	11.01
2004	453.61	449.070	4.54
2005	479.97	479.754	0.216
2006	502.55	504.798	−2.248
2007	—	579.375	—
2008	—	607.148	—
2009	—	636.252	—
2010	—	666.751	—
2011	—	698.712	—
2012	—	732.206	—
2013	—	767.304	—
2014	—	804.086	—
2015	—	842.630	—

　　从第三产业从业人员数实际值与估计值线图（图11）可以看出，模型拟合效果较好。从2007~2015年从业人员预测值来看，未来几年中，服务业就业会有较大增长。就业水平与经济发展水平密切相关，这样一个预测结果的实现也给今后上海服务业提出了更高的发展要求。

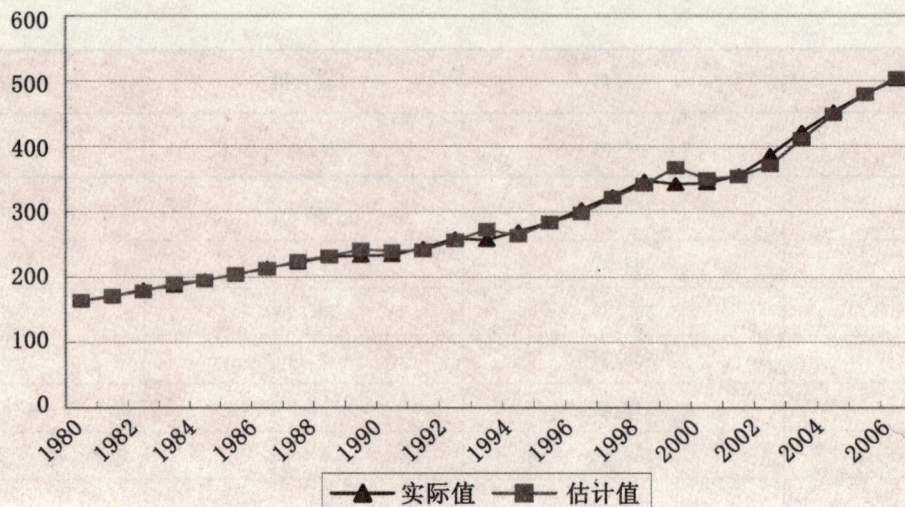

图 11　第三产业从业人员数实际值与估计值线图

（三）收入效应

为考察服务业的收入效应，建立以下回归方程：

$$lnCOME = C + \alpha_1 SGDP + \varepsilon$$

因变量 lnCOME 为上海城市居民家庭人均可支配收入，自变量 SGDP 为第三产业增加值。在对模型进行拟合时，自变量与因变量均采用了自然对数形式。研究区间为 1990～2006 年，数据来自《上海统计年鉴》。估计结果如下：

表 22　模型实证计量结果

自变量	系数	标准差	T 统计量
C	3.6434	0.1272	28.6370
lnSGDP	0.7405	0.0174	42.5635
R^2	0.9918	D. W. 统计量	1.0472
调整后的 R^2	0.9912	F 统计量	1811.651

由此可以得出，第三产业增加值增长 1%，上海城市居民家庭人均可支配收入会增长 0.74%。服务业的发展会带来居民收入水平的增长，这一方面会提高人民生活水平，增加福利；另一方面，也会由于可支配收入与消费的强相关关系，从而引发消费的增加，并进一步拉动经济增长。

（四）资源环境效应

1990～2006 年，上海经济保持了高速增长，随着经济的增长，单位地区生产总值能耗在不断降低（见图 12），从而降低了能源消耗，缓解了环境污染问题的压力，走上了一条可持续性的发展之路。

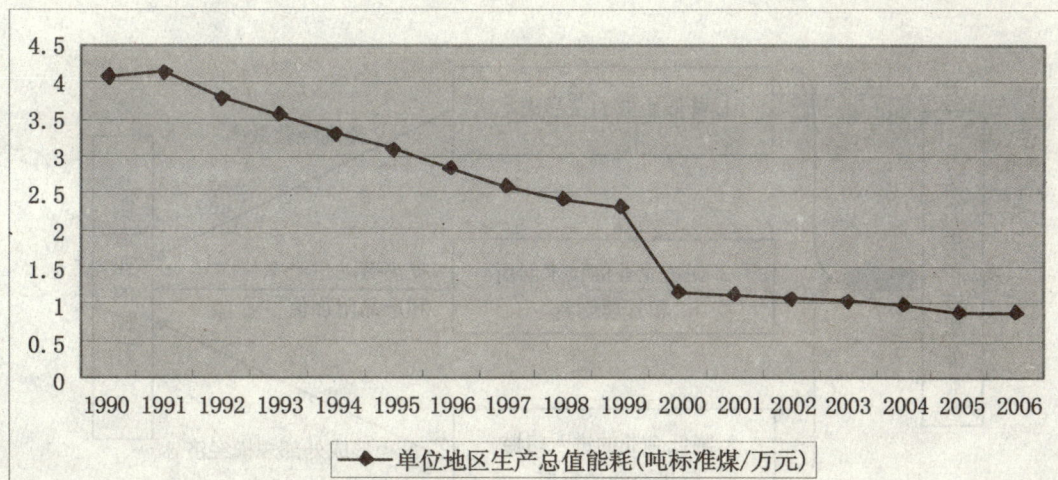

图12 上海1990～2006年单位地区生产总值能耗

尝试分析这一现象的原因，我们认为，一方面主要依靠人力投入、资本投入和技术投入的服务业增长，其本身就具有单位GDP能耗低的特点，基本可将其称为一种"环保"产业，随着服务业增加值占GDP比重在不断增加，自然降低了上海经济单位GDP能耗；另一方面，上海的生产者服务业也得到了较快的发展，这有效地促进了上海制造业的产业升级，加快了上海先进制造的发展速度，这同样使上海在经济高速发展的同时单位GDP能耗不断降低。

资源和环境已成为制约现代经济发展的两个重要的问题，中国无法走西方国家先污染再治理的老路。而大力发展现代服务业有利于建设资源集约型和环境友好型经济，上海现代服务业发展的资源和环境效应表征了上海经济发展方式的转变，可以预见这必将进一步促进上海经济的健康和谐发展。

五、服务业转变上海经济发展方式的着力点——生产者服务业

（一）生产者服务业提升制造业的机理分析

生产者服务业又称生产性服务业，在理论内涵上是指市场化的中间投入服务，即可用于商品和服务的进一步生产的非最终消费服务，是生产者为生产、商务活动购买，而非直接向个体消费者提供的服务，也可理解为服务生产的外部化或者市场化，即企业内部的生产服务部门从企业分离和独立而去的发展趋势，目的是降低生产费用，提高生产效率，提高企业经营的专业化程度。它依附于制造业企业而存在，贯穿于企业生产的上游、中游和下游诸环节中，以人力资本和知识资本作为主要投入品，把日益专业化的人力资本和知识资本引进制造业，是第二、三产业加速融合的关键环节。由于具有广泛的关联效应，生产者服务业成为市场资源强大的"调配器"，能直接影响经济增长速度的快慢，并提高整体经济绩效。

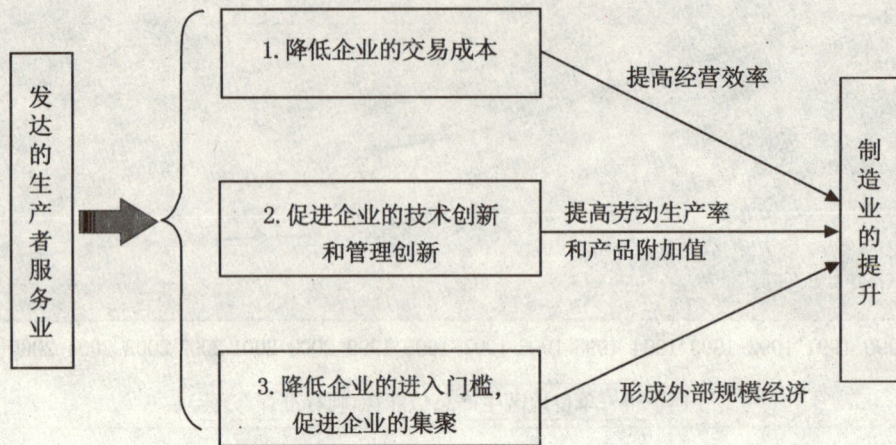

图 13　生产者服务业提升制造业的机理

生产者服务的发展集中反映了专业化分工的广度（服务门类或种类）与深度（服务数量或比重）。格鲁伯和沃克（1989）把生产者服务提供者比作生产过程中的重要专家组。他们认为，在生产者服务中，大部分都以人力资本和知识资本作为主要投入。因此，它们的产出体现有人力资本与知识资本的服务。由于这种种产出被用作商品与服务进一步生产的投入，它们最终是物化在为最后使用与出口而提供的商品与服务当中。基于此，格鲁伯和沃克指出，"生产者服务部门乃是把日益专业化的人力资本和知识资本引进商品生产部门的飞轮。人们早就认识到人力资本与知识资本在经济增长中所起的重要作用。现在很明显，在相当大的程度上，生产者服务业构成了这种种形式的资本进入生产过程的渠道。在生产过程中，它们为劳动与物质资本带来更高的生产率并改进了商品与其他服务的质量。"[①]"通过生产者服务业这一途径，人力资本和知识资本的积累、日益专业化与迂回生产表现为一个不断发展的经济。"[②] 因此，"生产者服务并没有取代制造业而损害经济的增长。它们只是现代经济发展的一种补充。"[③]

生产者服务业的发展对于制造业至关重要，其提升制造业的机理主要有以下几方面：

机理一：能够降低制造业企业的交易成本，提高经营效率。

随着世界经济一体化和区域经济集团化的发展，以及生产经营活动、生产链和价值链的全球化（跨国公司是其中的主要角色），相关的微观主体越来越需要生产者服务为全球性投资和生产活动配套，从而扩展了一系列诸如协调、管理、物流运输和金融保险等服务链的投入，导致分散化经营方式对生产者服务及其贸易所发挥的"黏合剂"作用的依赖（程大中、陈福炯，2005）。

① ③　格鲁伯·沃克：《服务业的增长：原因与影响》，中译本序，上海三联书店，1993 年，第 1～2 页。
②　格鲁伯·沃克：《服务业的增长：原因与影响》，中译本，上海三联书店，1993 年，第 225 页。

生产者服务业的发展主要体现为生产者服务活动由制造业企业"内在化"向"外在化"的不断演进，是专业化分工逐步细化、市场化水平不断提高的必然结果。这一演进趋势得以发展的原因，一方面是在激烈的市场竞争条件下，各制造业公司出于专注于自身核心竞争力的培育，只能把许多与产品有关的服务活动外包给相应的专业化服务公司；另一方面，就是因为分工产生的收益大于因分工产生的交易费用。我们知道，随着分工与专业化的发展，必然引起交易部门的膨胀和交易费用的增加，根据制度经济学的分析框架，只有在分工收益大于因分工而产生的交易费用时，这种分工才能实现并延续下去。由于分工与专业化的结果，使得专业生产性服务业公司在市场充分竞争条件下，提供服务的成本和价格相对制造业企业内部提供的服务要便宜得多。因此，生产者服务业越发达，越有利于降低制造业企业的服务投入成本，从而提高经营效率。

机理二：能够促进企业的技术创新和管理创新，提高劳动生产率和产品的附加值，从而增强产品的竞争力。

实践表明，在经济发展的起飞阶段，主要靠大量的要素投入驱动经济增长，但当经济发展到一定阶段，这种粗放型增长模式往往与较低的企业管理水平和创新能力并存，必将受到资源、市场、需求等因素的制约而变得难以为继，要实现经济的可持续发展必须转变经济增长方式，大力发展集约型经济，想方设法提高企业的自主创新能力和技术进步水平，尽其所能地改变落后的管理方式，提高企业管理水平。与发达国家相比，当前发展中国家众多领域的产品国际竞争力不强，正是企业技术创新能力和管理水平双重低下的集中体现。格鲁伯和沃克（1989）认为，在生产者服务中，大部分以人力资本和知识资本作为

主要投入，生产者服务部门乃是把日益专业化的人力资本和知识资本引进商品生产部门的载体。生产者服务业的许多部门，如管理咨询、研究与开发服务，以及其他技术服务等各类专业服务的发展，有利于改善和解决企业管理水平低下、技术创新能力不足的问题，能够改善产品的结构和质量，提高产品科技含量，从而有利于提高工业企业的劳动生产率和产品附加值，增强产品国际竞争力。

机理三：有利于降低企业的进入门槛，促进制造业企业的集聚，从而提升工业竞争力。

实践证明，制造业竞争力的提升离不开产业的集群式发展，从产业集群的特点来看，多数产业集群主要体现为大量的中小企业在空间地理上的集聚。一个成熟的产业集群至少由众多的生产企业和服务支持系统包括教育培训机构、研究与开发机构、金融机构、物流服务体系等有机构成，而后者正是产业集群能否持续发展壮大的关键支撑。高度发达的生产者服务业，一方面，可以使中小制造业企业减少和节约关于生产者服务部门的人力资本和知识资本的专用性投资，降低了企业的创设门槛，有利于企业的集聚；另一方面，可以使中小企业充分发挥灵活生产的比较优势，同时形成整体规模经济效应，借以与规模、实力雄厚的同行业跨国公司相抗衡，从而有助于提高制造业的竞争力水平。实际经济表明，没有生产者服务的充分有效供给，就没有大量中小企业的空间集聚，更谈不上产业集聚的大发展。大量制造业企业在长三角的集聚发展，正是由于以上海为龙头，包括江苏、浙江若干城市的生产者服务业相对国内其他地区比较发达，保证了与产品生产有关的产前—产中—产后的各类服务的充分供给，降低了中小企业的创设门槛，从而吸引了企业的大量集聚。

当前，伴随着制造业的"服务化"，生产者服务得以迅速发展，已经成为发达国家和地区最具有增长力的部门。例如，在 OECD（经济合作与发展组织）国家中，金融、保险以及经营服务等生产者服务业的增加值占国内生产总值的比重超过了 1/3。

我国政府在《国民经济和社会发展第十一个五年规划纲要》中将生产性服务业分为交通运输业、现代物流业、金融服务业、信息服务业等。2007 年 2 月，国务院在《加快服务业发展的若干意见》中提出：大力发展面向生产的服务业，促进现代制造业与服务业有机融合、互动发展。可见，未来一段时间，发展生产者服务业，推进制造业与服务业融合互动已上升到国家战略的高度。

基于对上海发展阶段和现状的认识，结合转变经济发展方式的客观要求，我们认为，未来上海应以生产者服务业为着力点，并以生产者服务业的发展，切实推动制造业与服务业的融合、互动与提升。惟其如此，才能转变经济发展方式，走上更高质量与效率的发展之路。

（二）上海生产者服务业概况

20 世纪 90 年代以来，上海服务业得到快速发展，生产者服务业无论在产出，还是就业方面也都有了相应增长。出于可比性[①]的考虑，我们选择 2002～2007 年的数据，考察生产者服务业增加值及就业情况。

表 23　上海主要生产者服务业增加值的变化　　　　　　　　单位：亿元，%

	2002 年	占 GDP 的比重	2007 年	占 GDP 的比重	年均增长率
上海市生产总值	5408.76	—	12188.85	—	—
第三产业	2755.83	50.951	6408.50	52.577	—
主要生产者服务部门增加值合计	1221.57	22.586	3177.9	26.072	21.07
交通运输、仓储和邮政业	294.07	5.437	723.13	5.933	19.72
信息传输、计算机服务和软件业	194.10	3.589	500.65	4.107	20.87
金融业	584.67	10.810	1209.08	9.920	15.64
租赁和商务服务业	78.17	1.445	475.3	3.899	43.48
科学研究、技术服务和地质勘查业	70.56	1.305	269.74	2.213	30.76

注：年均增长率为几何平均增长率，未扣除价格变动因素。
资料来源：根据《上海统计年鉴 2003》、《上海统计年鉴 2008》计算。

2002～2007 年，上海主要生产者服务业增加值从 1221.57 亿元增长至 3177.9 亿元，年均增长 21.07%，增速较快，但占 GDP 的比重没有明显增加，仅从 22.586% 增长到 26.072%，这一比重远远低于发达国家的水平（发达国家生产者服务业占 GDP 的比重已达 50% 以上）。从具体生产者服务业部门看，五类主要部门均有较大幅度的增长，特别是租赁和商务服务业，科学研究、技术服务和地质勘查业，其增长率达到 43.48% 和 30.76%。从各部门占 GDP 的比重变

①　2002 年修订了国民经济行业标准统计，统计口径有所变化。

化情况来看，尽管生产者服务部门总体占 GDP 的比重变化不大，但其内部结构有了较大变动，金融业占比下降，而租赁和商务服务业，交通运输、仓储和邮政业，科学研究、技术服务和地质勘查业，信息传输、计算机服务和软件业则呈现显著上升的态势。

表 24　上海主要生产者服务业从业人员的变化　　单位：万人，%

	2002 年	占从业人员的比重	2007 年	占从业人员的比重
全部从业人员数	792.04	—	909.08	—
第三产业从业人员	387.66	48.94	512.62	56.39
主要生产者服务部门从业人员合计	94.72	11.96	152.13	16.74
交通运输、仓储和邮政业	45.20	5.71	49.74	5.47
信息传输、计算机服务和软件业	4.40	0.56	10.95	1.21
金融业	15.13	1.91	21.61	2.38
租赁和商务服务业	18.54	2.34	52.28	5.75
科学研究、技术服务和地质勘查业	11.45	1.45	17.55	1.93

资料来源：根据《上海统计年鉴 2003》、《上海统计年鉴 2008》计算。

2002～2007 年，上海第三产业从业人员增长显著，从 387.66 万人增加到 512.62 万人，占从业人员的比重也由 48.94% 增长到 56.39%。主要生产者服务部门从业人员比重也由 11.96% 上升至 16.74%。从具体生产者服务业部门看，五类主要部门从业人员均有不同程度的增长，特别是租赁和商务服务业，信息传输、计算机服务和软件业增速明显。金融业虽然增加值下降，但从业人员数从 2002 年的 15.13 万人增长到 2007 年的 21.61 万人。从各部门从业人员的比重的变化情况来看，租赁和商务服务业取代交通运输、仓储和邮政业成为就业占比最高的生产者服务业部门，交通运输、仓储和邮政业位居第二，金融业位居第三。

（三）上海生产者服务业与若干国际城市的比较分析

从生产者服务业增加值占 GDP 的比重来看，由于各国及地区的统计口径不一致，我们很难进行精确的比较，这里仅选取四大类统计口径相对接近的生产者服务业，分别是运输、仓储及通信业、金融业、房地产业和商务服务业。以上四大类生产者服务业占 GDP 的比重在伦敦、纽约、东京、新加坡和首尔均在 40% 以上，香港也达到了 35.25%，而上海仅为 24.26%，差距明显。各具体部门也有相当大的差距，特别是金融业和商务服务业，这与上海建立国际金融与商贸中心的目标有很大距离。

表 25　上海生产者服务业占 GDP 的比重与若干国际城市的比较

	上海	香港	伦敦	纽约	东京	新加坡	首尔
	2006	2004	1998	2000	2000	2005	2005
运输、仓储及通讯业	6.45	11.08	9.9	5.3	16.4[2]	18.97	12.11[5]
金融业	7.96	24.17[1]	11.0	18.6	9.4	17.08	19.74
房地产业	6.64	—	31.0[4]	14.1	9.4	—	31.44[6]
商务服务业	3.21	—	—	7.5	7.3[3]	20.22	—
合计	24.26	35.25	52.0	45.5	42.5	56.27	63.29

注：1. 香港该数字包含金融、保险、地产及商用服务业。2. 东京该数字中包含信息业。3. 因为统计口径不一致，该指标中不包含信息服务与会计、审计、法律和咨询服务等。4. 该数字为房地产和商务服务业总和。5. 首尔该数字中包含信息业。6. 该数字为房地产和商务服务业总和。

资料来源：上海数据根据《上海统计年鉴 2007》计算；香港数据来自《第三产业统计年鉴》；伦敦数据来自英国政府统计局网站 http：//www. statistics. gov. uk；纽约数据来自美国经济分析局网站 http：//www. bea. gov；东京数据来自日本 Statistics Bureau，Ministry of Public Management，Home Affairs，Posts and Telecommunications，"Establishment Census"；新加坡数据来自 Ministry of Trade and Industry Singapore，http：//app. mti. gov. sg；首尔数据来自上海情报中心，http：//www. istis. sh. cn/istis－old/kjcy/cyfz/xdfw/list. asp? id＝4448。

（四）上海生产者服务业产业关联效应分析

从依据上海 2002 年投入—产出表[①]计算的影响力系数来看，制造业的影响力系数为 2.18，服务业为 1.26。再从 42 个部门的影响力系数来看，高于平均水平的绝大部分都是制造业部门，非制造业部门除了农业、水的生产和供应业、建筑业和交通运输及仓储业四部门外，其他部门的影响力系数都处在平均水平之下。由此可见，上海制造业对国民经济的影响作用是举足轻重的，而服务业的影响力还相对不足，与其他产业的联系程度较低。

国际经验表明，制造业发展到一定阶段后，其附加值和市场竞争力的提升更多的是靠生产者服务业的支撑。制造业对服务业会产生越来越大的需求。上海制造业基础雄厚，且产业转移也需假以时日，短期内制造业仍会是拉动经济增长的重要一极。制造业效率的提升以及附加价值的增加有赖于生产者服务业的发展，而生产者服务业也必须借由制造业获得发展的源泉与动力。然而，遗憾的是，上海制造业与生产者服务业的联动发展还相当滞后。

从服务投入率（见表 26）来看，上海第三产业的服务投入率最高，达到 30.67%；其次为第二产业，13.28%；第一产业为 9.36%。这表明，服务业自身的发展具有很强的自我增强效应，但第一、二产业经由生产者服务投入而与第三产业的联系程度较低，三次产业之间互相促进、联动发展的效应并不显著。第二产业服务投入率低，一方面是由于意识、体制、机制尚未转变，不少制造业企业仍停留在自我服务的层面，服务的外部需求很少；另一方面（也是至关重要的方面）是由于现代服务业发展滞后，市场化和专业化水平低，服务品种、服务业态和服务质量难以满足现实需求，致使制造业产前、产后服务体系跟不上，整个服务链条脱节。事实上，目前服务的低水平、低效率，服务支撑体系的薄弱，

---

①　由于上海的投入—产出表为 5 年编制一次，我们仅能采用 2002 年的数据进行分析。

已经成为制造业发展的"瓶颈"。

从分项服务投入率来看，对于第一产业和第二产业而言，批发和零售贸易业服务投入率在所有分项服务投入中是最高的，分别为 3.4449% 和 5.7109%；其次是交通运输及仓储业，为 1.7861% 和 2.3744%；第三是金融保险业，为 1.1755% 和 2.0388%。对于第三产业而言，金融保险服务投入率是最高的，达 8.2993%；其次为交通运输及仓储业，为 6.7335%；最后分别是房地产业、信息传输、计算机服务和软件业、租赁和商务服务业。

表 26　上海服务投入率　　　　　　　　　　单位：%

	第一产业	第二产业	第三产业
服务投入率	9.3608	13.2790	30.6743
分项服务投入率	—	—	—
交通运输及仓储业	1.7861	2.3744	6.7335
邮政业	0.0249	0.0529	0.2191
信息传输、计算机服务和软件业	0.3319	0.3590	2.8002
批发和零售贸易业	3.4449	5.7109	2.4656
住宿和餐饮业	0.0546	0.4634	1.1220
金融保险业	1.1755	2.0388	8.2993
房地产业	0.1763	0.1421	3.2904
租赁和商务服务业	0.5235	1.0321	2.5849
旅游业	0.0008	0.0109	0.2299
科学研究事业	0.3828	0.3142	0.1010
综合技术服务业	0.5305	0.3054	1.0905
其他社会服务业	0.2959	0.2915	0.3330
教育事业	0.0426	0.0462	0.1049
卫生、社会保障和社会福利业	0.1499	0.0155	0.2612
文化、体育和娱乐业	0.2675	0.1219	1.0264
公共管理和社会组织	0.1731	0.0000	0.0125

资料来源：根据《上海统计年鉴2004》投入—产出表计算。

再从分项服务的相对重要性来看，不同部门的差异较大。对于第一产业，批发和零售贸易业、交通运输及仓储业、金融保险业、综合技术服务业、租赁和商务服务业位居前五位，占服务总投入的比例依次为 36.80%、19.08%、12.5%、5.67% 和 5.59%；第二产业中，批发和零售贸易业、交通运输及仓储业、金融保险业、租赁和商务服务业、住宿和餐饮业相对重要，占服务总投入的比例依次为 43.01%、17.88%、15.35%、7.77% 和 3.49%；对于第三产业，位居前五位的是金融保险业、交通运输及仓储业、房地产业、信息传输、计算机服务和软件业以及租赁和商务服务业，各分项服务占服务总投入的比例依次为 27.06%、21.95%、10.73%、9.13% 和 8.43%。从中可以看出，第一、二产业的服务投入中，分项服务投入并不均衡，两大产业中，批发和零售贸易业、交通运输及仓储业服务投入占据主导地位，占服务总投入的 60% 左右。金融保险服务的重要性在第一、二产业中体现得还不够明显（发达国家或城市的金融服务业对产业的支撑作用非常大）。还有一点非常值得关注，第二产业中，综合技术服务业及科学研究事业的投入占服务总投入的比例很低，仅为 2.30% 和 2.37%，甚至低于第一产业（第一产业中，以上两项服务占服务总投入的比例为 5.67% 和 4.09%）。这反映出第二产业创新不足，技术含量偏低，依然停留在"制造"阶段，尚未走上"创造"的道路。第三产业的服务投入相对均衡。

表 27　分项服务占服务总投入的比例　　　　单位：%

	第一产业	第二产业	第三产业
．交通运输及仓储业	19.0801	17.8809	21.9517
邮政业	0.2664	0.3983	0.7144
信息传输、计算机服务和软件业	3.5453	2.7035	9.1287
批发和零售贸易业	36.8013	43.0069	8.0379
住宿和餐饮业	0.5837	3.4894	3.6579
金融保险业	12.5582	15.3531	27.0561
房地产业	1.8832	1.0698	10.7270
租赁和商务服务业	5.5923	7.7720	8.4269
旅游业	0.0081	0.0819	0.7495
科学研究事业	4.0888	2.3662	0.3293
综合技术服务业	5.6676	2.3001	3.5550
其他社会服务业	3.1609	2.1949	1.0857
教育事业	0.4554	0.3481	0.3418
卫生、社会保障和社会福利业	1.6010	0.1166	0.8515
文化、体育和娱乐业	2.8582	0.9181	3.3461
公共管理和社会组织	1.8494	0.0000	0.0407

资料来源：根据《上海统计年鉴》(2004) 投入—产出表计算。

从以上分析并结合上海的现实情况，可以得出如下结论：

（1）生产者服务业对于产业融合与互动具有至关重要的意义。上海生产者服务业虽然增速较快，但与发达国家相比，其在国民经济中的重要性体现得还不够明显，占生产总值的比重偏低。而且，生产者服务业内部层级不高，金融保险业、商务（专业）服务业等部门的作用发挥得还很不够。

（2）上海市第二、三产业之间互相融合、互相促进、联动发展的效应并不显著，尚未形成一个包含诸多服务环节、效率高、附加价值大的产业链条。而造成这一结果的重要原因在于生产者服务业发展不足。第二产业的服务投入率低，其发展因缺乏金融保险业、信息业等部门的有效配合而使其发展的空间受到限制；在生产过程以外因缺乏商务服务业的配套支持而影响其循环的实现及效率的提升；因缺乏综合技术、科学研究、教育等部门的发展而使之创新不足、动力匮乏。而制造业能级提升的滞后又抑制了对服务业的中间需求，从而影响了服务业的增长。可以说，上海第二、三产业之间的联系程度低，联动发展的力度弱，导致整个经济的运行难以获得协调发展的条件，不利于上海经济发展方式的转变。上海要转变经济增长方式，当前应该把制造业和服务业有机结合在一起，通过大力发展生产者服务业，加强二者之间的渗透、融合和互动。

（3）由于不同产业部门的服务投入率差异很大，所以，可以通过调整与优化生产者服务的结构，来达到调整和优化国民经济整体产业结构的目的。

（4）由于服务业具有很强的自我强化效应，未来上海应大力发展现代服务业，提升服务业在国民经济中的"黏合剂"作用。

六、结论与对策建议

从上文分析可以得出，第一，目前上海生产者服务业发展水平还比较低，服务业与其他产业之间的联系相对松散，没有形成产业融合互动的良好运行模式，致使服务业发展缺少其他产业的支持，缺少外在的需求和市场。而若其推动力量仅局限在本产业内部和有限的几个相邻产业，它将很快地达到市场饱和状态，使得发展趋于停滞。第二，上海一、二产业所使用的中间投入中，传统服务占主导地位，而传统服务与其他产业的联系由于比较间接，导致产业间的相互中间投入在数量和价值上都不高，从而难以形成对服务业层次提升的推动力。第三，现代服务业涉及的是金融、信息、技术等现代经济的核心领域，它们对资源配置和协调具有重要作用。但是，充分发展这些功能的前提是现代服务业和其他产业保持比较紧密的联系。上海经济中现代服务业较弱的产业联系必然影响这种功能的充分发挥，从而难以有力地推动增长方式转变和产业结构调整，这反过来也对现代服务业起到了抑制作用。

未来上海的发展，应以生产者服务业为着力点，以长三角、长江流域、中国乃至世界为服务对象，不断拓展服务半径，使产业链中的服务环节增加并拉长，扩大产业的辐射度与影响力，充分形成和发挥"集聚、扩散、管理、服务和创新"的能力，并以生产者服务业的发展，带动制造业与服务业的融合、互动与提升。

（一）合理规划高端服务业，完善服务业发展的保障机制

从国家整体战略高度和产业发展的自身需要出发，在充分调研和论证的基础上，确定上海应着力发展的高端服务业，对其发展进行整体规划，建立和完善高端服务业发展的保障机制。研究制定高端服务业产业导向目录，出台促进高端服务业发展的相关配套政策及实施细则；积极争取国家支持，力争相关高端服务领域对外开放政策的先行先试，率先在外资进入门槛、股权比

例、业务领域、市场范围等方面取得突破；加大对高端服务业关键领域、薄弱环节和新兴行业引导资金的投入，启动高端服务业项目资助计划，创新资金使用运作方式，培育扶持知识密集型高端服务业，鼓励企业提供具有高技术含量、高人力资本含量、高附加值的高端服务产品，提升高端服务业的市场竞争力；鼓励各类金融机构创新金融产品和服务，拓宽高端服务企业特别是中小企业的融资渠道；加大高端服务业项目招商引资和规划培育力度，建立和完善高端服务业重大项目储备库；对高端服务企业从工商登记、财税政策、土地使用、用水用电、行政事业性收费等方面加大扶持和优惠力度；依法打击侵权、不正当竞争等行为，加大对知识产权和商业秘密等的保护力度，严格行业规范；成立各种行业协会或跨领域高端服务联盟，研究制定本行业行为规范和自律规则，建立健全高端服务业务流程、服务内容、市场价格和质量评估等方面的标准体系，推进高端服务标准与国际接轨；建立符合高端服务业特点的价格形成机制和管理体制，完善分类定价收费的监管机制；促进高端服务企业加强自身信用建设。

（二）推进体制、机制和政策创新，深化与发展服务经济有关的各项改革

进一步深化改革，提高服务业市场化水平，促进内部化的生产者服务根据市场环境的改善程度，逐步向外部化、专业化方向发展。充分发挥市场机制的作用，打破行业分割、部门壁垒、行政垄断与地方保护，推动服务业资源和设施的有效配置和整合；按照国有经济布局战略性调整的要求，将服务业国有资本集中在重要公共产品和服务领域；对竞争性领域的国有服务企业实行股份制改造，促使其成为真正的市场竞争主体；加快事业单位改革，将营利性事业单位改制为企业，

并尽快建立现代企业制度；围绕非公资本进入服务业的体制和机制障碍，进一步降低准入门槛，降低准入条件，消除市场壁垒，打破国有经济的垄断格局，特别鼓励和引导非公有制经济发展服务业，建立起多元的市场竞争主体，提高行业中各种所有制的竞争程度和市场机制的调节作用，缓解服务业中一些基础设施行业发展的"瓶颈"状况。积极扶持中小服务企业发展，发挥其在自主创业、吸纳就业等方面的优势；进一步放宽外贸、教育、文化、中介服务等行业市场准入资质条件；在确定服务标准和加强行业监管的前提下放松经营管制，扩大服务企业经营范围，以促使企业提供更多质优价廉的服务；健全市场体系，重点培育和发展金融、证券、信息、技术、人才、房地产等要素市场；创造区域经济合作的制度条件，加快市场开放，破除市场壁垒。

（三）建立起有利于制造业与服务业良性互动的机制，构建融合发展的环境

在现代经济发展中，从资源整合到产业（链）整合的意义和作用，已经毋庸赘言。目前的关键在于如何实现整合，以获得整合基础上的产业发展空间和最大化效率。政府在促进产业融合方面可以发挥很大的作用。应从财税、信贷、土地和价格等方面进一步完善促进服务业发展政策体系；加快推进服务业标准化，建立健全服务业标准体系，扩大服务标准覆盖范围，在制度上优化服务经济发展环境；各种类型的人才是服务经济的关键要素，要通过完善政策、优化环境，为加快发展服务经济提供人才保障；对关系高新技术产业、高端生产性服务业发展的关键性人才，实现灵活的配套服务政策与措施；大力推进自主创新，营造鼓励自主创新的政策环境，加强创新人才的培养和引进，构建具有国际竞争力的区域创新体系。营造创业环境，鼓励经营方式灵活、服务品种多样、各具特色的中小企业

进入现代服务业发展领域。政府在贷款审批与担保、人才引进、注册资本分期到位、知识或技术入股、简化工商登记审批程序、减轻税收负担等方面营造适宜中小服务企业创办与发展的良好环境；同时，通过创业孵化体系和创新服务体系，为中小服务企业在办公环境、生产设备、人员培训、信息咨询等方面提供支持。

（四）加强制造业与服务业关联与集聚式发展

上海的设备资源、人才资源、信息资源和高水平的管理，使其在发展现代服务业方面在全国具有领先优势，而上海在发展传统加工业有关的土地成本、人力资源成本以及管理成本等方面则已经难以同国内其他地区进行竞争。因此，产业转移、融合与创新是目前一个非常重要的问题。上海必须要把一部分制造业转移出去，同时对留在上海的制造业进行创新与升级，而这就要求制造业与现代服务业高度融合，突出服务业为制造业服务的力度，延伸重点领域产业链，大力拓展诸如研发、培训、融资等产前服务及营销、维修、检测、技术咨询等生产者服务，形成新型产业部门或新型业务，同时加速内生性服务产业从制造业企业（特别是大型国有企业）分离的进程。以生产性服务业为着力点，以长三角、长江流域、中国乃至世界为服务对象，不断拓展服务半径，使产业链中的服务环节增加并拉长，扩大产业的辐射度与影响力，充分形成和发挥"集聚、扩散、管理、服务和创新"的能力，以生产性服务业的发展，带动制造业与服务业的融合、互动与提升，并在产业融合的过程中不断找到新的增长点。

因而，上海需要进一步引导企业及全社会来认识服务业与先进制造业的关系，推动企业通过管理创新和业务流程再造，将一些非核心的生产性服务环节剥离为社会化的专业服务，以核心竞争优势整合配套企业的服务供给能力，大力发展产业内部的专业化分工体。从深化户籍管理、土地流转和社会保障等体制改革等方面，打破束缚人口流动的制度障碍，引导制造业向城市周边集中布局，形成支撑产业发展的规模经济和范围经济效应。同时，通过规划布局、政策引导和必要的财政支持等形式，支持生产性服务业实现区域性集聚。尽快消除针对服务业的政策性歧视，对生产性服务业在用水、用电和用地上实行与制造业同等政策，对生产性服务业集聚区应给予与工业开发区相同的政策扶持。

（五）合理引导服务业引资和对外投资与合作工作，以国际化提升服务业水平

因为服务业的特殊性，难以分割又不容易进行内部跨国贸易，服务业跨国公司无法将技术、管理、营销等诀窍从其提供的服务产品、服务手段中完全剥离，向海外分支机构转移的技术更接近或等同于母公司的水平。从这个角度而言，服务业FDI更能帮助发展中东道国提升相关行业的整体水平。因而，上海应采取更加灵活开放的政策措施，积极引进国际高端服务业的先进技术和管理理念、经营方式、组织形式和国际先进的服务标准，以国际化带动服务业整体水平的提高。同时，注重提高利用外资的质量，加强对利用外资的政策引导，优化外资在上海服务业的内部投向，设法引导外资进入低利润和高新技术行业服务贸易部门，发挥利用外资在推动自主创新、产业升级等方面的积极作用；继续加大力度引进跨国公司地区总部、投资性公司、研发中心、办事机构等，并以此带动法律、咨询、会计等外资中介机构进驻上海；引导外资总部升级为国家级总部，鼓励跨国公司在上海设立全球总部；充分发挥总部的功能，扶持其从资金管理和服务功能上做大做强。吸引世界知名连锁企业在上海设立仓储和配送中心，提升上海商业服务方面的功能；

继续推进资产管理公司、租赁公司、担保公司、信息服务企业等的落户。

另一方面，由于服务产品的无形性和不可储存性，通过国际间的消费者定位服务转为消费国内部的生产者定位服务，有利于服务提供者批量生产，降低成本和价格，取得规模效益。所以，服务业的对外投资，应当纳入"走出去"战略的全局考虑之中。应鼓励我国企业走向国际市场，支持企业通过对外投资、并购等方式扩大服务业对外投资。以对外承包工程、劳务合作和设计咨询等对外投资服务为重点，大力支持上海服务企业开拓东南亚、中亚、非洲等有发展前景的国际市场；鼓励企业采用多种方式进行境外投资；设立专项资金，支持现代服务企业为上海制造业企业和产品开拓国际市场提供专业化服务，给予政府专项资金扶持，加大对境外工程承包大项目的支持力度，力争做成若干个有国际影响的工程总承包项目；加快对"走出去"的专业人才培养，力争人员输出由普通型向专业型、技术型升级，提升对外劳务合作的层次；努力承接大型设计咨询项目，构建具有国际影响力的品牌。

（六）大力发展服务外包

当前，大规模的知识型服务业和国际服务外包的转移，已成为发达国家企业的主流商务经营方式以及新一轮全球产业调整和布局的新趋势。承接国际服务业转移和外包，可以提升服务产业在全球产业链、价值链中的地位和能级分配，同时对企业了解国际市场需求、增强自主开发能力、提升自身的品牌效应也有重要意义。上海应充分利用这一趋势，继续贯彻落实《关于促进上海服务外包发展若干意见的实施细则》，大力承接服务外包。为促进现代服务业企业积极主动的参与市场外包，对有广阔市场前景的支柱性企业，政府应在投融资上给予资金支持；建立服务外包发展

专项资金，并对资金使用绩效进行评估；针对中小企业融资难的问题，政府应该组织相关部门进行协调，为企业提供融资便利，缓解这些企业的资金流动性不足；对开展外包业务的企业，在税收优惠上给予支持；加强软件外包人才产业链的建设和培养；放宽相关政策限制，为外包出口创造宽松环境；进一步完善上海服务外包发展联席会议制度，充分发挥上海现代服务业联合会服务外包专业委员会的作用，优化对服务外包企业的服务方式和渠道，为企业提供必要的引导和服务；加强知识产权保护力度；重点发展软件开发外包、研发设计外包、物流外包、金融后台服务、信息管理和数据处理等高技术含量领域，提升上海服务外包能级；支持并资助服务外包企业申请国际资质认证，鼓励服务外包企业进行技术改造，培育自主品牌，提高企业承接服务外包的能力和水平；作为国家服务外包"千百十工程"基地城市，认真做好基地共建工作，落实支持服务外包发展的地方配套资金，抓紧开展上海服务外包示范区和服务外包企业的认定工作，启动人才培训和公共服务平台等各项基础工作。

（七）制定并完善专业人才政策，为率先发展现代服务业提供智力支持

专业人力资本是发展现代服务业的关键要素，现代服务业的主要发展"瓶颈"在于专业人才不足。应适应服务业就业结构调整的需要，通过努力提高专业人力资本素质，使服务业的增长依靠劳动力的质量推动，而不是靠数量推动。除了增加教育投资，促进教育结构调整，更重要的是要建立一个尊重人才和科学评价人才的机制，这样才能培养和留住人才，增强服务贸易的竞争力，有助于我国服务出口产品摆脱劳动和资源密集型、缺乏自主知识产权等弊端。在服务业专业人才政策设计方面，上海应根据经济发展与结构升级的

趋势和内在要求，确定专业人才发展的重点；对创业型服务人才来说，政府要高度重视，内部从文化推进、制度构建到帮助实施上有力地鼓励和推行服务创业，培养服务创业人才；外部可以通过制定一系列的税收优惠和创业扶持政策，吸引海归回国创业和国际创业；并通过构建有利的创业环境、健全企业家服务体系，使得创业者的创业热情可以得到保持，持续创业，同时吸引和培育更多具有创新精神和创业意识的企业家。对职业型服务人才来说，要加强教育投入，并通过灵活多样的教育培训机制培养职业服务人才；鼓励人才区域内流动，鼓励企业采取有竞争力的薪酬和全面回报更好地吸引和保留专业人才。对于海外高端人才来说，可以通过一些特殊的税收和福利政策吸引和保留；进一步完善居住证政策、就业政策、税收政策、技术政策、教育政策、知识产权政策等；建立健全公共服务体系，不断增强上海对高端专业人才的向心力；充分发挥市场机制在人才配置中的基础性作用，消除体制和政策壁垒；建立人才柔性流动制度，实现专业人才流动的"零体制障碍"和"零体制成本"；构建专业化、国际化、网络化的市场体系，积极参与全球专业人才市场的竞争与合作，加大同国际接轨的人才政策和相关法规建设，建立起与国际通行规则接轨的，涵盖人才引进、培养、配置、使用、分配、保障等多个方面的专业人才政策体系，为上海建设"四个中心"，大力发展服务经济，提供强有力的人才保障和智力支持。

（八）加强重点企业建设，引导和扶持一些企业做大做强

加快培育一批拥有自主知识产权、知名品牌

和高增值服务能力的龙头企业，实行网络化、品牌化经营。从国际范围看，服务企业的大型化、集团化趋势十分明显，而目前上海服务业企业则普遍规模较小、竞争力不强、知名度不高。上海服务业要实现跨越式发展，需培育一批有国际竞争力、有信用、有知名品牌的大企业。可以通过兼并、收购、控股、参股、划拨、托管和战略联盟等多种形式，组建一批跨地区、跨部门、跨行业、跨所有制的大型服务业企业，使之互为基础，相互促进，形成集聚效益和规模效益。鼓励企业与领先的跨国公司建立合资或进行其他方式的合作，以获取国际客户资源、树立品牌形象、培养专业技能。

（九）推动建立有利于制造业企业与服业企业发展的商业信用、诚信服务体系和公共服务体系

商业信用、诚信体系和公共服务，构成现代服务业的"软环境要素"。目前这些"软环境要素"的缺失，大大抑制了服务外部化、专业化的进程，对制造业、服务业及其融合的长远发展非常不利。应充分发挥政府的推动和引导作用，加快建立社会信用体系，完善监管制度，逐步建立与完善企业诚信体系，整合和依法披露企业信用信息数据，倡导诚信服务，改善社会信用环境。推进信息化建设，完善公共信息服务体系建设工程。全方位构建公共服务体系，一方面要建立公共财政体制和改革再分配体制，通过增加公共资源投入，以增加公共服务数量；另一方面，则要正确处理政府职能和市场作用的关系，发挥市场机制在提供公共服务中的作用，政府则在"小政府、大服务"理念下着力弥补市场失灵，降低公共服务供给成本，提高公共服务供给效率。

参考文献

[1] Francois, J., Producer Services, Scale, and the Division of Labor, Oxford Economic Papers, 1990 b. 42, pp. 715~729.

[2] Marshall, J., Services and Uneven Development, London: Oxford University Press, 1988.

[3] The World Bank Group, World Development Indicators 2006, [Online], Available: http://www. devdata. worldbank. org/wdi2006/contents/table4-6. htm.

[4] World Trade Organization, International Trade Statistics, [Online], Available: http://www. wto. org/english/res-e/statis-e/statis-e. htm.

[5] UNCTAD, World Investment Report 2004: The Shift Towards Services, United Nation, New York and Geneva, 2004. 98.

[6] 陈宪、黄建锋:《分工、互动与融合:制造业与服务业关系演进的实证研究》,《中国软科学》,2004 年第 11 期,中华人民共和国商务部网站, http://www. mofcom. gov. cnl。

[7] 陈宪:《国际服务贸易——原理·政策·产业》[M],上海:立信会计出版社,2000 年。

[8] 维克托·R. 富克斯:《服务经济学》[M],北京:商务印书馆,1987 年。

[9] 西蒙·库兹涅茨:《现代经济增长》[M],北京:北京经济学院出版社,1991 年。

(执笔:上海交通大学安泰经济管理学院教授　陈　宪
上海大学国际工商与管理学院副教授　殷　凤
上海社会科学院博士生　康艺凡
南通大学商学院副教授　黄建锋)

服务指数

"中国城市服务经济指数·2008"发布和分析报告

一、排名及简要分析

表1　"中国城市服务经济指数·2008"排名

城市	城市服务经济得分①	全国排名	城市	城市服务经济得分	全国排名
北京	1.56389	1	西安	−0.17242	19
深圳	1.52051	2	兰州	−0.17337	20
上海	1.32996	3	成都	−0.18074	21
广州	1.12892	4	银川	−0.18743	22
乌鲁木齐	0.43236	5	福州	−0.21444	23
厦门	0.10173	6	长沙	−0.26307	24
沈阳	0.09375	7	哈尔滨	−0.27764	25
天津	0.09156	8	合肥	−0.30899	26
大连	0.07532	9	郑州	−0.36149	27
太原	0.05466	10	昆明	−0.38335	28
呼和浩特	0.05406	11	贵阳	−0.38794	29
海口	0.05143	12	长春	−0.39902	30
南京	0.01649	13	西宁	−0.43500	31
杭州	−0.06191	14	重庆	−0.46448	32
武汉	−0.08864	15	南宁	−0.53354	33
青岛	−0.09712	16	石家庄	−0.59602	34
宁波	−0.14291	17	南昌	−0.61888	35
济南	−0.16623	18			

①　由于18个指标的数据不属于同一量纲,因此在运算之前需要对指标进行无量纲化处理,我们采用了 Z Scores 标准化方法,即 $x_{ij}=(x_{ij}-\overline{x_j})/\sigma_j$,若 $\sigma_j=0$,令 $x_{ij}=0$。经过无量纲化处理后,有些数据会变成负值。将这些无量纲化数据输入 SPSS 软件运算,采用四次方最大法(Quartimax)进行旋转,再经计算就得到表1中的城市服务经济得分,这些得分虽然有正有负,但它们只是一些具有可比性的数值,仅为排名提供依据。

表1是"中国城市服务经济指数·2008"排名。我们运用 2005 年的数据，对中国内地 35 个城市（直辖市、省会和自治区首府市、计划单列市，除拉萨市）的服务经济发展状况进行的总体排名。

从该表中不难看出，各大城市之间的服务经济发展水平存在相当大的差距。其中，排名第一位的北京与排名最后一位的南昌，得分相差 2.18。不仅如此，服务业发展水平较高的北京、上海、深圳、广州与其他 31 个城市相比，分数差异也相当明显。2007 年，我国明确提出了"加快形成以服务经济为主的产业结构"的发展目标。2007 年 3 月 19 日，《国务院关于加快发展服务业的若干意见》提出：全国到 2020 年"基本实现经济结构向以服务经济为主的转变"；在"十一五"时期，"直辖市、计划单列市、省会城市和其他有条件的大中城市，要加快形成以服务经济为主的产业结构"。这是中央政府首次对全国和大中城市服务经济提出明确的发展要求。因此，我们这次编制"中国城市服务经济指数·2008"的目的，仍在于揭示不同城市服务经济发展的总体水平和结构状况，为有关城市发展服务经济提供一些有益的启示，为城市制定发展战略和相关政策提供依据，进而为中国服务经济的健康持续发展，提供一个方面的智力支持。

二、指标体系

2008 年，沿用了去年的指标体系（见表 2）。我们试图对这个指标体系进行改进，例如，用服务贸易额占全部贸易额的比重，服务业利用外资占利用外资总额的比重，取代外贸依存度这个指标，以期更加直接地反映服务经济的外向度，但是，在全部城市获得这两个指标几乎不可能。当然，不断完善指标体系的工作，我们还要继续努力地做。

表 2　中国城市服务经济指数的指标体系

分类指数	指标名称	指标含义	计算公式
1. 规模指数	1.1 服务业增加值	反映服务业总体发展规模	—
	1.2 社会消费品零售总额	反映城市商业服务能力	—
	1.3 交通运输仓储业增加值	反映城市物流服务能力	—
	1.4 金融业增加值	反映城市金融服务能力	—
	1.5 服务业从业人员规模	反映服务业吸纳就业的水平	服务业从业人员数/城市常住人口数

续表

分类指数	指标名称	指标含义	计算公式
2. 结构指数	2.1 服务业增加值占 GDP 比重	反映服务业在三次产业产出结构中的状况	服务业增加值/地区生产总值
	2.2 生产性服务业占比	反映生产性服务业的水平	生产性服务业增加值/服务业增加值
	2.3 城镇居民服务性消费支出占人均消费性支出的比重	反映服务性消费的水平	城镇居民服务性消费支出/人均消费性支出
3. 效率指数	3.1 服务业劳动生产率	反映服务业的效率水平	服务业增加值/服务业从业人员年平均人数
	3.2 服务业区位熵	反映城市产业结构中服务业相对的倾斜度和专门化程度（人口角度）	某城市服务业增加值占全国服务业增加值之比/该城市常住人口占全国总人口之比
	3.3 服务业专门化率	反映城市服务业专门化程度（产出角度）	某城市服务业增加值占全国之比/该城市总产值占全国总产值之比
	3.4 服务业集聚度	反映单位面积的服务业产出水平	服务业增加值/城市面积
	3.5 人均服务业增加值	反映服务业发展实力	服务业增加值/城市常住人口数
4. 潜力指数	4.1 城市化率	反映城市化水平。城市化是服务经济的重要前提	非农业人口数/城市年末总人口数
	4.2 人均电信业务量	反映信息服务提供能力。信息化是服务经济的技术平台	电信业务总量/城市常住人口数
	4.3 最具公共服务性质的人均财政支出	反映政府公共服务水平。公共服务是服务经济的制度平台	各项相关的政府财政支出之和/城市常住人口数
	4.4 外贸依存度	间接反映服务经济的开放水平	进出口贸易总额/地区生产总值
	4.5 专业技术人员密度	反映人力资本对服务业的支撑作用	专业技术人员数/城市常住人口数

三、计算方法和数据采集

在 2007 年的《"中国城市服务经济指数"发布和分析报告》中，我们首先采用最大值标准化方法对指标的原始数据进行标准化处理，然后采用主成分分析法对指标体系进行综合测算。2008年，我们继续延用去年的主成分分析法。尽管主成分综合评价方法存在一些理论及应用方面的问题，例如，主成分综合评价方法不能消除指标之间的重复信息，主成分的累积方差贡献率不能代表综合评价的信息量（即有多大把握确定正确的权系数），以及主成分综合评价方法没有"降维作用"[①]。但是，自 20 世纪 80 年代以来，随着经济效益综合评价理论与实践的发展，主成分分析法被广泛应用于各种专题的综合评价，使之成为目前应用最广的一种多元统计综合评价方法，有些文献甚至将主成分综合评价方法称为"最优综合评价模型"，将其作为综合评价的首选方法。

指标体系中的各项数据，基本来自 35 个城市公开出版的 2006 年统计年鉴和一些专业年鉴[②]，但有个别城市的指标数据确实无法获得，因此，我们不得不采用一些常用的替代方法。例如，在计算生产性服务业占服务业增加值比重时，昆明因生产性服务业中仅有交通运输、仓储和邮政业增加值一项，因此，我们采用地理距离最接近的南宁和贵阳的平均值代替。我们也曾尝试用整个西部地区的生产性服务业占比的平均值代替，但由于西部地区的服务业发展水平差距较大，在对两种方法分别进行测算之后，决定采用第一种方法。另外，由于无法获得长春 2005 年专业技术人员数，我们使用了 2004 年的数据。

在数据采集的过程中，我们深感相关数据的可获得性严重制约了服务经济研究工作的开展。例如，在各城市公开出版的统计年鉴中，有关服务业分类的差异十分显著。在第三产业增加值条目下，有些城市分别列出了交通运输、仓储和邮政业，信息传输、计算机服务和软件业，金融保险业，租赁和商务服务业，科学研究、技术服务和地质勘查业的增加值，而有些城市只列出了其中的五项、四项，或者三项，甚至仅有一项。不仅如此，35 个城市统计局的官方网站提供的统计信息服务也有很大差别，有些城市的官方网站导航清晰明了，查找十分方便，但有些却语焉不详、查找不便；有些城市网站上的数据更新及时，有些则滞后相当严重，甚至没有在网站上提供统计年鉴数据；还有一些城市在统计局官方网站上提供的统计年鉴，与公开出版的统计年鉴是两个版本。这些情况表明，目前的统计标准和统计要求尚不适应服务经济发展的需要。这也从另一个侧面反映出，部分城市还没有为"加快形成以服务经济为主的产业结构"做好充分准备。在此，我们希望各城市统计局能进一步强化服务意识，发挥自身优势，"跳出统计做统计"，做到"有纸无纸一个样，网上网下一个样"。充分利用互联网，推进统计信息化、统计资料传递发布的网络化和统计信息提供的效率化。

---

① 主成分综合评价方法的"降维作用"是指，由于取方差贡献率为权系数，降低了后面主成分的作用，使得后面的主成分对样本排序的影响很小，甚至不产生影响，因此可以将其舍去。事实上，方差大小只表示该变量区分样本的能力强弱，并不能反映该变量的重要性程度。因此，方差大的变量不一定要有较大的权系数。在主成分综合评价方法中，若将几个主成分直接相加，也能体现出方差较大的主成分对综合评价的影响较大。将主成分乘以方差贡献率再相加来构建综合评价函数时，则进一步强化了前面几个方差大的主成分的作用，降低了后面方差小的主成分的作用，这种强化的必要性是没有理论依据的，因而所谓的"降维作用"也是不存在的。

② 来自专业年鉴的数据包括："服务性消费支出"，来自《中国工会统计年鉴》（2006）；"专业技术人员数"，来自《中国城市年鉴》（2006），其中，由于长春无法得到 2005 年的数据，故使用 2004 的数据，海口的专业技术人员数来自《海口年鉴》。

四、聚类分析与首位度分析

从各城市的得分来看，呈现出显著的区域特征，即分值相近的城市往往集中在一个区域。为进一步验证这种判断，我们利用 SPSS 软件，对城市服务经济指数进行聚类分析，采用的具体方法是：用平方欧式距离（Squared Euclidean Distance）测度相似性，将这些城市按照数值的接近程度分为四类，结果如表 3 所示。其中，第二类的乌鲁木齐自成一类，结合表 1 的城市服务经济得分，我们对表 3 中的分类进行适当调整，把乌鲁木齐归为第三类，这样一来，35 个城市被划分为三类——第一类：北京、上海、深圳、广州，共 4 个城市；第二类：乌鲁木齐、厦门、天津、大连、沈阳、海口、呼和浩特、太原、南京、杭州、青岛、武汉、宁波、银川、兰州、济南、成都、西安、福州，共 19 个城市；第三类：哈尔滨、长沙、合肥、郑州、贵阳、昆明、长春、西宁、重庆、南宁、石家庄、南昌，共 12 个城市。在此基础上，结合我国东部、中部、西部和东北部的区域划分，可以得到表 4。

表 3　城市服务经济区域聚类分析（四类）

	第一类	第二类	第三类	第四类
东部	北京、深圳、上海、广州		天津、厦门、南京、青岛、杭州、宁波、济南、福州	—
东北	—	—	大连、沈阳、呼和浩特	哈尔滨、长春
中部	—	—	海口、武汉	郑州、合肥、长沙、南昌、石家庄
西部	—	乌鲁木齐	太原、兰州、西安、银川、成都	贵阳、重庆、昆明、南宁、西宁

表 4　城市服务经济区域聚类分析（三类）

	第一类	第二类	第三类
东部	北京、深圳、上海、广州	天津、厦门、南京、青岛、杭州、宁波、济南、福州	—
东北	—	大连、沈阳、呼和浩特	哈尔滨、长春
中部	—	海口、武汉	郑州、合肥、长沙、南昌、石家庄
西部	—	乌鲁木齐、太原、兰州、西安、银川、成都	贵阳、重庆、昆明、南宁、西宁

从表 4 中不难看出，中国城市服务经济发展水平不仅存在区域性差异，且第一类城市与第二类、第三类城市之间的差距也在不断扩大。结合表 1 的城市服务经济得分，能够深刻地感受到一

类城市与第二类、第三类城市之间的这种差距：位居第一类的北京、上海、深圳和广州的综合得分遥遥领先。这样的分布格局与产业发展规律相吻合，即以服务经济为主的产业结构首先形成于特大城市和中心城市，然后扩散到大中城市，最后波及服务资源丰富的中小城市。中心城市的辐射主要体现在扩散和集聚方面，服务业则是实现扩散和影响扩散范围的重要载体。因此，中心城市与其辐射圈内的中等城市之间，必然存在发展阶段和发展层次上的差异。例如，环渤海地区的北京，长三角地区的上海，以及珠三角地区的深圳、广州都属于中心城市，在以服务经济为主的产业结构中，这些城市均具有较强的集聚和辐射功能。

除了对服务经济指数进行聚类分析外，我们还对城市服务经济首位度进行聚类。所谓城市服务经济首位度，是指该城市服务业增加值占所在省（自治区）服务业增加值的比重，以此来反映该城市服务经济在该省区的地位。4 个直辖市的首位度为 1，则其余 31 个城市的数值及其排名详见表 5。

表 5　城市服务经济首位度排名（2005 年）

序号	城市	服务业经济首位度	排名	序号	城市	服务业经济首位度	排名
1	石家庄	0.20037	25	17	郑州	0.22487	24
2	太原	0.29057	16	18	武汉	0.42215	7
3	呼和浩特	0.27318	19	19	长沙	0.28978	17
4	沈阳	0.33136	12	20	广州	0.31034	13
5	大连	0.30656	15	21	深圳	0.24043	21
6	长春	0.45084	6	22	南宁	0.22537	23
7	哈尔滨	0.47676	5	23	海口	0.52206	3
8	南京	0.17010	30	24	成都	0.41675	8
9	杭州	0.24122	20	25	贵阳	0.30787	14
10	宁波	0.18137	28	26	昆明	0.37035	11
11	合肥	0.19117	26	27	西安	0.47786	4
12	福州	0.2404	22	28	兰州	0.37457	9
13	厦门	0.17145	29	29	西宁	0.55059	1
14	南昌	0.28541	18	30	银川	0.55030	2
15	济南	0.14824	31	31	乌鲁木齐	0.37226	10
16	青岛	0.18925	27				

对表 5 的数据进行聚类分析，可以将城市服务经济首位度划分为三类：第一类：西宁、银川、海口、西安、哈尔滨、长春，这些城市的服务业增加值超过所在省区的 45%。第二类：武汉、成都、兰州、乌鲁木齐、昆明、沈阳、广州、大连、贵阳、太原、长沙、南昌、呼和浩特，这些城市

的服务业增加值占所在省区的比重都超过25％。其余12个城市，杭州、深圳、福州、南宁、郑州、石家庄、合肥、青岛、宁波、厦门、南京、

济南为第三类，服务经济首位度都低于25％（详见表6）。表6中的城市服务经济首位度的区域聚类分析结果与去年报告中的结果完全相同。

表6　城市服务经济首位度的区域聚类分析

	第一类	第二类	第三类
东部	—	广州	杭州、深圳、福州、青岛、宁波、厦门、南京、济南
东北	哈尔滨、长春	沈阳、大连、呼和浩特	—
中部	海口	武汉、长沙、南昌	郑州、石家庄、合肥
西部	西宁、银川、西安	成都、兰州、乌鲁木齐、昆明、贵阳、太原	南宁

聚类分析的结果表明，服务经济首位度与服务经济得分的分布格局几乎完全相反。前者的第一类城市中没有一个东部城市，基本集中在西部和东北部，而在城市服务经济得分的第三类城市中，西部城市占了大多数。这种现象或许可以解释为，城市首位度与这一区域的服务经济发展水平负相关。可以说，以服务经济为主的产业结构主要集中在中心城市和大城市，以工业经济为主的产业结构主要分布在中小城市。由于欠发达地区经济增长主要靠农业、制造业推动，不足以支撑服务经济的发展。因此，大部分处于欠发达地区的城镇，其服务业规模都较小，但省会、自治区首府所在城市的服务业发展往往相对集中。一般而言，这类城市可能是该地区唯一与其他地区

直接保持经济联系的节点。此外，文化、教育、医疗等服务业大多集中于这类城市。相对而言，发达地区有着数量更多的大城市，如江苏、浙江，所以，它们的省会市和其他大城市都不可能出现很高的首位度。

结合表5中的服务业经济首位度不难看出，东部城市首位度较低，平均值仅为0.21，而且没有一个城市分布在第一类；而西部城市首位度较高，平均值为0.39，且多数城市分布于第一类和第二类，属于高首位度分布；中部城市和东北城市处于中间层次，平均值分别为0.305和0.368。由此可见，我国城市服务经济区首位度差异总体上与服务经济发展水平负相关。这一格局从一个侧面反映了我国经济的非均衡发展。

五、意见和建议

通过上述分析以及与去年服务经济报告的大致比较，我们对中国内地35个大中城市的服务经济发展水平有了较为深入的了解。尽管其排名和具体数据与去年没有太多的差别，但从中仍然可以看到各个城市服务经济的发展水平，也不难发

现区域间服务经济发展水平的差异与特征。另外，为了便于各城市了解各指标的具体数值，并进行有关的比较，今年我们将中国城市服务经济指数各指标的数值列表于后（见附录2），供大家参考。

根据产业发展规律，以服务经济为主的产业

结构首先形成于大城市和中心城市，然后扩散到中小城市，最后波及服务资源丰富的小城镇和广大农村。这是由城市资源禀赋和城市功能定位决定的。城市集中了服务业的大部分劳动力，提供大部分服务业产出，成为服务产业的基地。城市居民是社会化生消费服务业的主要服务对象。科技、教育、文化、卫生和体育等公共性服务部门大多聚集在作为经济、政治、文化中心的城市。就中国的总体情况而言，在贫困阶段，产业结构以农业经济为主，国民经济增长主要靠第一产业推动；在温饱阶段，产业结构以工农业经济为主，国民经济增长主要靠第一产业、第二产业推动；在小康阶段，产业结构以工业经济和服务经济为主，国民经济增长主要靠第二产业、第三产业推动；在全面小康和现代化阶段，产业结构以服务经济为主，国民经济增长将主要靠第三产业推动。

然而，不少地区对迈向以服务经济为主的产业结构的发展前景还缺乏清晰的认识，对服务业的旧观念尚未完全消除。正如《国务院关于加快发展服务业的若干意见》所指出的，不少城市"过于看重发展工业尤其是重工业，对发展服务业重视不够"，把走新型工业化道路理解成大上工业项目，片面强调工业而忽视服务业，不顾需要与可能，把制造业特别是重工业当做工业化的"政绩"。一些经济发达的城市，对国务院关于"发达地区特别是珠江三角洲、长江三角洲、环渤海地区要依托工业化进程较快、居民收入和消费水平较高的优势，大力发展现代服务业，促进服务业升级换代，提高服务业质量，推动经济增长主要由服务业增长带动"的产业定位缺乏认识，对服务业将在长江三角洲地区、珠江三角洲等发达地区和城市率先超越制造业，成为 GDP 增长的第一推动力的必然性缺乏预见性。一些城市局限于工农业推动国民经济的既有经验，认为工业发展了，服务业自然就会上去，无须花大力气抓服务业的发展。一些欠发达地区以为按照三次产业排序，应先发展农业和制造业，后发展服务业，服务业应等到工业化实现以后才能重点发展。这些思想认识上的问题，都可能阻碍服务经济的发展，导致各城市间服务经济发展水平的不平衡。

为了推进大中城市以服务经济为主的产业结构的发展，我们提出以下四个建议：一是在分析服务业演变历史、趋势和成因的基础上，全面认识服务经济的战略地位；二是通过服务供给创新和体制创新扩大服务业发展空间；三是在工业化和城市化进程中，推进服务业的现代化和国际化，建设全面提高居民生活质量和国民经济运行效率的社会化服务体系；四是采取提升传统服务业，拓展现代服务业，消费者服务业和生产者服务业并举的方针，推动服务经济的发展。

（执笔：上海社会科学院博士生　康艺凡
上海交通大学安泰经济管理学院教授　陈　宪
上海大学国际工商与管理学院副教授　殷　凤
上海大学国际工商与管理学院副教授　陈秋玲
上海大学副教授　张恒龙
上海社会科学院博士生　王啸吟）

附录1　数据分项说明

1. 常住人口数，来自各城市《2006 年 1‰人口抽样调查主要数据公报》，时间结点为：截至 2006 年 11 月 1 日零时。

2. 服务性消费支出，指居民用于本家庭支付社会提供的各种文化和生活方面的非商品性服务费用，不包括为别人付款的服务。服务消费与商品消费不同，其特点在于其劳动过程和消费过程在时间与空间上的统一，包括食品加工服务费用、在外饮食服务费用、衣着加工服务费、家庭服务、医疗费、交通工具服务支出、交通费、通信服务、文化娱乐服务费、教育费用、房租、住房装潢服务费、居住服务费、杂项服务费。

服务性消费支出＝食品加工服务费用＋在外饮食业×50％＋衣着加工服务费＋家庭服务＋医疗费＋交通工具服务支出＋交通费＋通信服务＋文化娱乐服务费＋教育费用＋房租＋自有房租折算＋住房装潢支出×40％＋居住服务费＋杂项服务费。数据来源：《中国工会统计年鉴 2006》。

3. 生产性服务业占服务业增加值的比重，指交通运输、仓储和邮政业、信息传输、计算机服务和软件业、金融业、租赁和商务服务业、科学研究、技术服务和地质勘查业增加值占服务业增加值的比重。昆明因生产性服务业中仅有交通运输、仓储及邮政业数据，故用地理距离最接近的两个省会城市（南宁和贵阳）的平均值替代。数据来源：各城市统计年鉴（2006 年）。

4. 公共服务数据也存在一些需要解释之处：①部分城市的某些数据在我们视线所及的文献中无法获得，包括石家庄市缺少文体广播支出、城市维护费；哈尔滨、贵阳和昆明都缺少公检法支出等。②数据的来源也比较多样。其中：35 个城市的教育支出、科学支出、社会抚恤及救济支出和社会保障补助支出四项出自《中国城市统计年鉴 2006》，其他数据均出自各个城市的 2006 年统计年鉴。③个别城市的文化广播支出、卫生医疗支出和公检法支出由于无法获得，因此用上年的数据代替。包括：重庆、贵阳、昆明和银川的文化广播支出；贵阳和银川的卫生医疗支出；济南、青岛、海口、南宁、成都和兰州的公检法支出。

附录2 分类指数以及各项指标数值表

表1 中国城市服务经济规模指数数值表（5个指标）

序号	城市	1.1服务业增加值（亿元）	1.2社会消费品零售总额（亿元）	1.3交通运输仓储邮政业增加值（亿元）	1.4金融业增加值（亿元）	1.5服务业从业人员规模（%）
1	北京	4761.81	2896.82	404.70	836.60	38.10
2	天津	1534.07	1190.06	227.16	159.24	22.40
3	石家庄	673.35	606.17	159.10	48.46	15.50
4	太原	454.44	384.03	75.41	53.38	23.60
5	呼和浩特	418.73	304.90	99.07	27.79	22.60
6	沈阳	1051.50	915.09	122.93	56.81	19.90
7	大连	972.80	732.01	210.50	64.31	26.30
8	长春	637.41	600.07	91.18	41.40	18.70
9	哈尔滨	884.50	788.13	131.24	60.68	18.10
10	上海	4620.92	2972.97	582.60	675.12	27.00
11	南京	1103.79	1004.99	143.00	114.46	20.70
12	杭州	1297.50	975.44	89.36	193.24	22.30
13	宁波	975.59	759.83	112.11	137.37	19.10
14	合肥	418.18	324.39	51.00	29.56	20.30
15	福州	607.61	663.05	105.53	42.47	5.30
16	厦门	433.33	271.86	66.06	46.83	24.80
17	南昌	402.98	307.50	54.97	45.23	22.40
18	济南	878.27	807.88	118.47	99.35	22.80
19	青岛	1121.24	865.91	287.35	64.61	20.70
20	郑州	715.38	706.68	124.59	71.85	15.50
21	武汉	1109.40	1128.64	76.00	86.00	23.70
22	长沙	765.16	743.43	85.27	51.86	20.10
23	广州	2978.79	1898.74	567.16	199.26	27.40
24	深圳	2307.73	1437.67	219.28	310.85	28.60
25	南宁	372.44	378.00	37.66	38.22	15.40

续表

序号	城市	1.1 服务业增加值（亿元）	1.2 社会消费品零售总额（亿元）	1.3 交通运输仓储邮政业增加值（亿元）	1.4 金融业增加值（亿元）	1.5 服务业从业人员规模（%）
26	海口	195.12	138.45	52.67	9.24	33.60
27	重庆	1347.97	1215.76	218.97	92.98	18.30
28	成都	1182.21	1005.88	121.86	112.90	20.70
29	贵阳	241.21	204.32	30.48	31.62	21.70
30	昆明	507.50	415.49	67.38	34.92	19.50
31	西安	664.52	666.48	94.02	71.33	20.10
32	兰州	294.92	255.79	48.47	22.43	20.00
33	西宁	117.48	81.60	14.34	16.97	23.00
34	银川	139.11	94.53	21.86	23.27	22.00
35	乌鲁木齐	345.98	233.14	175.43	39.85	31.70

表 2　中国城市服务经济结构指数数值表（3 个指标）

序号	城市	2.1 服务业增加值占比（%）	2.2 生产性服务业占比（%）	2.3 服务性消费占比（%）
1	北京	69.1	52.8	30.9
2	天津	41.5	38.3	29.0
3	石家庄	37.7	44.8	22.5
4	太原	50.9	28.3	33.3
5	呼和浩特	56.3	38.9	29.8
6	沈阳	50.5	31.1	31.5
7	大连	45.2	42.0	28.8
8	长春	38.0	39.5	31.0
9	哈尔滨	48.3	33.8	30.5
10	上海	50.5	45.9	32.3
11	南京	45.8	23.3	29.9
12	杭州	44.1	25.4	28.5
13	宁波	39.8	37.5	28.5
14	合肥	47.6	38.0	25.7
15	福州	41.2	36.3	25.4
16	厦门	43.0	36.8	29.0
17	南昌	40.0	24.9	24.4
18	济南	46.8	35.9	25.2
19	青岛	41.6	42.7	25.5
20	郑州	43.1	39.6	26.2

续表

序号	城市	2.1 服务业增加值占比（%）	2.2 生产性服务业占比（%）	2.3 服务性消费占比（%）
21	武汉	49.6	14.6	28.4
22	长沙	50.3	17.9	32.5
23	广州	57.8	46.2	35.0
24	深圳	46.6	37.8	35.7
25	南宁	51.5	36.7	27.3
26	海口	64.7	31.7	29.1
27	重庆	43.9	33.8	31.2
28	成都	49.9	36.4	28.6
29	贵阳	45.9	41.0	28.2
30	昆明	47.8	38.9	27.8
31	西安	52.3	24.9	33.3
32	兰州	52.0	29.0	29.2
33	西宁	49.5	44.1	29.2
34	银川	48.2	48.2	27.7
35	乌鲁木齐	61.5	62.2	31.2

表 3 中国城市服务经济效率指数数值表（5 个指标）

序号	城市	3.1 服务业劳动生产率（元/人）	3.2 产业区位熵	3.3 服务业专门化率	3.4 产业集聚度（万元/平方公里）	3.5 人均服务业增加值（元/人）
1	北京	81440.23	7.19	1.72	2901.77	31028.73
2	天津	65741.16	2.91	1.03	1286.97	14726.02
3	石家庄	46838.48	1.29	0.94	424.88	7259.97
4	太原	56173.05	2.38	1.26	650.32	13256.84
5	呼和浩特	71700.34	3.49	1.40	243.11	16204.28
6	沈阳	71545.21	2.68	1.25	810.09	14237.50
7	大连	61379.27	3.07	1.12	773.66	16142.75
8	长春	47688.91	1.55	0.94	309.86	8917.83
9	哈尔滨	50036.77	1.62	1.20	166.67	9056.66
10	上海	96275.18	6.05	1.25	7062.39	25994.30
11	南京	77453.51	3.30	1.14	1676.98	16032.88
12	杭州	77550.65	3.50	1.10	781.82	17293.80
13	宁波	77736.26	3.12	0.99	1041.74	14847.63
14	合肥	44439.96	1.64	1.18	594.94	9021.31
15	福州	170917.02	1.76	1.02	507.70	9123.27

续表

序号	城市	3.1 服务业劳动生产率（元/人）	3.2 产业区位熵	3.3 服务业专门化率	3.4 产业集聚度（万元/平方公里）	3.5 人均服务业增加值（元/人）
16	厦门	77615.98	5.04	1.07	2761.82	19248.76
17	南昌	39902.96	1.57	0.99	544.42	8938.26
18	济南	59868.44	2.62	1.16	1074.07	13650.00
19	青岛	66032.98	2.70	1.03	1026.59	13668.83
20	郑州	64274.93	1.88	1.07	960.76	9962.62
21	武汉	54499.90	2.47	1.23	1306.10	12916.48
22	长沙	59439.14	2.20	1.25	647.40	11947.27
23	广州	114428.01	7.07	1.44	4006.98	31353.28
24	深圳	97743.75	22.60	1.16	11822.39	27954.71
25	南宁	37574.66	1.01	1.28	168.43	5786.50
26	海口	33993.03	2.36	1.61	846.51	11421.66
27	重庆	26333.20	0.76	1.09	163.58	4818.98
28	成都	46727.67	1.95	1.24	971.97	9672.63
29	贵阳	28630.27	1.23	1.14	300.24	6212.77
30	昆明	42874.04	1.78	1.19	240.40	8360.44
31	西安	40195.98	1.60	1.30	657.42	8079.39
32	兰州	46894.58	1.69	1.29	213.62	9378.92
33	西宁	24338.10	1.00	1.23	153.27	5597.76
34	银川	45063.17	1.76	1.20	151.70	9913.90
35	乌鲁木齐	46791.99	3.18	1.53	317.41	14833.06

表 4　中国城市服务经济潜力指数数值表（5 个指标）

序号	城市	4.1 城市化率（%）	4.2 人均电信业务量（元）	4.3 人均公共服务支出（元）	4.4 外贸依存度（%）	4.5 专业技术人员密度（%）
1	北京	74.5	2472.47	2909.96	18.2	9.1
2	天津	59.9	1584.30	2502.05	14.4	3.8
3	石家庄	39.6	689.68	489.53	2.5	0.6
4	太原	70.2	1022.80	1171.68	3.8	7.9
5	呼和浩特	45.9	1136.66	964.30	1.4	4.5
6	沈阳	64.5	1247.40	1834.34	2.2	5.9
7	大连	56.2	1557.06	1172.13	11.9	4.4
8	长春	43.9	536.07	696.06	2.7	4.2
9	哈尔滨	48.2	530.08	796.85	1.4	2.7
10	上海	84.5	2540.58	2961.48	20.4	8.1

续表

序号	城市	4.1城市化率（%）	4.2人均电信业务量（元）	4.3人均公共服务支出（元）	4.4外贸依存度（%）	4.5专业技术人员密度（%）
11	南京	73.1	825.73	1547.72	11.2	3.5
12	杭州	45.1	1128.53	1983.68	10.2	4.1
13	宁波	32.8	1087.41	1659.66	13.7	4.0
14	合肥	40.6	895.83	564.24	4.8	6.2
15	福州	36.1	391.08	668.61	9.9	3.3
16	厦门	62.8	1428.86	1621.28	28.4	2.0
17	南昌	48.1	667.08	1215.62	1.7	1.4
18	济南	55.3	747.88	1575.23	2.0	3.7
19	青岛	60.3	690.11	1339.71	12.2	2.8
20	郑州	40.2	681.99	773.20	1.2	2.6
21	武汉	62.8	1289.06	1245.01	2.8	6.9
22	长沙	35.1	700.56	860.24	1.8	3.7
23	广州	68.9	2212.04	1829.36	10.4	4.6
24	深圳	100.0	3753.01	1742.06	36.9	9.6
25	南宁	26.9	415.29	527.70	1.1	0.9
26	海口	58.7	2096.10	971.34	7.3	1.0
27	重庆	25.8	713.57	783.02	1.4	1.2
28	成都	50.3	726.55	838.11	1.9	3.2
29	贵阳	49.0	1239.31	726.76	2.2	3.4
30	昆明	41.5	737.82	911.88	3.2	1.6
31	西安	44.9	1533.15	490.09	3.1	4.4
32	兰州	59.0	696.45	917.64	1.3	8.0
33	西宁	51.8	665.97	858.72	1.6	0.3
34	银川	61.6	1267.51	470.88	1.8	4.6
35	乌鲁木齐	78.0	1121.32	875.91	4.3	6.6

附录3　分类指数以及各项指标排名

表1　中国城市服务经济规模指数排名（5个指标）

序号	城市	规模指数排名	1.1服务业增加值排名	1.2社会消费品零售总额排名	1.3交通运输仓储邮政业增加值排名	1.4金融业增加值排名	1.5服务业从业人员规模排名
1	北京	1	1	2	3	1	1
2	天津	5	5	6	5	6	14
3	石家庄	21	19	21	10	21	32
4	太原	23	24	24	25	19	10
5	呼和浩特	26	26	28	19	31	13
6	沈阳	15	12	11	14	18	26
7	大连	8	14	17	8	16	7
8	长春	24	21	22	21	25	29
9	哈尔滨	17	15	14	12	17	31
10	上海	2	2	1	1	2	6
11	南京	10	11	9	11	8	19
12	杭州	9	7	10	22	5	16
13	宁波	16	13	15	17	7	28
14	合肥	29	27	26	30	30	22
15	福州	32	22	20	18	24	35
16	厦门	25	25	29	27	22	8
17	南昌	27	28	27	28	23	15
18	济南	13	16	13	16	10	12
19	青岛	7	9	12	4	15	20
20	郑州	20	18	18	13	13	33
21	武汉	12	10	7	24	12	9
22	长沙	18	17	16	23	20	23
23	广州	3	3	3	2	4	5
24	深圳	4	4	4	6	3	4
25	南宁	33	29	25	32	27	34

续表

序号	城市	规模指数排名	1.1 服务业增加值排名	1.2 社会消费品零售总额排名	1.3 交通运输仓储邮政业增加值排名	1.4 金融业增加值排名	1.5 服务业从业人员规模排名
26	海口	22	33	33	29	35	2
27	重庆	6	6	5	7	11	30
28	成都	11	8	8	15	9	21
29	贵阳	31	32	32	33	29	18
30	昆明	28	23	23	26	28	27
31	西安	19	20	19	20	14	24
32	兰州	30	31	30	31	33	25
33	西宁	35	35	35	35	34	11
34	银川	34	34	34	34	32	17
35	乌鲁木齐	14	30	31	9	26	3

表2　中国城市服务经济结构指数排名（3个指标）

序号	城市	结构指数排名	2.1 服务业增加值占比排名	2.2 生产性服务业占比排名	2.3 服务性消费占比排名
1	北京	2	1	2	11
2	天津	22	30	15	18
3	石家庄	30	35	6	35
4	太原	11	9	29	4
5	呼和浩特	6	5	13	14
6	沈阳	12	11	27	7
7	大连	10	24	9	20
8	长春	19	34	12	10
9	哈尔滨	16	16	25	12
10	上海	4	10	5	6
11	南京	32	23	33	13
12	杭州	33	25	30	22
13	宁波	27	33	18	23
14	合肥	24	19	16	30
15	福州	31	31	22	32
16	厦门	23	28	19	19
17	南昌	35	32	32	34
18	济南	28	20	23	33
19	青岛	25	29	8	31
20	郑州	26	27	11	29

续表

序号	城市	结构指数排名	2.1 服务业增加值占比排名	2.2 生产性服务业占比排名	2.3 服务性消费占比排名
21	武汉	34	14	35	24
22	长沙	29	12	34	5
23	广州	3	4	4	2
24	深圳	5	21	17	1
25	南宁	15	8	20	28
26	海口	7	2	26	17
27	重庆	20	26	24	8
28	成都	14	13	21	21
29	贵阳	13	22	10	25
30	昆明	17	18	14	26
31	西安	18	6	31	3
32	兰州	21	7	28	15
33	西宁	9	15	7	16
34	银川	8	17	3	27
35	乌鲁木齐	1	3	1	9

表 3　中国城市服务经济效率指数排名（5 个指标）

序号	城市	效率指数排名	3.1 服务业劳动生产率排名	3.2 产业区位熵排名	3.3 服务业专门化率排名	3.4 产业集聚度排名	3.5 人均服务业增加值排名
1	北京	3	5	2	1	4	2
2	天津	14	13	12	30	8	12
3	石家庄	32	23	31	35	24	31
4	太原	18	18	17	9	19	16
5	呼和浩特	7	10	7	5	28	7
6	沈阳	11	11	14	11	15	13
7	大连	13	15	11	24	17	8
8	长春	31	21	30	34	26	28
9	哈尔滨	26	20	27	16	32	25
10	上海	4	4	4	10	2	4
11	南京	8	9	8	23	6	9
12	杭州	9	8	6	25	16	6
13	宁波	12	6	10	33	10	10
14	合肥	27	27	26	19	21	26
15	福州	6	1	24	31	23	24

序号	城市	效率指数排名	3.1服务业劳动生产率排名	3.2产业区位熵排名	3.3服务业专门化率排名	3.4产业集聚度排名	3.5人均服务业增加值排名
16	厦门	5	7	5	28	5	5
17	南昌	29	30	29	32	22	27
18	济南	16	16	15	20	9	15
19	青岛	19	12	13	29	11	14
20	郑州	21	14	21	27	13	20
21	武汉	17	19	16	14	7	17
22	长沙	20	17	19	12	20	18
23	广州	2	2	3	4	3	1
24	深圳	1	3	1	21	1	3
25	南宁	30	31	33	8	31	33
26	海口	15	32	18	2	14	19
27	重庆	35	34	35	26	33	35
28	成都	22	25	20	13	12	22
29	贵阳	33	33	32	22	27	32
30	昆明	28	28	22	18	29	29
31	西安	24	29	21	6	18	30
32	兰州	23	22	25	7	30	23
33	西宁	34	35	34	15	34	34
34	银川	25	26	23	17	35	21
35	乌鲁木齐	10	24	9	3	25	11

表4 中国城市服务经济潜力指数排名（5个指标）

序号	城市	潜力指数排名	4.1城市化率排名	4.2人均电信业务量排名	4.3人均公共服务支出排名	4.4外贸依存度排名	4.5专业技术人员密度排名
1	北京	3	4	3	2	4	2
2	天津	6	13	6	5	5	18
3	石家庄	33	30	28	34	21	34
4	太原	7	6	18	16	16	5
5	呼和浩特	20	23	14	18	31	12
6	沈阳	11	8	12	5	22	9
7	大连	9	16	7	15	8	14
8	长春	25	26	32	29	20	15
9	哈尔滨	27	21	33	25	30	26
10	上海	2	2	2	1	3	3

续表

序号	城市	潜力指数排名	4.1城市化率排名	4.2人均电信业务量排名	4.3人均公共服务支出排名	4.4外贸依存度排名	4.5专业技术人员密度排名
11	南京	12	5	20	11	9	21
12	杭州	14	24	15	4	11	16
13	宁波	15	33	17	8	6	17
14	合肥	19	28	19	31	14	8
15	福州	24	31	35	30	12	23
16	厦门	4	10	9	9	2	28
17	南昌	31	22	30	14	28	30
18	济南	23	17	21	10	24	19
19	青岛	16	12	27	12	7	25
20	郑州	29	29	29	27	34.	27
21	武汉	10	9	10	13	19	6
22	长沙	28	32	25	22	27	20
23	广州	5	7	4	6	10	10
24	深圳	1	1	1	7	1	1
25	南宁	35	34	34	32	35	33
26	海口	18	15	5	17	13	32
27	重庆	34	35	24	26	32	31
28	成都	26	19	23	24	25	24
29	贵阳	22	20	13	28	23	22
30	昆明	30	27	22	20	17	29
31	西安	21	25	8	33	18	13
32	兰州	13	14	26	19	33	4
33	西宁	32	18	31	23	29	35
34	银川	17	11	11	35	26	11
35	乌鲁木齐	8	3	16	21	15	7

"长三角地区 16 城市服务经济指数" 发布和分析报告

前　言

现在呈现在各位面前的表1，是运用 2005 年的数据，对长三角地区 16 城市服务经济发展状况进行的排名。

表1　"长三角地区 16 城市服务经济指数"排名

城市	城市服务经济指数①	全国排名
上海	2.2906	1
南京	0.4898	2
无锡	0.3969	3
杭州	0.3518	4
苏州	0.2659	5
宁波	0.2422	6
常州	－0.0907	7
舟山	－0.1533	8
绍兴	－0.2941	9
台州	－0.2970	10
嘉兴	－0.3612	11
镇江	－0.3626	12
湖州	－0.4253	13
南通	－0.5862	14
扬州	－0.6308	15
泰州	－0.8359	16

---

①　在对指标进行无量纲化处理时，我们采用了 Z Scores 标准化方法，即：$x_{ij} = (x_{ij} - \overline{x_j})/\sigma_j$，若 $x_{ij} = 0$，令 $x_{ij} = 0$。经过标准化处理后，有些数据会变成负数。因此，表1中运用主成分分析得到的城市服务经济指数有正有负，而它们只是一些具有可比性的数值，仅为排名提供参照依据。

在这样一份由地名和数据构成的表格上，可以迅速找到16城市服务经济发展水平在长三角地区的位次，也可以看到16城市间服务经济方面的差距。不同的读者可能会以不同的方式解读这些数据，并产生见仁见智的结论，抑或是争论与质疑。倘若如此，这项工作就产生影响和效益了。因为，编制"长三角地区16城市服务经济指数"的目的，就在于揭示长三角地区不同城市服务经济发展的总体水平和结构状况，为有关城市发展服务经济提供一些有益的启示，为长三角地区制定发展战略和相关政策提供依据，进而为中国服务经济的健康持续发展，提供一个方面的智力支持。

2007年2月7日，国务院常务会议讨论并原则通过《国务院关于加快发展服务业的若干意见》。《意见》指出：服务业是国民经济的重要组成部分，服务业的发展水平是一个国家现代化程度的重要标志。《意见》还指出：加快发展服务业，提高服务业在三次产业中的比重，尽快使服务业成为国民经济的主导产业，是推进经济结构调整、加快转变经济增长方式的必由之路，对于解决民生问题、增加就业、促进消费、减少能耗和污染具有重要意义。《意见》要求有条件的大中城市要加快形成以服务经济为主的产业结构。

2008年3月19日，中国政府网又发布了《国务院办公厅关于加快发展服务业若干政策措施的实施意见》。《意见》要求各地根据国家服务业发展主要目标，积极并实事求是地制订本地区服务业发展规划和目标、发展重点和保障措施。经济较发达的地区可以适当提高发展目标，有条件的大中城市要加快形成以服务经济为主的产业结构。

作为中国经济最为发达的地区，长三角地区16城市在科学发展观的指引下，积极贯彻落实中央宏观调控各项措施，着力转变经济发展方式，按照国家"十一五"规划纲要——加强城市群内各城市的分工协作和优势互补，增强城市群的整体竞争力的要求，不断加深区域经济协调合作，谋求共同发展，继续保持经济又好又快的发展势头。但是，根据文献检索发现，目前尚未有针对长三角地区16城市服务经济发展状况的系统性研究。学术界有关服务业的讨论，主要集中在国家层面，或者是针对某一城市或某一区域开展产业发展的对策研究。因此，编制一项旨在揭示长三角地区16城市服务经济发展的总体水平和结构状况的指数，就显得十分必要，且很有意义。

为了编制"长三角地区16城市服务经济指数"，我们参考了"中国城市服务经济指数"，在设计指标体系、选择比较范围、运用计算方法等方面，进行了适当的修改，并咨询了有关专家的意见，最终确定了现在的指标体系、比较范围和计算方法。

一、指标体系的设计与完善

本着公认性、聚焦性和可获得性的原则，进行指标体系的设计。公认性，即权威性和公开性；聚焦性，要求指标集中揭示服务经济内涵，尽可能简洁明了；可获得性，要求数据能够从公开渠道获得。

我们运用主成分分析法，对所选择的指标进行了分析。根据主成分分析法的基本原理，主成分的个数可以通过累积贡献率来确定。通常以累

积贡献率 $\alpha \geqslant 0.85$ 为标准。对于选定的 q 个主成分，若其累积贡献率达到了 85%，即 $\alpha \geqslant 0.85$，则主成分可确定为 q 个。它表示，所选定的 q 个主成分，基本保留了原来 p 个变量的信息。在决定主成分的个数时，应在 $\alpha \geqslant 0.85$ 的条件下，尽量减少主成分的个数。

由于前 4 个主成分的累积贡献率达到了 88.991%，超过了 85%，表明前 4 个主成分基本保留了原来 17 个变量的信息，故主成分确定为 4 个，有关主成分计算结果及权重参见表 2。

表 2　主成分计算结果及权重表（17 个指标，4 个主成分）

主成分	特征值	方差贡献率	累计方差贡献率	主成分权重
第一主成分	10.740	63.177	63.177	0.710
第二主成分	1.672	9.838	73.014	0.111
第三主成分	1.473	8.666	81.680	0.097
第四主成分	1.243	7.311	88.991	0.082

将标准化后的数据输入软件 SPSS11.5 进行因子分析，经 Quartimax（四次方最大法）旋转，然后根据各指标的载荷量和指标所要反映的服务经济特征，我们将指标分为规模、结构、效率和潜力 4 个分类指数。其中，服务业增加值、社会消费品零售总额、交通运输仓储业增加值、金融业增加值和服务业从业人员规模的第一主成分值较大，且这 5 个变量都与服务业的发展规模有关，因此，将这四个指标归为服务经济规模指数；服务业增加值占 GDP 比重、生产性服务业占比、人均服务性消费支出占比的第二主成分值较大，且这 3 个变量都与服务业的结构有关，因此，将这三个指标归为服务经济结构指数；服务业劳动生产率、服务业区位熵、服务业专门化率、服务业集聚度和人均服务业增加值的第三主成分值较大，

且这 5 个变量都与服务业的效率有关，因此，将这三个指标归为服务经济效率指数；最后，人均电信业务量、最具公共服务性质的人均财政支出、外贸依存度和专业技术人员密度排名的第四主成分值较大，且这 4 个变量都与服务业的发展潜力有关，因此，将这三个指标归为服务经济潜力指数。这样，按照定量和定性分析的结果，一个包含 4 个分类指数、17 个指标的长三角 16 城市服务经济指数的指标体系最终形成（详见表 3）。在此基础上，将 16 城市的各个主成分值与相应的主成分权重相乘并加总，便得出各城市的服务经济指数（详见表 8）。另外，表 4、表 5、表 6 和表 7 所示为长三角地区 16 城市分类指数及各项指标排名。有关长三角地区 16 城市四类指数排名汇总，请参见附录 2。

表 3　主成分计算结果及权重表（17 个指标，4 个主成分）

分类指数	指标名称	指标含义	计算公式
1. 规模指数	1.1 服务业增加值	反映服务业总体发展规模	—
	1.2 社会消费品零售总额	反映城市商业服务能力	—
	1.3 交通运输仓储业增加值	反映城市物流服务能力	—
	1.4 金融业增加值	反映城市金融服务能力	—
	1.5 服务业从业人员规模	反映服务业吸纳就业的水平	服务业从业人员数/城市常住人口
2. 结构指数	2.1 服务业增加值占 GDP 比重	反映服务业在三次产业产出结构中的状况	服务业增加值/GDP
	2.2 生产性服务业占比	反映生产性服务业的水平	生产性服务业增加值/服务业增加值
	2.3 城镇居民服务性消费支出占人均消费性支出的比重	反映服务性消费的水平	城镇居民服务性消费支出/人均消费性支出
3. 效率指数	3.1 服务业劳动生产率	反映服务业的效率水平	服务业增加值/服务业从业人员年平均人数
	3.2 服务业区位熵	反映城市产业结构中服务业相对的倾斜度和专门化程度（人口角度）	某城市服务业增加值占全国服务业增加值之比/该城市常住人口占全国总人口之比
	3.3 服务业专门化率	反映城市服务业专门化程度（产出角度）	某城市服务业增加值占全国之比/该城市总产值占全国总产值之比
	3.4 服务业集聚度	反映单位面积的服务业产出水平	服务业增加值/城市面积
	3.5 人均服务业增加值	反映服务业发展实力	服务业增加值/城市常住人口数
4. 潜力指数	4.1 人均电信业务量	反映信息服务提供能力。信息化是服务经济的技术平台	电信业务总量/城市常住人口数
	4.2 最具公共服务性质的人均财政支出	反映政府公共服务水平。公共服务是服务经济的制度平台	各项相关的政府财政支出之和/城市常住人口数
	4.3 外贸依存度	间接反映服务经济的开放水平	进出口贸易总额/GDP
	4.4 专业技术人员密度	反映人力资本对服务业的支撑作用	专业技术人员数/城市常住人口数

表 4　长三角地区 16 城市服务经济规模指数排名（5 个指标）

序号	城市	规模指数排名	1.1 服务业增加值排名	1.2 社会消费品零售总额排名	1.3 交通运输仓储邮政业增加值排名	1.4 金融业增加值排名	1.5 服务业从业人员规模排名
1	上海	1	1	1	1	1	1
2	南京	2	4	2	2	5	2
3	苏州	4	3	4	6	4	11
4	无锡	6	5	8	5	6	9
5	常州	7	10	5	9	10	8
6	镇江	15	13	12	12	12	13

序号	城市	规模指数排名	1.1服务业增加值排名	1.2社会消费品零售总额排名	1.3交通运输仓储邮政业增加值排名	1.4金融业增加值排名	1.5服务业从业人员规模排名
7	南通	9	8	7	13	9	14
8	扬州	11	12	13	14	14	5
9	泰州	12	14	15	11	15	7
10	杭州	3	2	3	4	2	4
11	宁波	5	6	6	3	3	12
12	嘉兴	16	11	10	8	11	16
13	湖州	14	15	14	15	13	10
14	绍兴	13	9	11	10	7	15
15	舟山	10	16	16	16	16	3
16	台州	8	7	9	7	8	6

表5 长三角地区16城市服务经济结构指数排名（3个指标）

序号	城市	结构指数排名	2.1服务业增加值占比排名	2.2生产性服务业占比排名	2.3服务性消费占比排名
1	上海	1	1	1	2
2	南京	3	2	6	4
3	苏州	12	15	13	7
4	无锡	11	7	16	6
5	常州	10	10	12	8
6	镇江	15	9	11	15
7	南通	13	14	15	12
8	扬州	14	11	14	14
9	泰州	16	16	4	16
10	杭州	4	4	5	3
11	宁波	5	5	3	11
12	嘉兴	8	12	8	5
13	湖州	7	8	7	10
14	绍兴	9	13	9	13
15	舟山	2	3	2	9
16	台州	6	6	10	1

表6　长三角地区16城市服务经济效率指数排名（5个指标）

序号	城市	效率指数排名	3.1服务业劳动生产率排名	3.2产业区位熵排名	3.3服务业专门化率排名	3.4产业集聚度排名	3.5人均服务业增加值排名
1	上海	1	1	1	2	1	1
2	南京	2	3	5	1	4	7
3	苏州	5	4	3	15	2	4
4	无锡	3	2	2	7	3	3
5	常州	9	9	8	10	12	9
6	镇江	8	8	10	9	16	2
7	南通	15	15	15	14	10	15
8	扬州	14	14	14	11	8	14
9	泰州	16	16	16	16	14	16
10	杭州	4	5	4	4	9	5
11	宁波	6	6	6	5	5	6
12	嘉兴	10	11	9	12	6	10
13	湖州	13	12	12	8	15	13
14	绍兴	12	10	11	13	11	11
15	舟山	7	7	7	3	7	8
16	台州	11	13	13	6	13	12

表7　长三角地区16城市服务经济潜力指数排名（4个指标）

序号	城市	潜力指数排名	4.1人均电信业务量排名	4.2最具公共服务性质的人均财政支出	4.3外贸依存度排名	4.4专业技术人员密度排名
1	上海	1	1	1	2	8
2	南京	8	8	7	4	6
3	苏州	4	3	4	6	4
4	无锡	5	6	6	10	1
5	常州	2	12	9	1	5
6	镇江	14	15	13	16	10
7	南通	13	10	16	12	13
8	扬州	16	16	14	13	12
9	泰州	15	13	15	14	15
10	杭州	6	5	5	5	7
11	宁波	3	4	2	3	2
12	嘉兴	9	9	8	8	11
13	湖州	11	7	11	15	9
14	绍兴	7	11	10	7	3
15	舟山	12	14	3	9	16
16	台州	10	2	12	11	14

二、比较范围的确定

选择长三角地区 16 城市作为比较对象，是出于以下考虑：其一，以城市为单位考察长三角地区服务经济状况。世界各国的经验表明，服务业的产生、发展与城市的发展密切相关。城市在促进服务经济发展过程中扮演着重要角色，是服务业发展的重要平台。服务业的规模与水平在很大程度上取决于城市化的程度与水平。同时，服务经济也强化着城市功能。新一轮的城市化不再停留于人口向城市转移的意义上，已进入突出城市功能的阶段。生产要素、市场、公司和现代服务业向城市聚集，构成了城市化的新内容。服务业是城市化，特别是城市现代化的载体和依托。城市功能强化与城市服务业比重提高呈正相关关系。

其二，所选的 16 个城市，即以上海为龙头，江苏沿江 8 市和浙江环杭州湾 7 市为两翼，形成三大板块，并与珠江三角洲和环渤海经济圈一起，形成了主导我国经济发展的"三驾马车"。由于长三角各城市在地理区位、自然资源、产业特色和制度优势等方面存在许多的互补发展因素。而且，随着长三角地区重大交通运输基础设施的迅速发展，一级中心城市（上海）与次级中心城市（包括南京、宁波、杭州、苏州和无锡等）之间的影响和辐射变得多层次化。通过考察这 16 个城市，能够反映长三角地区服务经济发展的基本状况。

三、计算方法与数据采集

在指标体系的设计过程中，计算方法的改进对于指标体系的完善起到了至关重要的作用。在最初进行指数计算时，未曾考虑指标权重，因为在目前的文献和研究基础上，还难以确定各项指标的权重。因此，在计算方法上，先采用 Scores 方法对指标的原始数据进行标准化处理，然后用软件 SPSS11.5 对标准化后的数据进行因子分析。随着研究的深入，最终采用主成分分析法对指标体系进行了测算，确定了不同类别指标的权重，得出了更加合理的结果。

指标体系中的数据，绝大部分来自公开出版的统计年鉴和统计公报，个别数据来自有关专业部门的公开出版物或网站[①]。在数据的采集过程中，我们深感现有数据的可获得程度，严重制约了服务经济研究工作的开展。例如，对于服务业分类的详尽程度差异显著。在第三产业增加值条目下，有些城市分别列出了交通运输、仓储和邮政业，信息传输、计算机服务和软件业，金融保险业，租赁和商务服务业，科学研究、技术服务和地质勘查业的增加值，而有些城市只列出了其中的五项、四项或者三项。此外，普遍缺乏服务

---

① 主要来自长三角地区 16 城市的 2005 年统计公报，《长江和珠江三角洲及港澳特别行政区统计年鉴 2006》，年末总人口按户籍人口统计。高等教育毛入学率为 2004～2006 年平均数据，来源于各城市统计公报、统计年鉴等，其中南京为"十五"平均水平，扬州、嘉兴高等教育毛入学率为"十五"期末数据，台州高等教育毛入学率数据来源于 2005 年教育年鉴。

贸易和服务业利用外资情况的统计。在设置指标的过程中，曾经考虑用服务贸易额占全部贸易额的比重，服务业利用外资占利用外资总额的比重，反映城市服务经济的外向度。但是，在各类统计年鉴，各城市政府网站查询的结果，使我们只能放弃这两个指标。服务贸易额占全部贸易额的比重，只有上海有此数据。服务业利用外资占利用外资总额的比重，只有个别城市提供了年度或月度的数据。这种状况表明，目前的统计标准和要求尚未适应服务经济发展的需要。这也从一个侧面反映了大部分城市还没有为"加快形成以服务经济为主的产业结构"做好足够的准备。

四、指数排名与分析

经过上述工作，指数的测算有了结果（详见表8）。

从指数排名来看，呈现出显著的区域特征，即分值相近的城市往往集中在一个区域。为进一步验证这种判断，我们应用软件 SPSS11.5 对16城市的服务经济指数进行聚类分析，可以将这些城市按照数值的接近程度分为三类：第一类：仅上海1个城市。第二类：南京、苏州、无锡、常州、杭州、宁波，共6个城市。第三类：舟山、台州、绍兴、嘉兴、镇江、湖州、南通、扬州、泰州，共9个城市（详见表9）。

表8　长三角各城市服务指数主成分分值及排名

序号	城市	第一主成分得分	第二主成分得分	第三主成分得分	第四主成分得分	服务经济指数	全国排名
1	上海	3.4727	−0.8936	−0.7232	−0.0687	2.2906	1
2	南京	0.3732	0.1872	2.0584	0.0452	0.4898	2
3	苏州	0.3220	1.3225	−1.0281	−0.1060	0.2659	5
4	无锡	0.1979	2.3977	0.4724	−0.6644	0.3969	3
5	常州	−0.3141	0.2652	−0.8394	2.2471	−0.0907	7
6	镇江	−0.3120	0.5164	−0.0168	−2.3921	−0.3626	12
7	南通	−0.6683	−0.4157	−0.8585	0.2159	−0.5862	14
8	扬州	−0.7350	−0.4315	−0.2806	−0.4138	−0.6308	15
9	泰州	−0.5903	−1.4983	−1.3406	−1.4686	−0.8359	16
10	杭州	0.2870	0.3218	0.9672	0.2226	0.3518	4
11	宁波	0.1615	0.5039	0.2344	0.5969	0.2422	6
12	嘉兴	−0.4700	−0.1369	−0.4692	0.4044	−0.3612	11
13	湖州	−0.5683	−0.3626	0.0154	0.2039	−0.4253	13
14	绍兴	−0.4890	0.5461	−0.5090	0.5142	−0.2941	9
15	舟山	−0.2537	−1.4969	2.0210	−0.0551	−0.1533	8
16	台州	−0.4137	−0.8253	0.2966	0.7184	−0.2970	10

表 9　各城市服务经济区域聚类分析

	第一类	第二类	第三类
城市	上海	南京、苏州、无锡、常州、杭州、宁波	舟山、台州、绍兴、嘉兴、镇江、湖州、南通、扬州、泰州

　　从表 9 中可以看出，长三角地区 16 城市的分类带有明显的层级特征。其中，位居第一类的上海属于长三角的一级中心城市；第二类的南京、苏州、无锡、常州、杭州、宁波属于次级中心城市；次级中心城市再以自身为中心辐射出次级都市圈，而第三类城市均分布在这个次级都市圈内。

　　此外，我们还尝试从城市服务经济首位度的角度进行分析。所谓城市服务经济首位度，是指该城市服务业增加值占所在省服务业增加值的比重，以此来反映该城市服务经济在该省区的地位。由于上海是直辖市，其首位度为 1，其余 15 个城市的情况详见表 10。

表 10　城市服务经济首位度排名

序号	城市	服务业经济首位度	排　名
1	南京	0.17426	4
2	苏州	0.19360	2
3	无锡	0.16343	5
4	常州	0.06945	10
5	镇江	0.04697	12
6	南通	0.07493	8
7	扬州	0.04832	11
8	泰州	0.03941	14
9	杭州	0.24122	1
10	宁波	0.18137	3
11	嘉兴	0.07312	9
12	湖州	0.04238	13
13	绍兴	0.08950	7
14	舟山	0.02399	15
15	台州	0.09128	6

　　对表 10 的数据进行聚类分析，可以将城市服务经济首位度划分为三类：第一类：杭州，该城市的服务业增加值占浙江省的 24.1％。第二类：苏州、宁波、南京、无锡，这些城市的服务业增加值占所在省区的比重不足 20％。其余 10 个城市，台州、绍兴、南通、嘉兴、常州、扬州、镇江、湖州、泰州、舟山为第三类，其服务经济首位度都低于 10％（详见表 11）。

表 11　城市服务经济首位度的区域聚类分析

	第一类	第二类	第三类
城市	杭州	苏州、宁波、南京、无锡	台州、绍兴、南通、嘉兴、常州、扬州、镇江、湖州、泰州、舟山

将表 11 与表 9 进行对比后发现，服务经济首位度与服务经济指数排名的分布格局基本一致。

五、结束语

通过以上分析，对长三角地区 16 城市的服务经济发展水平有了一个概貌式的认识，从中既可以看到各个城市服务经济的发展水平，也不难发现长三角地区 16 城市服务经济发展水平的差异。

这种服务经济发展水平的差异引起了我们进一步的思考：在转变经济增长方式，优化区域产业结构，缩小区域发展差距的进程中，如何促进长三角服务经济协调发展？改革开放 30 年来，中国经济得以持续增长的原因之一，就是地方经济活力得以释放，追求 GDP 增长成为地方政府的主要诉求。然而，这种快速的经济增长是以高消耗、高排放、高污染、低效益为代价的，是一种粗放式和掠夺式的经济增长。这种粗放、无序的增长方式直接威胁着我国原本脆弱的资源环境承载能力。同时，这种增长方式也扩大了区域间的经济差距，尤其是欠发达地区在这种区域竞争的格局下，往往要付出更加沉重的环境代价。

因此，转变经济发展方式，优化区域产业结构已成为实现经济可持续发展，缩小区域发展差距的必然途径。在 2007 年 7 月发布的《国务院关于编制全国主体功能区规划的意见》明确提出，要制定全国主体功能区规划，"在坚持实施区域发展总体战略基础上，前瞻性、全局性地谋划好未来全国人口和经济的基本格局，引导形成主体功能定位清晰，人口、经济、资源环境相互协调，公共服务和人民生活水平差距不断缩小的区域协调发展格局。"我们认为，在实现这一目标的过程中，发展服务经济是一项重要内容，这是服务业本身的特点所决定的。随着长三角地区产业结构的不断提升、发展方式的转变和城市化进程的加快，长三角服务经济的占比也在不断增加。因此，应当大力发展服务经济，充分发挥服务业在解决民生问题、增加就业、促进消费、减少能耗和污染方面的优势，缩小区域发展差距，实现经济社会协调发展。促进长三角服务经济协调发展，不仅对该地区国民经济的快速健康发展至关重要，而且对增强长三角地区的综合竞争力，提升和优化产业结构也有着重要影响。

通过此项研究，我们深切感到，《国务院关于加快发展服务业的若干意见》要求有条件的大中城市要加快形成以服务经济为主的产业结构，既是对未来发展方向的指引与号召，更是对现实差距的冷静且积极的回应。

附录 1　数据分项说明

1. 资料来源：长三角地区 16 个城市的 2005 年统计公报，《长江和珠江三角洲及港澳特别行政区统计年鉴 2006》，年末总人口按户籍人口统计。高等教育毛入学率为 2004～2006 年平均数据，来源于各城市统计公报、统计年鉴等，其中南京为"十五"平均水平，扬州、嘉兴高等教育毛入学率为"十五"期末数据，台州高等教育毛入学率数据来源于 2005 年教育年鉴。

2. 服务性消费支出指调查户用于本家庭支付社会提供的各种文化和生活方面的非商品性服务费用，不包括为别人付款的服务。服务消费与商品消费不同，其特点在于其劳动过程和消费过程在时间与空间上的统一。包括食品加工服务费用、在外饮食服务费用、衣着加工服务费、家庭服务、医疗费、交通工具服务支出、交通费、通信服务、文化娱乐服务费、教育费用、房租、住房装潢服务费、居住服务费、杂项服务费。服务性消费支出＝食品加工服务费用＋在外饮食业×50％＋衣着加工服务费＋家庭服务＋医疗费＋交通工具服务支出＋交通费＋通信服务＋文化娱乐服务费＋教育费用＋房租＋自有房租折算＋住房装潢支出×40％＋居住服务费＋杂项服务费。由于长江三角洲 16 个城市中，有 8 个城市无法获取该数据，出于可比性考虑，故选用城镇居民家庭平均每人全年消费支出中，家庭设备用品及服务＋医疗保健＋交通通信＋娱乐文教服务＋居住＋杂项商品与服务之和来近似替代。

附录2　长三角地区16城市四类指数
排名汇总

长三角地区 16 城市四类指数排名汇总

城市	规模指数 排名	城市	结构指数 排名	城市	效率指数 排名	城市	潜力指数 排名
上海	1	上海	1	上海	1	上海	1
南京	2	舟山	2	南京	2	常州	2
杭州	3	南京	3	无锡	3	宁波	3
苏州	4	杭州	4	杭州	4	苏州	4
宁波	5	宁波	5	苏州	5	无锡	5
无锡	6	台州	6	宁波	6	杭州	6
常州	7	湖州	7	舟山	7	绍兴	7
台州	8	嘉兴	8	镇江	8	南京	8
南通	9	绍兴	9	常州	9	嘉兴	9
舟山	10	常州	10	嘉兴	10	台州	10
扬州	11	无锡	11	台州	11	湖州	11
泰州	12	苏州	12	绍兴	12	舟山	12
绍兴	13	南通	13	湖州	13	南通	13
湖州	14	扬州	14	扬州	14	镇江	14
镇江	15	镇江	15	南通	15	泰州	15
嘉兴	16	泰州	16	泰州	16	扬州	16

统 计 资 料

表 1　中国服务业增加值、服务业就业人数等有关情况的时间序列（1978～2007）

项目 年份	增加值			就业		
	服务业增加值（亿元）	年增长率（%）	增加值比重（%）	就业人数（万人）	比上年增长（%）	就业比重（%）
1978	872.48	13.8	23.9	4890	—	12.2
1979	878.89	7.9	21.6	5177	5.9	12.6
1980	982.03	6.0	21.6	5532	6.9	13.1
1981	1076.60	10.4	22.0	5945	7.5	13.6
1982	1162.95	13.0	21.8	6090	2.4	13.5
1983	1338.06	15.2	22.4	6606	8.5	14.2
1984	1786.26	19.3	24.8	7739	17.2	16.1
1985	2585.04	18.2	28.7	8359	8.0	16.8
1986	2993.79	12.0	29.1	8811	5.4	17.2
1987	3573.97	14.4	29.6	9395	6.6	17.8
1988	4590.26	13.2	30.5	9933	5.7	18.3
1989	5448.40	5.4	32.1	10129	2.0	18.3
1990	5888.42	2.3	31.6	11979	18.3	18.5
1991	7337.10	8.9	33.7	12378	3.3	18.9
1992	9357.38	12.4	34.8	13098	5.8	19.8
1993	11915.73	12.2	33.7	14163	8.1	21.2
1994	16179.76	11.1	33.6	15515	9.5	23
1995	19978.46	9.8	32.9	16880	8.8	24.8
1996	23326.24	9.4	32.8	17927	6.2	26
1997	26988.15	10.7	34.2	18432	2.8	26.4
1998	30580.47	8.4	36.2	18860	2.3	26.7
1999	33873.44	9.3	37.7	19205	1.8	26.9
2000	38713.95	9.7	39.0	19823	3.2	27.5
2001	44361.61	10.3	40.5	20228	2.0	27.7
2002	49898.90	10.4	41.5	21090	4.3	28.6
2003	56004.73	9.5	41.2	21809	3.4	29.3
2004	64561.29	10.1	40.4	23011	5.5	30.6
2005	73432.87	10.5	40.1	23771	3.3	31.4
2006	84721.43	12.1	40.0	24614	0.04	32.2
2007	100053.54	12.6	40.1	24917	0.01	32.4

注：增加值为当年价；年增长率指比上年增长的百分比，按可比价格计算；就业人数为年底数；增加值比重指服务业增加值占 GDP 的百分比；就业比重指服务业就业人数占全社会就业人数的百分比。

资料来源：根据《中国统计年鉴》（2008）整理。

表 2　服务业构成、各部门增加值及其增长率的时间序列(1991~2006)

年份 / 行业		1991 增加值(亿元)	1991 年增长率(%)	1991 服务业增加值构成(%)	1992 增加值(亿元)	1992 年增长率(%)	1992 服务业增加值构成(%)	1993 增加值(亿元)	1993 年增长率(%)	1993 服务业增加值构成(%)	1994 增加值(亿元)	1994 年增长率(%)	1994 服务业增加值构成(%)	1995 增加值(亿元)	1995 年增长率(%)	1995 服务业增加值构成(%)	1996 增加值(亿元)	1996 年增长率(%)	1996 服务业增加值构成(%)
1	总计	7227.0	8.8	100.0	9138.6	12.4	100.0	11323.8	10.7	100.0	14930.0	9.6	100.0	17947.2	8.4	100.0	20427.5	7.9	100.0
2	农、林、牧、渔服务业	53.6	10.7	0.7	66.6	10.4	0.7	76.5	2.2	0.7	101.3	10.3	0.7	115.8	8.7	0.6	129.6	5.8	0.6
3	地质勘查业、水利管理业	76.8	10.9	1.1	98.0	15.1	1.1	134.5	11.2	1.2	191.2	16.3	1.3	253.3	5.4	1.4	280.2	5.1	1.4
4	交通运输、仓储及邮电通信业	1409.7	11.2	19.5	1681.8	10.5	18.4	2123.2	12.4	18.7	2685.9	9.5	18.0	3054.7	12.1	17.0	3494.0	11.4	17.1
	其中:交通运输和仓储业	1261.7	8.6	17.5	1488.0	7.9	16.3	1823.5	5.9	16.1	2204.3	7.1	14.8	2378.0	5	13.2	2626.6	3.8	12.9
	其中:邮电通信业	148.0	35.5	2.0	193.8	30.3	2.1	299.7	53.3	2.6	481.6	20.1	3.2	676.7	39	3.8	867.4	34.1	4.2
5	批发和零售贸易餐饮业	2087.0	4.5	28.9	2735.0	13.1	29.9	3090.7	6.6	27.3	4050.4	7.7	27.1	4932.3	5.9	27.5	5560.3	5.4	27.2
6	金融、保险业	1288.1	2.3	17.8	1601.0	8	17.5	2057.0	10.9	18.2	2767.2	9.4	18.5	3482.8	8.5	19.4	4017.4	7.5	19.7
7	房地产业	368.2	12	5.1	521.1	34.7	5.7	640.7	10.8	5.7	870.3	12	5.8	1058.6	12.4	5.9	1149.3	4	5.6
8	社会服务业	447.3	26.8	6.2	599.7	19.3	6.6	899.2	18.9	7.9	1200.5	8.3	8.0	1546.4	5.8	8.6	1717.7	5	8.4
9	卫生体育和社会福利业	215.2	14.9	3.0	264.0	9.4	2.9	333.7	11.8	2.9	433.8	8.2	2.9	483.2	6.4	2.7	564.2	10.3	2.8
10	教育、文化艺术及广播、电影电视业	454.9	7.8	6.3	547.7	8	6.0	709.9	14.9	6.3	977.6	15	6.5	1124.5	8	6.3	1354.9	13.9	6.6
11	科学研究和综合技术服务业	97.5	12	1.3	125.0	15.3	1.4	151.8	6.9	1.3	213.4	17.9	1.4	277.1	10.5	1.5	335.7	14	1.6
12	国家机关、政党机关和社会团体	662.1	14.5	9.2	809.7	8.6	8.9	986.4	7.7	8.7	1279.1	8.3	8.6	1438.0	6	8.0	1615.3	6.2	7.9
13	其他行业	66.6	14.8	0.9	89.0	19.5	1.0	120.2	17.9	1.1	159.3	10.6	1.1	180.5	8.6	1.1	208.9	9.5	1.0

续表

行业	年份	1997 增加值(亿元)	1997 年增长率(%)	1997 服务业增加值构成(%)	1998 增加值(亿元)	1998 年增长率(%)	1998 服务业增加值构成(%)	1999 增加值(亿元)	1999 年增长率(%)	1999 服务业增加值构成(%)	2000 增加值(亿元)	2000 年增长率(%)	2000 服务业增加值构成(%)	2001 增加值(亿元)	2001 年增长率(%)	2001 服务业增加值构成(%)	2002 增加值(亿元)	2002 年增长率(%)	2002 服务业增加值构成(%)
1	总计	23028.7	9.1	100.0	25173.5	8.3	100.0	27037.7	7.7	100.0	29904.6	8.1	100.0	33153.0	8.4	100.0	36074.9	8.7	100.0
2	农、林、牧、渔服务业	177.3	32.5	0.8	199.6	13.4	0.8	221.9	6.3	0.8	228.5	3.0	0.8	265.1	11.7	0.8	298.5	12.0	0.8
3	地质勘查业、水利管理业	302.3	4.3	1.3	302.1	0.7	1.2	316.2	6.2	1.2	328.6	4.1	1.1	343.1	3.7	1.0	356.8	4.8	1.0
4	交通运输、仓储及邮电通信业	3797.2	10.8	16.5	4121.3	10.6	16.4	4460.3	11.3	16.5	5408.6	11.5	18.1	5968.3	9.5	18.0	6420.3	7.9	17.8
	‡交通运输和仓储业	2689.6	5.3	11.7	2886.2	2.0	11.5	3058.1	5.6	11.3	3413.3	5.0	11.4	3597.9	4.8	10.9	3705.5	4.5	10.3
	‡邮电通信业	1107.6	23.1	4.8	1235.1	27.4	4.9	1402.2	20.1	5.2	1995.3	20.4	6.7	2370.4	17.5	7.1	2714.8	12.9	7.5
5	批发和零售贸易餐饮业	6159.9	8.5	26.7	6579.1	7.7	26.1	6910.3	7.2	25.6	7316.0	8.2	24.5	7918.8	7.5	23.9	8476.7	8.1	23.5
6	金融、保险业	4534.6	8.5	19.7	4672.6	4.9	18.6	4847.3	4.8	17.9	5217.0	6.5	17.4	5585.9	6.4	16.8	5948.9	6.9	16.5
7	房地产业	1258.8	4.1	5.5	1452.6	7.7	5.8	1528.4	5.9	5.7	1690.4	7.1	5.7	1885.4	11.0	5.7	2098.2	9.9	5.8
8	社会服务业	2177.9	7.9	9.5	2649.3	10.6	10.5	2893.7	8.1	10.7	3249.8	8.7	10.9	3855.7	10.9	11.6	4366.4	11.2	12.1
9	卫生体育和社会福利业	617.1	8.1	2.7	687.2	7.8	2.7	742.7	4.6	2.7	826.1	6.3	2.8	986.3	11.6	3.0	1068.4	9.2	3.0
10	教育、文化艺术及广播、电影电视业	1573.2	14.8	6.8	1823.9	10.2	7.2	2098.0	7.2	7.8	2391.2	5.3	8.0	2768.7	8.6	8.4	3090.5	11.0	8.6
11	科学研究和综合技术服务业	434.1	12.1	1.9	470.8	10.8	1.9	556.6	10.5	2.1	626.1	6.9	2.1	702.7	7.4	2.1	802.1	12.1	2.2
12	国家机关、政党机关和社会团体	1763.9	7.0	7.7	1969.1	8.3	7.8	2201.2	8.6	8.1	2347.8	7.7	7.9	2584.6	7.3	7.8	2844.5	8.4	7.9
13	其他行业	232.4	10.2	1.0	245.9	8.1	1.0	261.2	6.5	1.0	274.5	5.6	0.9	288.4	4.4	0.9	303.8	5.7	0.8

续表

年份\行业	2003 增加值（亿元）	年增长率（%）	服务业增加值构成（%）	年份\行业	2004 增加值（亿元）	增加值构成（%）	2005 增加值（亿元）	增加值构成（%）	2006 增加值（亿元）	增加值构成（%）
1 总　计	39188.0	7.8	100.0	1 服务业	64561.3	100.0	73432.9	100.0	84721.4	100.0
2 农、林、牧、渔服务业	313.4	3.2	0.8	2 交通运输、仓储和邮政业	9304.4	14.4	10835.7	14.8	12481.1	14.7
3 地质勘查业、水利管理业	348.8	-3.4	0.9	3 信息传输、计算机服务和软件业	4236.3	6.6	4768.0	6.5	5329.2	6.3
4 交通运输、仓储及邮电通信业	6644.3	6.3	17.0	4 批发和零售业	12453.8	19.3	13534.5	18.4	15471.1	18.3
♯交通运输和仓储业	3431.5	1.6	8.8	5 住宿和餐饮业	3664.8	5.7	4193.4	5.7	4792.1	5.7
♯邮电通信业	3212.8	12.9	8.2	6 金融业	5393.0	8.4	6307.2	8.6	8490.3	10.0
5 批发和零售贸易餐饮业	9238.4	9.1	23.6	7 房地产业	7174.1	11.1	8243.8	11.2	9664.0	11.4
6 金融、保险业	6467.3	7.0	16.5	8 租赁和商务服务业	2627.5	4.1	2912.4	4.0	3280.0	3.9
7 房地产业	2377.6	9.8	6.1	9 科学研究、技术服务和地质勘查业	1759.5	2.7	2050.6	2.8	2409.3	2.8
8 社会服务业	4879.6	9.3	12.4	10 水利、环境和公共设施管理业	768.6	1.2	849.9	1.2	944.2	1.1
9 卫生体育和社会福利业	1158.8	7.2	3.0	11 居民服务和其他服务业	2481.5	3.8	3129.4	4.3	3541.5	4.2
10 教育、文化艺术及广播、电影电视业	3415.1	7.5	8.7	12 教育	4892.6	7.6	5656.3	7.7	6179.0	7.3
11 科学研究和综合技术服务业	884.2	7.8	2.2	13 卫生、社会保障和社会福利业	2620.7	4.1	2934.5	4.0	3209.6	3.8
12 国家机关、政党机关和社会团体	3138.5	7.9	8.0	14 文化、体育和娱乐业	1043.2	1.6	1188.2	1.6	1325.2	1.6
13 其他行业	322.0	4.5	0.8	15 公共管理和社会组织	6141.4	9.5	6828.8	9.3	7604.6	9.0

注：1. 表中增加值为当年价；
　　2. 2004 年行业分类按新国民经济行业分类（GB/T 4754—2002）划分，农林牧渔服务业包括在第一产业中。
资料来源：根据《中国统计年鉴》各期整理。

表3　中国服务业各部门就业人数序列(1978～2002)

单位:万人

各行业 年份	地质勘查业、水利管理业	交通运输仓储及邮电通信业	批发零售贸易及餐饮业	金融、保险业	房地产业	社会服务业	卫生体育和社会福利业	教育、文化、艺术及广播电影电视业	科学研究和综合技术服务事业	国家机关、政党机关和社会团体	其他行业
1978	178	750	1140	76	31	179	363	1093	92	467	521
1979	185	781	1232	86	34	210	386	1131	100	505	527
1980	188	805	1363	99	37	276	389	1147	113	527	588
1981	188	844	1491	107	38	305	375	1095	127	556	819
1982	191	878	1576	113	38	322	399	1128	132	611	702
1983	193	936	1732	117	37	367	415	1151	133	646	879
1984	197	1122	1994	127	36	439	435	1204	137	743	1305
1985	197	1279	2306	138	36	401	467	1273	144	799	1319
1986	197	1376	2413	152	38	466	482	1324	152	873	1338
1987	200	1453	2576	170	39	501	496	1375	158	925	1502
1988	204	1521	2743	194	42	534	508	1403	161	971	1655
1989	199	1522	2770	205	43	550	518	1426	165	1022	1709
1990	197	1566	2839	218	44	594	536	1457	173	1079	1798
1991	199	1617	2998	234	48	604	553	1497	179	1136	1910
1992	202	1674	3209	248	54	643	565	1520	183	1148	2313.
1993	144	1688	3459	270	66	543	416	1210	173	1030	3740
1994	139	1864	3921	264	74	626	434	1436	178	1033	4155
1995	135	1942	4292	276	80	703	444	1476	182	1042	4484
1996	129	2013	4511	292	84	747	458	1513	183	1093	4563
1997	129	2062	4795	308	87	810	471	1557	186	1093	4862
1998	116	2000	4645	314	94	868	478	1573	178	1097	5118
1999	111	2022	4751	328	96	923	482	1568	173	1102	4969
2000	110	2029	4686	327	100	921	488	1565	174	1104	5643
2001	105	2037	4737	336	107	976	493	1568	165	1101	5852
2002	98	2084	4969	340	118	1094	493	1565	163	1075	6245

注:表中数据为年底就业人数。

资料来源:根据《中国统计年鉴》各年整理。

表4　中国部分地区服务业数据(2007)

项目 / 地区	人均地区生产总值(元)	地区生产总值(亿元)	就业人数(万人)	就业比重(%)	增加值比重(%)	服务业 增加值合计(亿元)	交通运输、仓储和邮政业(亿元)	批发和零售业(亿元)	住宿和餐饮业(亿元)	金融业(亿元)	房地产业(亿元)	其他服务业(亿元)
北京	58204	9353.32	790.5	71.1	22.1	6742.66	502.61	879.42	247.01	1286.28	644.24	3183.10
天津	46122	5050.40	173.6	40.1	40.5	2047.68	294.06	498.61	92.61	288.17	189.42	684.81
河北	19877	13709.50	929.8	26.1	34.0	4662.98	1161.63	714.84	132.55	353.22	409.64	1891.10
山西	16945	5733.35	497.1	32.1	35.3	2025.09	437.62	348.61	136.50	160.31	135.89	806.16
内蒙古	25393	6091.12	328.6	30.4	35.7	2174.46	510.42	458.12	204.09	137.81	148.04	715.67
辽宁	25729	11023.49	843.6	40.7	36.6	4036.99	642.83	1062.31	224.06	298.73	360.81	1448.22
吉林	19383	5284.69	368.8	33.6	38.3	2025.41	275.76	485.96	117.35	126.03	153.03	867.31
黑龙江	18178	7065.00	527.0	31.8	34.7	2454.04	364.63	530.02	130.90	135.70	226.60	1066.19
上海	66367	12188.85	474.3	54.1	52.6	6408.50	723.13	1077.76	219.36	1209.08	806.79	2372.38
江苏	33928	25741.15	1412.5	33.7	37.4	9618.52	1039.46	2432.88	410.63	1202.10	1132.32	3401.13
浙江	37411	18780.44	1268.6	35.1	40.7	7645.96	739.44	1711.20	305.96	1122.86	1004.62	2761.89
安徽	12015	7364.18	1020.6	28.4	39.0	2874.88	483.04	525.71	132.62	154.73	294.99	1283.80
福建	25908	9249.13	614.7	32.3	40.0	3697.60	650.25	809.15	138.90	364.32	481.33	1253.65
江西	12633	5500.25	702.9	32.0	31.9	1753.56	337.60	362.72	86.92	85.72	189.35	691.25
山东	27807	25965.91	1580.3	30.0	33.4	8680.24	1399.94	1958.24	609.68	841.86	935.55	2934.96
河南	16012	15012.46	1365.5	23.7	30.1	4511.97	866.73	765.76	493.40	302.31	447.44	1636.33
湖北	16206	9230.68	1072.3	38.8	42.1	3886.00	479.92	749.81	221.07	337.27	379.65	1718.28
湖南	14492	9200.00	1114.6	29.7	39.8	3657.04	477.27	650.94	184.02	211.74	332.62	1800.45
广东	33151	31084.40	1969.5	37.2	43.3	13449.73	1254.58	2805.16	716.18	1798.22	2141.47	4734.11
广西	12555	5955.65	681.1	24.7	38.4	2289.00	311.22	510.21	162.35	150.35	239.45	915.43
海南	14555	1223.28	148.6	35.8	40.7	497.95	86.36	121.10	35.64	22.44	45.78	186.63
重庆	14660	4122.51	624.4	34.9	42.4	1748.02	265.74	366.19	91.85	122.54	196.06	705.64
四川	12893	10505.30	1570.2	32.9	36.5	3832.00	511.50	624.74	309.75	359.11	396.84	1630.06
贵州	6915	2741.90	812.8	35.6	41.8	1147.25	164.38	174.26	64.19	109.73	105.22	529.47
云南	10540	4741.31	614.6	23.6	39.1	1852.88	196.06	354.32	97.47	169.27	192.12	843.64
西藏	12109	342.19	49.0	31.9	55.2	188.82	20.48	29.04	19.55	6.21	12.19	101.35
陕西	14607	5465.79	608.3	31.6	34.9	1908.60	311.86	392.84	106.64	175.50	138.95	782.81
甘肃	10346	2702.40	427.9	31.1	38.4	1037.11	181.24	166.85	68.21	61.60	83.52	475.69
青海	14257	783.61	96.9	35.1	36.0	282.42	40.90	44.75	12.35	25.91	17.96	140.55
宁夏	14649	889.20	97.8	31.6	38.2	339.49	55.56	48.11	16.11	47.81	28.07	143.83
新疆	16999	3523.16	275.0	34.3	35.4	1246.89	177.28	187.10	57.69	149.22	91.28	584.32

注:增加值为当年价;就业人数为年底就业人数。

资料来源:根据《中国统计年鉴》(2008)整理。

表 5　中国服务分部门进、出口贸易额统计序列(1997～2007)

单位:千美元

服务部门 \ 年份	1997			1998			1999			2000		
	余额	贷方	借方	余额	贷方	借方	余额	贷方	借方	余额	贷方	借方
货物贸易合计	46221730	182669980	136448250	46613520	183529150	136915630	36206016	194715813	158509797	34473606	249130638	214657032
服务贸易合计	-5725210	24583110	30308320	-4924740	24059930	28984670	-7509180	23779952	31289132	-5600122	30430487	36030608
1. 运输	-7279820	2968490	10248310	-6610260	2464420	9074680	-5477758	2420119	7897877	-6725148	3670967	10396115
2. 旅游	1907500	12074140	10166640	3396300	12601740	9205440	3233970	14098450	10864480	3117313	16231000	13113687
3. 通信服务	-18270	271660	289930	611430	818910	207480	396199	589647	193448	1103482	1345452	241970
4. 建筑服务	-618970	590130	1209100	-525610	594120	1119730	-554578	985228	1539806	-392131	602313	994444
5. 保险服务	-871360	174310	1045670	-1373710	384410	1758120	-1728905	203922	1932827	-2363620	107802	2471422
6. 金融服务	-297550	27330	324880	-136470	26960	163430	75529	166355	90826	-19637	77804	97441
7. 计算机和信息服务	-147640	83590	231230	-199460	133500	332960	41711	265336	223625	90934	355947	265013
8. 专有权利利用费和特许费	-488580	54850	543430	-356970	62690	419660	-717081	74542	791623	-1200624	80348	1280972
9. 咨询	-121660	346410	468070	-240170	517970	758140	-244033	280367	524400	-284016	355716	639732
10. 广告、宣传	-3230	238200	241430	-54050	210960	265000	1589	220558	218969	21018	223436	202418
11. 电影、音像	-33870	10040	43910	-23660	15360	39030	-27301	6655	33956	-26122	11302	37424
12. 其他商业服务	2426080	7678870	5252790	776440	6212280	5435840	-1970027	4385536	6355563	966651	7083865	6117214
13. 别处未提及的政府服务	-177840	65090	242930	-188550	16610	205170	-538495	83237	621732	111778	284535	172757

续表

服务部门	2001 余额	2001 贷方	2001 借方	2002 余额	2002 贷方	2002 借方	2003 余额	2003 贷方	2003 借方	2004 余额	2004 贷方	2004 借方
贸物贸易合计	34017233.86	26607508.6	232057804.7	44166574	325650823	281484248	44165625	438260595	393617970	58982275	593392511	533410236
服务贸易合计	-5931013.56	33335134.75	39266148.31	-6783903	39744505	46528408	-8572648	46733622	55306270	-9698632	62434066	72132698
1. 运输	-6689077.81	4635058.698	11324136.51	-7891696	5720208	13611903	-10326425	7906408	18232833	-12476266	12067493	24543759
2. 旅游	3883173.8	17792000	13908826.2	4986584	20385000	15398416	2218728	17406000	15187272	6589704	25739000	19149296
3. 通信服务	-54857.7996	271120.7203	325978.5198	79688	550107	470419	211026	638410	427384	-31735	440463	472199
4. 建筑服务	-16815.0509	830193.9224	847008.9733	282587	1246448	963861	106416	1289655	1183239	128662	1467489	1338826
5. 保险服务	-2483686.82	227327.3853	2711014.203	-3036793	208944	3245738	-4251432	312784	4564216	-5742792	380783	6123574
6. 金融服务	21661.96938	99075.83984	77413.87046	-38832	51009	89842	-80565	151955	232519	-44151	93945	138096
7. 计算机和信息服务	116752.4561	461458.2513	344705.7953	-494687	638167	1132854	66363	1102176	1035812	384401	1637148	1252747
8. 专有权利使用费和特许费	-1827963.58	110096.0825	1938059.664	-2981182	132822	3114004	-3441118	106979	3548127	-4260246	236359	4496605
9. 咨询	-612843.666	889272.9847	1502116.651	-1345589	1284937	2630527	-1564592	1884945	3449537	-1581794	3152515	4734309
10. 广告、宣传	19228.33512	277288.112	258059.7769	-21601	372846	394447	28380	486261	457881	150293	848628	698335
11. 电影、音像	-22324.0714	27895.48619	50219.55761	-66350	29674	96024	-36092	33443	69535	-134838	40993	175831
12. 其他商业服务	1538180.982	7281751.481	5743570.499	3829110	8761083	4931974	8591991	15055828	6463837	7472617	15950753	8478135
13. 别处未提及的政府服务	197557.6971	432595.7896	235038.0925	-85142	363258	448400	-95299	358779	454078	-152487	378498	530086

续表

服务部门 ＼ 年份	2005			2006			2007		
	余额	贷方	借方	余额	贷方	借方	余额	贷方	借方
货物贸易合计	134189095	762483733	628294638	217746060	969682307	751936247	315381400	1219999630	904618230
服务贸易合计	-9391392	74404098	83795490	-8833913	91999237	100833150	-7904790	122206330	130111130
1. 运输	-13021024	15426523	28447547	-13355741	21015285	34369026	-11946920	31323820	43270740
2. 旅游	7536930	29296000	21759070	9627296	33949000	24321704	7446950	37233000	29786050
3. 通信服务	-118173	485231	603404	-26202	737871	764073	92890	1174550	1081670
4. 建筑服务	973567	2592949	1619382	702918	2752639	2049721	2467280	5377100	2909820
5. 保险服务	-6650142	549418	7199559	-8282919	548176	8831094	-9760430	903700	10664130
6. 金融服务	-14244	145231	159476	-746042	145425	891467	-326440	230490	556920
7. 计算机和信息服务	217676	1840184	1622509	1218860	2957711	1738851	2136680	4344750	2208070
8. 专有权利使用费和特许费	-5163852	157402	5321254	-6429577	204504	6634081	-7849430	342630	8192070
9. 咨询	-861408	5322132	6183540	-555066	7834142	8389208	724180	11580550	10856370
10. 广告、宣传	360521	1075729	715208	490073	1445032	954960	575350	1912270	1336920
11. 电影、音像	-20096	133859	153954	15954	137433	121480	162570	316290	153720
12. 其他商业服务	7497029	16884780	9387752	8432227	19693334	11261106	8676790	26914850	18238060
13. 别处未提及的政府服务	-128175	494661	622836	72306	578685	506379	-304260	552340	856600

资料来源：根据国家外汇管理局提供的各有关年份"中国国际收支平衡表"整理。

表6　服务业内向 FDI 部门分布的时间序列（1997~2007）

单位：万美元

行　业	1997 项目数（个）	1997 合同金额	1997 实际投资	1998 项目数（个）	1998 合同金额	1998 实际投资	1999 项目数（个）	1999 合同金额	1999 实际投资	2000 项目数（个）	2000 合同金额	2000 实际投资
服务业 FDI 合计	4706	1538150	1346139	4649	1550017	1351151	3621	1136593	1182876	5036	1407794	1046388
1. 地质勘查业、水利管理业									452			481
2. 交通运输、仓储及邮电通信业	279	262207	165513	274	230119	164513	205	111401	155114	306	141658	101188
3. 批发和零售贸易、餐饮业	1198	183901	140187	1184	131352	118149	825	120413	96513	852	143514	85781
4. 金融、保险业									9767			7629
5. 房地产业	862	622227	516901	834	664752	641006	669	417785	558831	684	523213	465751
6. 社会服务业	1400	266888	198802	1634	301193	296315	1474	301680	255066	2679	425463	218544
7. 卫生体育和社会福利业	38	14302	19535	40	14174	9724	28	6727	14769	31	15428	10588
8. 教育、文化艺术和广播电影电视业	34	6974	7403	14	2212	6830	29	7258	6072	19	8332	5446
9. 科学研究和综合技术服务业	196	65429							11013			5703
10. 其他行业	302	142511	157611	669	206215	114614	391	171329	75279	465	150186	145277

行　业	2001 项目数（个）	2001 合同金额	2001 实际投资	2002 项目数（个）	2002 合同金额	2002 实际投资	2003 项目数（个）	2003 合同金额	2003 实际投资
服务业 FDI 合计	5606	1398444	1118091	7588	1889700	1225033	9744	2764027	1332164
1. 地质勘查业、水利管理业	11	1308	1049	10	3088	696	16	5050	1777
2. 交通运输、仓储及邮电通信业	297	88354	90890	405	152902	91346	506	501475	86737
3. 批发和零售贸易、餐饮业	1232	139806	116877	1716	166364	93264	2207	238389	111604
4. 金融、保险业	8	8612	3527	17	46002	10665	23	31880	23199
5. 房地产业	820	503061	513655	1316	721713	566277	1553	910568	523560
6. 社会服务业	2673	428884	259483	3418	498789	294345	4242	704220	316095
7. 卫生体育和社会福利业	39	13305	11864	50	25796	12807	85	26941	12737
8. 教育、文化艺术和广播电影电视业	28	7174	3596	48	10884	3779	70	28201	5782
9. 科学研究和综合技术服务业	196	65429	12044	227	53365	19752	558	75306	25871
10. 其他行业	302	142511	105106	381	210797	132102	484	241997	225102

续表

年 份 行 业	2004			2005			2006			2007	
	项目数（个）	合同金额	实际投资	项目数（个）	合同金额	实际投资	项目数（个）	合同金额	实际投资	项目数（个）	实际投资
服务业 FDI 合计	11003	3358704	1405258	12916	5078475	1491400	14797	6422908	1991456	16735	3098277
1. 交通运输、仓储和邮电业	638	237290	127285	734	522404	181230	665	517422	198485	658	200676
2. 信息传输、计算机服务和软件业	1622	202137	91609	1493	451206	101454	1378	304942	107049	1392	148524
3. 批发和零售业	1700	250053	73959	2602	434404	103854	4664	652475	178941	6338	267652
4. 住宿和餐饮业	1174	216887	84094	1207	273670	56017	1060	289321	82764	938	104165
5. 金融业	43	57541	25248	40	55144	21969	52	75972	29369	51	25729
6. 房地产业	1767	1348802	595015	2120	1940029	541807	2398	2944928	822950	1444	1708873
7. 租赁和商务服务业	2661	674248	282423	2981	858005	374507	2885	938762	422266	3539	401881
8. 科学研究、技术服务和地质勘查业	629	100641	29384	926	175503	34041	1035	260234	50413	1716	91668
9. 水利、环境和公共设施管理业	164	82209	22911	139	92130	13906	132	92901	19517	154	27283
10. 居民服务和其他服务业	251	54251	15795	329	136616	26001	236	219730	50402	270	72270
11. 教育	59	17274	3841	51	15974	1775	27	10794	2940	15	3246
12. 卫生、社会保障和社会福利业	21	14720	8738	22	16459	3926	20	10942	1517	13	1157
13. 文化、体育和娱乐业	272	101281	44776	272	106931	30543	241	100373	24136	207	45109
14. 公共管理和社会组织	2	1370	180			370	4	2112	707		44

资料来源：根据《中国统计年鉴》各有关年份整理而成。

表 7　世界服务贸易进、出口额及增长率统计（1980～2007）

年份	贸易额（现价，百万美元）			年增长率（%）		
	出口	进口	总额	出口	进口	总额
1980	387979	442680	830659	—	—	—
1981	399967	457977	857945	3.09	3.46	3.28
1982	393233	440748	833981	−1.68	−3.76	−2.79
1983	382334	427546	809880	−2.77	−3.00	−2.89
1984	390600	435845	826444	2.16	1.94	2.05
1985	404269	435018	839287	3.50	−0.19	1.55
1986	475908	489069	964976	17.72	12.42	14.98
1987	565846	577840	1143686	18.90	18.15	18.52
1988	636584	659208	1295792	12.50	14.08	13.30
1989	695277	725135	1420412	9.22	10.00	9.62
1990	830188	870896	1701084	19.40	20.10	19.76
1991	872396	911632	1784028	5.08	4.68	4.88
1992	983643	1014724	1998367	12.75	11.31	12.01
1993	997827	1017501	2015328	1.44	0.27	0.85
1994	1087051	1103219	2190270	8.94	8.42	8.68
1995	1230161	1261203	2491364	13.16	14.32	13.75
1996	1321448	1331128	2652576	7.42	5.54	6.47
1997	1374508	1370304	2744812	4.02	2.94	3.48
1998	1396969	1389028	2785997	1.63	1.37	1.50
1999	1442316	1450979	2893295	3.25	4.46	3.85
2000	1526612	1536564	3063176	5.84	5.90	5.87
2001	1532324	1561743	3094067	0.37	1.64	1.01
2002	1642145	1640987	3283132	7.17	5.07	6.11
2003	1896403	1872796	3769199	15.48	14.13	14.80
2004	2285210	2227426	4512636	20.50	18.94	19.72
2005	2537920	2459922	4997842	11.06	10.44	10.75
2006	2826007	2716233	5542240	11.35	10.42	10.89
2007	3337492	3102922	6440414	18.10	14.24	16.21

资料来源：根据联合国贸易与发展会议：“UNCTAD Handbook of Statistics 2008”整理。

表 8　OECD 各成员国服务业和主要服务业部门增加值占 GDP 的比重情况（2005、1995）[1]

单位：现价，美元，%

国别	人均GDP 2006	服务业增加值比重 合计 2005	合计 1995	其中：批发和零售贸易餐饮业 2005	1995	交通运输、仓储及邮电通信业 2005	1995	金融、保险业 2005	1995	房地产、租赁及商务服务业 2005	1995	公共管理与防卫服务 2005	1995	教育、健康、社会工作及其他服务业 2005	1995
澳大利亚[2,3,4]	36400	68.9	67.8	13.5	14.7	7.5	8.8	7.8	6.1	21	19.8	4.2	4.3	15	14.2
奥地利	38900	68.6	66.9	17.4	16.8	7	7.4	5.4	6.1	18	13.8	5.8	6.8	15	16
比利时	37400	74.8	70.2	14.6	13.8	8.4	8.2	5.8	6.4	22.2	19.1	7.3	7.1	16.5	15.6
加拿大[1]	39000	66.7	66.4	13.8	13.4	6.9	7.3	7.3	6.6	18.2	17.6	5.8	6.6	14.2	14.8
捷克	13800	58.8	56.7	14.4	14	10.3	10.4	3.3	3.2	13.8	13.6	5.7	5.4	11.3	10.1
丹麦	50600	73	71.4	12.8	14.7	9.2	7.6	5.6	5.2	18.2	17.1	6.3	6.8	16.3	20.1
芬兰	40000	65.7	62.8	12.2	11.1	10.4	9.7	2.3	4.3	18.5	14.6	5	5.5	17.4	17.7
法国[1]	35600	77	72.6	12.9	13.2	6.4	6.2	4.6	4.8	27.4	22.8	7.6	7.9	18	16.9
德国	35200	69.7	66.6	12.2	12.3	5.9	5.7	5	4.6	24.3	21.8	6	6.7	16.4	15.5
希腊	27700	76.6	70	23.8	…	8.3	…	4.2	…	15.2	…	7.3	…	17.7	13.9
匈牙利	11100	65.6	61.9	12.7	13.1	7.7	8	4.6	3.8	17.1	14.8	8.7	8.4	14.7	17.2
冰岛	53900	68.6	60.9	12.2	13.2	6.2	8.4	9.7	5.4	17.1	12.5	6	4.7	19.6	14.6
爱尔兰	52000	61.8	55	11.9	11.8	5.3	5.5	10.3	8.1	14.9	9.2	4.5	5.7	15	13.8
意大利	31400	71.2	66.4	15.4	17.2	6.5	7	4.6	4.7	22.3	17.7	6.5	6.1	14.3	13.8
日本[5,6]	34200	69.9	64.9	13	14.6	7.3	6.8	7.2	6.1	20.3	18.3	5.9	4.3	17.4	15.7
韩国	18200	56.3	51.8	9.8	11.5	10.3	6.6	8.4	6.9	12.5	11.5	6.3	5.3	12	9.9
卢森堡	89700	83.4	77.2	11.4	13.1	10.5	8.2	24.2	22.1	20	17.2	5.6	5.6	11.9	11.1
墨西哥	8000	70.2	68.3	21	22.1	7.1	10.6	3.4	7	16.8	17.4	4.4	3.8	15.6	15.1
荷兰	40500	73.7	69.2	14.5	14.8	7.4	6.9	7.4	6.3	20	17.9	7.3	7.9	17.3	15.3
新西兰	25100	69.1	66.8	15.7	16	7.5	8.3	6.6	5.8	21.7	19.6	4.4	5	13.8	11.3
挪威	71900	55.4	62.8	9.4	12.3	7.2	10	3.9	4.4	14	13.1	4.4	6.1	16.2	16.9
波兰	8900	64.6	56.8	8.4	7.2	7	6.3	4.1	2.6	13.7	10	6.2	6.8	13.1	11.8
葡萄牙	18400	72.2	65.9	17.6	17.7	10.4	6.5	6.7	6.3	14.4	13.6	9.1	8.1	16.9	13.6
斯洛伐克	10200	59.9	56.3	15.7	14	7.1	10.5	4.2	5.7	14.3	11.8	5.6	5.2	9.7	9.1
西班牙	27800	67.4	66.1	18.4	17.5	8	7	4.6	4.7	16.4	13.6	6	6.6	14.9	14.4
瑞典	42400	70.6	67	12.2	12.5	6.4	8.1	4.5	4.4	19.8	17.9	5.5	5.9	20.7	18.1
瑞士	50100	72.3	68.2	15.3	…	6.4	…	13.8	…	17.4	…	10.6	…	8.7	…
土耳其[8,9]	5600	59.2	52.4	20.9	20.5	15	12.7	4.5	4.2	4.7	3.2	10	8	4.2	3.9
英国[1,5]	39200	75.9	67.5	14.5	13.7	7.1	7.7	8.3	6.4	23.4	18.1	4.8	5.8	17.8	15.7
美国	44000	76	72	13.1	13.3	5.6	7.9	7.9	6.8	24.3	21.9	8.7	9.4	16.5	16

注：1. 该表产业根据 1993 年国民账户核算系统(SNA)和国际标准产业分类(ISIC Rev. 3)进行划分。"…"表示无法获得的数据。

2. 表示财政年度从当年 6 月 1 日开始。

3. 表示公共秩序和安全服务包含于"教育，卫生，社会工作及其他服务业"。

4. 表示不包括卫生和相关服务。

5. 表示服务业以生产者价格计算。

6. 表示宾馆餐饮业包含在"教育，卫生，社会工作及其他服务业"中。

7. 表示财政年度从当年 4 月 1 日开始。

8. 表示公共教育服务包含在"公共管理和防卫服务"中。

9. 表示公共个人服务业包含在"房地产，租赁及商务服务业"中；公共管理和防卫服务包含于"教育，健康，社会工作及其他服务"。

资料来源：根据经济合作与发展组织"OECD in Figures 2007."整理。

表9　OECD各成员国服务业就业结构情况（2005,1995）[1]

单位：%

国别＼年份＼项目	服务业就业合计比重		其中：批发和零售贸易，餐饮业		交通运输、仓储及邮电通信业		金融、保险业		房地产、租赁及商务服务业		公共管理与卫生服务		教育、健康、社会工作及其他服务业	
	2005	1995	2005	1995	2005	1995	2005	1995	2005	1995	2005	1995	2005	1995
澳大利亚[2]	75	71.9	24.7	25.4	6.4	6.5	3.6	3.9	12.1	9.5	5.8	6.2	22.4	20.4
奥地利	68.6	63.1	21.9	21.1	6.9	7.2	3.1	3.2	9.6	6.3	6.8	7.2	20.3	18.1
比利时	75.5	71.1	17.2	18	6.9	7.1	3.3	3.7	15.6	11.7	9.9	9.6	22.6	21
加拿大	74.3	72.5	24	23.3	6.8	7.3	5.2	5.4	11.6	8.2	5.2	6.1	21.5	22.2
捷克	57.9	53	18	17.3	7.3	7.3	1.5	1.6	9.8	7.3	6.4	5.8	14.9	13.7
丹麦	74.9	71	19	17.9	6.5	6.6	3	3	11.2	7.9	6	7.1	29.2	28.5
芬兰	68.6	64.5	15.8	14.8	7.2	7.7	1.6	2.3	10.3	7.4	7.3	7.6	26.4	24.7
法国[3]	72.4	68	16.9	16	6.3	6.1	3.1	3.2	14.8	11.7	8.6	9.5	22.7	21.5
德国	69.6	62.3	19.8	18.8	5.4	6	3.2	3.4	13	8	7	8.1	21.2	18
希腊	61.3	55.2	20.5	19.3	6.5	6.6	2.6	2.3	6.8	4.9	7.8	7.4	17.1	14.7
匈牙利	61.7	58.3	17.8	15.9	7.7	8.9	2.1	2.3	6.9	3.6	7.8	7.3	19.4	20.3
冰岛	71.1	62.8	16.6	16.4	6.2	7.4	3.9	3.9	9.1	5.5	5.2	12.6	30.1	17
爱尔兰	65.9	60.3	20.2	19.4	6.1	5.1	4.5	3.8	8.5	6	5	5.6	21.6	20.4
意大利	62.7	59.5	20.4	20.2	6.4	6.3	2.4	2.7	11.1	7.3	5.7	6.6	16.7	16.4
日本[3]	59.1	54.3	18	17.1	5.8	5.9	2.7	3.1	1.5	1.5	3.3	3.3	27.8	23.4
韩国	64	52.8	26.3	26.8	6.2	5.2	3.4	3.5	8.7	4.2	3.4	3.2	16	9.9
卢森堡	74.8	68.3	18.5	21.1	7.5	7	11	10.3	17.1	9.9	5.4	5.4	15.3	14.6
墨西哥	…	47.6	19.3	26.3	6	5.1	0.5	1.1	3.5	2.6	4.6	4.4	…	8.1
荷兰	74.7	72.9	19	20	6.3	5.8	3.8	3.5	15.9	11.5	7.3	7	22.4	25.1
新西兰	76.9	73.5	26.4	26.3	6.2	6	3	3.8	12.3	9.3	3.3	4.5	25.7	23.6
挪威	73.9	70.9	16.4	16.5	9	10	2.3	2.7	10.3	6.6	7.4	9	28.5	26.1
波兰	55.3	42.3	17.4	14.2	5.7	5.9	2.1	1.7	7.5	3.2	6.6	2.6	16	14.7
葡萄牙	55.2	56.3	22	19.3	3.8	3.5	1.8	2.6	5.7	5.7	7.2	8	14.7	17.2
斯洛伐克	61.3	49.6	20.2	12.1	7	7.9	1.7	1.2	7.4	3.9	6.9	6.1	18.1	18.4
西班牙	61.5	63	22.4	20.9	5.7	5.9	2.1	2.7	8.5	5.7	7.6	8.8	15.2	19
瑞典	74.8	73.1	15.4	15.5	6.6	6.9	2.1	2.1	11.7	8.3	6.2	7.9	32.8	32.4
瑞士	66.8	61.8	21.3	22.4	6.6	6.4	5.7	5.4	10.3	7.8	3.9	3.5	19	16.3
土耳其	42.9	…	19.2	13	5	5	1.1	…	2.5	…	5.7	…	9.4	…
英国[4]	79.8	76.6	24.2	23.1	5.9	5.8	4.1	4.4	15.4	12.4	6.4	7.1	23.8	23.8
美国	78.8	74.5	21.4	24.1	4.8	5	4.5	4.7	15	10.6	8.4	9.1	24.7	21

注：1. 该表产业根据国际标准产业分类（ISIC Rev.3）进行划分，表中数据指各类服务业就业占全部就业人数的比重（2005,1995）。

2. 表示不包括卫生及相关服务。

3. 表示宾馆餐饮业包含在"教育、卫生、社会工作及其他服务"中。

4. 表示公共教育服务包含在"公共管理和防卫服务"中。"…"表示无法获得的数据。

资料来源：经济合作与发展组织："OECD in Figures 2007"整理。

表 10　2006 年服务出口额前 30 名国家（地区）服务出口总额及构成的时间序列（1980～2006）

单位：现价，百万美元

国别 (地区)	项　目 ＼ 年　份	1980	1981	1982	1983	1984	1985	1986	1987	1988
美国	全部服务合计	47550	57250	63990	64220	71114	73093	85953	97928	110055
	运输	..	..	..	..	..	..	..	..	..
	旅游	..	..	..	..	..	..	..	..	..
	其他服务：	..	..	..	..	..	..	..	..	..
	通信服务	..	..	..	..	..	..	..	..	..
	建筑服务	..	..	..	..	..	..	..	..	..
	计算机和信息服务	..	..	..	..	..	..	..	..	..
	保险服务	..	..	..	..	..	..	..	..	..
	金融服务	..	..	..	..	..	..	..	..	..
	专利权使用费和特许费	..	..	..	..	..	..	..	..	..
	其他商业服务	..	..	..	..	..	..	..	..	..
	个人、文化和娱乐服务	..	..	..	..	..	..	..	..	..
	政府服务等	..	..	..	..	..	..	..	..	..

国别 (地区)	项　目 ＼ 年　份	1989	1990	1991	1992	1993	1994	1995	1996	1997
美国	全部服务合计	125790	146460	162590	175472	184011	198345	217353	237615	254133
	运输	..	..	..	10.2	11.2	31.5	49.6	50.4	
	旅游	..	..	49.7	48.3	53.8	53.4	81.7	68.1	
	其他服务：	..	..	..	5.4	9.5	29.1	31.5	41.9	
	通信服务	..	..	..	..	..	18.3	20.7	21.5	
	建筑服务									
	计算机和信息服务									
	保险服务									
	金融服务									
	专利权使用费和特许费									
	其他商业服务									0.6
	个人、文化和娱乐服务									
	政府服务等	..	..	..	..	3.4	9.5	10.8	10.8	10.8

国别 (地区)	项　目 ＼ 年　份	1998	1999	2000	2001	2002	2003	2004	2005	2006
美国	全部服务合计	260806	279610	295965	283054	238788	301053	348240	384612	418848
	运输	37.47	47.65	71.37	86.94	88.95	84.3	104.79	125.94	166.8
	旅游	107.2	212.37	303.94	380.41	453.53	389.03	503.46	839.53	963.22
	其他服务：	32.67	33.91	53.14	57.25	61.71	74.65	96.67	151.64	166.29
	通信服务	18.99	21.41	37.5	39.37	41.34	38.75	40.68	42.72	40.34
	建筑服务	..	..	..	..	..	1.18	1.88	1.98	2.5
	计算机和信息服务	..	..	..	..	..	0.34	1.07	0.81	0.89
	保险服务	..	..	..	..	..	1.61	2.74	10.62	13.42
	金融服务	..	..	..	..	..	..	0.17	0.14	
	专利权使用费和特许费	..	..	..	..	..	0.39	0.02	0.4	0.13
	其他商业服务	9.09	7.06	9.08	9.78	11.67	24.49	31.74	39.06	54.68
	个人、文化和娱乐服务	0.5	0.61	0.73	0.85	0.97	1.08	1.2	1.4	1.6
	政府服务等	4.08	4.84	5.83	7.25	7.72	6.8	17.19	54.51	52.74

续表

国别(地区)	项目 \ 年份	1980	1981	1982	1983	1984	1985	1986	1987	1988
英国	全部服务合计	36451.8	34009.7	30860.6	29069.9	28429.4	30197.6	36238	43680.5	48407
	运输	194.23	176.14	205.61	180.56	170.08	232.57	234.01	193.61	269.7
	旅游	62.19	62.19	63.54	69.44	64.38	66.98	42.27	41.03	34.41
	其他服务:	144.56	151.2	158.17	190.77	180.21	199.14	190.9	176.76	154.81
	通信服务	..	..	..	..	..	..	0.49	..	3.02
	建筑服务	..	..	..	..	..	..	63.15	..	46.67
	计算机和信息服务	20.7	17.21	26.03	20.85	30.65	36.16	25.79	26	0.24
	保险服务	..	..	..	..	..	..	5.08	..	1.34
	金融服务	..	..	..	..	..	..	..	..	..
	专利权使用费和特许费	..	..	..	..	..	..	0.75	..	0.2
	其他商业服务	71.19	94.54	97.62	137.27	126.99	120.69	66.01	123.94	72.92
	个人、文化和娱乐服务	..	..	..	..	..	..	..	..	..
	政府服务等	52.68	39.45	34.51	32.65	22.57	42.29	29.63	26.82	30.42

国别(地区)	项目 \ 年份	1989	1990	1991	1992	1993	1994	1995	1996	1997
英国	全部服务合计	48979.5	56696.2	56026.7	61938.5	59501.4	64172.3	76441.1	88575.2	100033.3
	十运输	175.76	157.09	196.88	155.2	120.5	119.61	117.12	140.65	108.84
	旅游	94.23	53.26	72.92	59.35	47.29	27.77	35.84	104.34	83.57
	其他服务:	205.73	171.82	136.19	192.9	223.16	183.45	151.42	250.45	266.12
	通信服务	0.47	7.35	2.23	2.19	2.44	2.52	2.4	16.99	9.9
	建筑服务	62.16	36.51	31.8	31.09	22.67	8.48	12.78	14.62	19.07
	计算机和信息服务	20.78	33.5	14.68	12.85	32.6	12.68	14.99	9.97	5.88
	保险服务	16.55	1.21	1.88	2.34	0.57	4.25	2.4	3.32	3.92
	金融服务	..	..	..	..	..	..	..	..	..
	专利权使用费和特许费	0.72	0.55	0.04	13.11	0.18	0.43	0.18	0.27	0.17
	其他商业服务	85.99	79.7	76.35	110.36	136.95	132.78	56.64	184.7	204.52
	个人、文化和娱乐服务	..	..	..	..	..	..	..	..	..
	政府服务等	19.06	13	9.22	20.97	27.76	22.3	62.03	20.57	22.65

国别(地区)	项目 \ 年份	1998	1999	2000	2001	2002	2003	2004	2005	2006
英国	全部服务合计	109763.7	118641.8	120149.8	119572.3	132540.6	158500.3	197401.9	203030.9	229681
	运输	118.64	97.3	136.81	185.6	127.69	235.21	145.86	..	..
	旅游	85.41	60.29	57.38	72.61	62.29	182.28	157.72	..	..
	其他服务:	324.83	276.15	396.09	599.74	748.58	227.1	617.61	..	..
	通信服务	5.53	2.65	8.4	3.97	25.33	19.24	52.17	..	..
	建筑服务	6.76	0.56	7.02	6.99	4.3	1.44	4.32	..	..
	计算机和信息服务	9.22	6.46	11.69	50.96	1.83	35.59	43.86	..	..
	保险服务	2.45	1.43	5.55	4.65	11.09	1.81	6	..	..
	金融服务	0.01	0.01	0.05	0.05	0.02	2.35	1.19	..	..
	专利权使用费和特许费	0	1.73	2.45	0.06	0.04	0.16	0.12	..	..
	其他商业服务	279.36	243.06	344.26	517.52	685.62	104.01	440.51	..	..
	个人、文化和娱乐服务	0.5	0.04	1.25	1.21	2.45	10.62	16.85	..	..
	政府服务等	21	20.21	15.42	14.34	17.9	51.89	52.59	..	..

续表

国别(地区)	项目＼年份	1980	1981	1982	1983	1984	1985	1986	1987	1988
德国	全部服务合计	—	—	—	—	—	—	—	—	—
	运输	2538.4	2684.1	2438.9	2529.1	2518	2488.5	2537.6	2908.7	3355.7
	旅游	2541	2828.4	2813.4	3013.5	3256.9	3466.1	4222.3	4364.2	5112.4
	其他服务:	2357.9	2885.7	2805.7	3208	3482.9	3872.9	5033.8	5802.1	7186.6
	通信服务	..	134.2	166.9	193.1	230.8	219.7	547.6	696	786.5
	建筑服务	..	..	..	..	..	..	..	..	..
	计算机和信息服务	..	311.9	342	349.7	371.4	520.6	813.2	864.2	961.2
	保险服务	..	0	0	0	0	0	218.7	321.2	329
	金融服务	..	62.5	72.1	103.8	127.4	135.4	194.3	260.9	358.3
	专利权使用费和特许费	..	37.5	32.4	41.3	36.2	49	56.1	70.1	104.8
	其他商业服务	2027.8	1899.2	1717.5	1983	2135.8	2327.3	2374.2	2628.2	3461.4
	个人、文化和娱乐服务	0	73.4	76.1	71.4	126.6	149.3	248.2	303.9	468.8
	政府服务等	330.1	367	398.7	465.7	434.7	471.6	581.5	657.6	716.6

国别(地区)	项目＼年份	1989	1990	1991	1992	1993	1994	1995	1996	1997
德国	全部服务合计	—	62662.3	64065.5	68315.2	63673.4	65710.3	80231.4	83843.5	82734.9
	运输	3970.4	4216.7	4261.9	4328.5	4488.1	4890	5251.2	5797.7	6071.7
	旅游	5641.9	6340.5	6712.8	6534.1	6573.2	6998.9	7883	8616.9	8826.2
	其他服务:	7936.3	8624.2	9384.1	9919	10822.1	12090.5	12946.6	14838.1	16703.8
	通信服务	940	1045.6	1126.8	1031.6	1098.3	1184.7	1277.2	1282	1472.6
	建筑服务	..	44.5	40.1	78.5	68.2	79	95.4	103.4	135
	计算机和信息服务	1260.1	1677.2	1829.4	2058.3	2178.1	2504.3	2255.8	2191.4	2121.8
	保险服务	385.1	419.9	432.9	494.7	658.8	726.3	630.9	728.2	840.6
	金融服务	383.4	467.9	555.1	683.3	808.4	826.7	1010.6	787.6	1082.6
	专利权使用费和特许费	122.4	148.2	183.2	217.5	238.7	322.1	373.7	877.1	1163.4
	其他商业服务	3689.2	3528.5	3968.6	4133.2	4546.2	5113.3	5851.6	7239.6	7834.6
	个人、文化和娱乐服务	381.7	432.8	430.2	467.4	568.9	585.8	748.3	987.1	1181.5
	政府服务等	774.4	859.6	817.8	754.5	656.5	748.3	703.1	641.7	871.7

国别(地区)	项目＼年份	1998	1999	2000	2001	2002	2003	2004	2005	2006
德国	全部服务合计	84507.4	83922.5	83150.3	88714.3	103144	122560	144345	153894	173115
	运输	6163.2	6522.7	7538.8	6860.3	7047.6	7063.2	8473.3	9599.2	10706.1
	旅游	9450.2	10190.9	10771.5	10613	10667.6	10546.3	12870.6	13583.5	14678.1
	其他服务:	18242.2	19384.7	21898.9	21308.8	22736.2	26023	27740.1	30432.9	33947.66
	通信服务	1478.3	1463.9	1377.6	1509.5	1505.1	1708	2029.9	2191	2301.74
	建筑服务	184	195.8	217.4	178.2	100	94.9	127.5	137.8	198.77
	计算机和信息服务	2373.5	2231.8	1937.2	2396.1	3243.4	3432.4	2864.6	3066.6	3456.73
	保险服务	810.2	807	878	748.9	973.6	1067	1075.3	1758.5	1898.97
	金融服务	1383.9	1994.3	2426.7	2330.2	2266.5	2760	3139.8	3417.3	4033.78
	专利权使用费和特许费	1400.1	1544	2257.7	2411.6	2495.9	2832.8	3265.1	3470.9	3245.25
	其他商业服务	8578.5	8727	10241.6	9308	9855.2	11643.4	12437.1	13280.6	14948.3
	个人、文化和娱乐服务	1238.3	1532.5	1803.9	1485	1382.1	1458.9	1584.9	1657	2284.01
	政府服务等	795.4	888.4	958.8	941.3	914.4	1025.6	1215.9	1453.2	1582.11

续表

国别(地区)	项目 \ 年份	1980	1981	1982	1983	1984	1985	1986	1987	1988
法国	全部服务合计	43505.8	41238.6	35542.4	34245.8	34327.5	34437.9	41482.1	49542.4	53805.1
	运输	8.13	15.13	31.45	27.24	20.81	22.02	23.08	0.73	19.53
	旅游	0.37	0.37	0.37	0.57	0.72	0.55	5.9	2.6	3.28
	其他服务:	1.53	1.94	5.64	5.65	2.1	1.9	7.36	10.41	8.73
	通信服务	…	…	…	…	…	…	…	3.21	2.55
	建筑服务	…	…	…	…	…	…	…	0.42	0.79
	计算机和信息服务	0	…	0	0	0.01	0.01	0	…	…
	保险服务	…	…							
	金融服务	…	…							
	专利权使用费和特许费								…	0
	其他商业服务	1.53	1.94	5.64	5.65	2.09	1.89	3.45	0.37	0.13
	个人、文化和娱乐服务	…								
	政府服务等	…	…				…	3.92	6.39	5.3

国别(地区)	项目 \ 年份	1989	1990	1991	1992	1993	1994	1995	1996	1997
法国	全部服务合计	60377.9	75174.1	77322.8	90551	84996.3	81052.7	84018.7	83537.7	81718.5
	运输	14.73	14.92	14.37	17.07	17.4	22.27	34.17	44.58	53.48
	旅游	3.73	5.92	8.06	7.1	8.53	8.76	9.68	11.23	15.01
	其他服务:	8.18	14.09	11.43	15.14	14.06	18.97	23.05	21.71	22.82
	通信服务	2.17	5.03	4.1	2.71	3.72	7.09	9.84	4.81	3.4
	建筑服务	1.33	2.11	0.73	0.95	1.24	0.07	2.3	1.86	2.61
	计算机和信息服务	…	…	…	…	…	…	…	…	…
	保险服务	…	…	…	…	…	…	…	…	…
	金融服务	…	…							
	专利权使用费和特许费	…	…	0.03	0.16	0.03	0.09	0.03	0.01	0.42
	其他商业服务	0.47	1.83	1.26	2.3	3.02	1.09	1.43	2.94	3.63
	个人、文化和娱乐服务	…	…	…	…	…	…	…	…	…
	政府服务等	4.21	5.06	5.01	9.03	6	7.63	9.43	12.09	12.75

国别(地区)	项目 \ 年份	1998	1999	2000	2001	2002	2003	2004	2005	2006
法国	全部服务合计	85921.8	83402.7	80603.4	80160.3	85666.5	98367.3	109365.3	116012.3	118478
	运输	45.03	43.64	44.2	50.82	52.59	83.15	99.05	106.1	128.09
	旅游	20.27	28.52	40.69	53.78	65.46	86.8	99.41	121.79	215.11
	其他服务:	21.13	32.89	22.7	25.29	24.73	32.51	40.33	49.11	54.25
	通信服务	4.72	5.4	10.45	10.81	12.75	14.59	17.05	18.83	22.72
	建筑服务	2.1	7.29	0.86	0.15	0.06	…	…	…	…
	计算机和信息服务	0.18	2.49	1.06	2.48	0.41	1.17	1.73	1.52	4.77
	保险服务	0	0.02	0.01	0.04	0.01	0.15	0.06	0.64	1.16
	金融服务	0.01	0.15	0.08	0.1	0.03	0.04	0.1	0.02	0.02
	专利权使用费和特许费	0	0.04	0	0.13	0.56	0.07	…	…	…
	其他商业服务	2.12	7.37	3.1	2.17	1.28	3.52	3	2.69	0.87
	个人、文化和娱乐服务	…	0.02	0.01	0.07	0.97	0.05	0.04	0.01	0.01
	政府服务等	11.99	9.63	7.02	9.34	8.58	12.02	18.35	25.3	25.29

续表

国别(地区)	项目 / 年份	1980	1981	1982	1983	1984	1985	1986	1987	1988
日本	全部服务合计	20240	23850	22360	21510	23120	21510	26251	28940	35369.5
	运输	3.47	8.48	8.38	7.17	5.51	7.2	7.14	7	5.93
	旅游	2.75	2.76	3.51	1.6	2.06	2.19	5.44	8.84	5
	其他服务:	47.63	42.51	29.52	26.6	28.21	37.4	43.42	52	51.4
	通信服务	..				..		..		..
	建筑服务									..
	计算机和信息服务	1.28	0.74	1.02	0.99	1.15	1.56	2.85	2.61	4.58
	保险服务									
	金融服务									
	专利权使用费和特许费						..			..
	其他商业服务	0.71	0.57	1.07	0.58	0.44	0.71	2.1	1.91	2.76
	个人、文化和娱乐服务	..								
	政府服务等	45.95	41.2	27.5	25.83	24.63	35.12	38.67	47.48	44.06

国别(地区)	项目 / 年份	1989	1990	1991	1992	1993	1994	1995	1996	1997
日本	全部服务合计	40260.2	41384.1	44837.2	49069	53219.3	58297.1	65274	67712.2	69303.5
	运输	5.97	8.83	5.58	5.74	5.8	..			..
	旅游	3.19	2.78	3.11	3.02	5.77				
	其他服务	55.4	57.48	41.33	36.37	37.69				
	通信服务	..								
	建筑服务									
	计算机和信息服务	2.51	3.27	4.57	4.84	31.38				
	保险服务									
	金融服务									
	专利权使用费和特许费	..								
	其他商业服务	3.32	2.48	3.03	2.27	2.12				
	个人、文化和娱乐服务	..								
	政府服务等	50.58	51.71	34.03	29.27	32.24				

国别(地区)	项目 / 年份	1998	1999	2000	2001	2002	2003	2004	2005	2006
日本	全部服务合计	62412	60998.2	69238.1	64516.2	65712	77670.8	97611.2	110210	117298
	运输	..	..	..	..	..	..	..	..	..
	旅游	..	..	..	..	..	..	..	..	..
	其他服务:	..	..	..	..	..	..	..	..	..
	通信服务	..	..	..	..	..	..	..	..	..
	建筑服务	..	..	..	..	..	..	..	..	..
	计算机和信息服务	..	..	..	..	..	..	..	..	..
	保险服务	..	..	..	..	..	..	..	..	..
	金融服务	..	..	..	..	..	..	..	..	..
	专利权使用费和特许费	..	..	..	..	..	..	..	..	..
	其他商业服务	..	..	..	..	..	..	..	..	..
	个人、文化和娱乐服务	..	..	..	..	..	..	..	..	..
	政府服务等	..	..	..	..	..	..	..	..	..

续表

国别(地区)	项目＼年份	1980	1981	1982	1983	1984	1985	1986	1987	1988
西班牙	全部服务合计	11593.3	11330.9	11541.5	11365.1	12324.6	12547.4	17154.8	21210.4	23714.4
	运输	..	..	..	1.57	7.88	1.38	2.42	2.79	2.17
	旅游	0.38	3.21	2.33	2.61	10.35	6.81	4.96	5.57	7.21
	其他服务:	..	0.91	0.02	20.06	18.61	24.42	37.12	62.02	69.36
	通信服务	..	..	..	..	..	..	..	..	..
	建筑服务	..	..	..	..	..	..	..	..	..
	计算机和信息服务	..	..	..	0.14	0.16	0.38	0.55	0.12	0.45
	保险服务	..	..	..	..	..	..	..	..	..
	金融服务	..	..	..	..	..	..	..	..	..
	专利权使用费和特许费	..	..	..	..	..	..	..	..	..
	其他商业服务	..	..	0.02	0.09	2.15	5.49	6.41	9.58	9.32
	个人、文化和娱乐服务	..	..	..	..	..	..	..	..	..
	政府服务等	..	0.91	..	19.83	16.3	18.55	30.16	52.31	59.59

国别(地区)	项目＼年份	1989	1990	1991	1992	1993	1994	1995	1996	1997
西班牙	全部服务合计	23917.6	27680.92	29479.34	33668.9	30630.9	33645.3	40077.6	44422.7	44330.1
	运输	2.08	4.32	4.47	1.81	2.59	1.06	14.59	6.06	4.89
	旅游	7.57	8.01	6.7	7.82	7.53	11.65	43.17	22.04	22.35
	其他服务:	32.64	28.59	19.77	17.1	36.98	42.08	16.34	15.7	22.26
	通信服务	..	..	..	..	..	..	..	..	..
	建筑服务	..	..	..	..	..	..	..	..	..
	计算机和信息服务	0.38	0.05	0.74	0.39	1.14	0.41	..	..	..
	保险服务	..	..	..	..	..	..	..	..	..
	金融服务	..	..	..	..	..	..	..	..	..
	专利权使用费和特许费	..	..	..	..	..	..	..	..	..
	其他商业服务	18.33	11.09	6.49	3.9	4.44	10.29	..	..	..
	个人、文化和娱乐服务	..	..	..	..	..	..	..	..	..
	政府服务等	13.94	17.45	12.53	12.81	31.4	31.39	..	..	..

国别(地区)	项目＼年份	1998	1999	2000	2001	2002	2003	2004	2005	2006
西班牙	全部服务合计	49214.7	52469.1	52582.4	55722.9	59783.5	74138.2	86116.2	93779.5	106278
	运输	3.69	1.99	0.54	1.57	1.13	..	..	..	..
	旅游	15.03	14.88	14.23	22.54	25.22	..	..	..	..
	其他服务:	42.3	36.56	36.35	37.82	40.94	..	..	..	..
	通信服务	..	..	..	..	..	..	..	..	..
	建筑服务	..	..	..	..	..	..	..	..	..
	计算机和信息服务	..	..	..	..	..	..	..	..	..
	保险服务	..	..	..	..	..	..	..	..	..
	金融服务	..	..	..	..	..	..	..	..	..
	专利权使用费和特许费	..	..	..	..	..	..	..	..	..
	其他商业服务	..	..	..	..	..	..	..	..	..
	个人、文化和娱乐服务	..	..	..	..	..	..	..	..	..
	政府服务等	..	..	..	..	..	..	..	..	..

续表

国别(地区)	项目＼年份	1980	1981	1982	1983	1984	1985	1986	1987	1988
意大利	全部服务合计	19191.9	16358.7	16890.8	17722.8	18009.7	19817.9	23645.2	29714.7	30187.5
	运输	406.2	356	300.6	274.3	249.7	284	339	370	439
	旅游	175	200	125	98	112	122.7	183.1	184.5	199.3
	其他服务：	681.8	616	510.4	424.7	302.3	285.82	518.96	490.5	451.6
	通信服务	4	5	9	13	13	1	26.8	43.7	4.6
	建筑服务	..	..	..	..	..	..	..	..	..
	计算机和信息服务	26.8	17	17.4	17.7	16.3	39.22	50.16	48.1	68.1
	保险服务	..	..	..	..	..	..	..	..	..
	金融服务	..	..	..	..	..	..	..	..	..
	专利权使用费和特许费	..	..	..	..	..	..	..	..	..
	其他商业服务	606	540	434	353	229	209.8	400.1	359.4	326.8
	个人、文化和娱乐服务	..	..	..	..	..	..	..	..	..
	政府服务等	45	54	50	41	44	35.8	41.9	39.3	52.1

国别(地区)	项目＼年份	1989	1990	1991	1992	1993	1994	1995	1996	1997
意大利	全部服务合计	31789.8	49666.2	46910.9	58544.8	52284.5	53680.8	61619.5	65659.5	66991.2
	运输	526	714	780	935	913	1142	1194	1650.63	1817.85
	旅游	408.1	531.4	687	704	791	825	911	930.9	1103.41
	其他服务：	600.15	602.7	639.7	721	808.7	872.9	1227.9	1006.42	970.57
	通信服务	2.1	17.4	31.2	35.3	52.7	76.9	179	193.5	191.9
	建筑服务	..	..	..	..	..	..	..	..	..
	计算机和信息服务	54.05	87.9	46.7	77.3	92.8	39.6	240	90.9	90.3
	保险服务	..	..	..	..	..	..	..	27	26.8
	金融服务	..	..	..	..	..	..	..	26.2	26
	专利权使用费和特许费	..	0.1	0.5	0.5	1.7	6	1.9	10.1	10
	其他商业服务	488	434.9	514.8	532.7	590.2	674.4	723	537.52	505.17
	个人、文化和娱乐服务	..	..	..	..	..	..	..	28.2	28
	政府服务等	56	62.4	66.5	75.2	71.3	76	84	93	92.4

国别(地区)	项目＼年份	1998	1999	2000	2001	2002	2003	2004	2005	2006
意大利	全部服务合计	67548.9	58787.9	56556.1	57676.3	60439.2	71766.8	84524.1	89204.5	98580.6
	运输	1910.21	2038.92	2187.61	2294.02	2205.44	2770.67	3456.84	4272.03	4468.64
	旅游	1104.5	910.86	819.4	798.5	897.63	883.45	1095	1109.13	1214.4
	其他服务：	937.28	919.22	1075.9	1045.86	1282.48	1415.41	1481.85	1638.68	1820.94
	通信服务	203	182.6	207.3	124.72	161.8	158.07	162.74	94.75	125.7
	建筑服务	..	..	..	..	..	..	..	..	..
	计算机和信息服务	67.7	76.5	76	70.5	137.88	124.07	136.2	158.22	166.24
	保险服务	27.1	42.3	37.5	34.19	24.61	29.61	31.42	34.01	37.37
	金融服务	25.8	30.3	33.4	42.84	62.9	81.4	70.5	74.2	71.76
	专利权使用费和特许费	5.1	6	10	24.9	41.1	45.45	48.46	54.02	55.2
	其他商业服务	487.78	469.62	601.6	651.98	745.3	829.9	889.77	1060.09	1188.39
	个人、文化和娱乐服务	28.1	23	21.7	29.03	38.59	67.6	58.3	69.2	78.44
	政府服务等	92.7	88.9	88.4	67.7	70.31	79.31	84.46	94.19	97.84

续表

国别(地区)	项目＼年份	1980	1981	1982	1983	1984	1985	1986	1987	1988
中国	全部服务合计	..	..	2512	2479	2811	3055	3827	4437	4858
	运输	..	..	1313	1341	1253	1302	1315	1345	2062
	旅游	..	..	703	767	922	979	1227	1693	1797
	其他服务	..	..	496	371	636	774	1285	1399	999
	通信服务	..	..	27	22	32	13	15	12	24
	建筑服务	..	..	..	..	..	..	..	..	..
	计算机和信息服务	..	..	202	203	224	196	229	252	345
	保险服务	..	..	..	..	..	..	..	..	..
	金融服务	..	..	..	..	..	..	..	..	..
	专利权使用费和特许费	..	..	..	..	..	..	..	..	..
	其他商业服务	..	..	231	133	352	135	826	931	493
	个人、文化和娱乐服务	..	..	..	..	..	..	..	..	..
	政府服务等	..	..	36	13	28	130	215	204	137

国别(地区)	项目＼年份	1989	1990	1991	1992	1993	1994	1995	1996	1997
中国	全部服务合计	4603	5855	6979	9249	11195	16620	19130.3	20601	24569
	运输	1734	2706	2011	2079	1930	3079	3352.09	3070	2955
	旅游	1488	1738	2346	3530	4683	7323	8730	10200	12074
	其他服务	1381	1411	2622	3640	4580	6218	7048.21	7331	9540
	通信服务	118	159	221	349	471	706	755.73	315	272
	建筑服务	..	..	..	..	..	..	..	..	590
	计算机和信息服务	332	227	342	486	452	1700	1852.14	123	174
	保险服务	..	..	..	..	..	..	..	..	27
	金融服务	..	..	..	..	..	..	..	..	84
	专利权使用费和特许费	..	..	..	..	..	..	..	..	55
	其他商业服务	780	918	1944	2664	3456	3546	3740	6859	8263
	个人、文化和娱乐服务	..	..	..	..	..	..	..	..	10
	政府服务等	151	107	115	141	201	266	700.34	34	65

国别(地区)	项目＼年份	1998	1999	2000	2001	2002	2003	2004	2005	2006
中国	全部服务合计	23895	26248	30430.5	33334	39744.5	46733.6	62434.1	74404.1	91999.2
	运输	2800	2420	3670.96	4635	5720.21	7906.41	12067.5	15426.5	21015.3
	旅游	12602	14098	16231	17792	20385	17406	25739	29296	33949
	其他服务	8993	9730	10528.5	10907	13639.3	21421.2	24627.6	29681.6	37035
	通信服务	819	590	1345.45	271	550.11	638.41	440.46	485.23	737.87
	建筑服务	594	985	602.31	830	1246.45	1289.65	1467.49	2592.95	2752.64
	计算机和信息服务	384	204	107.8	227	208.94	312.78	380.78	549.42	548.18
	保险服务	27	111	77.8	99	51.01	151.96	93.95	145.23	145.43
	金融服务	134	265	355.95	461	638.17	1102.18	1637.13	1840.18	2957.71
	专利权使用费和特许费	63	75	80.35	110	132.82	106.98	236.36	157.4	204.5
	其他商业服务	6941	7410	7663.02	8448	10418.9	17427	19951.9	23282.6	28972.5
	个人、文化和娱乐服务	15	7	11.3	28	29.67	33.44	40.99	133.86	137.43
	政府服务等	16	83	284.54	433	363.26	358.78	378.5	494.66	578.68

续表

国别(地区)	项目＼年份	1980	1981	1982	1983	1984	1985	1986	1987	1988
荷兰	全部服务合计	17150.2	15283.2	15271.4	15559.2	13450.8	13795.9	17134.9	20673.3	22317.8
	运输	2641.28	2869.66	2971.18	2865.67	3042.98	3150.82	3582.47	4448.83	5214.71
	旅游	1312.1	1455.93	1444.33	1564.14	1794.83	1925.17	2362.94	3374.2	4456.7
	其他服务:	1809.92	1888.61	2073.49	1837.39	2271.39	2655.21	3148.89	3894.37	4423.09
	通信服务	..	..	..	..	..	..	..	..	..
	建筑服务	..	..	..	..	..	..	..	..	..
	计算机和信息服务	..	..	..	..	..	..	..	..	..
	保险服务	..	..	..	..	..	..	..	..	..
	金融服务	..	..	..	..	..	..	..	..	..
	专利权使用费和特许费	..	..	..	..	..	..	..	..	..
	其他商业服务	..	..	..	..	..	..	..	..	..
	个人、文化和娱乐服务	..	..	..	..	..	..	..	..	..
	政府服务等	..	..	..	..	..	..	..	..	..

国别(地区)	项目＼年份	1989	1990	1991	1992	1993	1994	1995	1996	1997
荷兰	全部服务合计	24744.7	29301.6	33000.2	38273.6	37922.9	41522.6	45917.3	47236.8	48974.9
	运输	5983.97	6990.88	8325.31	9491.28	10352.9	11694.62	12464.32	13001.18	13114.27
	旅游	4965.92	5322.51	5488.48	6876.63	7905.38	8315.48	9683.82	10927.94	9310.91
	其他服务:	5216.41	5814.31	6760.31	7922.49	9431.52	11132.2	12189.36	14366.28	16088.42
	通信服务	..	..	..	..	..	..	..	..	..
	建筑服务	..	..	..	..	..	..	..	..	..
	计算机和信息服务	..	..	..	..	..	..	..	..	..
	保险服务	..	..	..	..	..	..	..	..	..
	金融服务	..	..	..	..	..	..	..	..	..
	专利权使用费和特许费	..	..	..	..	..	..	..	..	..
	其他商业服务	..	..	..	..	..	..	..	..	..
	个人、文化和娱乐服务	..	..	..	..	..	..	..	..	..
	政府服务等	..	..	..	..	..	..	..	..	..

国别(地区)	项目＼年份	1998	1999	2000	2001	2002	2003	2004	2005	2006
荷兰	全部服务合计	49760.4	52022.9	49318.8	51248.3	56137.9	63226.9	73771.9	80092.2	82271.4
	运输	10983.9	11501.7	12772	12011.6	13303.3	13831.8	17357.8	20318.5	22297.86
	旅游	5876.32	5522.14	5906.39	5944.8	7454.13	7141.12	8999.2	10295.6	11475.02
	其他服务:	17179.4	18600.7	21751.3	23178.4	23845.1	25582.3	28800	33147.3	38510.32
	通信服务	835.34	450.14	362.33	504.95	705.87	755.7	852.36	942.05	1375.34
	建筑服务	371.71	343.27	337.56	411.09	343.38	509.62	377.64	313.24	533.43
	计算机和信息服务	400.5	395.1	443.05	455.97	438.65	393.69	410.51	413.81	411.96
	保险服务	2712.21	3873.89	4371.51	4483.54	4193.91	3763.05	4553.3	8321.92	9269.03
	金融服务	139.05	125.94	59.68	154	207.59	246.44	244.61	264.77	390.63
	专利权使用费和特许费	155.45	77.6	106.65	195.67	228.88	340.6	217.91	245.22	354.81
	其他商业服务	12403.3	13193.1	15931.8	16795	17558	19381.6	21797.6	24318	35337.22
	个人、文化和娱乐服务	112.58	84.82	51.51	98.99	111.94	137.42	289.68	270.17	430.97
	政府服务等	49.19	56.85	67.38	79.12	54.88	55.22	56.37	58.12	87.91

续表

国别(地区)	项目\年份	1980	1981	1982	1983	1984	1985	1986	1987	1988
印度	全部服务合计	2971.26	2797.36	2932.7	3290.11	3232.03	3384.17	3228.23	3363.4	3791.28
	运输	..	..	..	..	..	..	..	..	..
	旅游	369.39	475.96	520.89	493.38	556.14	516.63	551.6	716.17	885.67
	其他服务:	..	..	..	..	..	..	..	..	..
	通信服务	..	..	..	..	..	..	..	..	..
	建筑服务	..	..	..	..	..	..	..	..	..
	计算机和信息服务	..	..	..	..	..	..	..	..	..
	保险服务	..	..	..	..	..	..	..	..	..
	金融服务	..	..	..	..	..	..	..	..	..
	专利权使用费和特许费	..	..	..	..	..	..	..	..	..
	其他商业服务	..	..	..	..	..	..	..	..	..
	个人、文化和娱乐服务	..	..	..	..	..	..	..	..	..
	政府服务等	..	..	..	..	..	..	..	..	..

国别(地区)	项目\年份	1989	1990	1991	1992	1993	1994	1995	1996	1997
印度	全部服务合计	4139.8	4624.86	4925.46	4934.09	5107.02	6038.15	6774.72	7238.39	9110.61
	运输	..	..	..	..	..	..	..	..	..
	旅游	1133.18	1436.66	1724.63	2188.29	2429.34	2671.76	3102.74	3097.81	2956.55
	其他服务:	..	..	..	..	..	..	..	..	..
	通信服务	..	..	..	..	..	..	..	..	..
	建筑服务	..	..	..	..	..	..	..	..	..
	计算机和信息服务	..	..	..	..	..	..	..	..	..
	保险服务	..	..	..	..	..	..	..	..	..
	金融服务	..	..	..	..	..	..	..	..	..
	专利权使用费和特许费	..	..	..	..	..	..	..	..	..
	其他商业服务	..	..	..	..	..	..	..	..	..
	个人、文化和娱乐服务	..	..	..	..	..	..	..	..	..
	政府服务等	..	..	..	..	..	..	..	..	..

国别(地区)	项目\年份	1998	1999	2000	2001	2002	2003	2004	2005	2006
印度	全部服务合计	11691.1	14509	16683.7	17337	19478.2	23901.7	38280.9	55830.9	75354.2
	运输	..	..	..	..	284.54	240.56	346.27	398.98	457.6
	旅游	2644.87	2483.61	3011.12	3469.25	4306.05	5154.77	7479.4	7978.55	9828.35
	其他服务:	..	..	..	..	167.67	209.64	237.81	234.84	252.07
	通信服务	..	..	..	..	41.21	45.34	48.03	55.77	56.6
	建筑服务	..	..	..	..	..	..	..	..	..
	计算机和信息服务	..	..	..	..	16.01	18.95	18.67	14.76	18.55
	保险服务	..	..	..	..	18.35	23.06	31.89	31.97	46.2
	金融服务	..	..	..	..	..	..	..	..	..
	专利权使用费和特许费	..	..	..	..	..	..	..	..	..
	其他商业服务	..	..	..	..	92.11	122.29	139.22	132.34	130.73
	个人、文化和娱乐服务	..	..	..	..	..	..	..	..	..
	政府服务等	..	..	..	..	..	..	..	..	..

续表

国别(地区)	项目 \ 年份	1980	1981	1982	1983	1984	1985	1986	1987	1988
中国香港	全部服务合计	5763.3	6214.2	6489	6267.2	7109.2	7731.2	9094.3	11717.4	14094.5
	运输	484	601	567	668	640	883	1113	1596	2111
	旅游	988	1080	953	990	1067	962	1332	1620	2289
	其他服务：	472	615	652	659	765	714	1149	976	1357
	通信服务	..	..	..	..	..	..	..	..	..
	建筑服务	..	..	..	..	..	..	..	..	..
	计算机和信息服务	..	..	..	..	..	..	..	..	..
	保险服务	..	..	..	..	..	..	..	..	..
	金融服务	..	..	..	..	..	..	..	..	..
	专利权使用费和特许费	..	..	..	..	..	..	..	..	..
	其他商业服务	..	..	..	..	..	..	..	..	..
	个人、文化和娱乐服务	..	..	..	..	..	..	..	..	..
	政府服务等	..	..	..	..	..	..	..	..	..

国别(地区)	项目 \ 年份	1989	1990	1991	1992	1993	1994	1995	1996	1997
中国香港	全部服务合计	16167.3	18127.7	20574.1	24290.4	27689.8	31142.3	34337.5	38295.4	38513.6
	运输	2227	2323	2630	2728	3146	3732	4548	4237	3777
	旅游	2699	1741	2017	2449	2942	3210	3287	3636	3403
	其他服务：	2221	2944	3742	5041	7226	6263	7181	8387	9964
	通信服务	..	..		426	457	480	563	603	613
	建筑服务				87	123	69	111	136	127
	计算机和信息服务				284	403	369	418	324	471
	保险服务				..		0	0	741	722
	金融服务						0	0	8	28
	专利权使用费和特许费				322	332	210	241	256	237
	其他商业服务				3844	5826	5045	5759	6208	7620
	个人、文化和娱乐服务						0		5	23
	政府服务等	..	..	..	78	85	90	89	106	123

国别(地区)	项目 \ 年份	1998	1999	2000	2001	2002	2003	2004	2005	2006
中国香港	全部服务合计	33839.6	35624.5	40429.6	41134.7	44600.5	46555.3	55157	63761.4	72283.2
	运输	3656	3507	4121	3581	3750	4387	5294	5924	6259
	旅游	3372	3571	3738	4335	4583	2977	4054	4977	5136
	其他服务：	9740	10083	12151	11979	13302	15802	16441	14926	17877
	通信服务	629	412	294	264	283	338	333	320	264
	建筑服务	160	167	119	99	100	118	152	121	152
	计算机和信息服务	699	376	607	404	563	451	382	365	532
	保险服务	712	680	805	514	757	863	1142	1517	1232
	金融服务	23	40	117	154	115	110	110	105	186
	专利权使用费和特许费	317	245	371	339	255	215	290	234	244
	其他商业服务	7069	8013	9692	10034	11048	13529	13739	11950	14779
	个人、文化和娱乐服务	23	26	26	36	47	40	49	61	76
	政府服务等	108	124	120	135	134	138	244	253	412

续表

国别 (地区)	项目＼年份	1980	1981	1982	1983	1984	1985	1986	1987	1988
	全部服务合计	1380.68	1209.25	1219	1173.86	1165.92	1285.7	1589.1	2069.6	2430.5
	运输	417.8	468.97	424.5	379.7	384.3	360.5	381.4	448.4	181.3
	旅游	478	437	484	235	245	192	418	349	461
	其他服务：	446.2	242.4	426.6	229.3	297.7	302.5	308.6	368.6	465.7
	通信服务	..	..	..	..	..	..	..	..	..
	建筑服务	..	..	..	..	..	..	..	..	..
爱尔兰	计算机和信息服务	75.2	84.4	166.6	118.3	119.7	125.5	104.6	126.6	139.7
	保险服务	..	..	..	..	..	..	..	..	..
	金融服务	..	..	..	..	..	..	..	..	..
	专利权使用费和特许费	11	17	26	30	33	29	11	11	13
	其他商业服务	312	107	193	56	119	117	165	197	279
	个人、文化和娱乐服务	..	..	..	..	..	..	..	..	..
	政府服务等	48	34	41	25	26	31	28	34	34

国别 (地区)	项目＼年份	1989	1990	1991	1992	1993	1994	1995	1996	1997
	全部服务合计	2540	3400.28	3678.79	4020.6	3784.4	4298.3	5010.1	5746.9	6209.4
	运输	445.8	484	516.4	643.6	972.5	499.29	565.04	591.82	646.97
	旅游	335	406	468	705.3	755.1	659.44	556.55	1126.3	1043.16
	其他服务：	510.2	710	608.6	634	792.3	412.42	478.86	480.03	463.8
	通信服务	..	..	..	..	..	263.18	258.09	258.13	246.56
	建筑服务	..	..	..	..	..	..	..	..	..
爱尔兰	计算机和信息服务	181.2	264	197.6	222.1	279	..	..	1.24	0.95
	保险服务	..	..	..	..	..	63.96	106.55	109.5	102.9
	金融服务	..	..	..	..	..	1.8	2.25	2.27	2.91
	专利权使用费和特许费	17	21	29	24.3	30.2	0.14	0.23	0.67	1.38
	其他商业服务	273	373	329	337	420	32.72	38.28	41.1	44.99
	个人、文化和娱乐服务	..	..	..	..	..	1.39	3.98	8.05	6.08
	政府服务等	39	52	53	50.6	63.1	49.23	59.46	59.07	59.74

国别 (地区)	项目＼年份	1998	1999	2000	2001	2002	2003	2004	2005	2006
	全部服务合计	16735.2	14696.2	16885	24637.8	28427.8	41911.4	52676.7	57849.2	68959.65
	运输	621.29	603.99	587.91	566.55	539.2	522.93	679.44	779.5	898.64
	旅游	927.61	927.29	1030.4	1217.29	966.98	893.24	1058.06	1217.84	1550.26
	其他服务：	406.05	409.07	430.3	406	361.14	404.94	517.8	666.32	924.06
	通信服务	175.18	165.19	181.72	181.94	146.01	133.36	182.8	217.21	252.28
	建筑服务	..	..	..	..	..	..	..	..	..
爱尔兰	计算机和信息服务	..	0.08	..	..	..	..	..	..	..
	保险服务	95.28	100.15	73.98	53.13	35.7	35.86	31.2	30.77	59.31
	金融服务	3.87	3.39	3.83	7.56	5.94	15.48	16.71	21.06	35.07
	专利权使用费和特许费	3.76	6.12	5.41	2.64	4.07	5.98	7.46	9.94	11.34
	其他商业服务	58.17	54.29	77.62	67.82	74.13	113.47	170.52	272.32	444.66
	个人、文化和娱乐服务	6.41	15.61	23.33	25.43	27.01	31.14	38.72	41.45	45.5
	政府服务等	63.38	64.02	64.41	67.47	68.3	68.63	70.4	73.58	75.79

国别 (地区)	项目＼年份	1980	1981	1982	1983	1984	1985	1986	1987	1988
	全部服务合计	—	—	—	—	—	—	—	—	—
	运输	0.98	0.32	0.32	0.47	0.52	0.55	0.75	4.49	4.14
	旅游	0.82	0.75	1.7	1.62	1.03	1.78	2.89	2.66	2.5
	其他服务：	0.43	0.04	0.53	0.55	1.1	1.89	3.12	7.29	10.21
	通信服务	..	..	..	..	..	..	..	..	..
	建筑服务	..	..	..	..	..	..	..	..	..
比利时	计算机和信息服务	0.09								
	保险服务	..	..	..	..	..	..	..	..	..
	金融服务	..	..	..	..	..	..	..	..	..
	专利权使用费和特许费	..	..	..	..	..	..	..	..	..
	其他商业服务	0.34		0.04	0.03	0.07	0.11	0.23	0.71	0.44
	个人、文化和娱乐服务	..	..	..	..	..	..	..	..	..
	政府服务等		0.04	0.49	0.52	1.03	1.78	2.89	6.58	9.77

国别 (地区)	项目＼年份	1989	1990	1991	1992	1993	1994	1995	1996	1997
	全部服务合计	—	—	—	—	—	—	—	..	..
	运输	4.1	3.95	4.47	3.79	3.95	3.28	4.28	..	..
	旅游	3.26	1.78	8.62	11.02	15.75	15.7	20.92	..	..
	其他服务：	10.18	11.14	11.61	11.78	11.35	9.86	9.32	..	..
	通信服务	..	..	..	..	..	..	..	..	..
	建筑服务	..	..	..	..	..	..	..	..	..
比利时	计算机和信息服务	..	..	..	..	..	..	..	..	..
	保险服务	..	..	..	..	..	..	..	..	..
	金融服务	..	..	..	..	..	..	..	..	..
	专利权使用费和特许费	..	..	..	..	..	..	..	..	..
	其他商业服务	0.39	0.47	0.39	0.4	1.6	1.62	1.85	..	..
	个人、文化和娱乐服务	..	..	..	..	..	..	..	..	..
	政府服务等	9.79	10.67	11.22	11.38	9.75	8.24	7.46	..	..

国别 (地区)	项目＼年份	1998	1999	2000	2001	2002	2003	2004	2005	2006
	全部服务合计					37822	44707.9	52708.2	56144.1	59592.1
	运输	..	..	..	..	..	3.47	3.81	4.67	..
	旅游	..	..	..	..	..	15.57	21.36	23.61	..
	其他服务：	..	..	..	..	..	9.66	15.83	16.32	..
	通信服务	..	..	..	..	..	..	..	..	..
	建筑服务	..	..	..	..	..	..	..	..	..
比利时	计算机和信息服务	..	..	..	..	..	..	..	..	..
	保险服务	..	..	..	..	..	..	..	..	..
	金融服务	..	..	..	..	..	..	..	..	..
	专利权使用费和特许费	..	..	..	..	..	..	..	..	..
	其他商业服务	..	..	..	..	..	..	..	..	..
	个人、文化和娱乐服务	..	..	..	..	..	..	..	..	..
	政府服务等	..	..	..	..	..	..	..	..	..

国别(地区) / 项目 \ 年份	1980	1981	1982	1983	1984	1985	1986	1987	1988
全部服务合计	7437.4	8398.4	8057.6	8751.8	9257.4	9826.5	11794.8	13076.2	15655.1
运输	50.87	42.87	36.79	46.57	47.54	39.97	52.07	47.08	43.51
旅游	7.41	4.71	7.09	6.35	5.21	6.33	6.49	6.84	6.06
其他服务：	52.34	36.43	33.72	34.84	27.56	28.39	44.54	43.24	42.7
通信服务	..	..	..	..	..	..	..	..	..
建筑服务	..	..	..	..	..	..	..	..	..
计算机和信息服务	5.09	3.12	1.48	0.89	1.43	0.08	0.34	9.81	3.72
保险服务	..	..	..	..	..	..	..	..	..
金融服务	..	..	..	..	..	..	..	..	..
专利权使用费和特许费	..	..	..	..	..	..	..	..	..
其他商业服务	40.13	20.03	7.3	17.25	11.85	9.09	11.49	11.36	13.01
个人、文化和娱乐服务	..	..	..	..	..	..	..	..	..
政府服务等	7.12	13.29	24.94	16.7	14.27	19.22	32.71	22.07	25.97

加拿大

国别(地区) / 项目 \ 年份	1989	1990	1991	1992	1993	1994	1995	1996	1997
全部服务合计	17548.2	19181.8	20357.5	20783.7	21882.5	23981.4	26082	29253.3	31600.7
运输	39.69	35.26	38.64	32.87	21.9	28.46	32.08	18.17	48.24
旅游	7.21	8.45	8.15	7.56	6	3.6	13.75	10.62	10.38
其他服务：	48.4	55.46	52.46	25.69	28.25	34.94	41.59	63.08	41.06
通信服务	..	..	..	..	..	..	0.14	0.46	0.35
建筑服务	..	..	..	..	..	..	..	..	..
计算机和信息服务	0.13	..	..	..	..	..	0.01	0.26	0.22
保险服务	..	..	..	..	..	..	..	..	..
金融服务	..	..	..	..	..	..	..	..	..
专利权使用费和特许费	..	..	..	..	..	..	..	..	..
其他商业服务	25.7	21.67	18.08	13.22	12.36	16.57	13.54	28.53	24.16
个人、文化和娱乐服务	..	..	..	..	..	..	1.95	1.95	2.12
政府服务等	22.57	33.79	34.38	12.47	15.89	18.37	25.95	31.88	14.2

加拿大

国别(地区) / 项目 \ 年份	1998	1999	2000	2001	2002	2003	2004	2005	2006
全部服务合计	33855.3	36100.7	40211.1	38782.6	40452.5	43634.4	49086.8	53614.5	59331.9
运输	12.87	30.51	33.59	39.8	37.23	31.49	31.61	76.59	..
旅游	8.57	12.51	12.14	21.82	25.41	28.73	22.15	33.75	
其他服务：	96.18	103.01	90.78	82.22	102.16	133.86	142.92	124.37	
通信服务	1.07	0.38	0.91	2.89	3.74	5.33	9.46	..	..
建筑服务	..	..	..	..	..	..	..	..	..
计算机和信息服务	1.37	1.24	2.08	4.22	3.93	29.42	29.15	..	..
保险服务	..	..	..	..	..	..	..	..	..
金融服务	..	..	..	..	..	..	..	..	..
专利权使用费和特许费	..	..	..	..	..	..	..	..	..
其他商业服务	82.75	88.02	68.72	51.5	66.05	80.35	80.07	112.99	..
个人、文化和娱乐服务	5.14	6.67	12.47	16.67	21.41	9.29	10.79	..	..
政府服务等	5.85	6.7	6.6	6.94	7.03	9.46	13.44	11.38	..

加拿大

续表

国别(地区)	项目 \ 年份	1980	1981	1982	1983	1984	1985	1986	1987	1988
新加坡	全部服务合计	4855.67	7183.73	8127.94	7834.17	6153.06	4687.86	4806.15	5794.54	7563.01
	运输	48.3	33.3	56.9	58.6	60.4	49.5	54.3	57	72.8
	旅游	84.9	95.6	132.9	132.9	120.9	122.5	138.1	144.7	181.5
	其他服务:	61	41.9	52.4	83.7	91.2	102.7	110.6	135.4	176
	通信服务	..	..	..	..	..	..	..	..	..
	建筑服务	..	..	..	..	..	..	..	..	..
	计算机和信息服务	1.3	1.7	1.7	3.3	0.4	..	..	..	..
	保险服务	..	..	..	..	..	..	..	..	..
	金融服务	..	..	..	..	..	..	..	..	..
	专利权使用费和特许费	1.4	0.2	..	..	..	0.2	0.2	..	..
	其他商业服务	47.1	33	41.7	69.3	74.9	85.4	93.8	115.5	153.6
	个人、文化和娱乐服务	..	..	..	..	..	..	..	..	..
	政府服务等	11.2	7	9	11.1	15.9	17.1	16.6	19.9	22.4

国别(地区)	项目 \ 年份	1989	1990	1991	1992	1993	1994	1995	1996	1997
新加坡	全部服务合计	9658.31	12810.8	13823.3	16200.3	18597.2	23044	25499.3	27096.4	25832
	运输	80.4	95	105.3	133.5	147.8	172.5	134.1	149.2	184.54
	旅游	213.1	285	340.4	440	587.6	633.8	681.1	710.02	742.26
	其他服务:	204.4	229	245.7	267.8	303.9	388.7	153.9	194.32	201.76
	通信服务	..	..	..	..	..	..	57.3	76.45	79.94
	建筑服务	..	..	..	..	..	..	..	..	..
	计算机和信息服务	..	..	9.8	..	..	..	-1.7	-1.23	..
	保险服务	..	..	..	..	..	..	0.1	3.28	5.17
	金融服务	..	..	..	..	..	..	..	..	0.02
	专利权使用费和特许费	..	1.2	2.6	2.1	2.5	2.5	2.6	2.19	0.17
	其他商业服务	179.3	201.9	204.2	232.5	267	354	83.1	101.7	103.9
	个人、文化和娱乐服务	..	..	..	..	..	..	..	..	0.06
	政府服务等	25.1	25.9	29.1	33.2	34.4	32.2	12.5	11.93	12.5

国别(地区)	项目 \ 年份	1998	1999	2000	2001	2002	2003	2004	2005	2006
新加坡	全部服务合计	22551	24932.6	28170.8	27405.5	29524.1	36288	46687.8	52741.6	59075.5
	运输	202.19	247.05	257.5	267.81	244.18	240.42	245.67	282.35	287.29
	旅游	913.52	1098.33	1302.44	1173.3	1160.67	1293.1	1458.54	1670.84	1731.53
	其他服务:	227.71	320.67	376.31	484.42	463.31	487.52	537.63	668.05	936.56
	通信服务	85.15	84.23	93.22	86.7	32.14	23.46	25.64	34.91	37.84
	建筑服务	..	..	..	..	..	..	..	..	..
	计算机和信息服务	..	..	..	..	..	..	..	..	..
	保险服务	7.12	9.13	3.8	4.78	5.05	4.74	9.73	9.04	11.71
	金融服务	2.5	57.62	59.65	124.65	153.44	166.76	200.34	254.76	350.55
	专利权使用费和特许费	0.22	1.18	0.25	0.91	1.69	0.46	0.51	0.1	..
	其他商业服务	117.93	145.64	194.08	241.12	243.37	260.57	266.67	332.08	497.44
	个人、文化和娱乐服务	0.06	0.09	..	0.1	0.1	0.1	0.1	0.12	0.12
	政府服务等	14.73	22.77	25.3	26.16	27.52	31.43	34.62	37.05	38.9

续表

国别 (地区)	项目 ＼ 年份	1980	1981	1982	1983	1984	1985	1986	1987	1988
丹麦	全部服务合计	4779.03	5852.7	5410.44	5131.09	5049.07	5486.87	6372.3	7848.41	9935.76
	运输	282.33	201.78	242.33	254.94	208.26	231.71	251.89	258.47	259
	旅游	81.41	62.93	48.69	45.66	36.85	36.06	52.27	58.56	60.1
	其他服务:	200.44	169.54	159.67	124.52	125.41	131.33	167.4	218.34	226.56
	通信服务	..	..	..	..	..	..	..	..	..
	建筑服务	..	..	..	..	..	..	..	..	..
	计算机和信息服务	55.61	35.22	34.9	31.62	23.57	26.49	33.12	35.67	46.27
	保险服务	..	..	..	..	..	..	..	..	..
	金融服务	..	..	..	..	..	..	..	..	..
	专利权使用费和特许费	..	..	..	..	0.25	0.22	0.29	0.33	0.34
	其他商业服务	57.74	52.63	45.04	43.3	38.22	48.75	58.33	67.55	61.1
	个人、文化和娱乐服务	..	..	..	..	..	..	..	..	..
	政府服务等	87.09	81.7	79.73	49.6	63.39	55.87	75.66	114.8	119.52

国别 (地区)	项目 ＼ 年份	1989	1990	1991	1992	1993	1994	1995	1996	1997
丹麦	全部服务合计	9809.37	13136.41	14598.02	14405.48	12702.97	13826.98	15288.66	16506.52	14070.52
	运输	226.98	265.18	271.17	278.06	288.17	161.02	123.01	125.3	116.5
	旅游	64.58	51.42	62.39	66.11	63.21	53.49	88.75	93.44	90.46
	其他服务:	194.32	273.63	280.74	305.03	324.55	293.23	319.14	346.98	372.64
	通信服务	..	..	..	..	1.41	4.5	5.01	5.08	49.34
	建筑服务	..	..	..	..	..	0.18	0.2	11.92	10.97
	计算机和信息服务	25.05	35.26	33.68	13.37	19.07	29.36	22.44	28.54	26.9
	保险服务	..	..	..	..	2.83	23.96	30.05	31.08	23.13
	金融服务	..	..	..	..	..	..	..	0.39	0.17
	专利权使用费和特许费	0.31	..	..	..	0.35	0.54	0.2	0.2	0.17
	其他商业服务	58.62	73.09	53.17	121.65	107.71	138.51	155.86	176.72	183.84
	个人、文化和娱乐服务	..	..	..	..	..	7.56	..	..	..
	政府服务等	110.34	165.28	193.9	170.01	193.18	88.62	105.38	93.05	78.13

国别 (地区)	项目 ＼ 年份	1998	1999	2000	2001	2002	2003	2004	2005	2006
丹麦	全部服务合计	15207.34	20416.9	23960.5	24993.7	26479.4	31194.9	36199.7	42506.1	52577.86
	运输	120.81	113.44	84.41	91.45	102.87	114.07	138.31	188.65	178.05
	旅游	97.93	99.92	49.16	53.04	51.28	69	81.59	83.26	84.15
	其他服务:	395.79	373.11	348.78	433.34	431.17	480.92	542.84	560.5	556.52
	通信服务	56.8	44.36	39.33	42.57	56.24	70.89	81.81	86.03	..
	建筑服务	11.43	11.66	10.39	16.88	17.79	10.67	17.56	16.75	..
	计算机和信息服务	30.18	29.11	24.6	23.88	24.68	38.2	42.34	33.55	..
	保险服务	24.23	23.38	28.18	46.83	38.74	47.49	52.99	54.03	..
	金融服务	0.21	0.21	0.18	0.18	3.3	1.51	4.41	4.88	..
	专利权使用费和特许费	0.15	0.15	0.13	12.82	..	..	0.17	..	..
	其他商业服务	191.59	185.25	178.05	221.78	217.97	207.93	221.47	230.06	417.49
	个人、文化和娱乐服务	0.01	0.01	0.1	0.06	..	0.04	..	..	..
	政府服务等	81.14	78.99	67.84	68.34	72.45	104.1	122.08	135.2	139.04

续表

国别 (地区)	项　目　　年　份	1980	1981	1982	1983	1984	1985	1986	1987	1988
瑞士	全部服务合计	6887.69	6316.46	6979.32	8230.03	8151.74	8817.22	12079.8	15280.7	16188.7
	运输	—	—	—	—	—	—	—	—	—
	旅游	—	—	—	—	—	—	—	—	—
	其他服务：	—	—	—	—	—	—	—	—	—
	通信服务									
	建筑服务									
	计算机和信息服务									
	保险服务									
	金融服务									
	专利权使用费和特许费									
	其他商业服务									
	个人、文化和娱乐服务									
	政府服务等									

国别 (地区)	项　目　　年　份	1989	1990	1991	1992	1993	1994	1995	1996	1997
瑞士	全部服务合计	16487.4	19622.1	20498.8	21839.4	22201.9	23231.2	26635	26925.1	25959.7
	运输	—	—	—	..	646.21	665.06	707.27	710.57	681.54
	旅游	—	—	—	..	1309.8	1801.4	1349.09	2014.01	2523.08
	其他服务：	—	—	—	..	329.74	390.69	398.16	572.1	799.64
	通信服务	—	—	—	..	49.46	68.77	73.95	82.95	123.26
	建筑服务	—	—	—	..	73.55	13.04	25.97	74.75	106.37
	计算机和信息服务	—	—	—	..	22.48	21.51	21.95	38.83	33.17
	保险服务	—	—	—	..	9.44	1.22	7.73	8.35	18.16
	金融服务	—	—	—	..	..	..	..	1.53	5.66
	专利权使用费和特许费	—	—	—	..	1.94	2.27	2.24	2.54	18.93
	其他商业服务	—	—	—	..	101.47	84.26	33.01	248.8	459.9
	个人、文化和娱乐服务	—	—	—	..	1.41	2.7	2.28	10.59	14.73
	政府服务等	—	—	—	..	70	196.92	231.04	103.78	19.47

国别 (地区)	项　目　　年　份	1998	1999	2000	2001	2002	2003	2004	2005	2006
瑞士	全部服务合计	27540.2	29267.3	29861.5	28476.3	30227.7	35228.4	43049.6	47110.4	51968.2
	运输	565.7	483.95	555.7	589.21	590.57	788.37	982.35	1093.22	1243.86
	旅游	2733.45	2493.39	2757.98	3335.03	3811.45	6310.48	6726.66	7370.07	7990.06
	其他服务：	664.99	746.78	757.22	959.71	1180.42	1469.92	1664.21	1457.67	1575.2
	通信服务	133.61	97.56	102.88	153.76	156.61	212.8	190.16	238.3	327.41
	建筑服务	148.99	212.13	199.23	232.26	327.2	444.34	467.41	42.9	78.33
	计算机和信息服务	27.86	36.53	33.91	39.45	16.95	19.67	19.29	21.85	25.52
	保险服务	30.2	27.03	10.62	21.22	90.72	48.18	33.8	34.16	47.53
	金融服务	14.5	20.16	33.49	43.77	45.69	62.16	64.99	84.7	84.4
	专利权使用费和特许费	41.6	81.89	66.03	106.37	84.79	34.59	40.52	73.15	47.16
	其他商业服务	221.02	219.02	265.54	334.56	428.51	614.5	817.68	933.19	915.22
	个人、文化和娱乐服务	31.46	36.72	30.13	26.96	28.16	33.35	29.61	28.67	48.97
	政府服务等	15.74	15.75	15.4	1.37	1.81	0.35	0.75	0.75	0.66

续表

国别 (地区)	项目 ＼ 年份	1980	1981	1982	1983	1984	1985	1986	1987	1988
韩国	全部服务合计	2570	3068.2	3626.8	3900.9	3972.9	3822.8	5281.1	6809.9	8375.2
	运输	..	..	..	..	..	..	..	..	..
	旅游	..	..	..	..	..	..	..	..	..
	其他服务:	..	..	..	..	..	..	..	..	..
	通信服务	..	..	..	..	..	..	..	..	..
	建筑服务	..	..	..	..	..	..	..	..	..
	计算机和信息服务	..	..	..	..	..	..	..	..	..
	保险服务	..	..	..	..	..	..	..	..	..
	金融服务	..	..	..	..	..	..	..	..	..
	专利权使用费和特许费	..	..	..	..	..	..	..	..	..
	其他商业服务	..	..	..	..	..	..	..	..	..
	个人、文化和娱乐服务	..	..	..	..	..	..	..	..	..
	政府服务等	..	..	..	..	..	..	..	..	..

国别 (地区)	项目 ＼ 年份	1989	1990	1991	1992	1993	1994	1995	1996	1997
韩国	全部服务合计	8958	9636.9	10014	10721.6	12949.9	16805.4	22827.3	23412.3	26301.3
	运输	..	..	..	..	..	..	..	..	..
	旅游	..	..	..	..	..	..	..	..	..
	其他服务:	..	..	..	..	..	..	..	..	..
	通信服务	..	..	..	..	..	..	..	..	..
	建筑服务	..	..	..	..	..	..	..	..	..
	计算机和信息服务	..	..	..	..	..	..	..	..	..
	保险服务	..	..	..	..	..	..	..	..	..
	金融服务	..	..	..	..	..	..	..	..	..
	专利权使用费和特许费	..	..	..	..	..	..	..	..	..
	其他商业服务	..	..	..	..	..	..	..	..	..
	个人、文化和娱乐服务	..	..	..	..	..	..	..	..	..
	政府服务等	..	..	..	..	..	..	..	..	..

国别 (地区)	项目 ＼ 年份	1998	1999	2000	2001	2002	2003	2004	2005	2006
韩国	全部服务合计	25564.6	26528.8	30533.6	29054.9	28387.7	32956.5	41881.5	45129.4	51873.4
	运输	..	..	..	..	..	..	..	..	..
	旅游	..	..	..	..	..	..	..	..	..
	其他服务:	..	..	..	..	..	..	..	..	..
	通信服务	..	..	..	..	..	..	..	..	..
	建筑服务	..	..	..	..	..	..	..	..	..
	计算机和信息服务	..	..	..	..	..	..	..	..	..
	保险服务	..	..	..	..	..	..	..	..	..
	金融服务	..	..	..	..	..	..	..	..	..
	专利权使用费和特许费	..	..	..	..	..	..	..	..	..
	其他商业服务	..	..	..	..	..	..	..	..	..
	个人、文化和娱乐服务	..	..	..	..	..	..	..	..	..
	政府服务等	..	..	..	..	..	..	..	..	..

续表

国别(地区)	项目 / 年份	1980	1981	1982	1983	1984	1985	1986	1987	1988
卢森堡	全部服务合计	—	—	—	—	—	—	—	—	—
	运输	86.96	88.03	91.5	90.76	109.79	127.66	158.45	192.68	204.66
	旅游	203.09	242.98	291.76	331.92	360.31	378.74	496.2	668.68	829.78
	其他服务：	191.76	195.52	193.95	204.69	231.48	231.98	283.9	326.55	377.17
	通信服务	5.1	9.25	6.1	5.51	7.48	7.67	10.23	9.77	10.93
	建筑服务	..	..	..	..	..	..	..	..	..
	计算机和信息服务	..	..	..	..	..	..	..	..	..
	保险服务	..	..	..	..	..	..	..	..	..
	金融服务	..	..	..	..	..	..	..	..	..
	专利权使用费和特许费	..	..	..	..	..	..	..	..	..
	其他商业服务	50.13	51.02	59.95	66.46	86.85	89.46	108.85	135.73	164.37
	个人、文化和娱乐服务	..	..	..	..	..	..	..	..	..
	政府服务等	136.52	135.25	127.9	132.73	137.16	134.85	164.82	181.04	201.87

国别(地区)	项目 / 年份	1989	1990	1991	1992	1993	1994	1995	1996	1997
卢森堡	全部服务合计	—	—	—	—	—	—	—	—	—
	运输	215.11	260.44	268.72	316.54	301.77	343.57	611.16	614.4	594.28
	旅游	993.68	1254.15	1029.22	1548.22	1403.89	1650.78	1798.33	1681.28	1659.48
	其他服务：	409.8	489	559.18	656.66	629.47	652.39	968.13	1014.13	1051.38
	通信服务	11.32	10.92	17.23	20.91	15.28	14.63	16.14	15.87	19.26
	建筑服务	..	..	..	..	..	..	11.05	36.67	43.98
	计算机和信息服务	..	..	..	..	..	..	6.63	11.15	14.21
	保险服务	..	..	..	..	..	..	70.73	83.64	93.4
	金融服务	..	..	..	..	..	..	..	..	9.73
	专利权使用费和特许费	..	..	..	..	..	..	3.32	6.43	9.73
	其他商业服务	177.71	234.68	252.35	331	324.08	388.87	579.11	591.88	572.1
	个人、文化和娱乐服务	..	..	..	..	..	..	5.08	5.36	5.45
	政府服务等	220.77	243.41	289.6	304.75	290.11	248.89	276.07	263.13	283.52

国别(地区)	项目 / 年份	1998	1999	2000	2001	2002	2003	2004	2005	2006
卢森堡	全部服务合计	—	—	—	—	20280	25282.7	33684.2	40832.7	51007.4
	运输	634.58	643.71	706.29	748.37	904.38	1239.61	1436.18	1543.4	1685.83
	旅游	1718.24	1911.05	1940.85	1993.33	1959.13	2097.12	2241.25	2317.77	2419.84
	其他服务：	1241.92	1392.21	1420.93	1598.34	1667.02	2035.1	2557.6	2640.84	3167.86
	通信服务	37.08	37.76	27.15	30.3	22.85	50.67	35.19	35.63	93.87
	建筑服务	54.46	62.25	61.05	70.71	95.9	153.21	145.59	165.68	205.43
	计算机和信息服务	19.31	27.63	27.31	28.25	35.04	34.29	44.72	56.44	115.71
	保险服务	115.87	178.65	192.8	155.98	138.58	147.16	220.22	264.43	321.87
	金融服务	34.76	49.73	57.84	86.76	104	91.88	250.29	229.16	205.5
	专利权使用费和特许费	11.59	12.89	16.07	26.24	42.72	15.01	17.66	15.1	16.24
	其他商业服务	666.25	725.67	763.16	916.4	919.16	1169.85	1461.41	1508.48	1761.3
	个人、文化和娱乐服务	5.21	5.53	5.62	10.42	14.64	9.71	24.82	41.07	53.76
	政府服务等	297.4	292.11	269.92	273.28	294.14	363.32	357.69	324.84	394.18

续表

国别（地区）	项目＼年份	1980	1981	1982	1983	1984	1985	1986	1987	1988
瑞典	全部服务合计	7489.11	7035.05	6521.3	6291.6	6293.08	6120.78	6663.95	8946.23	10419.7
	运输	—	—	—	—	—	—	—	—	—
	旅游	—	—	—	—	—	—	—	—	—
	其他服务：	—	—	—	—	—	—	—	—	—
	通信服务	—	—	—	—	—	—	—	—	—
	建筑服务	—	—	—	—	—	—	—	—	—
	计算机和信息服务	—	—	—	—	—	—	—	—	—
	保险服务	—	—	—	—	—	—	—	—	—
	金融服务	—	—	—	—	—	—	—	—	—
	专利权使用费和特许费	—	—	—	—	—	—	—	—	—
	其他商业服务	—	—	—	—	—	—	—	—	—
	个人、文化和娱乐服务	—	—	—	—	—	—	—	—	—
	政府服务等	—	—	—	—	—	—	—	—	—

国别（地区）	项目＼年份	1989	1990	1991	1992	1993	1994	1995	1996	1997
瑞典	全部服务合计	11355	13725.5	14724.8	15979.1	12432.9	13433.3	15583.1	16858.4	17857.4
	运输	—	—	—	—	1240.51	1244.17	1462.99	1333.91	1317.12
	旅游	—	—	—	—	1558.16	2236.72	2879.91	4079.18	3619.69
	其他服务：	—	—	—	—	1922.45	1686.38	2382.57	2767.41	2194.7
	通信服务					366	330.66	291.91	77.25	61.2
	建筑服务					24.45	43.79	56.73	466.21	371.23
	计算机和信息服务					8.41	12.19	16.99	38.76	37.23
	保险服务					439.78	87.56	53.19	144.79	186.32
	金融服务					..	..	5.08	27.85	38.66
	专利权使用费和特许费	—	—	—	—	1.47	3.68	13.18	42.78	33.78
	其他商业服务					1039.8	1161.55	1783.42	1763.91	1249.91
	个人、文化和娱乐服务					0	0	74.17	96.63	117.76
	政府服务等	—	—	—	—	42.54	46.94	87.89	109.22	98.6

国别（地区）	项目＼年份	1998	1999	2000	2001	2002	2003	2004	2005	2006
瑞典	全部服务合计	19006.7	20446	21623.6	22697.8	23958.9	30689.8	38906	43663.8	50374.1
	运输	1389.63	1545.97	1389.91	1511.54	1732.16	2153.53	2723.93	3196.63	3734.73
	旅游	3894.04	3152.53	2973.29	3103.55	2963.83	3566.15	4187.32	4658.94	5026.07
	其他服务：	2381.44	2349.95	2475.98	2476.66	2386.75	2069.77	2731.96	3892.82	4570.19
	通信服务	71.38	99.55	121.96	210.97	169.26	103.55	219.26	381.16	438.5
	建筑服务	266.33	232.55	166.61	157.06	121.89	112.24	117	229.9	214.77
	计算机和信息服务	30.76	4.13	2.74	7.28	8.67	1.44	7.97	10.22	10.13
	保险服务	224.3	226.95	375.67	196.38	184.58	173.82	421.2	424.08	390.8
	金融服务	57.01	64.76	94.68	122.72	144.22	76.6	141.39	587.32	884.74
	专利权使用费和特许费	57.36	42.91	44.29	36.49	45.28	50.3	37.61	39.15	30.91
	其他商业服务	1243	1314.41	1393.21	1526.29	1489.31	1405.64	1552.58	2096.56	2444.7
	个人、文化和娱乐服务	284.32	243.86	188.74	161.36	164.96	110.86	199.04	89.81	121.05
	政府服务等	147	120.82	88.09	58.12	58.57	35.33	35.9	34.62	34.6

续表

国别(地区) 项目 / 年份	1980	1981	1982	1983	1984	1985	1986	1987	1988
全部服务合计	9422.89	8197.55	9557.32	9613.5	9239.74	9697.21	12560.8	15115.8	17550.1
运输	..	1394.69	1387.95	1351.8	1843.93	1336.61	1498	1541.51	1500.07
旅游	..	272.83	270.34	273.47	281.82	311.61	382.59	491.53	607.31
其他服务：	..	579.87	593.23	561.43	731.8	636.32	783.79	826.85	796.4
通信服务	..	..	..	..	..	..	..	..	..
建筑服务	..	..	..	..	..	..	..	..	..
计算机和信息服务	..	154.97	154.22	150.2	149.33	148.51	166.44	171.28	166.67
保险服务	..	..	..	..	..	..	..	..	..
金融服务	..	..	..	..	..	..	..	..	..
专利权使用费和特许费	..	8.98	8.39	8.54	7.53	5.13	9.07	11.69	12.18
其他商业服务	..	368.53	372.22	354.53	516.96	423.86	541.96	558.46	521.33
个人、文化和娱乐服务	..	..	..	..	..	..	..	..	..
政府服务等	..	47.4	58.41	48.16	57.99	58.81	66.31	85.42	96.22

国别(地区)：奥地利

国别(地区) 项目 / 年份	1989	1990	1991	1992	1993	1994	1995	1996	1997
全部服务合计	18377	23279.3	25559.8	27325.7	26725.4	28018.9	32211.2	33977	29604.6
运输	1464.3	1440.25	817.23	1421.14					
旅游	579.61	471.74	843.91	1344.36					
其他服务：	829.37	760.56	1271.1	1265.7					
通信服务	..	..	..	..					
建筑服务	..	..	..	..					
计算机和信息服务	162.7	160.03	90.8	157.9					
保险服务	..	..	..	..					
金融服务	..	..	..	..					
专利权使用费和特许费	13.39	7.86	3.86	12.76					
其他商业服务	546.59	483.56	1050.16	1015.98					
个人、文化和娱乐服务	..	..	..	..					
政府服务等	106.69	109.11	126.28	79.06					

国别(地区)：奥地利

国别(地区) 项目 / 年份	1998	1999	2000	2001	2002	2003	2004	2005	2006
全部服务合计	29759	31305.8	31341.7	33351.6	35386	42964.3	49153.2	53920.8	46372.8
运输	—	—	—	—	—	—	—	—	—
旅游	—	—	—	—	—	—	—	—	—
其他服务：	—	—	—	—	—	—	—	—	—
通信服务	—	—	—	—	—	—	—	—	—
建筑服务	—	—	—	—	—	—	—	—	—
计算机和信息服务	—	—	—	—	—	—	—	—	—
保险服务	—	—	—	—	—	—	—	—	—
金融服务	—	—	—	—	—	—	—	—	—
专利权使用费和特许费	—	—	—	—	—	—	—	—	—
其他商业服务	—	—	—	—	—	—	—	—	—
个人、文化和娱乐服务	—	—	—	—	—	—	—	—	—
政府服务等	—	—	—	—	—	—	—	—	—

国别(地区)：奥地利

续表

国别(地区) 项目 / 年份	1980	1981	1982	1983	1984	1985	1986	1987	1988
全部服务合计	3947	3953	3360	2857	2724	4838.2	5694.2	7662.3	9671.3
运输	1525.78	2599.61	2291.23	2325	2146.7	2138.43	2254.19	2458.11	3111.36
旅游	1131.15	1236.21	1295.29	1295.66	1287.1	1344.32	1775	2215.43	2717
其他服务:	2027.57	2016.88	1823.92	1510.44	1615.28	2004.13	2343.11	3174.88	4107.4
通信服务	..	..	..	..	..	..	..	..	..
建筑服务	..	..	..	..	..	..	..	..	..
计算机和信息服务	..	157.13	161.91	163.25	141.45	151.11	159.27	173.69	219.85
保险服务	..	..	..	..	..	..	..	..	..
金融服务	..	..	..	..	..	..	..	..	..
专利权使用费和特许费	..	..	..	..	..	..	..	..	..
其他商业服务	..	1749.58	1524.41	1234.46	1379.37	1757.56	2079.78	2891.58	3765.68
个人、文化和娱乐服务	..	..	..	..	..	..	..	..	..
政府服务等	..	110.17	137.6	112.73	94.46	95.46	104.06	109.51	121.87

希腊

国别(地区) 项目 / 年份	1989	1990	1991	1992	1993	1994	1995	1996	1997
全部服务合计	8789.3	10483.4	10640.7	11707.5	11514.5	13196.6	12691.3	13145.9	15038.3
运输	3544.29	4131.55	4591.83	4890.96	3382.79	6135.91	6772.4	7187.06	7018.43
旅游	2542.1	3644.9	3775	4253.8	3252.9	3467.9	3672.9	3424.5	3183
其他服务:	3722.68	5359.96	6231.19	5260.72	4067.28	4223.17	4843.36	5894.96	3869.09
通信服务	..	..	..	..	..	..	..	..	..
建筑服务	..	..	..	..	..	..	..	..	..
计算机和信息服务	250.45	291.95	324.48	..	..	..	..	..	..
保险服务	..	..	..	..	..	..	..	..	..
金融服务	..	..	..	..	..	..	..	..	..
专利权使用费和特许费	..	..	..	..	..	..	..	..	..
其他商业服务	3345.66	4969.38	5878.32	5212.26	3982.67	4140.31	4707.35	5734.05	3869.09
个人、文化和娱乐服务	..	..	..	..	..	..	..	..	..
政府服务等	126.57	98.63	28.39	48.46	84.61	82.86	136.01	160.91	..

希腊

国别(地区) 项目 / 年份	1998	1999	2000	2001	2002	2003	2004	2005	2006
全部服务合计	11171.2	16603.9	19336.6	19446.9	19887.7	24153.1	33203.1	34270.3	35762.4
运输	7299.73	10960	14264.5	14687.1	14656.3	17839	21466.1	26665.2	33149.59
旅游	3231.6	3720.2	3696.2	4013.5	4750	5258	5670.6	4942.5	5585.69
其他服务:	4676.01	5736.7	5999.8	6293.1	7073.1	8097.9	9063	10898.4	13841.9
通信服务	..	..	..	448.5	472.4	478.2	486.7	744.3	803.12
建筑服务	..	..	..	..	..	..	..	203.7	321.85
计算机和信息服务	..	..	..	143.2	632.4	369.9	407.3	198.7	264.01
保险服务	..	..	..	433.3	378.3	391.4	468.1	160.5	190.35
金融服务	..	..	..	773.6	813.1	830.1	920.1	1064.8	1213.93
专利权使用费和特许费	..	..	..	582.8	681.4	829	1017	1486	1727.99
其他商业服务	4676.01	3248.8	3129.4	3642.3	3762.4	4866.6	5387.6	6090.9	8258.05
个人、文化和娱乐服务	..	..	..	180.8	192	146.6	173.8	279.9	367.93
政府服务等	..	..	..	88.6	141.1	186.1	202.4	669.6	694.66

希腊

续表

国别(地区)	项目 / 年份	1980	1981	1982	1983	1984	1985	1986	1987	1988
挪威	全部服务合计	8615.09	8685	7856	7067.3	7051.5	7336.5	7992	8333.2	9629.3
	运输	..	..	..	..	..	..	..	..	..
	旅游	..	..	..	..	..	..	..	..	..
	其他服务:	..	..	..	..	..	..	..	..	..
	通信服务	..	..	..	..	..	..	..	..	..
	建筑服务	..	..	..	..	..	..	..	..	..
	计算机和信息服务	..	..	..	..	..	..	..	..	..
	保险服务	..	..	..	..	..	..	..	..	..
	金融服务	..	..	..	..	..	..	..	..	..
	专利权使用费和特许费	..	..	..	..	..	..	..	..	..
	其他商业服务	..	..	..	..	..	..	..	..	..
	个人、文化和娱乐服务	..	..	..	..	..	..	..	..	..
	政府服务等	..	..	..	..	..	..	..	..	..

国别(地区)	项目 / 年份	1989	1990	1991	1992	1993	1994	1995	1996	1997
挪威	全部服务合计	10711.4	12726.7	13259.8	12692.4	12158.8	12209.1	13664	14817	15730.4
	运输	..	..	19.55	19.55	18.32	21.91	16.12	19.45	20.7
	旅游	..	..	6	6	12.17	4.28	5.37	4.59	4.16
	其他服务:	..	..	120.97	120.97	129.16	132.33	141.33	137.22	139.14
	通信服务	..	..	3.55	3.55	3.61	4.92	4.46	4.36	4.39
	建筑服务	..	..	..	..	..	..	..	..	..
	计算机和信息服务	..	..	..	..	..	..	..	..	..
	保险服务	..	..	..	..	..	..	..	..	..
	金融服务	..	..	..	..	..	..	..	..	..
	专利权使用费和特许费	..	..	..	..	..	..	..	..	..
	其他商业服务	..	..	3.11	3.11	2.03	2.4	2.75	2.13	2.19
	个人、文化和娱乐服务	..	..	..	..	..	..	..	..	..
	政府服务等	..	..	114.31	114.31	123.51	125.01	134.12	130.73	132.56

国别(地区)	项目 / 年份	1998	1999	2000	2001	2002	2003	2004	2005	2006
挪威	全部服务合计	15608.5	15964.1	17292.1	17604.3	18576	20893.9	25417	29318.2	33328.2
	运输	42.29	49.08	52.6	56.22	59.64	68.23	67.83	74.94	79.88
	旅游	9.27	7.57	8.13	8.59	8.92	6.93	6.81	7.08	9.17
	其他服务:	128.45	115.9	100.88	117.06	123.81	140.59	138.12	166.34	168.08
	通信服务	5.77	4.37	3.32	3.31	3.98	5.57	5.6	5.82	6.12
	建筑服务	..	..	..	..	..	..	..	..	..
	计算机和信息服务	..	..	..	..	..	..	..	..	..
	保险服务	..	..	..	..	..	..	..	..	..
	金融服务	..	..	..	..	..	..	..	..	..
	专利权使用费和特许费	..	..	..	..	..	..	..	..	..
	其他商业服务	4.03	4.03	4.99	5.51	6.34	6.53	6.72	6.89	7.34
	个人、文化和娱乐服务	..	..	..	..	..	..	..	..	..
	政府服务等	118.65	107.51	92.58	108.24	113.49	128.49	125.79	153.63	154.62

续表

国别(地区)	项目 ＼ 年份	1980	1981	1982	1983	1984	1985	1986	1987	1988
澳大利亚	全部服务合计	3862.29	4284.28	4374.16	4186.3	4542.51	4219.38	4774.26	6117.65	8455.81
	运输	0	0	0	0	0	0	1.63	1.89	2.33
	旅游	2.9	3.3	6.6	8.2	10.8	9.8	10.19	10.7	13.08
	其他服务:	2.7	0.4	..	..	1	0.4	2.81	4.41	5.48
	通信服务	..	..	..	..	..	..	..	..	..
	建筑服务	..	..	..	..	..	..	..	..	..
	计算机和信息服务	..	..	..	..	..	..	0.56	0.96	1.02
	保险服务	..	..	..	..	..	..	..	..	..
	金融服务	..	..	..	..	..	..	..	..	..
	专利权使用费和特许费	..	..	..	..	..	..	..	..	..
	其他商业服务	2.7	0.4	..	..	1	0.4	1.67	2.81	3.79
	个人、文化和娱乐服务	..	..	..	..	..	..	..	..	..
	政府服务等	..	..	..	..	..	..	0.59	0.63	0.67

国别(地区)	项目 ＼ 年份	1989	1990	1991	1992	1993	1994	1995	1996	1997
澳大利亚	全部服务合计	8855.5	10204.1	10970	11210.9	12103	14507.2	16490.6	19100.7	19328.9
	运输	2.87	3.57	3.94	4.96	6.26	5.39	5.64	6.53	7.03
	旅游	15.7	20.43	23.43	25.85	29.37	32.44	41.52	44.12	48.26
	其他服务:	6.38	9.37	9.26	11.55	12.91	13.76	14.2	18.29	28.1
	通信服务	..	..	..	..	..	..	..	..	..
	建筑服务	..	..	..	..	..	..	..	..	..
	计算机和信息服务	2.07	3.73	1.34	1.37	3.07	1.83	2.04	2.7	2.63
	保险服务	..	..	..	..	..	..	..	..	..
	金融服务	..	..	..	..	..	..	..	..	..
	专利权使用费和特许费	..	..	..	..	..	..	..	..	..
	其他商业服务	3.62	5.23	7.17	9.11	8.76	11.54	11.89	13.79	21.59
	个人、文化和娱乐服务	..	..	..	..	..	..	..	..	..
	政府服务等	0.69	0.41	0.74	1.07	1.08	0.39	0.28	1.79	3.87

国别(地区)	项目 ＼ 年份	1998	1999	2000	2001	2002	2003	2004	2005	2006
澳大利亚	全部服务合计	17174.1	18898.3	19894.4	18092.2	19594	23747.1	28485.2	31046.8	33088.7
	运输	7.05	7.39	7.06	6.14	5.41	4.94	6.08	4.02	3.69
	旅游	46.53	50.74	48.19	46.42	45.67	52.28	60.63	55.6	68.53
	其他服务:	34.83	42.66	34.51	24.29	28.62	20.11	20.84	23.81	24.76
	通信服务	..	..	..	..	..	..	..	..	..
	建筑服务	0.18	..	..	..	..	..	..	..	..
	计算机和信息服务	2.64	2.71	3.41	2.37	2.08	1.99	1.3	1.66	..
	保险服务	3.02	1.7	..	..	..	..	..	..	..
	金融服务	..	..	..	..	..	..	..	..	..
	专利权使用费和特许费	0.2	0.1	0.03	..	..	..	..	..	..
	其他商业服务	24.8	34.36	28.67	20.2	24.74	17.15	18.21	21.11	..
	个人、文化和娱乐服务	..	..	..	..	..	..	..	..	..
	政府服务等	3.98	3.8	2.4	1.72	1.8	0.97	1.34	1.03	..

续表

国别（地区）	项目＼年份	1980	1981	1982	1983	1984	1985	1986	1987	1988
俄罗斯	全部服务合计	—	—	—	—	—	—	—	—	—
	运输	24.26	29.62	20.05	26.33	28.1	34.39	39.44	38.14	41.89
	旅游	172.6	206.3	266.1	320.5	370.6	451	506.3	571.2	768.3
	其他服务：	112.54	88.68	87.95	109.77	102.8	98.91	147.16	242.66	203.21
	通信服务	..	..	..	..	..	..	..	..	..
	建筑服务	..	..	..	..	..	..	..	..	..
	计算机和信息服务	1.44	1.78	1.15	1.17	1.3	1.11	1.16	1.16	1.21
	保险服务	..	..	..	..	..	..	..	..	..
	金融服务	..	..	..	..	..	..	..	..	..
	专利权使用费和特许费	..	..	..	..	..	..	..	..	..
	其他商业服务	106.6	79.6	80.4	103.1	97.4	92.9	140	236.5	195
	个人、文化和娱乐服务	..	..	..	..	..	..	..	..	..
	政府服务等	4.5	7.3	6.4	5.5	4.1	4.9	6	5	7

国别（地区）	项目＼年份	1989	1990	1991	1992	1993	1994	1995	1996	1997
俄罗斯	全部服务合计	—	—	—	..	..	8425	10568	13283	14079.7
	运输	57.72	61.06	69.88	69.53	35.2	38	41.6	57.6	61
	旅游	706.7	726.1	755.6	841	1223.7	1428.8	1570.8	1780.5	2099.4
	其他服务：	276.68	310.04	373.22	438.07	278.2	321.1	338.9	301.9	286.2
	通信服务	..	..	..	..	201.4	237.5	246.5	191.4	158.6
	建筑服务	..	..	..	..	..	..	..	..	..
	计算机和信息服务	2.68	2.04	1.82	1.57	..	..	..	..	..
	保险服务	..	..	..	..	..	..	..	..	..
	金融服务	..	..	..	..	..	..	..	..	..
	专利权使用费和特许费	..	..	..	..	..	..	..	..	..
	其他商业服务	265	297	359.9	424.5	30.4	32.4	35	48.8	53.7
	个人、文化和娱乐服务	..	..	..	..	..	..	..	..	..
	政府服务等	9	11	11.5	12	46.4	51.2	57.4	61.7	73.9

国别（地区）	项目＼年份	1998	1999	2000	2001	2002	2003	2004	2005	2006
俄罗斯	全部服务合计	12372.3	9067.04	9564.57	11441.5	13610.7	16228.6	20594.7	24970.1	30927.3
	运输	61.7	67.3	71.3	67.1	92.1	98.1	100.3	128.4	137.9
	旅游	2153.1	2483.3	2860.2	2798.3	2730.4	3127.8	3151.6	3518.3	3792.2
	其他服务：	286.7	299.7	296.1	244.9	248.3	242.9	251.97	266.5	293.4
	通信服务	144.8	141.6	139.2	98.7	102.5	113.5	118.17	117.9	122.5
	建筑服务	..	..	..	..	..	..	..	..	..
	计算机和信息服务	..	..	..	..	..	..	..	..	..
	保险服务	..	..	..	..	..	3	3.2	18.4	29
	金融服务	..	..	..	..	17.8	17.6	18.2	15.4	12.8
	专利权使用费和特许费	..	..	..	..	..	..	..	..	..
	其他商业服务	60.9	74.8	71.8	59.4	39.5	41.1	43.1	44.7	58.2
	个人、文化和娱乐服务	..	..	..	..	..	..	..	..	..
	政府服务等	81	83.3	85.1	86.8	88.5	67.7	69.3	70.1	70.9

续表

国别(地区) 项目＼年份	1980	1981	1982	1983	1984	1985	1986	1987	1988
全部服务合计	2133	2230	2144	2262	2472	2559	3594	4192	5757
运输	128.8	153.3	141.8	106.9	76	177	186	179	200
旅游	130.8	131	131	120	139	133	170	167	173
其他服务:	107.4	114.3	108.2	88.1	76	87	85	75	67
通信服务	..	..	..	..	..	..	13	8	4
建筑服务	..	..	..	..	..	..	..	..	..
计算机和信息服务	58.6	71.1	51.2	34.1	29	31	32	30	31
保险服务	..	..	..	..	..	..	..	..	..
金融服务	..	..	..	..	..	..	..	..	..
专利权使用费和特许费	..	..	..	..	..	..	..	..	..
其他商业服务	29.5	23.6	32	36	27	29	4	..	1
个人、文化和娱乐服务	..	..	..	..	..	..	9	10	4
政府服务等	19.3	19.6	25	18	20	27	27	27	27

国别(地区): 中国台湾

国别(地区) 项目＼年份	1989	1990	1991	1992	1993	1994	1995	1996	1997
全部服务合计	7147	7008	8389	10140	13229	13205	15016	16260	17144
运输	234	242	241	263	285.45	307.52	321.64	262	239
旅游	187	188	189	192	230	252	255	281	290
其他服务:	95	108	126	162	120.25	116.3	151.18	140.03	157.1
通信服务	11	14	16	53	64	64	87	77	96
建筑服务	..	..	..	..	..	..	..	..	..
计算机和信息服务	41	47	50	52	0.25	0.3	0.18	1.03	0.1
保险服务	..	..	..	..	..	..	..	..	..
金融服务	..	..	..	..	..	..	..	..	..
专利权使用费和特许费	..	..	..	..	..	..	..	..	..
其他商业服务	1	1	1	1	3	1	..	2	..
个人、文化和娱乐服务	12	16	27	23	20	15	23	17	14
政府服务等	30	30	32	33	33	36	41	43	47

国别(地区): 中国台湾

国别(地区) 项目＼年份	1998	1999	2000	2001	2002	2003	2004	2005	2006
全部服务合计	16768	17161	20010	19895	21635	23166	25789	25827	29272
运输	227.76	261	290	248.33	243.36	268.6	340.48	335.18	352.24
旅游	291	343	402	430	447.19	406.36	462.48	485.79	489.9
其他服务:	159.55	125.51	157.31	183.84	193.37	206.19	210.99	191.16	174.27
通信服务	85	64.2	61	96.06	97.7	102.78	100.36	80.07	55.44
建筑服务	..	..	..	..	..	..	..	..	..
计算机和信息服务	10.55	0.31	1.31	0.76	0.42	0.83	0.12	0.74	0.01
保险服务	..	..	..	..	..	..	..	..	..
金融服务	..	..	..	..	..	..	..	..	..
专利权使用费和特许费									
其他商业服务	..	..	..	..	..	..	..	..	..
个人、文化和娱乐服务	17	12	39	24	31.76	33.87	36.13	38.54	41.11
政府服务等	47	49	56	63.01	63.48	68.71	74.37	71.79	77.71

国别(地区): 中国台湾

续表

国别 (地区)	项　目＼年　份	1980	1981	1982	1983	1984	1985	1986	1987	1988
土耳其	全部服务合计	711	1264	1918	1939	2220	2864	2997	3813	5652
	运输	1254.43	1587.43	1744.86	1827	1795.86	1804.57	1925.14	1937.29	2194.43
	旅游	592.57	417.71	346	285.14	327.86	416.57	280.29	642.86	885.71
	其他服务：	545.71	531.86	709.29	1020.86	866	802.43	1152.57	1046.71	1327.43
	通信服务	..	..	..	..	..	..	..	..	..
	建筑服务	..	..	..	..	..	..	..	..	..
	计算机和信息服务	9.71	3.43	6.14	29	58.14	48.71	73	95.14	58.57
	保险服务	..	..	..	..	..	..	..	..	..
	金融服务	..	..	..	..	..	..	..	..	..
	专利权使用费和特许费	..	..	..	..	..	..	..	..	..
	其他商业服务	463.86	421.71	601.29	814.29	650.57	648.14	1032.14	792.57	1080.14
	个人、文化和娱乐服务	..	..	..	..	..	..	..	..	..
	政府服务等	72.14	106.71	101.86	177.57	157.29	105.57	47.43	159	188.71

国别 (地区)	项　目＼年　份	1989	1990	1991	1992	1993	1994	1995	1996	1997
土耳其	全部服务合计	6414	8016	8372	9407	10652	10801	14606	13083	19418
	运输	2043.91	2409.5	2648	2882	2869	3165	3202	2689	2524.3
	旅游	961.82	1100	1373	2165	1927	2006	2684	3204	3727.2
	其他服务：	1197.18	2461.5	2762	2669	3099	2899	2704	3378	3128.4
	通信服务	..	..	..	..	..	105	215	210	180.9
	建筑服务	..	..	..	..	..		1	12	77.6
	计算机和信息服务	30.64	46	42	102	84	34	12	33	38.3
	保险服务	..	..	..	..	..	84	71	60	42.7
	金融服务	..	..	..	..	..		1	1	4.8
	专利权使用费和特许费	..	..	..	..	..	40	47	55	54
	其他商业服务	336	1257	2077	1905	2196	2258	2027	2808	2435.6
	个人、文化和娱乐服务	..	..	..	..	..	1	2	7	11
	政府服务等	830.54	1158.5	643	662	819	377	328	192	283.5

国别 (地区)	项　目＼年　份	1998	1999	2000	2001	2002	2003	2004	2005	2006
土耳其	全部服务合计	23376	16451	19528	15234	14046	18013	22960	26648	24547
	运输	2494	2658	2645	2738.3	2797.1	3398.9	4016.3	4745.6	5489.1
	旅游	2565	3903.1	4345	3800	3763.9	4583.7	6125.1	6850.6	7590.8
	其他服务：	3082	2932.6	2813	2504	2759.2	3190.4	4055.2	3046.4	3054.6
	通信服务	216	235.1	306	232.1	220.7	309.1	404.8	362	495.6
	建筑服务	49	116.3	93	141.2	171.8	222	406.4	502.9	430.1
	计算机和信息服务	38	90.3	30	9.4	21.9	36.7	37.9	58.2	36.3
	保险服务	55	81.3	52	70.2	84.8	79.6	73.8	137	148.9
	金融服务	10	8.5	23	22.2	27.2	22.7	33.3	24.9	51.5
	专利权使用费和特许费	56	46.5	59	46.3	37.6	120.8	100	136	138
	其他商业服务	2337	2118.2	2119	1736.7	1948.3	2091.9	2779.7	1548.7	1337.4
	个人、文化和娱乐服务	12	18.7	15	18.8	53.7	72	69.1	82.8	116
	政府服务等	309	217.7	116	227.1	193.2	235.6	150.2	193.9	300.8

续表

国别(地区)	项目 \ 年份	1980	1981	1982	1983	1984	1985	1986	1987	1988
泰国	全部服务合计	1489.63	1611.89	1716.77	1845.73	1963.95	2041.29	2302.19	3070.04	4647.5
	运输	25.44	20.24	22.52	29.48	44.12	57.8	61.97	62.72	98.52
	旅游	13.36	14.12	20	24.28	29.64	43.32	42.17	43.06	55.52
	其他服务:	100.04	90.32	74.88	82.08	91.64	122.8	136.93	212.36	173.96
	通信服务	..	..	..	..	..	..	..	..	..
	建筑服务	..	..	..	..	..	..	..	..	..
	计算机和信息服务	29.96	27.28	18	21.4	19.92	20.84	32.75	60.26	31.64
	保险服务	..	..	..	..	..	..	..	..	..
	金融服务	..	..	..	..	..	..	..	..	..
	专利权使用费和特许费	..	..	..	..	..	..	..	..	..
	其他商业服务	53.2	48.72	49.16	52.28	60	73.68	53.65	75.62	92.98
	个人、文化和娱乐服务	..	..	..	..	..	..	..	..	..
	政府服务等	16.88	14.32	7.72	8.4	11.72	28.28	50.53	76.48	49.34

国别(地区)	项目 \ 年份	1989	1990	1991	1992	1993	1994	1995	1996	1997
泰国	全部服务合计	5457.35	6419.02	7272.08	9287.99	11058.9	11640	14845.2	17007.4	15763.3
	运输	95.96	78.79	73.85	79.54	80.09	94.52	96.75	99.37	180.44
	旅游	58.08	76.02	70.85	73.44	78.48	85.46	85.44	86.46	149.38
	其他服务:	196.98	174.42	166.22	224.14	176.96	207.25	206.41	228.56	145.95
	通信服务	..	..	..	..	..	..	70.71	89.55	78.34
	建筑服务	..	..	..	..	..	..	..	..	1.6
	计算机和信息服务	31.92	22.63	20.36	21.05	22.52	26.58	26.61	26.84	31.75
	保险服务	..	..	..	..	..	..	..	6.17	7.65
	金融服务	..	..	..	..	..	..	..	..	..
	专利权使用费和特许费	..	..	..	..	0.23	..	..	..	..
	其他商业服务	134.46	123.64	118.92	163.62	109.85	131.4	62.82	9.59	11.08
	个人、文化和娱乐服务	..	..	..	..	..	..	..	..	..
	政府服务等	30.6	28.15	26.94	39.47	44.36	49.26	46.26	96.4	15.53

国别(地区)	项目 \ 年份	1998	1999	2000	2001	2002	2003	2004	2005	2006
泰国	全部服务合计	13155.6	14635.1	13868.2	13024.3	15390.6	15798.3	19040.2	20162.7	24129.9
	运输	187.44	213.8	248.6	289.4	311.4	330.1	342.62	344.8	352.1
	旅游	206.17	222.3	216.9	201.1	245.3	383.09	452.51	542.92	870.5
	其他服务:	194.86	204.3	232.9	213.1	226.6	235.1	294.48	240.19	280.39
	通信服务	98.34	81.2	86.3	108.8	93.4	122.9	139.3	122.7	139.5
	建筑服务	5.71	6.8	14	15.6	22	10	18.6	24.1	45.4
	计算机和信息服务	54.25	66.7	63.1	26.8	31.6	31.2	34.8	32.3	30.1
	保险服务	10.05	12.3	6.7	1.8	2	2.8	9.7	7.1	3.4
	金融服务	..	..	3.9	0.2	0.1	0.4	0.4	..	0.7
	专利权使用费和特许费	..	1.1	2.4	1.2	1.5	0.2	0.1	2.4	0.5
	其他商业服务	13.59	15.9	30.6	34.8	42.6	25.3	40.38	21.29	21.96
	个人、文化和娱乐服务	..	..	0.6	0.4	0.2	..	0.2	..	..
	政府服务等	12.91	20.3	25.3	23.5	33.2	42.3	51	30.3	38.83

续表

国别(地区) / 项目 \ 年份	1980	1981	1982	1983	1984	1985	1986	1987	1988
全部服务合计	1135.11·	1315.47	1579.18	1851.16	1932.46	1934.32	1981.45	2272.55	2378.97
运输	..	..	..	..	..	..	..	..	..
旅游	..	..	..	..	..	..	..	..	..
其他服务:	..	..	..	..	..	..	..	6.11	5.87
通信服务	..	..	..	..	..	..	..	..	..
建筑服务	..	..	..	..	..	..	..	..	..
计算机和信息服务	..	..	..	..	..	..	..	..	..
保险服务	..	..	..	..	..	..	..	..	..
金融服务	..	..	..	..	..	..	..	..	..
专利权使用费和特许费	..	..	..	..	..	..	..	..	..
其他商业服务	..	..	..	..	..	..	..	6.11	5.87
个人、文化和娱乐服务	..	..	..	..	..	..	..	..	..
政府服务等	..	..	..	..	..	..	..	..	..

马来西亚

国别(地区) / 项目 \ 年份	1989	1990	1991	1992	1993	1994	1995	1996	1997
全部服务合计	2870.23	3858.96	4374.44	4989.04	6411.57	9319.97	11601.6	15135.5	15727.3
运输	..	..	..	..	..	..	..	..	..
旅游	..	..	..	..	..	..	..	..	..
其他服务:	..	..	..	..	..	..	..	..	..
通信服务	..	..	..	..	..	..	..	..	..
建筑服务	..	..	..	..	..	..	..	..	..
计算机和信息服务	..	..	..	..	..	..	..	..	..
保险服务	..	..	..	..	..	..	..	..	..
金融服务	..	..	..	..	..	..	..	..	..
专利权使用费和特许费	..	..	..	..	..	..	..	..	..
其他商业服务	..	..	..	..	..	..	..	..	..
个人、文化和娱乐服务	..	..	..	..	..	..	..	..	..
政府服务等	..	..	..	..	..	..	..	..	..

马来西亚

国别(地区) / 项目 \ 年份	1998	1999	2000	2001	2002	2003	2004	2005	2006
全部服务合计	11516.7	11919.3	13940.5	14455	14878	13577.5	17111.1	19575.7	21831
运输	..	..	0.26	0.39	..	..	..	..	..
旅游	..	..	4.68	13.79	14.14	19.25	..	..	..
其他服务:	..	..	12.66	7.12	..	..	..	..	..
通信服务	..	..	..	..	..	..	..	..	..
建筑服务	..	..	..	..	..	..	..	..	..
计算机和信息服务	..	..	..	..	..	..	..	..	..
保险服务	..	..	..	..	..	..	..	..	..
金融服务	..	..	..	..	..	..	..	..	..
专利权使用费和特许费	..	..	..	..	..	..	..	..	..
其他商业服务	..	..	..	..	..	..	..	..	..
个人、文化和娱乐服务	..	..	..	..	..	..	..	..	..
政府服务等	..	..	..	..	..	..	..	..	..

马来西亚

续表

国别 (地区)	项　目＼年　份	1980	1981	1982	1983	1984	1985	1986	1987	1988
波兰	全部服务合计	2018	1913	1842	1990	2017	2104	2015	2216	2472
	运输	—	—	—	—	—	—	—	—	—
	旅游	—	—	—	—	—	—	—	—	—
	其他服务:	—	—	—	—	—	—	—	—	—
	通信服务	—	—	—	—	—	—	—	—	—
	建筑服务	—	—	—	—	—	—	—	—	—
	计算机和信息服务	—	—	—	—	—	—	—	—	—
	保险服务	—	—	—	—	—	—	—	—	—
	金融服务	—	—	—	—	—	—	—	—	—
	专利权使用费和特许费	—	—	—	—	—	—	—	—	—
	其他商业服务	—	—	—	—	—	—	—	—	—
	个人、文化和娱乐服务	—	—	—	—	—	—	—	—	—
	政府服务等	—	—	—	—	—	—	..	—	—

国别 (地区)	项　目＼年　份	1989	1990	1991	1992	1993	1994	1995	1996	1997
波兰	全部服务合计	3201	3200	3687	4773	4201	6699	10675	9747	8915
	运输	—	—	—	—	51.4	35.4	34.2	37.5	36.7
	旅游	—	—	—	—	1	1.5	1.5	35.1	90
	其他服务:	—	—	—	—	55.3	53	12.9	32.3	32.5
	通信服务	—	—	—	—	..	..	..	..	..
	建筑服务	—	—	—	—	..	..	..	..	..
	计算机和信息服务	—	—	—	—	..	..	..	..	..
	保险服务	—	—	—	—	..	..	..	..	..
	金融服务	—	—	—	—	..	..	..	..	..
	专利权使用费和特许费 •	—	—	—	—	..	..	..	..	..
	其他商业服务	—	—	—	—	55.3	53	12.9	32.3	32.5
	个人、文化和娱乐服务	—	—	—	—	..	..	..	..	..
	政府服务等	—	—	—	—	..	..	..	..	..

国别 (地区)	项　目＼年　份	1998	1999	2000	2001	2002	2003	2004	2005	2006
波兰	全部服务合计	10840	8363	10398	9753	10037	11174	13471	16258	20584
	运输	23.37	7.93	9.85	..	..	..	..	..	..
	旅游	42.5	26.79	34.75	..	..	..	..	..	..
	其他服务:	15.88	12.84	16.31	..	..	..	..	..	..
	通信服务	6.75	6.27	8.21	..	..	..	..	..	..
	建筑服务	..	1.42	..	..	..	..	..	..	..
	计算机和信息服务	..	..	0.01	..	..	..	..	..	..
	保险服务	0.8	0.55	0.56	..	..	..	..	..	..
	金融服务	0.05	0.14	0.03	..	..	..	..	..	..
	专利权使用费和特许费	0.4	0.01	0.09	..	..	..	..	..	..
	其他商业服务	2.84	0.81	0.62	..	..	..	..	..	..
	个人、文化和娱乐服务	..	0.04	..	..	..	..	..	..	..
	政府服务等	5.03	3.6	6.79	..	..	..	..	..	..

注：1. 本表所列国家或地区以 2005 年服务出口额排序；
　　2. "—"或".."表示无法获得或无法单独列出的数据。
资料来源：根据联合国贸易和发展会议："UNCTAD Handbook of Statistics 2008"整理。

表 11 2006 年服务进口额前 30 名国家（地区）服务进口总额及构成的时间序列（1980～2006）

单位：现价，百万美元

国别（地区）	项目	1980	1981	1982	1983	1984	1985	1986	1987	1988
美国	全部服务合计	40970	44880	51040	54260	66910	72030	79837	90370	98101
	运输	279.63	278.93	259.65	225.44	226.57	299.37	420.61	319.07	285.25
	旅游	82.45	70.62	71.88	98.59	111.45	130.41	204.99	243.93	282.86
	其他服务：	354.74	373.73	420.52	393.22	417.79	506.38	318.45	489.45	333.26
	通信服务	..	..	..	..	..	..	0.2	..	1.44
	建筑服务	..	..	..	..	..	..	129.31	..	216.55
	计算机和信息服务	38.81	37.11	47.22	33.29	35.67	51.34	63.44	58.22	24.27
	保险服务	..	..	..	..	..	..	12.73	..	10.84
	金融服务	..	..	..	..	..	..	..	..	..
	专利权使用费和特许费	..	..	..	..	..	..	1.62	..	1.28
	其他商业服务	301.45	324.29	361.77	346.11	346.76	400.26	91.71	382.25	50.5
	个人、文化和娱乐服务	..	..	..	..	..	..	..	..	..
	政府服务等	14.48	12.33	11.53	13.83	35.36	54.78	19.43	48.98	28.37

国别（地区）	项目	1989	1990	1991	1992	1993	1994	1995	1996	1997
美国	全部服务合计	101870	117050	118080	119552	123771	133075	141410	152550	165933
	运输	306.7	460.73	356.99	293.85	184.52	215.81	171.57	233.58	235.28
	旅游	321.28	279.47	414.49	227.55	225.14	58.43	105.26	134.08	136.28
	其他服务：	404.44	304.92	350.82	385.92	331.44	218.91	221.82	675.55	566.48
	通信服务	0.03	1.8	0.18	0.11	0.04	1.08	3.95	7.57	18.79
	建筑服务	127.68	138.95	133.89	228.83	176.72	81.79	41.79	102.98	94.18
	计算机和信息服务	34.04	59.76	30.13	46.02	40.01	26.51	31.39	25.29	28.82
	保险服务	9.87	13.7	11.41	15.87	3.71	5.66	3.67	5	6.29
	金融服务	..	..	..	..	..	..	..	..	3.07
	专利权使用费和特许费	0.03	0.26	0.39	0.45	1.7	0.31	1	0.92	2.55
	其他商业服务	181.22	63.32	167.77	72.2	91.29	87.32	126.08	524.43	393.73
	个人、文化和娱乐服务	..	..	..	..	..	..	..	..	..
	政府服务等	51.57	27.14	7.05	22.44	17.98	16.25	13.94	9.36	19.05

国别（地区）	项目	1998	1999	2000	2001	2002	2003	2004	2005	2006
美国	全部服务合计	180666	199204	223739	221764	231049	250328	292214	315632	342817
	运输	264.33	241.44	222.97	282.87	274.13	353.12	383.5	..	..
	旅游	160.17	151.64	205.07	160.17	170.51	171.19	323.12	..	..
	其他服务：	392.76	322.26	529.08	639.42	766.93	698.18	790.24	..	..
	通信服务	9.19	0.37	3.81	4.01	19.87	57.74	28.75	..	..
	建筑服务	-0.01	4.41	4.5	4.62		11.2	9.96	..	..
	计算机和信息服务	56.72	24.33	29.87	34.3	20.13	81.14	95.55	..	..
	保险服务	11.97	19.41	9.04	4.36	7.7	11.75	9.84	..	..
	金融服务	0.45	0.1	0.48	0.34	0.2	22.29	9.14	..	..
	专利权使用费和特许费	0.22	3.26	4.6	1.96	0.57	1.71	1.93	..	..
	其他商业服务	302.79	253.1	452.91	562.61	703.45	463.11	588.29	..	..
	个人、文化和娱乐服务	0.76	0.79	0.67	0.65	1.25	4.16	3.86	..	..
	政府服务等	10.68	16.49	23.2	26.58	13.76	45.08	42.91	..	..

续表

国别(地区)	项目＼年份	1980	1981	1982	1983	1984	1985	1986	1987	1988
德国	全部服务合计	—	—	—	—	—	—	—	—	—
	运输	3186.7	3542.3	3023.3	3202.6	3392	3567.9	3669.6	3993.2	4752.5
	旅游	3293.6	3388	3418.9	4175.5	4252.2	4423.3	4613.1	5660.6	6861.8
	其他服务:	4181.3	5035.1	5183.2	5167.5	5492.7	5918.4	7574.4	7991.3	9399.9
	通信服务	..	178.4	145	159	194.5	211.6	516.7	632.7	770.2
	建筑服务	..	..	..	..	..	..	..	..	..
	计算机和信息服务	..	406.2	479	548.5	569	716.9	955	1134.2	1294.3
	保险服务	..	230.2	231.8	210.9	187.6	249.7	649.1	653	592.3
	金融服务	..	60.8	57.5	56.7	53.2	69.5	155.4	154.6	173
	专利权使用费和特许费	..	595.5	676.8	718.9	798.4	798.2	937	980.3	1303.3
	其他商业服务	3625.4	2725.8	2674.8	2583.2	2667.8	2768.2	3335	3246.6	3983.5
	个人、文化和娱乐服务	0	240.2	248	265.3	275.6	328.8	331	490.1	593.1
	政府服务等	555.9	598	670.3	675	746.6	775.5	695.2	699.8	688.2

国别(地区)	项目＼年份	1989	1990	1991	1992	1993	1994	1995	1996	1997
德国	全部服务合计		85051.5	89973.7	104632	101856	112061	132382	134220	129455
	运输	5264.4	5781.7	5900.2	6609.4	7660.8	7709.2	7950	7750	8245.5
	旅游	8299.9	10933.5	12003.8	11793.3	11130.4	10015.8	10268.5	11260.2	11463.7
	其他服务:	10863.7	11581.7	12421.4	12410	13641.4	14796.2	15248.4	16898.2	18292.6
	通信服务	957.7	1037	1032.5	998.5	1045.6	1134.9	1271.4	1243.1	1614.8
	建筑服务	..	29.9	33.1	46.3	86	210.8	193.8	68.2	109
	计算机和信息服务	1532.1	1918	2092.1	2185.7	2406.8	2956.1	2776.8	2885.2	2908.3
	保险服务	704.3	628.2	829.1	802.4	968.9	1011.2	940.6	1228.4	1269.6
	金融服务	227.1	294.8	425.9	435.9	403	501.5	494	528.7	688.7
	专利权使用费和特许费	1446.8	1663.5	1788.3	1712.5	1685.9	1764	1882.7	1950.1	2328.4
	其他商业服务	4574.3	4472.9	4646.8	4791.8	5766.3	5922.4	6202.8	7274	7655.5
	个人、文化和娱乐服务	688.3	713	681.6	650.2	706.1	852.3	998.9	1235.8	1233.5
	政府服务等	733.1	824.4	892	786.7	572.8	443	487.4	484.7	484.6

国别(地区)	项目＼年份	1998	1999	2000	2001	2002	2003	2004	2005	2006
德国	全部服务合计	134799	141001	137254	141916	145158	169162	191257	202684	215020
	运输	7926.7	8283.4	9370.3	9020.1	9200.1	10253.7	12298.8	14464.9	16933.4
	旅游	10805.1	11504.1	12419.2	11936.6	11725.4	13366.4	15946.7	18369.9	20537.5
	其他服务:	19388.7	20777.2	22313.7	22868.1	24129.7	28469	30613.3	32098.3	35177.67
	通信服务	1539.6	1397.9	1380.3	1390.7	1468.7	1469.6	1808.5	1701.6	1955.28
	建筑服务	117.9	193.1	80.1	61.3	58.6	84.9	146.8	110.5	98.14
	计算机和信息服务	2899.9	2968.2	2838.1	3529.2	4213.2	4924.8	4508	4752.5	4870.6
	保险服务	1385.9	1241.1	1541.9	1654.8	1727.4	1863.6	2022.2	2247.9	2864.14
	金融服务	748.9	870.9	898.9	926.5	1303.1	1625.9	1858.5	2097.7	2020.46
	专利权使用费和特许费	2712.5	3337	3770.7	3781	4484.7	5598.6	6397.2	6639.9	7320.39
	其他商业服务	8199.7	8889.9	9595.2	9384.9	8630.4	10413.6	11039	11817.5	12929.5
	个人、文化和娱乐服务	1298.3	1366.3	1687.4	1532.8	1628.7	1805.7	2106	1945.1	2216.24
	政府服务等	486	512.8	521.1	606.9	614.9	682.3	727.1	785.6	902.92

续表

国别 (地区)	项　目 / 年　份	1980	1981	1982	1983	1984	1985	1986	1987	1988
英国	全部服务合计	27932.8	26305.8	25553.3	23269.7	22828.4	21950	27087.2	33525.2	41252.6
	运输	3.51	4.03	4.64	3.36	5.47	3.41	3.86	5.3	4.86
	旅游	1.77	1.5	1.22	1.29	1.28	1.31	2.36	4.62	4.04
	其他服务：	2.19	11.63	6.76	7.55	3.7	3.87	10.56	9.64	9.48
	通信服务	..	..	..	..	..	..	..	2.02	2.19
	建筑服务	..	..	..	..	..	..	..	0.07	0.11
	计算机和信息服务	0.08	0.09	0.07	0.03	0.26	0.11	0.11	..	..
	保险服务	..	..	..	..	..	..	..	..	..
	金融服务	..	..	..	..	..	..	..	..	..
	专利权使用费和特许费	..	..	..	..	..	..	0.11	0.4	0.12
	其他商业服务	2.11	11.54	6.69	7.53	3.45	3.77	5.9	2.92	2.26
	个人、文化和娱乐服务	..	..	..	..	..	..	..	..	..
	政府服务等	..	..	..	..	..	..	4.44	4.22	4.8

国别 (地区)	项　目 / 年　份	1989	1990	1991	1992	1993	1994	1995	1996	1997
英国	全部服务合计	43563.7	50112.1	50134.4	53352.7	51447.5	57538.1	65402.1	72549.2	78066.7
	运输	10.73	11.99	5.65	8.95	7.52	12	25.21	37.18	37.22
	旅游	4.34	4.15	6.74	7.53	9.37	11.63	16.19	17.79	17.25
	其他服务：	11.56	11.73	8.16	8.86	12.5	10.89	19.1	15.06	17.43
	通信服务	0.41	2.34	0.7	0.2	0.43	1.72	3.91	0.49	0.4
	建筑服务	3.5	0.31	0	0.06	2.27	0.14	0.23	0.23	0.7
	计算机和信息服务	..	..	..	..	..	..	..	..	..
	保险服务	..	..	..	..	..	..	..	..	..
	金融服务	..	..	..	..	..	..	..	..	..
	专利权使用费和特许费	0.05	0.12	0.04	0.1	0.21	0.06	0.09	0.03	0.08
	其他商业服务	3.12	3.97	3.38	5.19	5.07	4.21	8.88	6.48	9.9
	个人、文化和娱乐服务	..	..	..	..	..	..	..	..	..
	政府服务等	4.48	4.99	4.03	3.31	4.51	4.76	5.98	7.82	6.36

国别 (地区)	项　目 / 年　份	1998	1999	2000	2001	2002	2003	2004	2005	2006
英国	全部服务合计	87722.5	96582.5	99382.2	99845.8	109255.9	127213.9	149948.7	160527.2	175894
	运输	39.86	45.35	44.48	50.15	64.78	90	91.13	97.79	125.7
	旅游	23.82	40.57	36.3	47.26	56.36	72.7	77.74	67.23	82.4
	其他服务：	26.91	29.9	19.45	21.6	20.94	25.8	37.8	43.36	37.23
	通信服务	0.65	2.57	4	4.27	4.52	3.43	2.88	3.34	3.27
	建筑服务	1.49	0.54	0.01	..	0	..	..	..	..
	计算机和信息服务	2.02	3.27	3.09	3.69	4.63	5.23	7.24	7.51	9.23
	保险服务	0.41	2.99	0.16	2.77	0.71	1.91	2.55	3.85	2.55
	金融服务	4.79	4.71	3.18	1.94	1.81	2.94	3.8	4.69	3.25
	专利权使用费和特许费	0.34	0.2	..	0.14	0.19	0.05	0.26	0.07	0
	其他商业服务	11.92	10.81	5.41	2.72	3.88	6.34	8.28	15.66	10.13
	个人、文化和娱乐服务	0.11	0.52	0.2	0.49	0.75	0.31	0.3	0.64	0.72
	政府服务等	5.18	4.3	3.41	5.58	4.44	5.6	12.49	7.6	8.07

续表

国别(地区) 项目 \ 年份	1980	1981	1982	1983	1984	1985	1986	1987	1988
全部服务合计	32360	36590	34010	33860	35020	31252.4	36215.9	49332.8	65619.3
运输	67.32	47.6	52.19	48.05	42.38	56.76	68.82	64.43	63.1
旅游	34.82	21.43	26.19	27.64	23.16	24.38	30.81	40.72	44.91
其他服务:	40.18	23.05	28.01	27.97	20.84	26.9	42.02	49.26	43.02
通信服务	..	..	..	..	..	..	..	..	..
建筑服务	..	..	..	..	..	..	..	..	..
计算机和信息服务	6.72	5.31	5.43	5.25	5.81	7.48	10.87	12.02	10.97
保险服务	..	..	..	..	..	..	..	..	..
金融服务	..	..	..	..	..	..	..	..	..
专利权使用费和特许费	..	..	..	..	..	..	..	..	..
其他商业服务	19.7	11.12	10.19	10.27	11.77	16	26.8	27.42	20.11
个人、文化和娱乐服务	..	..	..	..	..	..	..	..	..
政府服务等	13.76	6.62	12.4	12.46	3.25	3.42	4.35	9.81	11.94

日本

国别(地区) 项目 \ 年份	1989	1990	1991	1992	1993	1994	1995	1996	1997
全部服务合计	76959.6	84281.4	86631.2	93031.9	96303.4	106356	122626	129988	123454
运输	64.85	82.81	66.24	69.25	55.39	49.71	..	..	..
旅游	44.63	51	43.1	51.29	50.11	43.23	..	..	..
其他服务:	34.96	34.74	27.33	32.15	26.4	20.89	..	..	..
通信服务	..	..	..	..	..	..	..	..	..
建筑服务	..	..	..	..	..	..	..	..	..
计算机和信息服务	10.81	14.82	12.15	12.79	10.45	9.01	..	..	..
保险服务	..	..	..	..	..	..	..	..	..
金融服务	..	..	..	..	..	..	..	..	..
专利权使用费和特许费	..	..	..	..	..	..	..	..	..
其他商业服务	14.65	17.86	13.48	18.23	15.09	11.89	..	..	..
个人、文化和娱乐服务	..	..	..	..	..	..	..	..	..
政府服务等	9.5	2.07	1.69	1.13	0.85	..	..	..	..

日本

国别(地区) 项目 \ 年份	1998	1999	2000	2001	2002	2003	2004	2005	2006
全部服务合计	111833	115158	116864	108249	107940	111528	135514	134256	135556
运输	..	..	..	..	..	..	..	..	..
旅游	..	..	..	..	..	..	..	..	..
其他服务:	..	..	..	..	..	..	..	..	..
通信服务	..	..	..	..	..	..	..	..	..
建筑服务	..	..	..	..	..	..	..	..	..
计算机和信息服务	..	..	..	..	..	..	..	..	..
保险服务	..	..	..	..	..	..	..	..	..
金融服务	..	..	..	..	..	..	..	..	..
专利权使用费和特许费	..	..	..	..	..	..	..	..	..
其他商业服务	..	..	..	..	..	..	..	..	..
个人、文化和娱乐服务	..	..	..	..	..	..	..	..	..
政府服务等	..	..	..	..	..	..	..	..	..

日本

续表

国别 (地区)	项　目 \ 年　份	1980	1981	1982	1983	1984	1985	1986	1987	1988
	全部服务合计	32148.1	33285	28037.2	25663	25425.5	24841.1	31800.1	38999	42780.4
	运输	1.55	1.9	4.11	34.55	44.79	61.46	77.86	88.32	84.26
	旅游	13.92	7.82	10.32	15.68	19.31	19.67	30.18	46.63	67.33
	其他服务:	8.74	15.59	7.66	27.38	25.97	72.73	57.65	63	66.34
	通信服务	..	..	..	..	..	..	..	..	..
	建筑服务	..	..	..	..	..	..	..	..	..
法国	计算机和信息服务	0.17	0.21	0.46	3.21	4.43	7.64	9.88	10.84	11.73
	保险服务	..	..	..	..	..	..	..	..	..
	金融服务	..	..	..	..	..	..	..	..	..
	专利权使用费和特许费	..	..	..	..	..	..	..	..	..
	其他商业服务	4.33	15.34	6.84	13.41	17.77	63.19	45.02	48.78	50.54
	个人、文化和娱乐服务	..	..	..	..	..	..	..	..	..
	政府服务等	4.24	0.04	0.37	10.76	3.77	1.9	2.74	3.38	4.07

国别 (地区)	项　目 \ 年　份	1989	1990	1991	1992	1993	1994	1995	1996	1997
	全部服务合计	46120.1	60193.6	61423.7	72992.2	68891	67844.8	66093.6	67264.5	63391.7
	运输	95.47	100.75	94.4	83.63	78.31	95.86	91.97	99.46	96.94
	旅游	53.13	69.71	63.18	79.89	85.63	25.97	37.58	49.25	53.02
	其他服务:	61.35	57.74	50.44	60.63	71.16	77.58	82.25	75.09	79.14
	通信服务	..	..	..	..	..	..	..	..	..
	建筑服务	..	..	..	..	..	..	..	..	..
法国	计算机和信息服务	12.03	9.92	14.5	10.93	11.53	2.66	..	..	..
	保险服务	..	..	..	..	..	..	..	..	..
	金融服务	..	..	..	..	..	..	..	..	..
	专利权使用费和特许费	..	..	..	..	..	..	..	..	..
	其他商业服务	45.52	42.94	32.48	42.63	50.25	49.75	..	..	..
	个人、文化和娱乐服务	..	..	..	..	..	..	..	..	..
	政府服务等	3.8	4.88	3.46	7.06	9.38	25.17	..	..	..

国别 (地区)	项　目 \ 年　份	1998	1999	2000	2001	2002	2003	2004	2005	2006
	全部服务合计	67084.6	64299.9	60802.4	62333.2	68570.8	82765.4	98427.4	106023.9	107995
	运输	90.07	92.61	82.54	170.83	440.67	..	..	..	..
	旅游	66.33	53.09	55.96	56.13	80.2	..	..	..	..
	其他服务:	78.53	84.76	102.51	106.44	149.58	..	..	..	..
	通信服务	..	..	..	..	..				
	建筑服务	..	..	..	..	..				
法国	计算机和信息服务									
	保险服务									
	金融服务									
	专利权使用费和特许费									
	其他商业服务									
	个人、文化和娱乐服务									
	政府服务等	..	..	..	..	..				

续表

国别（地区）＼年份 项目	1980	1981	1982	1983	1984	1985	1986	1987	1988
全部服务合计	..	..	2024	1994	2857	2524	2276	2485	3603
运输	830	902	601	523	512	499	572	607	737
旅游	200	220	195	243	279	269.2	333.8	352.7	441.9
其他服务：	553	658	614	470	416	312.3	599.6	539.1	601.5
通信服务	4	4	5	6	5	6	32.1	6.6	6.9
建筑服务	..	..	..	..	..	..	..	..	..
计算机和信息服务	42	39	23	14	13	38.8	57.4	58.3	72.6
保险服务	..	..	..	..	..	..	..	..	..
金融服务	..	..	..	..	..	..	..	..	..
专利权使用费和特许费	29	39	33	32	26	23	25.8	29.7	35.2
其他商业服务	387	472	451	298	279	163.6	402.3	358.3	396.5
个人、文化和娱乐服务	..	..	..	..	..	..	..	..	..
政府服务等	91	104	102	120	93	80.9	82	86.2	89.3

国别（地区）：中国

国别（地区）＼年份 项目	1989	1990	1991	1992	1993	1994	1995	1996	1997
全部服务合计	3910	4352	4121	9434	12036	16299	25222.8	22585	27967
运输	870	939	1042	1245	1295	1299	1904	1745.38	1891.45
旅游	395.9	426	417	530	560	506	703	735.9	838.7
其他服务：	729.01	711.31	634.1	761	886.6	1184.9	1050	1107.29	1297.45
通信服务	7.4	7.2	6.8	8.4	16.7	21.9	158	149.8	179.6
建筑服务	..	..	..	..	..	..	..	..	..
计算机和信息服务	66.21	64.51	51	32.4	104.9	155.2	144	139.3	167
保险服务	..	..	..	..	..	..	..	95.9	113
金融服务	..	..	..	..	..	..	..	22.5	27
专利权使用费和特许费	39.9	37.1	33.9	39.2	43.6	46.8	50	116.8	140
其他商业服务	527.3	508.4	439.5	565.3	605.7	840	565	453.19	513.15
个人、文化和娱乐服务	..	..	..	..	..	..	..	25	30
政府服务等	88.2	94.1	102.9	115.7	115.7	121	133	104.8	125.7

国别（地区）：中国

国别（地区）＼年份 项目	1998	1999	2000	2001	2002	2003	2004	2005	2006
全部服务合计	26672	31589	36030.6	39267	46528	55306.3	72132.7	83795.5	100833
运输	1998.52	2059.55	2191.15	2259.89	2299.9	2585.34	3353.67	4124.61	4550.96
旅游	888.1	752.21	619.81	708.2	672.83	850.3	977.1	1050.66	1252.4
其他服务：	1517.15	1794.39	1990.75	2014.55	2114.28	2251.89	2448.78	2480.68	2622.83
通信服务	161.5	129.66	110	95.1	137.22	155.59	159.95	115.18	131.18
建筑服务	..	..	..	..	..	..	..	..	
计算机和信息服务	136.8	153.1	192.3	210.6	353.07	435.14	451.3	467.5	515.28
保险服务	163.3	241.5	221.65	203.41	230.36	213.92	282.87	256.51	286.5
金融服务	38.9	49.8	78.3	46.54	40.7	75.4	73.7	71.21	72.66
专利权使用费和特许费	222.8	324.2	297.47	268.6	250.6	257.12	307.3	347.56	381.33
其他商业服务	605.65	721.53	909.43	1019.49	924.52	935.38	998.51	1035.83	1043.91
个人、文化和娱乐服务	44.9	42.1	43.8	36.32	44	47.2	48.44	52.7	54.97
政府服务等	143.3	132.5	137.8	134.5	133.8	132.14	126.72	134.1	137

国别（地区）：中国

续表

国别(地区)	项目＼年份	1980	1981	1982	1983	1984	1985	1986	1987	1988
意大利	全部服务合计	16249.1	14487.6	14598.3	14090	14726	16405.6	20189.4	26252	29060.3
	运输	..	..	1247	1353	1321	1524	1520	1642	2276
	旅游	..	..	66	53	150	314	308	387	633
	其他服务:	..	..	711	588	1386	686	448	456	694
	通信服务	..	..	6	9	7	7	15	14	11
	建筑服务	..	..	..	..	..	..	..	..	..
	计算机和信息服务	..	..	89	110	121	69	82	142	213
	保险服务	..	..	..	..	..	..	..	..	..
	金融服务	..	..	..	..	..	..	..	..	..
	专利权使用费和特许费	..	..	..	..	..	..	..	..	..
	其他商业服务	..	..	457	315	1035	347	100	150	198
	个人、文化和娱乐服务	..	..	..	..	..	..	..	..	..
	政府服务等	..	..	159	154	223	263	251	150	277

国别(地区)	项目＼年份	1989	1990	1991	1992	1993	1994	1995	1996	1997
意大利	全部服务合计	32120.7	46795	44378.9	58134.4	48938.7	48237.9	55049.7	57604.7	59227.1
	运输	2752	3245	2508	4325	5479	7621	9526.11	10312	9945
	旅游	429	470	511	2512	2797	3036	3687.63	4474	8130
	其他服务:	729	637	1102	2507	3760	5642	12009.1	7799	9892
	通信服务	15	13	15	72	85	116	217.43	134	290
	建筑服务	..	..	..	..	..	..	..	..	1209
	计算机和信息服务	187	94	214	274	362	1880	4273.32	233	1045
	保险服务	..	..	..	..	..	..	..	..	325
	金融服务	..	..	..	..	..	..	..	..	231
	专利权使用费和特许费	..	..	..	..	..	..	..	..	543
	其他商业服务	189	291	689	2024	2840	3098	6930.12	7216	5962
	个人、文化和娱乐服务	..	..	..	..	..	..	..	..	44
	政府服务等	337	239	184	227	473	518	588.21	216	243

国别(地区)	项目＼年份	1998	1999	2000	2001	2002	2003	2004	2005	2006
意大利	全部服务合计	63379	57707.4	55600.8	57752.5	63166.4	74332.2	83245.9	90046	100409
	运输	6763	7899	10396.1	11325	13611.9	18232.8	24543.8	28447.5	34369
	旅游	9205	10864	13113.7	13909	15398	15187.3	19149.3	21759.1	24321.7
	其他服务:	10704	12826	12520.8	14033	17518.1	21886.2	28439.6	33588.9	42142.4
	通信服务	207	193	241.97	326	470.42	427.38	472.2	603.4	764.07
	建筑服务	1120	1540	994.44	847	963.86	1183.24	1338.83	1619.38	2049.72
	计算机和信息服务	1758	1921	2471.42	2711	3245.74	4564.22	6123.57	7199.56	8831.09
	保险服务	163	167	97.44	77	89.84	232.52	138.1	159.48	891.47
	金融服务	333	224	265.01	345	1132.85	1035.81	1252.75	1622.51	1738.85
	专利权使用费和特许费	420	792	1280.97	1938	3114	3548.13	4496.6	5321.25	6634.08
	其他商业服务	6459	7333	6959.36	7504	7956.95	10371.3	13910.8	16286.5	20605.3
	个人、文化和娱乐服务	39	34	37.42	50	96.02	69.54	175.83	153.95	121.48
	政府服务等	205	622	172.76	235	448.4	454.08	530.99	622.84	506.38

续表

国别（地区）	项目　年份	1980	1981	1982	1983	1984	1985	1986	1987	1988
荷兰	全部服务合计	18147.9	16060.6	15578.8	14156.6	14002.6	14947.7	18346.3	22013.1	24505.4
	运输	1391.48	1497.77	1504.78	1464.6	1550.27	1625.59	1904.65	2179.92	2534.2
	旅游	1080.99	1239.05	1313.9	1346.62	1541.57	1852.39	2088.17	2528.47	3194.08
	其他服务：	1900.03	1164.68	1113.82	1077.58	1248.16	2056.02	2495.68	3119.91	3756.22
	通信服务	..	..	..	..	..	..	..	..	..
	建筑服务	..	..	..	..	..	..	..	..	..
	计算机和信息服务	..	..	..	..	..	..	..	..	..
	保险服务	..	..	..	..	..	..	..	..	..
	金融服务	..	..	..	..	..	..	..	..	..
	专利权使用费和特许费	..	..	..	..	..	..	..	..	..
	其他商业服务	..	..	..	..	..	..	..	..	..
	个人、文化和娱乐服务	..	..	..	..	..	..	..	..	..
	政府服务等	..	..	..	..	..	..	..	..	..

国别（地区）	项目　年份	1989	1990	1991	1992	1993	1994	1995	1996	1997
荷兰	全部服务合计	25413.2	29708.1	33814.3	38451	38003.6	41303.3	44770.1	45277.9	45699.1
	运输	2866.67	3307.74	3601.98	4176.72	4369.18	4825.18	4951.53	5157.16	5037.01
	旅游	3769.36	4765.31	5628.88	6134.61	7097.6	8636.78	10496.77	11460.64	12678.08
	其他服务：	4202.57	4864.25	5594.64	6592.57	6628.22	7546.64	7900.6	7916.3	7914.21
	通信服务	..	..	..	..	..	..	..	..	..
	建筑服务	..	..	..	..	..	..	..	..	..
	计算机和信息服务	..	..	..	..	..	..	..	..	..
	保险服务	..	..	..	..	..	..	..	..	..
	金融服务	..	..	..	..	..	..	..	..	..
	专利权使用费和特许费	..	..	..	..	..	..	..	..	..
	其他商业服务	..	..	..	..	..	..	..	..	..
	个人、文化和娱乐服务	..	..	..	..	..	..	..	..	..
	政府服务等	..	..	..	..	..	..	..	..	..

国别（地区）	项目　年份	1998	1999	2000	2001	2002	2003	2004	2005	2006
荷兰	全部服务合计	47285.1	49458.4	51339.3	53713	57204	63896.6	69444.1	73312.8	79538.9
	运输	5534.3	5057.87	6241.09	6528.76	6221.12	6718.58	8687.05	10462.4	11298.87
	旅游	13474	13135	12501.8	12317	12417.9	11447.8	13269.2	13305.3	13981.71
	其他服务：	6070.49	5677.1	5954.88	6053.13	7325.38	7959.1	9181.38	10211.3	11252.82
	通信服务	1137.59	750.95	698.19	586.25	830.37	941.37	1124.06	1141.19	1637.06
	建筑服务	546.52	439.41	414.81	405.58	350.05	399.46	346.31	272.89	450.36
	计算机和信息服务	593.91	641.26	527.65	516.49	592.14	621.71	611.33	605.71	617.94
	保险服务	958.38	882.88	824.18	893.6	986.55	877.86	1164.65	1405.65	2021.16
	金融服务	112.97	109.57	128.09	145.28	225.29	282.19	395.1	426.82	593.05
	专利权使用费和特许费	536.84	280.59	461.12	490.98	696	864.43	1111.35	1288.81	1728.69
	其他商业服务	2016.18	2414.79	2725.64	2843.26	3445.74	3772.07	4222.84	4877.72	6555.25
	个人、文化和娱乐服务	51.13	46.53	65.46	70.14	67.96	68.46	51.62	51.82	74.78
	政府服务等	116.97	111.13	109.75	101.55	131.3	131.54	154.12	140.65	213.6

续表

国别 (地区)	项　目　　　年份	1980	1981	1982	1983	1984	1985	1986	1987	1988
爱尔兰	全部服务合计	1592.74	1435.23	1374.92	1372.23	1435.16	1584.37	2243.32	3077.96	3924.14
	运输	17.75	30.48	54.43	56.02	62.94	63.62	74.33	91.31	104.08
	旅游	0.8	3.85	19.36	18.9	19.11	20.09	21.92	24.26	26.58
	其他服务:	3.35	10.07	31.31	30.58	33.55	48.09	59.45	53.03	48.34
	通信服务	..	..	..	..	..	..	..	..	..
	建筑服务	..	..	..	..	..	..	..	..	..
	计算机和信息服务	..	..	..	..	..	..	..	..	..
	保险服务	..	..	..	..	..	..	..	..	..
	金融服务	..	..	..	..	..	..	..	..	..
	专利权使用费和特许费	..	..	..	..	..	..	..	..	..
	其他商业服务	..	..	..	..	..	..	..	..	..
	个人、文化和娱乐服务	..	..	..	..	..	..	..	..	..
	政府服务等	..	..	..	..	..	..	..	..	..

国别 (地区)	项　目　　　年份	1989	1990	1991	1992	1993	1994	1995	1996	1997
爱尔兰	全部服务合计	4431.6	5273.7	5770.41	7067.9	6768.5	8406.2	11294.4	13424.9	15212.7
	运输	118.57	130.89	153.72	170.42	177.08	194.71	203.55	194.02	198.26
	旅游	31.4	39.02	49.41	58.97	108.15	131.92	154.29	178.86	194.08
	其他服务:	59.13	67.99	72.17	78.31	146.67	118.87	125.26	137.82	218.06
	通信服务	..	..	..	..	..	..	..	..	..
	建筑服务	..	..	..	..	..	..	..	..	..
	计算机和信息服务	..	..	..	..	..	..	..	..	..
	保险服务	..	..	..	..	..	..	..	..	..
	金融服务	..	..	..	..	..	..	..	..	..
	专利权使用费和特许费	..	..	..	..	..	..	..	..	..
	其他商业服务	..	..	..	..	..	..	..	..	..
	个人、文化和娱乐服务	..	..	..	..	..	..	..	..	..
	政府服务等	..	..	..	..	..	..	..	..	..

国别 (地区)	项　目　　　年份	1998	1999	2000	2001	2002	2003	2004	2005	2006
爱尔兰	全部服务合计	29625.7	26082	28922	36704.8	41838.9	54425.6	65348.7	69898.3	78377.63
	运输	184	189.87	202.72	207.72	122.19	125.07	163.32	231.15	267.55
	旅游	209.48	232.86	262.96	300.53	318.37	290.62	332.29	357.98	378.16
	其他服务:	314.9	359.48	438.26	466.54	630.48	759.27	868.27	987.04	1220.07
	通信服务	..	..	..	..	31.3	37.93	39.07	40.64	42.54
	建筑服务	..	..	..	..	..	..	..	..	..
	计算机和信息服务	..	..	..	..	68.8	73.09	77	94.07	103.28
	保险服务	..	..	..	..	9.7	9.7	11.72	12.29	14.09
	金融服务	..	..	..	..	16.14	16.52	24.5	25.23	33.47
	专利权使用费和特许费	..	..	..	..	1.69	1.97	2.79	5.36	6.08
	其他商业服务	..	..	..	..	478.1	592.2	683.61	770.06	973.31
	个人、文化和娱乐服务	..	..	..	..	..	..	..	..	..
	政府服务等	..	..	..	..	24.75	27.86	29.59	39.39	47.29

续表

国别 (地区)	项 目 ＼ 年 份	1980	1981	1982	1983	1984	1985	1986	1987	1988
西班牙	全部服务合计	5732.46	5714.39	5952.98	5135.82	4501.55	5073.8	6353.7	8469.9	10530.4
	运输	1213	1275	1334	1430	1822	1737	2082	2601	3121
	旅游	594	878	1043	1229	2012	1999	1840	2640	4030
	其他服务:	747	884	927	967	1493	1697	2014	2701	3580
	通信服务	..	..	..	..	..	..	..	..	..
	建筑服务	..	..	..	..	..	..	..	..	..
	计算机和信息服务	..	..	..	..	..	..	..	..	..
	保险服务	..	..	..	..	..	..	..	..	..
	金融服务	..	..	..	..	..	..	..	..	..
	专利权使用费和特许费	..	..	..	..	..	..	..	..	..
	其他商业服务	..	..	..	..	..	..	..	..	..
	个人、文化和娱乐服务	..	..	..	..	..	..	..	..	..
	政府服务等	..	..	..	..	..	..	..	..	..

国别 (地区)	项 目 ＼ 年 份	1989	1990	1991	1992	1993	1994	1995	1996	1997
西班牙	全部服务合计	11959.7	15959.4	16739.17	21244.6	18910.9	18798.8	21482.6	23990.6	24348.6
	运输	3782	3753	4046	4611	5267	5308	6333	6235	6488
	旅游	4922	4984	5678	7279	7585	7618	8457	8152	8198
	其他服务:	4851	5921	7179	7456	8358	8144	9263	9994	10202
	通信服务	..	..	..	379	419	436	493	563	530
	建筑服务	..	..	..	311	339	284	275	255	235
	计算机和信息服务	..	..	..	427	542	482	508	563	459
	保险服务	..	..	..	517	0	11	7	1101	885
	金融服务	..	..	..	37	42	43	45	48	75
	专利权使用费和特许费	..	..	..	1016	860	803	937	1234	1148
	其他商业服务	..	..	..	3887	5272	5333	5775	5418	5902
	个人、文化和娱乐服务	..	..	..	125	143	147	152	181	200
	政府服务等	..	..	..	757	741	605	1071	631	768

国别 (地区)	项 目 ＼ 年 份	1998	1999	2000	2001	2002	2003	2004	2005	2006
西班牙	全部服务合计	27356.6	32022.3	33207.1	35179.9	38505.4	47841.2	59106.1	65631.9	78315.1
	运输	5774	5628	6247	6105	5967	6714	8132	8439	9030
	旅游	7331	7398	8107	7319	6956	6480	8170	8682	8746
	其他服务:	11064	11336	12293	11041	11796	12441	14429	15359	15885
	通信服务	519	437	528	441	473	460	496	505	393
	建筑服务	342	525	439	414	485	457	558	376	295
	计算机和信息服务	526	519	587	736	953	1236	1205	967	1002
	保险服务	900	807	1037	708	856	1112	884	1370	1390
	金融服务	98	118	217	254	305	248	238	315	313
	专利权使用费和特许费	1419	1637	1834	1499	1720	1689	1677	1796	2321
	其他商业服务	6172	6074	6348	5789	5920	6201	8261	8669	8909
	个人、文化和娱乐服务	165	142	163	190	217	206	238	301	199
	政府服务等	923	1077	1140	1030	867	832	872	1060	1063

续表

国别 (地区)	年份 项目	1980	1981	1982	1983	1984	1985	1986	1987	1988
加拿大	全部服务合计	10660.9	11966.7	11624.9	12546	13138.2	13910.8	15856.7	17645.9	21014.6
	运输	530.46	596.85	687.7	549.9	508.9	491	508.3	465.7	567.8
	旅游	240	286	259	315	329	313	611	666	538
	其他服务:	400.01	412.21	399.37	437.1	460.1	623	564.7	577.3	564.2
	通信服务	..	..	..	..	..	..	..	..	..
	建筑服务	..	..	..	..	..	..	..	..	..
	计算机和信息服务	119.41	145.98	163.3	157.1	182.1	183	198.7	205.3	227.2
	保险服务	..	..	..	..	..	..	..	..	..
	金融服务	..	..	..	..	..	..	..	..	..
	专利权使用费和特许费	11	11	11	12	10	7	7	10	10
	其他商业服务	231	215.23	166.07	176	199	370	292	291	257
	个人、文化和娱乐服务	2.6	3	4	4	7	11	8	8	15
	政府服务等	36	37	55	88	62	52	59	63	55

国别 (地区)	年份 项目	1989	1990	1991	1992	1993	1994	1995	1996	1997
加拿大	全部服务合计	24428.4	28298.3	30324.1	30813.3	32432.3	32521.7	33468.1	35909.1	38002.4
	运输	556	587.7	569.2	618.2	791.7	1119.09	1191.47	1206.6	1311.22
	旅游	494	454	509	640.6	694	841.38	877.92	1117.28	1209.31
	其他服务:	515	708.3	733.8	769.5	835	659.45	804.03	1061.4	1135.41
	通信服务	..	..	..	..	..	126.35	116.73	118.62	123.14
	建筑服务	..	..	..	..	..	..	..	..	..
	计算机和信息服务	219	230.3	231.8	250.6	285.8	214.19	231.2	308.88	365.73
	保险服务	..	..	..	..	..	82.2	103.9	111.97	160.31
	金融服务	..	..	..	..	..	8.32	13.19	19.46	28.27
	专利权使用费和特许费	12	13	19	17.4	18.6	19.57	28.94	60.65	60.22
	其他商业服务	222	391	413	424.1	447.6	156.14	235.39	372.68	332.86
	个人、文化和娱乐服务	7	7	8	8.1	8.7	7.14	14.37	9.27	4.94
	政府服务等	55	87	82	69.3	74.3	45.54	60.31	59.86	59.95

国别 (地区)	年份 项目	1998	1999	2000	2001	2002	2003	2004	2005	2006
加拿大	全部服务合计	38119.6	40567.2	44104.4	43824.7	45055.8	52089.5	58861.5	64935.3	72648.5
	运输	1294.63	1167.46	1306.54	1414.35	1201.89	1259.59	1613.05	2106.89	2252.85
	旅游	1120.14	1012.6	1059.98	1163.68	1074.89	1061.63	1107.66	1126.59	1328.55
	其他服务:	1001.64	963.87	940.8	1024	1025.64	1039	1214.22	1532.4	1911.26
	通信服务	111.76	107.46	122.97	113.38	112.62	107.92	144.38	151.67	198.84
	建筑服务	..	..	..	..	..	..	..	..	0.02
	计算机和信息服务	238.5	189.96	201.62	239.22	281.78	237.94	249.37	289.87	317.5
	保险服务	140.37	124.86	115.03	135.44	112.81	100.51	95.12	144.67	162.24
	金融服务	29.33	69.57	45.99	40.42	28.98	72.17	66.2	118.68	143.15
	专利权使用费和特许费	61.7	69.13	73.8	77.23	86.3	75.54	82.27	118.09	126.78
	其他商业服务	340.67	318.52	289.08	324.37	306.91	353.62	480.95	599.97	836.76
	个人、文化和娱乐服务	16.79	22.09	26.83	27.4	28.19	29.37	31.16	43.78	58.08
	政府服务等	62.53	62.28	65.48	66.53	68.05	61.93	64.76	65.67	67.9

续表

国别(地区)	项目＼年份	1980	1981	1982	1983	1984	1985	1986	1987	1988
韩国	全部服务合计	3293	3554.3	3362	3507.4	3599.5	3364.2	3929.2	4533.4	6118.2
	运输	8.45	8.87	9.11	10.18	11.19	10.65	10.88	16.69	17.37
	旅游	1.2	5.03	6.77	0.91	7.14	7.35	13.08	5.19	4.86
	其他服务:	2.27	11.41	9.54	10.77	19.32	17.9	18.3	19.92	20.07
	通信服务	..	..	..	..	..	..	..	..	..
	建筑服务	..	..	..	..	..	..	..	..	..
	计算机和信息服务	0.67	0.75	0.75	0.86	0.98	0.85	0.86	1.19	1.21
	保险服务	..	..	..	..	..	..	..	..	..
	金融服务	..	..	..	..	..	..	..	..	..
	专利权使用费和特许费	..	..	..	..	..	..	..	..	..
	其他商业服务	0.71	1.95	1.15	1.18	0.77	1.11	1.73	0.83	0.64
	个人、文化和娱乐服务	..	..	..	..	..	..	..	..	..
	政府服务等	0.88	8.71	7.63	8.73	17.57	15.94	15.71	17.9	18.21

国别(地区)	项目＼年份	1989	1990	1991	1992	1993	1994	1995	1996	1997
韩国	全部服务合计	8514	10251.8	12166.7	13605.4	15076.1	18606	25806.1	29591.7	29501.6
	运输	15.28	19.53	19.76	24.23	20.73	18.83	23.61	..	..
	旅游	4.7	5.93	6.69	6.95	5.72	5.88	6.59	..	..
	其他服务:	19.62	18.46	19.26	21.79	23.41	20.88	19.65	..	..
	通信服务	..	..	..	..	..	..	..	..	..
	建筑服务	..	..	..	..	..	..	..	..	..
	计算机和信息服务	0.98	1.19	1.34	..	..	..	..	..	..
	保险服务	..	..	..	..	..	..	..	..	..
	金融服务	..	..	..	..	..	..	..	..	..
	专利权使用费和特许费	..	..	..	..	..	..	..	..	..
	其他商业服务	0.4	0.63	3.29	3.04	4.14	4.42	2.3	..	..
	个人、文化和娱乐服务	..	..	..	..	..	..	..	..	..
	政府服务等	18.24	16.64	14.63	18.75	19.27	16.46	17.35	..	..

国别(地区)	项目＼年份	1998	1999	2000	2001	2002	2003	2004	2005	2006
韩国	全部服务合计	24540.5	27179.8	33381.4	32927	36585.2	40380.7	49927.6	58787.6	70636.6
	运输	..	..	..	..	..	22.1	25.09	28	..
	旅游	..	..	..	..	..	7.9	9.39	9.58	..
	其他服务:	..	..	..	..	..	6.9	3.02	4.42	..
	通信服务	..	..	..	..	..	..	..	..	..
	建筑服务	..	..	..	..	..	..	..	..	..
	计算机和信息服务	..	..	..	..	..	..	..	..	..
	保险服务	..	..	..	..	..	..	..	..	..
	金融服务	..	..	..	..	..	..	..	..	..
	专利权使用费和特许费	..	..	..	..	..	..	..	..	..
	其他商业服务	..	..	..	..	..	..	..	..	..
	个人、文化和娱乐服务	..	..	..	..	..	..	..	..	..
	政府服务等	..	..	..	..	..	..	..	..	..

续表

国别(地区)	项目 \ 年份	1980	1981	1982	1983	1984	1985	1986	1987	1988
印度	全部服务合计	2981.25	3248.93	3471.44	3705.03	3641.5	3902.93	3945.33	4629.18	5321.4
	运输	129.7	184.29	160.75	165.17	142.91	159.24	136.16	116.72	135.74
	旅游	29.05	37.38	54.24	65.51	55.1	62.87	66.8	79.22	125.76
	其他服务：	321.3	491.63	482.35	496.68	193.29	303.47	453.84	336.11	298.61
	通信服务	..	..	..	..	..	..	..	..	..
	建筑服务	..	..	..	..	..	..	..	..	..
	计算机和信息服务	16.63	27.54	21.88	29.67	24.5	26.32	27.07	24.3	24.48
	保险服务	..	..	..	..	..	..	..	..	..
	金融服务	..	..	..	..	..	..	..	..	..
	专利权使用费和特许费	..	..	..	..	..	..	..	..	..
	其他商业服务	298.22	458.31	446.56	455.06	162.52	261.74	404.97	255.01	232.19
	个人、文化和娱乐服务	..	..	..	..	..	..	..	..	..
	政府服务等	6.45	5.78	13.91	11.95	6.27	15.41	21.81	56.8	41.95

国别(地区)	项目 \ 年份	1989	1990	1991	1992	1993	1994	1995	1996	1997
印度	全部服务合计	5873.65	6089.55	5945.08	6735.1	6496.56	8199.77	10267.8	11171	12442.7
	运输	129.96	137.51	146.72	144.43	156.52	189.68	128.28	102.7	99.64
	旅游	85.58	113.49	105.63	94.83	69.92	33.5	51.81	78.4	65.46
	其他服务：	278.49	518.1	534.23	498.2	619.01	772.67	511.6	754.92	583.37
	通信服务	..	..	..	..	..	..	1.18	4.54	18.22
	建筑服务	..	..	..	..	..	..	..	..	..
	计算机和信息服务	11.41	11.61	11.02	9.71	11.23	14.03	50.18	45.52	43.71
	保险服务	..	..	..	..	..	..	..	..	..
	金融服务	..	..	..	..	..	..	..	..	..
	专利权使用费和特许费	..	..	..	..	..	..	..	..	..
	其他商业服务	249.21	485.56	516.47	485.47	604.95	745.67	453.03	691.94	516.32
	个人、文化和娱乐服务	..	..	..	..	..	..	5.44	6.06	4.67
	政府服务等	17.87	20.94	6.74	3.02	2.83	12.97	1.77	6.85	0.44

国别(地区)	项目 \ 年份	1998	1999	2000	2001	2002	2003	2004	2005	2006
印度	全部服务合计	14539.9	17271.3	19186.7	20098.9	21039.2	24877.9	35640.8	47988.8	63537
	运输	100.09	97.27	82.21	118.84	119.73	163.97	220.71	308.64	..
	旅游	53.82	63.02	49.68	64.66	70.27	77.94	103.16	102.76	..
	其他服务：	703.51	708.31	606.44	668.66	736.88	633.52	692.43	1149.07	..
	通信服务	2.91	4.4	8.47	11.18	12.36	13.42	13.82	..	..
	建筑服务	..	..	..	..	..	..	..	..	..
	计算机和信息服务	30.13	29.91	33.84	36.94	35.38	69	63.6	..	..
	保险服务	..	..	..	..	..	..	..	..	..
	金融服务	..	..	..	..	..	..	..	..	..
	专利权使用费和特许费	..	..	..	..	..	..	..	..	..
	其他商业服务	664.67	656.51	549.16	605.56	673.75	538.37	607.25	1138.46	..
	个人、文化和娱乐服务	1.54	3.22	4.63	4.99	5.49	3.44	3.6	..	..
	政府服务等	4.26	14.27	10.34	9.99	9.9	9.29	4.16	10.62	..

国别(地区)	项目 ＼ 年份	1980	1981	1982	1983	1984	1985	1986	1987	1988
新加坡	全部服务合计	2911.91	3253.67	3612.57	3782.21	4023.75	3554.3	3807.72	4611.81	5797.13
	运输	166.7	120.5	124.1	126.2	126.9	137.3	142.9	169	162
	旅游	60.4	48.5	43.9	32.3	54.7	58	66.7	77.1	76.2
	其他服务:	59.1	48	72.3	74.9	79.7	86.4	94	145	185.5
	通信服务	..	..	..	..	..	..	..	..	..
	建筑服务	..	..	..	..	..	..	..	..	..
	计算机和信息服务	19.3	17.4	14.6	17.5	21.7	22.3	25.7	27.4	31.4
	保险服务	..	..	..	..	..	..	..	..	..
	金融服务	..	..	..	..	..	..	..	..	..
	专利权使用费和特许费	4.3	4.1	2.9	3.6	9.1	9.6	7.9	8.6	7.6
	其他商业服务	29.7	22.2	50.2	49.3	42.9	48.1	54.4	99.6	138.8
	个人、文化和娱乐服务	..	..	..	..	..	..	..	..	..
	政府服务等	5.8	4.3	4.6	4.5	6	6.4	6	9.4	7.9

国别(地区)	项目 ＼ 年份	1989	1990	1991	1992	1993	1994	1995	1996	1997
新加坡	全部服务合计	6849.2	8641.55	9123.9	9536.78	11321	13898.1	20821.3	22381.1	22358.4
	运输	192.4	222.5	223.4	276.7	340.3	352.7	370.94	400.01	373.6
	旅游	119.3	155.5	154.2	227.3	269.7	303.3	322.8	336.02	347.97
	其他服务:	184.3	171.7	157.2	206.6	206.4	204.1	219.3	297.25	266.82
	通信服务	..	..	..	..	..	..	38.1	56.88	55.66
	建筑服务	..	..	..	..	..	..	..	..	..
	计算机和信息服务	32.2	32.5	12.3	42.9	51.5	54	39.6	40.64	39.69
	保险服务	..	..	..	..	..	..	1.8	0.56	1.33
	金融服务	..	..	..	..	..	..	..	..	1.23
	专利权使用费和特许费	10	9.1	11	9.2	5.5	11	13.4	23.57	27.19
	其他商业服务	124.1	120.4	122.3	143.5	133.7	124.7	106	160.54	127.87
	个人、文化和娱乐服务	..	..	..	..	..	..	2.4	1.22	0.06
	政府服务等	18	9.7	11.6	11	15.7	14.4	18	13.86	13.77

国别(地区)	项目 ＼ 年份	1998	1999	2000	2001	2002	2003	2004	2005	2006
新加坡	全部服务合计	19994.6	25229.5	29505.6	31523.5	33171.6	39926.4	50206.1	55083.2	61928.5
	运输	415.8	439.43	417.18	424.86	447.24	508.27	581.78	632.46	624.89
	旅游	408.91	447.09	485.38	364.44	344.95	353.18	405.68	469.54	485.28
	其他服务:	285.12	308.6	370.92	390.55	390.82	383.19	397	403.3	501.48
	通信服务	51.72	47.3	51.7	38.23	45.75	51.39	55.05	60.8	94.28
	建筑服务	..	..	..	..	..	..	..	..	..
	计算机和信息服务	35.07	41.3	45.38	49.44	68.86	64.1	85.18	89.99	100.89
	保险服务	0.93	1.66	2.68	1.96	1.61	1.87	3.82	6.41	14
	金融服务	1.87	3.4	9.34	14.27	14.76	10.19	16.36	11.02	13.65
	专利权使用费和特许费	31.97	30.8	49.83	49.02	51.15	63.87	51.36	56.88	87.48
	其他商业服务	152.63	173.92	199.98	224.54	195.12	178.23	171.01	174.34	187.21
	个人、文化和娱乐服务	..	0.1	0.01	0.12	0.1	0.1	0.11	0.11	0.11
	政府服务等	10.93	10.12	12	12.98	13.45	13.44	14.11	3.76	3.87

续表

国别 （地区）	年 份 项 目	1980	1981	1982	1983	1984	1985	1986	1987	1988
比利时	全部服务合计	—	—	—	—	—	—	—	—	—
	运输	591.11	515.47	419.83	392.92	317.61	314.8	393.18	455.12	453.86
	旅游	241.39	183.64	145.77	115.73	111.91	106.4	194.91	233.25	235.02
	其他服务：	698.85	526.36	697.8	481.46	394.82	342.27	725.49	664.21	653.42
	通信服务	..	..	..	..	..	..	..	..	..
	建筑服务	..	..	..	..	..	..	..	..	..
	计算机和信息服务	121.21	100.58	88.98	79.44	59.32	81.4	65.95	79.92	71.92
	保险服务	..	..	..	..	..	..	..	..	..
	金融服务	..	..	..	..	..	..	..	..	..
	专利权使用费和特许费	9.94	9.57	7.91	6.82	0.46	0.45	1.73	2	1.68
	其他商业服务	426.45	342.25	389.52	324.09	272.34	203.67	519.77	381.65	383.08
	个人、文化和娱乐服务	..	..	..	..	..	..	..	..	..
	政府服务等	141.04	73.97	111.38	71.12	62.71	56.76	138.03	200.64	196.74

国别 （地区）	年 份 项 目	1989	1990	1991	1992	1993	1994	1995	1996	1997
比利时	全部服务合计	—	—	—	—	—	—	—	—	—
	运输	395	487.76	436.36	477.65	537.5	454.34	623.06	571.59	568.64
	旅游	168.33	168.59	162.7	168.12	168.81	157.42	189.52	220.7	199.94
	其他服务：	687.04	969.64	794.73	831.42	625.44	399.31	563.16	648.03	709.99
	通信服务	..	..	..	..	4.24	4.14	5.01	4.89	33.92
	建筑服务	..	..	..	..				6.45	6.51
	计算机和信息服务	58.27	71.99	71.25	32.76	38.49	21.61	30.65	45.16	41.8
	保险服务	..	..	..	..	305.83	60.52	104.78	115.53	119.76
	金融服务	..	..	..	..		3.6	3.81	5.67	8.05
	专利权使用费和特许费	1.57	..	..	..	10.59	4.68	3.41	15.83	16.1
	其他商业服务	490.58	789.67	627.42	670.59	192.12	192.36	273.67	309.65	344.54
	个人、文化和娱乐服务	..	..	..	..		0.54	0.6	0.59	0.69
	政府服务等	116.61	107.98	96.06	128.07	74.16	111.85	141.24	144.27	138.61

国别 （地区）	年 份 项 目	1998	1999	2000	2001	2002	2003	2004	2005	2006
比利时	全部服务合计	—	—	—	—	35862.7	42862.3	49023.4	51172.1	53148
	运输	604.26	589.92	516.48	501.18	546.91	702.67	914.7	1092.41	1084.55
	旅游	212.87	221.72	189.14	186.72	357.57	387.34	381.47	353.87	360.69
	其他服务：	706.93	647.36	521.28	583.35	640.19	690.15	736.48	677.22	772.25
	通信服务	50.99	46.92	33.85	36.46	44.62	66.76	61.01	65.38	..
	建筑服务	6.58	6.41	3.96	9.23	1.72	1.6	4.07	2.43	..
	计算机和信息服务	43.99	42.42	37.3	30.77	34	45.6	64.37	63.6	..
	保险服务	106.58	103.76	87.66	83.97	90.25	110.46	124.5	119.6	..
	金融服务	8.7	8.39	7.25	7.05	7.32	11.03	8.3	6.1	..
	专利权使用费和特许费	25.8	15.27	8.52	23.35	6.31	10.67	21.85	10.32	..
	其他商业服务	347.77	322.62	257.56	308.43	357.82	319.96	314.68	267.18	627.86
	个人、文化和娱乐服务	0.67	0.65	0.55	0.54	0.58	0.71	0.8	0.82	..
	政府服务等	115.35	100.93	84.62	83.55	97.56	123.36	136.9	141.79	144.39

续表

国别 (地区)	项 目　　年 份	1980	1981	1982	1983	1984	1985	1986	1987	1988
丹麦	全部服务合计	3555.19	4663.31	4538.08	4501.14	4301.15	4794.09	6065.96	7301.62	8591.47
	运输	—	—	—	—	—	—	—	—	—
	旅游	—	—	—	—	—	—	—	—	—
	其他服务:	—	—	—	—	—	—	—	—	—
	通信服务	—	—	—	—	—	—	—	—	—
	建筑服务	—	—	—	—	—	—	—	—	—
	计算机和信息服务	—	—	—	—	—	—	—	—	—
	保险服务	—	—	—	—	—	—	—	—	—
	金融服务	—	—	—	—	—	—	—	—	—
	专利权使用费和特许费	—	—	—	—	—	—	—	—	—
	其他商业服务	—	—	—	—	—	—	—	—	—
	个人、文化和娱乐服务	—	—	—	—	—	—	—	—	—
	政府服务等	—	—	—	—	—	—	—	—	—

国别 (地区)	项 目　　年 份	1989	1990	1991	1992	1993	1994	1995	1996	1997
丹麦	全部服务合计	8778.81	10407.92	10638.56	10938.89	10530.36	12129.75	14116.22	14854.66	13739.29
	运输	—	—	—	..	331.63	349.28	390.74	400.54	398.98
	旅游	—	—	—	..	374.56	395.92	421.62	510.39	530.07
	其他服务:	—	—	—	..	383.69	445.18	548.58	795.86	1345.28
	通信服务	—	—	—	..	2.26	7.27	9.1	12.32	16.62
	建筑服务	—	—	—	..	53.4	62.55	60.55	67.14	108.96
	计算机和信息服务	—	—	—	..	28.4	28.14	32.64	35.19	39.63
	保险服务	—	—	—	..	12.2	16.28	12.75	35.63	36.79
	金融服务	—	—	—	..	..	..	..	7.07	21.73
	专利权使用费和特许费	—	—	—	..	11.72	27.17	45.82	33.3	31.06
	其他商业服务	—	—	—	..	255.9	279.98	305.34	508.97	1013.21
	个人、文化和娱乐服务	—	—	—	..	18.34	23.7	48.05	50.45	41.21
	政府服务等	—	—	—	..	1.48	0.08	34.33	45.78	36.06

国别 (地区)	项 目　　年 份	1998	1999	2000	2001	2002	2003	2004	2005	2006
丹麦	全部服务合计	15770.64	18377.7	21083.2	21973.5	24224.7	27816.3	33349.1	37843.5	45438.05
	运输	336.23	400.11	377.97	421.93	426.88	503.47	610.6	625.58	709.02
	旅游	600.27	751.43	568.1	606.41	781.27	672.4	847.93	753.88	736.56
	其他服务:	950.95	946.29	875.67	920.89	1206.24	1805.89	2106.9	2020.83	2102.01
	通信服务	43.12	16.96	25.11	77.47	76.31	73.48	104.13	124.79	118.35
	建筑服务	147.27	108.88	63.07	70.92	74.98	279.03	335.42	4.88	4.04
	计算机和信息服务	45.16	40.89	36.28	44.91	37.96	45.26	42.6	47.38	59.28
	保险服务	63.28	47.1	48.78	36.41	94.32	142.22	84.83	88.28	126.26
	金融服务	50.5	40.17	57	70.34	92.05	108.22	124.64	148.06	178.55
	专利权使用费和特许费	47.16	50.41	60.78	62.47	77.14	131.12	146.04	192.5	174.8
	其他商业服务	475.75	559.79	515.3	495.84	685.13	953.22	1173.28	1307.76	1312.58
	个人、文化和娱乐服务	41.42	39.64	30.09	31.72	31.63	41.48	53.15	56.16	71.22
	政府服务等	37.3	42.45	39.25	30.81	36.72	31.86	42.83	51.03	56.93

续表

国别(地区) 项目 年份	1980	1981	1982	1983	1984	1985	1986	1987	1988
全部服务合计	—	—	—	—	—	—	—	—	—
运输	..	..	..	..	..	..	..	..	..
旅游	..	..	..	..	..	..	..	..	..
其他服务:				..					
通信服务	..	..	..	..		..	..	..	..
建筑服务	..	..	..		..				..
俄罗斯 计算机和信息服务	..	..	..	..					
保险服务	..	..							..
金融服务	..	..	..	..					
专利权使用费和特许费	..	..							
其他商业服务	..								..
个人、文化和娱乐服务	..	..	..	..		..	..	..	
政府服务等	..	..	..					..	..

国别(地区) 项目 年份	1989	1990	1991	1992	1993	1994	1995	1996	1997
全部服务合计	—	—	—	..	..	15435	20206	18665	20025
运输	..	..	..	..	..	..	..	..	..
旅游	..	..	..	..		..			..
其他服务:									
通信服务	..								
建筑服务		..							
俄罗斯 计算机和信息服务		..							
保险服务	..								
金融服务	..								
专利权使用费和特许费									
其他商业服务									
个人、文化和娱乐服务									
政府服务等									

国别(地区) 项目 年份	1998	1999	2000	2001	2002	2003	2004	2005	2006
全部服务合计	16455.7	13350.7	16229.7	20572.2	23497.1	27122.2	33287.3	38864.5	44738.8
运输	..	..	..	..	..	..	..	..	..
旅游	..	..	..	..	..	..			..
其他服务:						..			
通信服务	..			..					
建筑服务									
俄罗斯 计算机和信息服务	..	..	..	..					
保险服务	..								
金融服务	..								
专利权使用费和特许费	..								
其他商业服务	..		..						
个人、文化和娱乐服务	..								
政府服务等	..	..	..						..

续表

国别 (地区)	项 目 \ 年 份	1980	1981	1982	1983	1984	1985	1986	1987	1988
沙特 阿拉伯	全部服务合计	30230.8	40236.4	34852.4	37258.7	32856.5	25821.8	20319.7	18805.3	14914.7
	运输	173.63	174.64	183.85	181.15	187.29	183.17	192.8	239.87	280.09
	旅游	56.08	57.19	67.94	66.27	71.04	77.54	98.62	116.82	134.37
	其他服务:	37.95	41.76	42.7	40.26	42.15	40.98	63.11	84.39	87.22
	通信服务	2.27	2.37	3.37	3.99	4.42	3.75	5.21	4.37	5.79
	建筑服务	..	..	..	..	..	..	..	..	..
	计算机和信息服务	5.38	4.27	3.16	2.09	0.85	3.75	21.42	25.15	27.65
	保险服务	..	..	..	..	..	..	..	..	..
	金融服务	..	..	..	..	..	..	..	..	..
	专利权使用费和特许费	0.28	0.24	0.21	0.19	0.17	0.16	..	2.7	3
	其他商业服务	24.08	29.19	29.66	27.34	30.25	26.77	29.14	43.65	42.43
	个人、文化和娱乐服务	..	..	..	..	..	..	..	..	..
	政府服务等	5.95	5.69	6.31	6.65	6.46	6.53	7.33	8.52	8.36

国别 (地区)	项 目 \ 年 份	1989	1990	1991	1992	1993	1994	1995	1996	1997
沙特 阿拉伯	全部服务合计	19848	22384	38752	32239.2	24431.7	17869.1	19257.5	24262.8	25928.9
	运输	325.3	379.63	411.69	508.29	413.34	465.88	778.04	821.34	777
	旅游	134.04	177.26	191.2	224	217.13	246.25	329.56	365.21	385.49
	其他服务:	99.67	117.01	126.18	151.71	134.5	149.94	205.12	220.67	239.06
	通信服务	7.28	7.64	14.43	19.35	17.09	20.72	36.03	20.59	20.24
	建筑服务	..	..	..	..	..	..	1.99	3	3.99
	计算机和信息服务	34.37	38.86	38.76	50.72	43.43	48.36	61.23	66.91	64.99
	保险服务	..	..	..	..	..	..	24.31	27.88	33.08
	金融服务	..	..	..	..	..	..	..	..	7.78
	专利权使用费和特许费	3.44	4.37	1.51	7.34	8.04	9.96	12.16	16.73	14.79
	其他商业服务	44.88	55.01	58.35	61.62	53.48	56.28	40.89	57.47	56.63
	个人、文化和娱乐服务	..	..	..	..	..	..	10.17	10.29	10.12
	政府服务等	9.7	11.13	13.13	12.68	12.46	14.63	18.35	17.8	27.44

国别 (地区)	项 目 \ 年 份	1998	1999	2000	2001	2002	2003	2004	2005	2006
沙特 阿拉伯	全部服务合计	16858.3	18829.7	25228	19280.8	19979.7	20857.4	25695.7	28638.7	40552
	运输	820.55	823.1	873.54	877.61	828.63	1077.34	1116.43	1079.66	1093.15
	旅游	408.05	430.61	413.39	427.56	512.36	611.2	811.07	931.81	982.48
	其他服务:	269.01	305.92	298.36	309.45	400.79	548.21	716.64	694.55	911.47
	通信服务	22.02	18.05	16.39	19.92	46.94	66.06	78.32	94.51	128.01
	建筑服务	5.79	7	7.23	8.39	8.28	14.38	15.07	10.93	23.66
	计算机和信息服务	65.85	62.81	66.03	61.38	31.09	46.41	71.19	65.08	76.91
	保险服务	48.28	64.46	48.2	49.61	60.02	45.49	100.15	92.8	134.06
	金融服务	13.52	18.42	20.89	15.56	10.18	36.8	32.75	34.81	34.57
	专利权使用费和特许费	18.15	21.36	20.73	20.2	14.99	38.64	53.38	44.66	61.36
	其他商业服务	62.76	79.2	83.55	102.08	109.14	130.45	225.28	203.44	296.46
	个人、文化和娱乐服务	11.01	12.16	13.01	9.66	13.23	22.33	48.6	55.99	66.02
	政府服务等	21.63	22.47	22.33	22.65	106.92	147.64	91.9	92.34	90.43

续表

国别（地区）	项目 \ 年份	1980	1981	1982	1983	1984	1985	1986	1987	1988
瑞典	全部服务合计	7017.77	6862.86	6909.04	6224.34	6333.75	6681.18	8462.89	10633.6	12662
	运输	—	—	—	—	—	—	—	—	—
	旅游	—	—	—	—	—	—	—	—	—
	其他服务：	—	—	—	—	—	—	—	—	—
	通信服务	—	—	—	—	—	—	—	—	—
	建筑服务	—	—	—	—	—	—	—	—	—
	计算机和信息服务	—	—	—	—	—	—	—	—	—
	保险服务	—	—	—	—	—	—	—	—	—
	金融服务	—	—	—	—	—	—	—	—	—
	专利权使用费和特许费	—	—	—	—	—	—	—	—	—
	其他商业服务	—	—	—	—	—	—	—	—	—
	个人、文化和娱乐服务	—	—	—	—	—	—	—	—	—
	政府服务等	—	—	—	—	—	—	—	—	—

国别（地区）	项目 \ 年份	1989	1990	1991	1992	1993	1994	1995	1996	1997
瑞典	全部服务合计	14388.9	17057.7	17352.1	18813.2	13203.2	14428.2	17069.3	18662.3	20326.1
	运输	—	—	—	—	733.27	854.83	800.28	699.83	630.05
	旅游	—	—	—	—	526.38	1593.41	1635.34	2960.35	2355.04
	其他服务：	—	—	—	—	2448.91	2237.08	2446.14	2603.63	2403.71
	通信服务	—	—	—	—	298.64	273.82	255.44	63.92	55.22
	建筑服务	—	—	—	—	107.97	124.41	141.08	231.08	352.86
	计算机和信息服务	—	—	—	—	41.82	72	113.29	92.72	80.16
	保险服务	—	—	—	—	476.18	113.85	140.5	189.94	194.18
	金融服务	—	—	—	—	..	..	10.93	21.75	38.6
	专利权使用费和特许费	—	—	—	—	20.38	26.27	53.33	97.96	77.86
	其他商业服务	—	—	—	—	1496.13	1626.18	1582.85	1732.54	1309.93
	个人、文化和娱乐服务	—	—	—	—	0	0	125.86	107.81	211.38
	政府服务等	—	—	—	—	7.79	0.56	21.85	65.92	83.5

国别（地区）	项目 \ 年份	1998	1999	2000	2001	2002	2003	2004	2005	2006
瑞典	全部服务合计	21195.6	22787.4	23977.3	23607.1	23910.6	28560.4	33047.8	35342.4	39774.4
	运输	700.02	782.21	715.1	804.56	895	1195.93	1862.26	2342.44	2748.38
	旅游	1907.75	1493.42	1276.22	1386.38	1597.15	1934.36	2280.39	2404.75	2669.69
	其他服务：	3141.75	3574.04	3444.67	3376.46	3947.28	4185.23	4864.94	5470.09	6382.63
	通信服务	149.69	99.25	46.05	69.37	271.36	301.56	493.23	371.85	454.91
	建筑服务	294.88	216.72	145.97	168.21	161.35	275	203.11	184.49	175.12
	计算机和信息服务	117.08	0.36	66.48	77.85	178.65	147.18	195.23	268.63	239.92
	保险服务	279.5	353.95	408.04	263	608.9	554.51	947.73	906.03	1089.77
	金融服务	68.12	127.41	82.8	106.77	121.89	149.68	219.8	457.13	540.15
	专利权使用费和特许费	112.64	137.44	81.73	92.71	119.24	175.87	173.66	484.15	525.98
	其他商业服务	1774.66	2408.28	2414.76	2382.34	2244.02	2346.8	2438.55	2601.24	3149.32
	个人、文化和娱乐服务	285.77	153.2	126.54	135.54	174.63	154.72	118.35	89.05	132.9
	政府服务等	59.42	77.45	72.31	80.68	67.25	79.92	75.28	107.53	74.56

续表

国别 (地区)	项目＼年份	1980	1981	1982	1983	1984	1985	1986	1987	1988
中国 香港	全部服务合计	4372.5	3901.5	3932.5	3888.8	4340	5534	6488.5	7828.3	9484.5
	运输	..	939.19	877.98	787.68	735.43	717.8	870.82	908.43	888.58
	旅游	..	276.23	253.35	277.49	287.54	333.02	349.17	408.89	399.49
	其他服务：	..	665.94	545.9	555.45	773.42	672.05	791.62	862.38	837.76
	通信服务	..	..	..	..	..	..	..	..	..
	建筑服务	..	..	..	..	..	..	..	..	..
	计算机和信息服务	..	104.36	97.55	87.52	81.71	79.76	96.76	100.94	98.73
	保险服务	..	..	..	..	..	..	..	..	..
	金融服务	..	..	..	..	..	..	..	..	..
	专利权使用费和特许费	..	22.87	23.77	24.71	24.03	25.44	33.49	52.02	55
	其他商业服务	..	492.98	388.77	405.44	626.13	525.09	610.74	652.21	620.19
	个人、文化和娱乐服务	..	..	..	..	..	..	..	..	..
	政府服务等	..	45.74	35.81	37.78	41.55	41.77	50.63	57.21	63.84

国别 (地区)	项目＼年份	1989	1990	1991	1992	1993	1994	1995	1996	1997
中国 香港	全部服务合计	10838.6	12937.3	14825.5	16903.9	18095	21008.6	23348.9	24534.1	25629.3
	运输	880.48	923.7	361.52	534.63	—	—	—	—	—
	旅游	429	637.09	390.81	678.11	—	—	—	—	—
	其他服务：	810.04	911.3	1245.46	1165.61	—	—	—	—	—
	通信服务	..	..	..	..	—	—	—	—	—
	建筑服务	..	..	..	..	—	—	—	—	—
	计算机和信息服务	97.83	102.63	40.17	59.4	—	—	—	—	—
	保险服务	..	..	..	..	—	—	—	—	—
	金融服务	..	..	..	..	—	—	—	—	—
	专利权使用费和特许费	31.38	47.95	16.26	19.29	—	—	—	—	—
	其他商业服务	619.85	708.1	1126.12	1073.33	—	—	—	—	—
	个人、文化和娱乐服务	..	..	..	..	—	—	—	—	—
	政府服务等	60.98	52.63	62.91	13.59	—	—	—	—	—

国别 (地区)	项目＼年份	1998	1999	2000	2001	2002	2003	2004	2005	2006
中国 香港	全部服务合计	25078.8	23870	24697.8	24898.9	25964.4	26125.5	31137.6	33978.9	36533.4
	运输	—	—	—	—	—	—	—	—	—
	旅游	—	—	—	—	—	—	—	—	—
	其他服务：	—	—	—	—	—	—	—	—	—
	通信服务	—	—	—	—	—	—	—	—	—
	建筑服务	—	—	—	—	—	—	—	—	—
	计算机和信息服务	—	—	—	—	—	—	—	—	—
	保险服务	—	—	—	—	—	—	—	—	—
	金融服务	—	—	—	—	—	—	—	—	—
	专利权使用费和特许费	—	—	—	—	—	—	—	—	—
	其他商业服务	—	—	—	—	—	—	—	—	—
	个人、文化和娱乐服务	—	—	—	—	—	—	—	—	—
	政府服务等	—	—	—	—	—	—	—	—	—

续表

国别(地区)	项目	年份 1980	1981	1982	1983	1984	1985	1986	1987	1988
中国台湾	全部服务合计	2962	3315	3570	4277	5327	5433	5936	7942	10731
	运输	1224.52	2226.57	1933.84	1931.88	1891.57	1976.83	2233.91	2584.26	3174.21
	旅游	1154.57	1276.19	1324.96	1206.5	1224.14	1426.65	2132.44	2857.59	3292.8
	其他服务:	1106.81	1160.54	1279.28	1362.76	1185.45	1390.61	1699.6	1859.77	2124.46
	通信服务	..	..	..	..	..	..	..	..	..
	建筑服务	..	..	..	..	..	..	..	..	..
	计算机和信息服务	..	92.77	80.58	79.85	66.89	82.37	93.07	107.67	132.26
	保险服务	..	..	..	..	..	..	..	..	..
	金融服务	..	..	..	..	..	..	..	..	..
	专利权使用费和特许费	..	..	..	..	..	..	..	..	..
	其他商业服务	..	967.03	1088.09	1206.4	1047.22	1220.09	1491.34	1599.9	1822.08
	个人、文化和娱乐服务	..	..	..	..	..	..	..	..	..
	政府服务等	..	100.74	110.61	76.51	71.34	88.15	115.19	152.2	170.12

国别(地区)	项目	年份 1989	1990	1991	1992	1993	1994	1995	1996	1997
中国台湾	全部服务合计	13555	14658	16903	19346	21210	21070	24053	24381	24888
	运输	3507.76	3866.7	4360.68	4443.92	4703.27	5552.96	6293.18	6581.9	6876.11
	旅游	3071.1	3881.3	3587.6	4047.6	3274.5	3659.4	4364.4	4224	4206.5
	其他服务:	2199.95	2659.92	2690.28	2447.37	2552.59	2917.39	3458.64	4048.76	2656.68
	通信服务	..	..	..	..	..	..	..	..	..
	建筑服务	..	..	..	..	..	..	..	..	..
	计算机和信息服务	146.16	161.12	181.7	..	..	..	..	..	..
	保险服务	..	..	..	..	..	..	..	..	..
	金融服务	..	..	..	..	..	..	..	..	..
	专利权使用费和特许费	..	..	..	..	..	..	..	..	..
	其他商业服务	1891.78	2386.95	2458.66	2377.11	2487.72	2847.01	3363.79	3919.9	2656.68
	个人、文化和娱乐服务	..	..	..	..	..	..	..	..	..
	政府服务等	162.01	111.85	49.92	70.26	64.87	70.38	94.85	128.86	..

国别(地区)	项目	年份 1998	1999	2000	2001	2002	2003	2004	2005	2006
中国台湾	全部服务合计	24169	24362	26647	24465	24719	25635	30731	32480	33661
	运输	7024.09	8647	11115	11658.1	11418.8	13684.3	16498.2	18127.6	23786.91
	旅游	4568.9	4906	4680.4	4866.2	5828.4	6658	7268.4	6456.4	7402.3
	其他服务:	4177.65	4824.7	5287.8	5449.2	6977.3	7474	9582.5	13259.5	14248.67
	通信服务	..	..	..	401.1	439.5	463.5	620.9	775	763.94
	建筑服务	..	..	..	..	..	..	..	193.2	188.5
	计算机和信息服务	..	..	..	293.6	560.9	613.6	674.3	336	550.04
	保险服务	..	..	..	522.9	464.9	566.2	680.5	212.1	292.09
	金融服务	..	..	..	644.6	795.3	727.5	825.8	1130.7	1508.04
	专利权使用费和特许费	..	..	..	504	653.1	763.6	921.4	1151.7	1236.13
	其他商业服务	4177.65	2453.3	2572.5	2640.8	3527.4	3740.7	5113.4	7517	7587.44
	个人、文化和娱乐服务	..	..	..	279.3	275.7	238	293	1096.2	1218.64
	政府服务等	..	..	..	162.9	260.7	360.9	453.2	847.6	903.85

续表

国别(地区)	项目 / 年份	1980	1981	1982	1983	1984	1985	1986	1987	1988
奥地利	全部服务合计	6204.47	5752.34	5342.9	5714.86	5768.33	6389.35	7626.73	9635.08	12077.1
	运输	..	..	..	..	..	..	..	..	..
	旅游	..	..	..	..	..	..	..	..	..
	其他服务：	..	..	..	..	..	..	..	..	..
	通信服务	..	..	..	..	..	..	..	..	..
	建筑服务	..	..	..	..	..	..	..	..	..
	计算机和信息服务	..	..	..	..	..	..	..	..	..
	保险服务									
	金融服务									
	专利权使用费和特许费	..	..	..	..	..	..	..	..	..
	其他商业服务	..	..	..	..	..	..	..	..	..
	个人、文化和娱乐服务	..	..	..	..	..	..	..	..	..
	政府服务等	..	..	..	..	..	..	..	..	..

国别(地区)	项目 / 年份	1989	1990	1991	1992	1993	1994	1995	1996	1997
奥地利	全部服务合计	11527	14196.5	15332.9	17956.4	19186	20743.5	27703.3	29331	28569.5
	运输	..	..	46.87	47.32	46.36	42.99	39.73	39.44	38.75
	旅游	..	..	2.62	2.62	5.14	2.63	3.84	3.92	5.02
	其他服务：	..	..	44.16	48.64	49.26	36.43	31.38	33.37	33.24
	通信服务			..	..	..	..	..	..	..
	建筑服务			..	..	..	..	..	..	..
	计算机和信息服务	..	..	9.75	9.8	7.64	6.78	6.32	8.17	6.65
	保险服务			..	..	..	..	..	..	..
	金融服务			..	..	..	..	..	..	..
	专利权使用费和特许费	..	..	..	..	..	..	..	..	..
	其他商业服务	..	..	31.37	35.81	36.8	23.63	14.49	19.64	17.58
	个人、文化和娱乐服务			..	..	..	..	..	..	..
	政府服务等	..	..	3.04	3.04	4.83	6.02	10.57	5.56	9.01

国别(地区)	项目 / 年份	1998	1999	2000	2001	2002	2003	2004	2005	2006
奥地利	全部服务合计	27398.1	29421.5	29652.8	31436.6	34995.7	41260.9	46737.3	49106.9	32636.8
	运输	43.05	38.1	40.47	38.61	34.74	39.22	47.7	53	63.15
	旅游	2.64	2.93	5.86	3.99	2.84	2.8	2.79	2.85	3.45
	其他服务：	33.68	24.45	24.85	23.76	23.97	24.98	26.74	27.94	29.01
	通信服务	..	..	..	..	..	..	..	..	
	建筑服务	..	..	..	..	..	..	..	..	
	计算机和信息服务	8.24	8.73	8.04	7.28	7.3	7.37	8.62	8.64	8.52
	保险服务	..	..	..	..	..	..	..	..	
	金融服务	..	..	..	..	..	..	..	..	
	专利权使用费和特许费	..	..	..	..	..	..	..	..	
	其他商业服务	20.3	10.15	10.6	10.6	10.6	10.92	11.25	11.56	11.87
	个人、文化和娱乐服务	..	..	..	..	..	..	..	..	
	政府服务等	5.13	5.57	6.21	5.88	6.07	6.7	6.87	7.74	8.61

续表

国别(地区)	项目＼年份	1980	1981	1982	1983	1984	1985	1986	1987	1988
泰国	全部服务合计	1644.32	1819.18	1657.86	1908.77	1909.51	1814.58	1851.55	2406.16	3569.34
	运输	4.36	4.07	3.89	3.88	4.57	4.68	8.21	9.73	12.11
	旅游	1.2	1.9	2.3	2.2	2.3	2.5	2.33	2.41	2.22
	其他服务：	0.78	0.95	0.73	0.83	2.61	4.62	6.66	6.5	7.31
	通信服务	..	..	..	..	..	..	..	..	..
	建筑服务	..	..	..	..	..	..	..	..	..
	计算机和信息服务	0.48	0.45	0.43	0.43	0.51	0.52	1.25	1.47	2.32
	保险服务	..	..	..	..	..	..	..	..	..
	金融服务	..	..	..	..	..	..	..	..	..
	专利权使用费和特许费	..	..	..	..	..	..	0.07	0.07	0.1
	其他商业服务	0.3	0.5	0.3	0.4	2.1	4.1	3.78	4.11	4.37
	个人、文化和娱乐服务	..	..	..	..	..	..	..	..	..
	政府服务等	..	..	..	..	..	..	1.56	0.85	0.52

国别(地区)	项目＼年份	1989	1990	1991	1992	1993	1994	1995	1996	1997
泰国	全部服务合计	4504.9	6309.19	8039.85	10368.3	12469	15395.8	18831.8	19585.1	17354.5
	运输	14.77	15.23	15.71	17.07	17.27	16.73	16.6	20.14	22.83
	旅游	3.57	4.41	4.63	5.64	4.96	5.52	5.94	6.93	7.34
	其他服务：	7.5	10.37	10.15	9.5	13.44	15.51	21.18	20.1	23.96
	通信服务	..	..	..	..	..	..	..	..	..
	建筑服务	..	..	..	0.45	0.48	0.82	3.81	0.61	1.14
	计算机和信息服务	3.16	3.56	3.5	2.36	3.12	3.49	3.9	4.25	4.45
	保险服务	..	..	..	..	..	2.03	1.39	0.74	..
	金融服务	..	..	..	..	..	..	..	..	..
	专利权使用费和特许费	0.1	0.1	0.08	0.1	0.09	0.09	0.21	0.1	0.21
	其他商业服务	3.57	6.34	4.41	4.4	7.36	4.24	7.61	10.12	13.13
	个人、文化和娱乐服务	..	..	..	..	..	..	..	..	..
	政府服务等	0.67	0.37	2.16	2.18	2.39	4.84	4.27	4.28	5.03

国别(地区)	项目＼年份	1998	1999	2000	2001	2002	2003	2004	2005	2006
泰国	全部服务合计	11998.3	13582.8	15460.3	14610.4	16720.4	18168.8	23077.1	27119.9	32415.3
	运输	19.96	20.71	21.77	20.02	18.46	18.97	21.94	26.85	24.87
	旅游	8.23	9.43	8.93	9.19	9.11	8.92	9.17	9.74	9.78
	其他服务：	27.64	28.89	21.99	20.83	26.31	15.79	15.23	15.48	17.33
	通信服务	..	..	..	..	..	..	..	..	..
	建筑服务	0.13	0.84	0.51	1.7	0.9	0.86	0.33	0.48	..
	计算机和信息服务	4.85	4.26	4.71	4.43	5.02	4.26	5.17	6.01	..
	保险服务	..	0.01	..	..	..	..	..	..	..
	金融服务	..	..	..	..	..	..	..	0.02	..
	专利权使用费和特许费	0.4	0.14	0.12	0.11	0.12	0.06	0.08	0.11	..
	其他商业服务	14.06	18.67	11.59	11.33	16.24	6.73	8.08	6.76	..
	个人、文化和娱乐服务	..	..	..	..	..	..	..	..	..
	政府服务等	8.2	4.99	5.07	3.26	4.03	3.88	1.57	2.1	..

续表

国别(地区)	项 目 ＼ 年 份	1980	1981	1982	1983	1984	1985	1986	1987	1988
澳大利亚	全部服务合计	6568.02	7420.01	7545.55	6989.79	8234.93	7676.65	7682.5	8770.58	10823.9
	运输	158.11	139.93	125.1	136.58	115.77	110.37	109.51	159.36	160.1
	旅游	165.8	127.8	87	87.9	89.1	83.5	89.2	95.4	127.2
	其他服务:	75.09	98.97	65.2	74.12	94.63	80.63	84.39	105.64	109.7
	通信服务	..	..	..	..	..	..	..	..	..
	建筑服务	..	..	..	..	..	..	..	..	..
	计算机和信息服务	16.39	14.17	12.5	13.62	11.43	10.63	10.39	16.04	16.1
	保险服务	..	..	..	..	..	..	..	..	..
	金融服务	..	..	..	..	..	..	..	..	..
	专利权使用费和特许费	..	..	..	..	..	..	..	..	..
	其他商业服务	55	79.6	47.7	53.9	76.1	65	67	85	88.9
	个人、文化和娱乐服务	..	..	..	..	..	..	..	..	..
	政府服务等	3.7	5.2	5	6.6	7.1	5	7	4.6	4.7

国别(地区)	项 目 ＼ 年 份	1989	1990	1991	1992	1993	1994	1995	1996	1997
澳大利亚	全部服务合计	13175.1	13772	13435.1	13750.6	13473.1	15554	17398.7	18884.8	19153.7
	运输	208.23	174.03	178.16	229.42	516.6	575	584.2	648.8	678.9
	旅游	136	144	153.6	158.8	119.4	144.5	173	198.2	220.7
	其他服务:	120.47	122.37	147.54	166.88	187.8	201.6	209.2	274.4	271.7
	通信服务	..	..	..	..	47.8	55.7	75.9	70.2	63.2
	建筑服务	..	..	..	..	..	..	..	..	..
	计算机和信息服务	21.47	17.67	17.54	23.18	111.6	113.6	96.8	139.4	151.4
	保险服务	..	..	..	..	3	3.5	1.2	2.7	11.6
	金融服务	..	..	..	..	..	..	..	..	..
	专利权使用费和特许费	..	..	..	..	4.6	5.6	10.2	28.5	16.1
	其他商业服务	94	99.4	125	134.8	12.3	13.5	15.5	12.4	17.9
	个人、文化和娱乐服务	..	..	..	..	..	..	..	..	..
	政府服务等	5	5.3	5	8.9	8.5	9.7	9.6	21.2	11.5

国别(地区)	项 目 ＼ 年 份	1998	1999	2000	2001	2002	2003	2004	2005	2006
澳大利亚	全部服务合计	17997.1	18776.8	18933.9	17350.9	18388.3	21940.5	27942.5	30504.8	32250.5
	运输	781	772.3	828	763.5	764.2	689.1	650.3	865.8	929
	旅游	254.2	264.1	309	290.8	295.3	271.6	309.8	352.2	332.8
	其他服务:	284.3	211.6	236.3	229.6	254	258.7	253.07	248.5	295.8
	通信服务	45.3	46.5	50.2	37.9	30.6	20.1	23.7	20.6	23.8
	建筑服务	..	..	..	..	..	..	..	..	..
	计算机和信息服务	166	77.7	86.9	93.9	100	89.7	87	90.2	95.6
	保险服务	5.9	8.4	8.8	13.1	16.9	38.2	25.67	18.1	25.8
	金融服务	..	..	..	..	7	6.5	6.7	7.6	10.7
	专利权使用费和特许费	25.3	29.8	29.7	22	29.6	30.1	30.1	30.8	31.5
	其他商业服务	21.9	25.6	27.1	27.3	27.2	33.5	34.3	33.8	36.7
	个人、文化和娱乐服务	..	..	..	..	..	..	..	..	..
	政府服务等	19.9	23.6	33.6	35.4	42.7	40.6	45.6	47.4	71.7

续表

国别(地区)	项目　　　年份	1980	1981	1982	1983	1984	1985	1986	1987	1988
挪威	全部服务合计	6995.86	5009.8	5138.1	5229.1	5115	5516.6	6760	7725	8051.5
	运输	253.68	307.49	212.6	155.8	227	284	266	317	294
	旅游	228.2	260	250	152	163	196	156	170	167
	其他服务：	222.02	266.81	260.4	183.2	145	156	161	161	145
	通信服务	..	..	..	..	..	..	8	9	11
	建筑服务	..	..	..	..	..	..	..	..	..
	计算机和信息服务	87.62	94.01	62.4	48.2	40	42	44	45	47
	保险服务	..	..	..	..	..	..	..	..	..
	金融服务	..	..	..	..	..	..	..	..	..
	专利权使用费和特许费	22	28	20	25	30	42	45	45	85
	其他商业服务	69.2	89.5	159	88	46	47	2	2	2
	个人、文化和娱乐服务	..	..	..	..	..	..	39	29	14
	政府服务等	43.2	55.3	19	22	29	25	23	31	36

国别(地区)	项目　　　年份	1989	1990	1991	1992	1993	1994	1995	1996	1997
挪威	全部服务合计	8153.9	9544.1	9751.2	12210.5	11471.9	11990.3	13133.3	13430.7	14285.2
	运输	300	314	374	387	407	509.18	484.09	442.61	511.62
	旅游	169	175	177	178	190	203	235	219	227
	其他服务：	157	315	349	368	492.49	395.27	454.2	448.85	490.93
	通信服务	8	3	3	4	3	4	7	9	62
	建筑服务	..	..	..	..	..	..	..	..	..
	计算机和信息服务	62	61	62	63	47.09	54.66	57.46	39.09	24.39
	保险服务	..	..	..	..	8.4	8.61	9.74	9.76	11.54
	金融服务	..	..	..	..	..	..	..	..	..
	专利权使用费和特许费	36	37	38	38	45	50	53	68	64
	其他商业服务	3	157	198	205	335	218	263	249	268
	个人、文化和娱乐服务	5	8	15	13	25	24	32	34	29
	政府服务等	43	49	33	45	29	36	32	40	32

国别(地区)	项目　　　年份	1998	1999	2000	2001	2002	2003	2004	2005	2006
挪威	全部服务合计	14824.1	14888.8	14486.2	15107.1	16749.3	19185.5	23004.2	29568.1	31957.4
	运输	503.53	367.59	438.8	557.33	674.84	667.91	910.69	1042.5	1170.92
	旅游	241	271	299	340	363.91	354.37	390.96	428.63	466.3
	其他服务：	496.9	542.07	531.5	536.76	561.11	602.2	665.92	670.82	704.05
	通信服务	52	40	38	19.19	11	4.98	6.42	5.98	6.51
	建筑服务	..	..	..	..	..	..	..	..	..
	计算机和信息服务	2.97	35.84	33.08	65.32	99.07	116.63	137.09	140.35	138.93
	保险服务	8.93	6.06	8.38	12.5	7.47	6.18	3.88	4.92	4.57
	金融服务	..	..	..	..	..	..	..	..	..
	专利权使用费和特许费	68	70	62	52	43.86	43.07	43.46	42.86	44.24
	其他商业服务	304	316	294	277.29	272.48	289.47	298.49	308.05	317.6
	个人、文化和娱乐服务	28	34	52	71	85.92	91.94	98.02	106.06	115.56
	政府服务等	33	40.17	44.05	39.45	41.32	49.93	78.56	62.61	76.63

续表

国别(地区)	项目＼年份	1980	1981	1982	1983	1984	1985	1986	1987	1988
卢森堡	全部服务合计	—	—	—	—	—	—	—	—	—
	运输	944.86	1020.43	1040.29	1068.14	1241.14	1184	1014.86	1002.57	1221.86
	旅游	168.29	174.14	179.29	150.71	146.14	106	52.43	78	42.86
	其他服务:	1230.14	1292.71	1507.86	1548.57	1708.71	1900	1945	1661.29	1817.57
	通信服务	..	..	..	..	..	..	..	..	..
	建筑服务	..	..	..	..	..	..	..	..	..
	计算机和信息服务	80.57	100.14	99.14	108.86	149.71	144.43	132.43	132	151.29
	保险服务	..	..	..	..	..	..	..	..	..
	金融服务	..	..	..	..	..	..	..	..	..
	专利权使用费和特许费	..	..	..	..	..	..	..	..	..
	其他商业服务	992.14	974.57	1195.43	1181.29	1301	1420.29	1538	1275.43	1341
	个人、文化和娱乐服务	..	..	..	..	..	..	..	..	..
	政府服务等	157.43	218	213.29	258.43	258	335.29	274.57	253.86	325.29

国别(地区)	项目＼年份	1989	1990	1991	1992	1993	1994	1995	1996	1997
卢森堡	全部服务合计	—	—	—	—	—	—	—	—	—
	运输	1312.27	1464.5	1340	1188	1301	1413	1582	1655	1912.42
	旅游	86.91	129	225	918	1048	1067	1278	1317	1347.2
	其他服务:	1883.82	2194.5	1799	2761	3018	3165	2013	2112	3510.18
	通信服务	..	..	..	..	..	6	11	12	19.9
	建筑服务	..	..	..	..	..	..	..	..	..
	计算机和信息服务	123.64	154.5	122	124	138	130	167	167	169.58
	保险服务	..	..	..	..	..	62	41	27	25.8
	金融服务	..	..	..	..	..	..	1	2	6.1
	专利权使用费和特许费	..	..	..	..	..	508	97	40	364.9
	其他商业服务	1333.55	1578.5	1311	2416	2677	2196	1333	1482	1946.3
	个人、文化和娱乐服务	..	..	..	..	..	..	1	7	20.6
	政府服务等	426.64	461.5	366	221	203	263	362	375	957

国别(地区)	项目＼年份	1998	1999	2000	2001	2002	2003	2004	2005	2006
卢森堡	全部服务合计	—	—	—	—	12254.4	15376.9	20788.6	24572	30207.1
	运输	2033	2127.8	2212	2037.4	1782.48	2012.71	2986.4	3731.3	4525.1
	旅游	1153	1077.5	1072	1131.6	1266	1320.9	1257.3	1628.7	1783.9
	其他服务:	3306	3246.2	4229	3867.5	3580.49	3140.23	3776.32	5148.1	5260.2
	通信服务	29	32.4	102	127.6	125	148.1	224.1	405.5	308.5
	建筑服务	..	..	..	..	124.4	107.6	171.4	231	166
	计算机和信息服务	430	457.4	450	411.2	398.2	422.83	588.02	781.4	977.7
	保险服务	24	29.6	21	27.3	28.4	25.6	27.2	197.6	67
	金融服务	11	22.1	20	12.6	13.7	26.6	23.7	27.3	30.1
	专利权使用费和特许费	392	328.9	401	360.9	171.1	165	108.1	182	159.2
	其他商业服务	1792	1862.7	2862	2225.3	2090.3	1793.4	2068.7	2300.5	2231.8
	个人、文化和娱乐服务	22	20.3	21	22.4	13.6	15.2	15.2	22.1	38.9
	政府服务等	606	492.8	352	680.2	615.8	435.9	549.9	1000.7	1281

续表

国别(地区)	项目＼年份	1980	1981	1982	1983	1984	1985	1986	1987	1988
巴西	全部服务合计	4871	5138	5397	4131	3696	3790	4389	4316	5302
	运输	80.12	105.96	71.6	75.8	81.52	83.36	94.51	101.68	104.26
	旅游	106.08	69.24	91.6	86.24	74.28	89.24	74.15	75.52	75.24
	其他服务;	87.28	88.2	89.84	84.24	86.16	117.96	112.36	102.9	161.9
	通信服务	..	..	..	..	..	..	..	..	..
	建筑服务	..	..	..	..	..	..	..	..	..
	计算机和信息服务	30.76	33.36	28.68	31.52	34.84	37.21	31.37	37.56	43.98
	保险服务	..	..	..	..	..	..	..	..	..
	金融服务	..	..	..	..	..	..	..	..	..
	专利权使用费和特许费	..	0.72	2.52	4.44	2.84	1.4	2.35	1.62	3.4
	其他商业服务	31.28	40.56	46.12	36.84	33.28	56.64	58.8	50.66	99.64
	个人、文化和娱乐服务	3	3.16	2.76	3.52	3.56	2.92	3.83	3.06	3.98
	政府服务等	22.24	10.4	9.76	7.92	11.64	19.76	16.01	10	10.9

国别(地区)	项目＼年份	1989	1990	1991	1992	1993	1994	1995	1996	1997
巴西	全部服务合计	5917	7523	7210	7430	9555	10254	13630	12714	15298
	运输	116.36	135.93	154.86	185.51	197.87	215.61	268.54	285.55	261.41
	旅游	103.76	60.82	56.88	58.01	60.79	70.34	72.42	72.76	153.15
	其他服务;	172.02	117.93	111.12	121.16	128.01	142.98	168.83	146.32	213.45
	通信服务	..	..	..	..	..	..	..	..	7.42
	建筑服务	..	..	..	..	..	..	..	..	1.71
	计算机和信息服务	53.38	25.66	34.86	40.43	43.21	47.43	53.8	34.04	87.48
	保险服务	..	..	..	..	..	..	..	..	17.47
	金融服务	..	..	..	..	..	..	..	..	..
	专利权使用费和特许费	1.78	1.27	2.25	5.14	3.45	0.11	2.86	0.23	..
	其他商业服务	87.14	60.35	59.03	59.56	64.58	75.04	90.01	88.75	86.11
	个人、文化和娱乐服务	2.88	1.96	0.01	..	..	..	..	..	..
	政府服务等	26.84	18.69	14.97	16.03	16.78	20.39	22.16	23.3	13.25

国别(地区)	项目＼年份	1998	1999	2000	2001	2002	2003	2004	2005	2006
巴西	全部服务合计	16676	14172	16660.4	17081.3	14508.6	15378.1	17260.2	24355.1	29116.1
	运输	324.73	330.9	405	363.4	447.7	477.1	504.37	516.2	589.83
	旅游	179.44	168.9	165.2	195.3	191.2	229.61	291.96	346.75	517.73
	其他服务;	233.12	323.1	363.1	393.3	384.1	348.4	357.54	347.37	376.74
	通信服务	18.28	20.8	27.2	40.4	25	36.9	34	25.18	25.5
	建筑服务	4.11	8.9	8.2	8.6	15.5	6.3	6.5	12.7	8.5
	计算机和信息服务	89.32	113.5	113.2	91.7	105.6	106.1	108.35	101.6	112.15
	保险服务	16.9	31.4	38.1	19.5	25.2	19.7	28.5	13	9.3
	金融服务	..	11.8	14.1	9.6	8.9	3.1	6.1	2.9	3.9
	专利权使用费和特许费	..	20.3	20.5	22.1	20.4	22.2	17.75	30.4	27.3
	其他商业服务	90.46	93.9	119.2	184.3	165.3	137.2	130.84	138.19	162.36
	个人、文化和娱乐服务	..	..	1	1.3	1.9	1.2	1.5	1.6	1.3
	政府服务等	14.05	22.5	21.6	15.8	16.3	15.6	24	21.8	26.43

续表

国别 (地区)	项　目＼年　份	1980	1981	1982	1983	1984	1985	1986	1987	1988
瑞士	全部服务合计	4885.19	4696.21	4732.91	4625.22	4526.57	4842.24	5467.9	6957.6	7847.8
	运输	..	..	..	..	..	..	..	5.88	6.93
	旅游	..	..	..	..	..	..	..	..	..
	其他服务：	..	..	..	..	..	..	..	34.81	41.75
	通信服务	..	..	..	..	..	..	..	..	..
	建筑服务	..	..	..	..	..	..	..	..	..
	计算机和信息服务	..	..	..	..	..	..	..	0.65	0.77
	保险服务	..	..	..	..	..	..	..	..	..
	金融服务	..	..	..	..	..	..	..	..	..
	专利权使用费和特许费	..	..	..	..	..	..	..	..	..
	其他商业服务	..	..	..	..	..	..	..	19.73	22.21
	个人、文化和娱乐服务	..	..	..	..	..	..	..	..	..
	政府服务等	..	..	..	..	..	..	..	14.42	18.77

国别 (地区)	项　目＼年　份	1989	1990	1991	1992	1993	1994	1995	1996	1997
瑞士	全部服务合计	7776.1	9501.2	9529.8	10335.1	10076.1	11187	13163.2	13821.9	12255.4
	运输	..	..	..	..	..	..	..	..	..
	旅游	..	..	..	..	..	..	..	..	..
	其他服务：	..	..	..	..	..	..	..	..	..
	通信服务	..	..	..	..	..	..	..	..	..
	建筑服务	..	..	..	..	..	..	..	..	..
	计算机和信息服务	..	..	..	..	..	..	..	..	..
	保险服务	..	..	..	..	..	..	..	..	..
	金融服务	..	..	..	..	..	..	..	..	..
	专利权使用费和特许费	..	..	..	..	..	..	..	..	..
	其他商业服务	..	..	..	..	..	..	..	..	..
	个人、文化和娱乐服务	..	..	..	..	..	..	..	..	..
	政府服务等	..	..	..	..	..	..	..	..	..

国别 (地区)	项　目＼年　份	1998	1999	2000	2001	2002	2003	2004	2005	2006
瑞士	全部服务合计	13229.8	14070.1	13720.1	14593.9	15245.3	16882.2	21889.3	23359.5	28774.4
	运输	..	..	93.59	127.89	..	..	..	..	..
	旅游	..	..	19.49	30.05	16.28	22.16	..	..	..
	其他服务：	..	..	453.62	632.16	..	..	..	..	..
	通信服务	..	..	..	..	..	..	..	..	..
	建筑服务	..	..	..	..	..	..	..	..	..
	计算机和信息服务	..	..	..	..	..	..	..	..	..
	保险服务	..	..	..	..	..	..	..	..	..
	金融服务	..	..	..	..	..	..	..	..	..
	专利权使用费和特许费	..	..	..	..	..	..	..	..	..
	其他商业服务	..	..	..	..	..	..	..	..	..
	个人、文化和娱乐服务	..	..	..	..	..	..	..	..	..
	政府服务等	..	..	..	..	..	..	..	..	..

续表

国别(地区) 项目＼年份	1980	1981	1982	1983	1984	1985	1986	1987	1988
全部服务合计	..	..	..	..	..	..	..	..	..
运输	—	—	—	—	—	—	—	—	—
旅游	—	—	—	—	—	—	—	—	—
其他服务：	—	—	—	—	—	—	—	—	—
通信服务	—	—	—	—	—	—	—	—	—
建筑服务	—	—	—	—	—	—	—	—	—
阿联酋　计算机和信息服务	—	—	—	—	—	—	—	—	—
保险服务	—	—	—	—	—	—	—	—	—
金融服务	—	—	—	—	—	—	—	—	—
专利权使用费和特许费	—	—	—	—	—	—	—	—	—
其他商业服务	—	—	—	—	—	—	—	—	—
个人、文化和娱乐服务	—	—	—	—	—	—	—	—	—
政府服务等	—	—	—	—	—	—	—	—	—

国别(地区) 项目＼年份	1989	1990	1991	1992	1993	1994	1995	1996	1997
全部服务合计	..	..	..	..	..	..	..	..	..
运输	—	—	—	—	—	—	..	..	..
旅游	—	—	—	—	..	1.6	3.1	3	29.2
其他服务：	—	—	—	—	..	6.1	41.6	50.7	71.1
通信服务	—	—	—	—	—	..	..	..	..
建筑服务	—	—	—	—	—	..	..	15.1	33.1
阿联酋　计算机和信息服务	—	—	—	—	—	..	..	..	..
保险服务	—	—	—	—	—	..	..	..	..
金融服务	—	—	—	—	—	..	..	..	..
专利权使用费和特许费	—	—	—	—	—	..	..	..	..
其他商业服务	—	—	—	—	..	6.1	41.6	35.6	38
个人、文化和娱乐服务	—	—	—	—	—	..	..	..	..
政府服务等	—	—	—	—	—	..	..	..	..

国别(地区) 项目＼年份	1998	1999	2000	2001	2002	2003	2004	2005	2006
全部服务合计	7855	8008.2	8586.8	8533.4	10121	11858	15098	20578.4	24486.9
运输	2.91	6.85	6.52	..	..	..	..	..	..
旅游	24.72	13.62	11.68	..	..	..	..	..	..
其他服务：	159.43	84.14	10.18	..	..	..	..	..	..
通信服务	0.24	0.27	0.63	..	..	..	..	..	..
建筑服务	24.17	0.38	..	..	..	..	..	..	..
阿联酋　计算机和信息服务	0.5	0.41	0.4	..	..	..	..	..	..
保险服务	0.04	0.07	0.04	..	..	..	..	..	..
金融服务	0.23	0.22	0.07	..	..	..	..	..	..
专利权使用费和特许费	0	0.2	0.28	..	..	..	..	..	..
其他商业服务	126.12	78.66	3.89	..	..	..	..	..	..
个人、文化和娱乐服务	0.11	0.18	0.07	..	..	..	..	..	..
政府服务等	8.01	3.75	4.79	..	..	..	..	..	..

续表

国别(地区)	项目＼年份	1980	1981	1982	1983	1984	1985	1986	1987	1988
马来西亚	全部服务合计	2956.52	2855.75	3269.26	3964.24	4254.06	3926.64	3575.13	3594.56	4205.39
	运输	—	—	—	—	—	—	—	—	—
	旅游	—	—	—	—	—	—	—	—	—
	其他服务：	—	—	—	—	—	—	—	—	—
	通信服务	—	—	—	—	—	—	—	—	—
	建筑服务	—	—	—	—	—	—	—	—	—
	计算机和信息服务	—	—	—	—	—	—	—	—	—
	保险服务	—	—	—	—	—	—	—	—	—
	金融服务	—	—	—	—	—	—	—	—	—
	专利权使用费和特许费	—	—	—	—	—	—	—	—	—
	其他商业服务	—	—	—	—	—	—	—	—	—
	个人、文化和娱乐服务	—	—	—	—	—	—	—	—	—
	政府服务等	—	—	—	—	—	—	—	—	—

国别(地区)	项目＼年份	1989	1990	1991	1992	1993	1994	1995	1996	1997
马来西亚	全部服务合计	4791.72	5484.54	6564.2	7335.76	9515.97	12052.2	14980.8	17572.7	18296.7
	运输	—	—	—	93.55	124.31	184.52	222.12	267.28	340.15
	旅游	—	—	—	18.9	25.29	48.01	90.5	100.73	120.05
	其他服务：	—	—	—	47.94	109.76	177.68	185.09	221.64	266.4
	通信服务	—	—	—	1.96	8.28	12.4	5.55	7.92	14.72
	建筑服务	—	—	—	0.09	6.04	30.53	28.89	24.15	20.61
	计算机和信息服务	—	—	—	0.33	4.68	11.69	14.58	14.49	14.24
	保险服务	—	—	—	0.06	2.91	1.85	5.25	11.67	10.23
	金融服务	—	—	—	..	4.79	2.64	6.37	6.92	8.73
	专利权使用费和特许费	—	—	—	..	..	0.78	1.09	2.91	4.55
	其他商业服务	—	—	—	7.73	8.73	36.7	44.96	88.59	112.74
	个人、文化和娱乐服务	—	—	—	..	..	1.54	0.77	0.64	2.88
	政府服务等	—	—	—	37.77	74.34	79.55	77.62	64.35	77.69

国别(地区)	项目＼年份	1998	1999	2000	2001	2002	2003	2004	2005	2006
马来西亚	全部服务合计	13126.7	14735.3	16747.4	16656.6	16447.8	17531.7	19268.6	21955.7	23720.4
	运输	409.07	370.08	419.67	455.96	491.23	515.73	736.28	946.45	1031.21
	旅游	155.22	214.62	203.7	191.62	230.91	319	400.28	447.52	592.28
	其他服务：	345.84	332.9	262.56	315.04	384.2	558.31	619.29	762.03	836.22
	通信服务	17.55	36.22	18.99	21.41	23.47	45.51	72.39	90.92	90.69
	建筑服务	30.99	19.49	17.55	31.31	85.04	92.87	91.67	184.49	135.22
	计算机和信息服务	15.93	8.58	2.47	1.1	1.61	1.92	1.3	1.18	1.68
	保险服务	15.39	9.89	8.21	13.48	13.2	20.4	23.51	39.01	52.19
	金融服务	10.31	13.47	11.57	13.15	15.15	21.48	28.6	32.73	47.02
	专利权使用费和特许费	6.95	5.63	7.91	11.23	14.11	14.22	18.03	24.91	29.44
	其他商业服务	150.19	149.51	178.42	205.82	205.17	336.84	350.64	359.74	440.29
	个人、文化和娱乐服务	2.18	1.41	1.64	3.41	1.02	1.69	2.46	4.6	6.68
	政府服务等	96.35	88.7	15.78	14.11	25.42	23.39	30.7	24.45	33.02

注：1. 本表所列国家或地区以 2005 年服务出口额排序；
　　2. "—"或".."表示无法获得或无法单独列出的数据。
资料来源：根据联合国贸易和发展会议"UNCTAD Handbook of Statistics 2008"整理。

法 规 政 策

国务院办公厅关于加快发展服务业
若干政策措施的实施意见

国办发〔2008〕11号

各省、自治区、直辖市人民政府，国务院各部委、各直属机构：

为贯彻党中央、国务院关于加快服务业发展的要求和部署，落实《国务院关于加快发展服务业的若干意见》（国发〔2007〕7号）提出的政策措施，促进"十一五"时期服务业发展主要目标的实现和任务的完成，经国务院同意，现提出以下意见：

一、加强规划和产业政策引导

（一）抓紧制订或修订服务业发展规划。各地区要根据国家服务业发展的主要目标，积极并实事求是地制订本地区服务业发展规划，提出发展目标、发展重点和保障措施。经济较发达的地区可以适当提高发展目标，有条件的大中城市要加快形成以服务经济为主的产业结构。各有关部门要抓紧制订或修订相关行业规划和专项规划，完善服务业发展规划体系。各地区、各有关部门都要把服务业发展任务分解落实到年度工作计划中。发展改革委要会同有关部门抓紧研究制订服务业发展考核体系，在条件具备时，定期公布全国和分地区服务业发展水平、结构等主要指标。

（二）尽快研究完善产业政策。发展改革委要会同有关部门依据国家产业结构调整的有关规定，抓紧细化、完善服务业发展指导目录，明确行业发展重点及支持方向；要根据服务业跨度大、领域广的实际，分门别类地调整和完善相关产业政策，认真清理限制产业分工、业务外包等影响服务业发展的不合理规定，逐步形成有利于服务业发展的产业政策体系。各地区要立足现有基础和比较优势，制订并细化本地区服务业发展指导目录，突出本地特色，并制定相应政策措施。

二、深化服务领域改革

（三）进一步放宽服务领域市场准入。工商行政管理部门对一般性服务业企业降低注册资本最低限额，除法律、行政法规和依法设立的行政许可另有规定的外，一律降低到 3 万元人民币，并研究在营业场所、投资人资格、业务范围等方面适当放宽条件。对法律、行政法规和国务院决定未做规定的服务企业登记前置许可项目，各级工商行政管理机关一律停止执行。加大铁路、电信等垄断行业改革力度，进一步推进投资主体多元化，引入竞争机制。继续稳妥推进市政公用事业市场化改革，城市供水供热供气、公共交通、污水处理、垃圾处理等可以通过特许经营等方式委托企业经营。认真做好在全国范围内调整和放宽农村地区银行业金融机构市场准入政策的落实工作。教育、文化、广播电视、社会保障、医疗卫生、体育、建设等部门对本领域能够实行市场化经营的服务，抓紧研究提出放宽市场准入、鼓励社会力量增加供给的具体措施。

（四）加快推进国有服务企业改革。国资委要会同有关部门积极推动国有服务企业股份制改革和战略性重组，将服务业国有资本集中在重要公共产品和服务领域，鼓励中央服务企业和地方国有服务企业通过股权并购、股权置换、相互参股等方式进行重组，鼓励非公有制企业参与国有服务企业的改革、改组、改造。继续深化银行业改革，重点推进中国农业银行股份制改革和国家开发银行改革，强化中国农业银行、中国农业发展银行和中国邮政储蓄银行为"三农"服务的功能。

（五）推进生产经营性事业单位转企改制和政府机关、事业单位后勤服务社会化改革。主要从事生产经营活动的事业单位要转制为企业，条件成熟的尽快建立现代企业制度。中央编办会同财政部、人事部等部门抓紧制定和完善促进生产经营性事业单位转企改制的配套政策措施。各有关部门和单位要继续深化后勤体制改革，加快推进后勤管理职能和服务职能分开，实现后勤管理科学化、保障法制化、服务社会化。创新后勤服务社会化形式，引进竞争机制，逐步形成统一、开放、有序的后勤服务市场体系。对后勤服务机构改革后新进入的工作人员，应实行聘用制等新的用人机制。

三、提高服务领域对外开放水平

（六）稳步推进服务领域对外开放。发展改革委要会同有关部门认真落实新修订的《外商投资产业指导目录》，在优化结构、提高质量基础上扩大服务业利用外资规模。商务部要会同有关部门抓紧制订服务贸易中长期发展规划，推动有条件的地区和城市加快形成若干服务业外包中心；在中央外贸发展基金中安排专项资金，重点支持服务外包基地城市公共平台建设及企业发展。各类金融机构对符合条件的服务贸易给予货物贸易同等便利，改进服务贸易企业外汇管理，保证合理用汇。交通部要会同有关部门抓紧研究解决中资船舶悬挂方便旗经营问题，发展壮大国际航运船队。加快建设上海、天津、大连等国际航运中心，鼓励在其保税港区进行服务业对外开放创新试点。

（七）积极支持服务企业"走出去"。各有关部门要研究采取具体措施，为服务企业"走出去"和服务出口创造良好环境。对软件和服务外包等出口开辟进出境通关"绿色通道"，对中医药、中餐、汉语教育、文化、体育、对外承包工程等领域企业和专业人才"走出去"提供帮助，简化出入境手续，并纳入国家有关专项资金扶持范围。在严格控制风险的基础上，积极支持国内有条件的金融企业开展跨国经营，为我国企业参与国际市场竞争提供金融服务。同时，要鼓励贸易、咨询、法律服务、知识产权服务、人力资源等企业积极为服务业"走出去"提供服务。

四、大力培育服务领域领军企业和知名品牌

（八）积极创新服务业组织结构。各地区、各有关部门要鼓励服务业规模化、网络化、品牌化经营，促进形成一批拥有自主知识产权和知名品牌、具有较强竞争力的服务业龙头企业。发展改革委等部门要支持设立专业化产业投资基金，主要从事服务业领域企业兼并重组，优化服务业企业结构。商务部等有关部门要加强商业网点规划调控，鼓励发展连锁经营、特许经营、电子商务、物流配送、专卖店、专业店等现代流通组织形式。除有特殊规定外，服务企业设立连锁经营门店可持总部出具的连锁经营相关文件和登记材料，直接到门店所在地工商行政管理机关申请办理登记和核准经营范围手续。鼓励软件和信息服务等现代服务业专业协会发展。

（九）加快实施品牌战略。大力支持企业开展自主品牌建设，鼓励企业注册和使用自主商标。鼓励流通企业与生产企业合作，实现服务品牌带动产品品牌推广、产品品牌带动服务品牌提升的良性互动发展。培育发展知名品牌，符合国家有关规定的，商务部等部门应将其纳入中央外贸发展基金等国家有关专项资金扶持范围。扶持中华老字号企业发展，在城市改造中，涉及中华老字号店铺原址动迁的，应在原地妥善安置或在适宜其发展的商圈内安置，并严格按国家有关规定给予补偿。

（十）鼓励服务领域技术创新。科技部要会同有关部门认真落实国家中长期科学和技术发展规划纲要，抓好现代服务业共性技术研究开发与应用示范重大项目。充分发挥国家相关产业化基地的作用，建立一批研发设计、信息咨询、产品测试等公共服务平台，建设一批技术研发中心和中介服务机构。财政部、发展改革委要研究提出具体意见，对服务领域重大技术引进项目及相关的技术改造提供贷款贴息支持，对引进项目的消化吸收再创新活动提供研发资助，在政府采购中优先支持采用国内自主开发的软件等信息服务，进一步扩大创业风险投资试点范围。探索开展知识产权质押融资，引导和鼓励社会资本投入知识产权交易活动，符合规定的可以享受创业投资机构的有关优惠政策。

五、加大服务领域资金投入力度

（十一）加大公共服务投入力度。进一步明确政府公共服务责任，健全公共财政体制，把更多财政资金投向公共服务领域，提高公共服务的覆盖面和社会满意水平。中央财政要继续增加社会保障、医疗卫生、教育、节能减排、住房保障等方面的支出，重点提高对农村、欠发达地区和城市中低收入居民的公共服务水平，支持医药卫生体制等重大改革。国家财政新增教育、卫生、文化等事业经费和固定资产投资主要用于农村，中央财政转移支付资金重点用于中西部地区，尽快使中西部地区基础设施和教育、卫生、文化等公共服务设施得到改善。调动地方发展服务业的积极性，中央和省级财政要通过转移支付等对服务经济发展较快但财政困难的地方给予支持。

（十二）加大财政对服务业发展的支持力度。中央财政和中央预算内投资继续安排服务业发展专项资金和服务业发展引导资金，并根据财政状况及服务业发展需要逐步增加，重点支持服务业关键领域、薄弱环节和提高自主创新能力，建立和完善农村服务体系。整合服务领域的财政扶持资金，综合运用贷款贴息、经费补助和奖励等多种方式支持服务业发展。中央预算内投资要加大对规划内重点服务业项目的投入，同等情况下优先支持服务业项目。地方政府也要根据需要安排服务业发展专项资金和引导资金，有条件的地方要扩大资金规模，支持服务业发展。

（十三）加大金融对服务业发展的支持力度。人民银行、金融监管机构等要引导和鼓励各类金融机构开发适应服务企业需要的金融产品，积极支持符合条件的服务业企业通过银行贷款、发行股票债券等多渠道筹措资金。逐步将收费权质押贷款范围扩大到供水、供热、环保等城市基础设施项目。修订和完善有关股票、债券发行的基本规则以及信息披露制度要充分考虑服务企业的特点。符合条件的服务企业集团设立财务公司等非银行金融机构可以优先得到批准。有关部门要进一步推动中小企业信用担保体系建设，积极搭建中小企业融资平台，国家中小企业发展专项资金和地方扶持中小企业发展资金要给予重点资助或贷款贴息补助。

六、优化服务业发展的政策环境

（十四）进一步扩大税收优惠政策。认真落实新的企业所得税法及其实施条例有关规定。支持服务企业产品研发，企业实际发生的研究开发费用可按有关政策规定享受所得税抵扣优惠。加快推进在苏州工业园区开展鼓励技术先进型服务企业发展所得税、营业税政策试点，积极扩大软件开发、信息技术、知识产权服务、工程咨询、技术推广、服务外包、现代物流等鼓励类生产性服务业发展的税收优惠政策试点。对企业从事农林牧渔服务业项目的所得免征、减征企业所得税；对科研单位和大专院校开展农业生产技术服务取得的收入，以及提供农业产前、产中、产后相关服务的企业，实行税收优惠政策；对农产品连锁经营试点实行企业所得税、增值税优惠政策。加大对自主创新、节能减排、资源节约利用等方面服务业的税收优惠力度。在服务业领域开展实行综合与分类相结合的个人所得税制度试点。对吸收就业多、资源消耗和污染排放低等服务类企业，按照其吸收就业人员数量给予补贴或所得税优惠。研究制订社区服务、家政服务、实物租赁、维修服务、便利连锁经营、废旧物资回收利用、中华老字号经营等服务业和出口文化教育产品等领域的税收优惠政策。财政部、税务总局要会同有关部门抓紧研究制订具体办法并组织实施。

（十五）实行有利于服务业发展的土地管理政策。各地区制订城市总体规划要充分考虑服务业发展的需要，中心城市要逐步迁出或关闭市区污染大、占地多等不适应城市功能定位的工业企业，退出的土地优先用于发展服务业。城市建设新居住区内，规划确定的商业、服务设施用地，不得改作他用。国土资源管理部门要加强和改进土地规划计划调控，年度土地供应要适当增加服务业发展用地。加强对服务业用地出让合同或划拨决定书的履约管理，保证政府供应的土地能够及时转化为服务业项目供地。积极支持以划拨方式取得土地的单位利用工业厂房、仓储用房、传统商业街等存量房产、土地资源兴办信息服务、研发设计、创意产业等现代服务业，土地用途和使用权人可暂不变更。

（十六）完善服务业价格、收费等政策。价格管理部门要进一步减少服务价格政府定价和指导价，完善价格形成机制，建立公开、透明的定价制度。除国家另有规定外，各地区要结合销售电价调整，于2008年底前基本实现商业用电价格与一般工业用电价格并轨，对列入国家鼓励类的服务业用水价格基本实现与工业用水价格同价。清理各类收费，取消和制止不合理收费项目。加强行政事业性收费、政府性基金的管理，各地区、各有关部门对有关收费项目及标准要按照规定公示并接受社会监督。除法律、行政法规或者国务院另有明确规定外，履行或代行政府职能，安装和维护与政府部门联网办理业务的计算机软件，不得收取任何费用。规范行业协会、商会收费行为。各地区要对从事农村客运服务以及岛屿、库区、湖区等乡镇渡口和客运经营等方便农民出行的运输行业，比照城市公交客运政策，给予政策支持。

（十七）加强服务业从业人员社会保障工作。劳动保障等部门要加快将服务业个体工商户、灵活就业人员、农民工纳入社会保险覆盖范围。尽快修订《失业保险条例》，完善失业保险制度，扩大参保范围。针对服务行业就业形式多样、流动性较强、农民工居多等特点，加快推进服务业企业参加医疗、工伤保险工作，切实维护服务业企业从业人员的社会保障权益。鼓励和引导企业为职工建立企业年金和补充医疗保险计划。规范企业年金管理方式，2008年底前，将原行业或企业自行管理的企业年金业务，逐步移交给有资质的运营机构受托管理。

七、加强服务业基础工作

（十八）大力培养服务业人才。教育、科技、人事和劳动保障等部门要积极引导高等院校完善并加强与现代服务业发展相适应的学科专业建设，支持高等院校、职业院校、科研院所与有条件的服务业企业建立实习实训基地，鼓励建立服务人才培养基地，对国内外相关外包服务培训机构以独资或与高校、企业合作的形式成立培训机构给予审批便利。人事和劳动保障等部门要按照服务业发展需要，不断调整完善和规范职业资格和职称制度，尽快设置相应的服务业职业资格和职称。人事和劳动保障部门要鼓励各类就业服务机构发展，加快建设覆盖城乡的公共就业服务体系。

（十九）健全服务业标准体系和社会信用体系。质检总局要会同有关部门抓紧制订和修订物流、电信、邮政、快递、运输、旅游、体育、商贸、餐饮、社区服务等服务标准，继续推进国家级服务业标准化试点，鼓励和支持行业协会、服务企业积极参与标准化工作。人民银行、工商总局等有关部门要加快社会信用体系建设，推动政府部门依法共享公开的政府信息，并在就业、社会保障、市场监管、政府采购等公共服务中使用信用信息。

（二十）加强服务业统计工作。完善服务业统计联席会议制度，加强和协调各部门及行业协会的服务业统计工作。统计局要会同有关部门加快建立科学、统一、全面、协调的服务业统计调查制度和信息管理制度，完善服务业统计调查方法和指标体系，建立政府统计和行业统计互为补充的服务业统计调查体系，健全服务业信息发布制度。结合开展第二次全国经济普查，重点摸清我国服务业发展状况，为国家制定规划和政策提供依据。中央财政安排专项经费支持服务业统计，地方财政也要增加投入。

（二十一）加强服务业法制建设。法制办要会同有关部门积极推动制定和修订促进服务业发展法律、行政法规的相关工作，为服务业发展提供法制保障。

八、狠抓工作落实和督促检查

（二十二）抓紧制定具体配套政策措施。国务院各有关部门要按照国发〔2007〕7号文件和本意见要求，对已经明确的政策抓好落实，对需要制定具体配套政策措施的要抓紧研究制定，成熟一项，出台一项。要加强协调配合，及时研究解决服务业发展中出现的突出问题和矛盾，不断调整完善相关政策，推进服务业改革和发展。各地区也要抓紧制定出台相关配套政策措施。

（二十三）加强工作落实和督促检查。各地区、各部门要把发展服务业作为贯彻落实科学发展观、促进经济又好又快发展的重要工作任务，切实把中央确定的各项方针政策落到实处。全国服务业发展领导小组办公室要充分发挥总体协调作用，做好服务业发展目标落实与考核、政策措施制定等督促检查工作，及时向国务院报告工作进展情况。

国务院办公厅
二〇〇八年三月十三日

服务贸易发展"十一五"规划纲要

商务部　服务贸易司

在经济全球化深入发展的有力推动下，服务贸易迅速发展，在全球贸易总量中的比重不断扩大，在世界经济中的地位日益提高。服务贸易发展日益成为各国关注和竞争的焦点，发展程度已经成为衡量一个国家综合国力的重要指标。"十一五"是我国全面建设小康社会的关键时期，为加快服务贸易发展，进一步发挥服务贸易在转变外贸增长方式、调整产业结构、促进我国经济和社会协调发展中的重要作用，根据《中华人民共和国国民经济和社会发展第十一个五年规划纲要》和《商务发展第十一个五年规划纲要》，特制定本规划纲要。

一、我国服务贸易发展状况及面临的环境

（一）历史回顾与发展现状

我国服务贸易起步于 20 世纪 80 年代，虽然起步较晚但发展速度较快。一是服务贸易规模迅速扩大。我国服务贸易进出口总额从 1982 年的 44 亿美元增长到"十五"末期（2005 年底）的 1571 亿美元，23 年间增幅接近 35 倍。其中服务贸易出口 2005 年达到了 739 亿美元，增长近 29 倍。二是服务贸易增速远高于世界平均水平。20 世纪 80 年代以来，除个别年份外，我国服务贸易出口增速一直高于同期世界服务贸易平均出口增速和全球服务贸易主要出口国家（地区）平均水平。1982～2005 年，我国服务贸易进出口总额年均增长 16.8%，服务贸易出口年均增长 15.9%，均为同期世界服务贸易平均增速的两倍左右。三是在国际服务贸易中的地位不断提升。1982～2005

年，我国服务贸易占全球服务贸易的比重从 0.6% 增长到 3.3%，服务贸易出口额占全球服务贸易出口总额的比重由 0.7% 增长到 3.1%，出口世界排名由 1982 年的第 28 位上升到 2005 的第 8 位，进口世界排名由第 40 位上升到第 7 位。服务贸易规模居发展中国家之首。四是从"十五"开始我国服务贸易进入快速发展阶段。五年间服务贸易进出口总额达 5494 亿美元，占服务贸易发展以来（1982～2005 年）进出口总额 10022 亿美元的 54.8%。五年间服务贸易出口总额达 2547 亿美元，占 1982～2005 年出口总额 4752 亿美元的 53.6%。"十五"期间服务贸易发展进一步加快，进出口总额于 2003 年跃上 1000 亿美元台阶，2005 年又突破 1500 亿美元关口。五是我国服务贸易全面发展的格局初步形成。运输、旅游等传统

服务贸易部门继续稳步发展，通信、保险、金融、专有权使用和特许、计算机信息服务、咨询、广告等新兴服务贸易部门开始兴起。在区域发展方面，北京、上海、广东、浙江、天津等东部沿海省市，发挥地理区位优势，立足于扎实的现代服务业基础，成为服务贸易发展的主力军；中西部地区、东北地区发挥独特优势，不断加快发展步伐。

目前我国服务业对外开放水平进一步提高，部分新兴服务贸易领域加快发展，出口增速正在赶超发达国家，服务贸易已具备了快速发展的条件。但同时我国的服务贸易发展总体仍比较落后，存在着服务贸易部门结构不平衡、市场和地区发展过于集中、统计体系不健全、管理体制亟待完善等问题，与发达国家和世界整体水平，以及我国经济和社会发展的要求都有较大差距，需要积极采取措施，妥善应对，以保证我国服务贸易的可持续健康发展。

（二）"十一五"期间我国服务贸易发展面临的环境

"十一五"期间我国服务贸易发展面临着历史性机遇。一是世界经济前景看好、全球产业结构升级、货物贸易持续增长、国际投资倾向于服务业等因素，将推动世界服务贸易稳定快速增长。二是服务业和服务贸易面临大好发展时机。《国民经济和社会发展十一五规划纲要》提出要加快发展服务业和服务贸易，转变对外贸易增长方式。国务院发布《关于加快发展服务业的若干意见》，把发展服务业上升到贯彻落实科学发展观和构建社会主义和谐社会的战略高度。服务业发展为服务贸易奠定了坚实的产业基础，发展服务贸易可充分利用两个市场、两种资源，有效带动现代服务业，规范提升传统服务业，两者相辅相成。三

是服务业对外开放和新一轮国际产业转移，将使中国的服务贸易企业获得更多的市场准入机会和更广阔的市场空间。

与此同时，在服务贸易全球自由化的大趋势和全新的开放环境下，仍处于起步阶段的我国服务贸易面临着前所未有的挑战。

一方面，发达国家在服务贸易领域将长期占据主导地位。发达国家的服务贸易进出口额占全球服务贸易进出口总额的75%以上，其中美、英、德三国占世界服务贸易总额的30%左右。美国服务贸易进口额、出口额和进出口总额均高居世界第一，在世界服务贸易中具有举足轻重的地位。

发达国家服务贸易越来越向资本和技术密集型行业集聚，并已建立了完善的服务贸易管理体制，立法机构、主管部门、中介机构有机协调，制定加快发展服务贸易的发展战略，并利用其服务贸易水平领先的优势，通过各种多双边谈判要求世界各国开放服务贸易市场，以此来扩大服务贸易出口。服务贸易已经成为WTO新一轮谈判以及区域性经济合作谈判的主要议题。

另一方面，来自新兴经济体和发展中国家的竞争日趋激烈。墨西哥、巴西和印度等多数发展中国家服务贸易发展相对缓慢，在世界服务贸易中所占比重较小，排名靠后，服务贸易处于逆差状态。但自20世纪90年代以来，发展中国家纷纷调整发展战略加快服务贸易发展，服务贸易整体出口竞争力逐步增强，在世界服务贸易中的地位有所改善。尤其在当前国际形势下，世界范围内进行的广泛的经济结构调整，信息技术的迅猛发展，服务的外包与离岸日益成为当今全球新一轮产业革命和转移中不可逆转的必然趋势，这给广大发展中国家带来了机遇。

二、发展服务贸易具有重要意义

服务贸易发展水平是衡量一个国家对外贸易以及国民经济实力的重要标志，发展服务贸易是提高我国参与国际分工和竞争能力的新举措。"十一五"是我国全面建设小康社会的关键时期，加快服务贸易发展意义重大。

（一）有利于带动服务业发展

服务业是服务贸易发展的基础。长期以来，中国服务业发展严重滞后，影响了服务贸易的发展。2005 年，中国服务业占 GDP 的比重为 41％，远低于发达国家 72％的水平，甚至低于发展中国家 52％的平均水平。2001 年以来在政府的高度重视和积极推动下，我国服务业快速发展，年平均增速达 13.3％，远远高于中国经济的平均增速，发展服务业已经成为我国一项重大而长期的战略任务。

发展服务贸易有利于提升服务业水平。我国服务业的总体水平与发达国家相比还有较大差距，加大服务业引进外资的力度，大力发展服务贸易，参与国际竞争与合作，有利于我们学习、借鉴和吸收外国在服务业管理、市场运作等方面的经验，加快提升我国服务业水平。目前，中国服务业还不是外商投资的主要领域。2005 年我国服务业领域新批准设立外商投资企业 7445 家，实际使用外资金额 116.8 亿美元，仅占同期全国吸收外商直接投资实际使用金额的 19.4％。而外资服务企业占有的中国市场份额一般仅为百分之几。从中国经济的实际发展需要来看，扩大服务业市场准入范围，放宽准入限制，吸引外商投资还应当有较大的增长，特别是在物流行业以及会计、法律、计算机、工程管理和其他咨询服务业，发展空间较大。

（二）有利于优化对外贸易结构

1982～2005 年，我国服务贸易出口额占我国对外贸易出口总额的比例一直保持在 10％左右，仅为全球平均水平的一半，中国服务贸易企业没有同比例享受到货物贸易增长带来的好处。发展服务贸易，提高服务贸易在对外贸易中的比重，可有效改善我国对外贸易结构，改变货物贸易与服务贸易发展不平衡的局面。货物贸易在我国对外贸易中长期居于主导地位，服务贸易的发展有利于货物贸易结构优化，以及质量和效益的提升，两者相互促进。此外，服务贸易自身也存在着出口结构不够合理的问题，运输、旅游等传统服务出口居主导地位，信息技术、金融、保险和专利使用等现代服务出口则占比偏低。

目前我国服务贸易领域已经形成一些优势产业，具有一定发展基础，旅游业、建筑业、其他商业服务业、运输业等在国际市场的份额排名都比较靠前。特别是中国货物贸易已经排名世界第三，持续高速的货物贸易增长对与货物贸易相关的服务贸易的带动作用非常明显。根据中国经济在世界经济中地位的大幅度提升和国际经验判断，中国在部分服务贸易领域已经进入快速发展的转折性阶段。

三、指导思想和主要目标

（一）指导思想

以邓小平理论和"三个代表"重要思想为指导，全面贯彻落实科学发展观，按照党的十六大关于全面建设小康社会的战略部署，加快转变外贸增长方式，扩大服务贸易规模，改善服务贸易结构，积极稳妥推进服务业开放，提高我国参与国际分工和竞争的能力，提升服务贸易的质量和效益，推动服务贸易持续健康快速发展。

（二）总体要求

坚持从实际出发，遵循服务贸易发展规律。以国内产业特别是服务业发展为依托发展服务贸易；在扩大传统服务贸易规模的同时，积极发展现代服务贸易；分享发达国家发展服务贸易的经验，吸收适合我国服务贸易发展的合理成分。

坚持科学发展观，统筹兼顾总量增长与结构优化。统筹兼顾服务贸易总量增长和国际收支平衡，在发挥比较优势、弥补资源不足、扩大发展空间、提高附加值的基础上，加快发展服务贸易，不断优化服务贸易结构。

坚持市场化取向，加强政府宏观指导。按照完善社会主义市场经济体制的改革方向，充分发挥市场的资源配置和调节作用，同时政府加强对服务贸易发展的宏观指导和支持，完善管理体制，促进区域、行业协调发展。

（三）主要目标

服务贸易规模显著扩大。2010年，服务贸易进出口总额达到4000亿美元，年均增长20％；力争提高服务贸易出口在我国对外贸易出口总额中的比重，在世界服务贸易出口总额的比重稳步提高。

服务贸易结构不断优化。2010年，运输、旅游等传统劳动密集型服务出口继续扩大，占我国服务贸易出口总额的比重力争下降到60％以下，提高通信、保险、金融、计算机信息服务、专有权使用费和特许费、咨询、广告等新兴资本技术密集型服务占我国服务贸易出口总额的比重，逐步减少服务贸易逆差。

服务贸易领域更加开放格局基本形成。通过利用外资，通信、保险、金融、计算机信息服务和商业领域的经营服务水平明显提高，国际服务外包承接业务量明显增加，沿海地区和内陆重点城市建成10家左右示范性服务外包基地。

国际服务贸易市场开拓能力大幅提升。服务贸易"走出去"产生明显成效，境外采购、分销、研发、远洋运输、物流、金融、保险、旅游等服务机构数量显著增加，形成1～2个境外中资服务企业集群或服务贸易合作区。对外承包工程和劳务合作的规模和水平继续提高。

四、构建服务贸易发展管理体系

（一）加强部门间的沟通与协调

加强服务业和服务贸易各行政管理部门间的交流与合作，协调解决服务贸易发展过程中的重大问题，督促检查有关政策措施的落实。结合国际服务贸易需求，制定符合国际惯例的批发、零售、金融、电信、运输、旅游、餐饮、展览等行业的标准化体系，统筹安排我国服务贸易的规划、统计、立法、政策、对外谈判和促进工作，进一步提高政府对服务贸易的管理效率和水平。

（二）充分发挥行业协会的桥梁纽带作用

按照市场经济要求，加快培育社会化、专业化、规范自律的服务贸易行业协会，整合行业资源，加强对外宣传，提升行业整体形象。行业协会要与国内外服务贸易相关部门保持密切联系，深入开展行业调查研究，及时了解国际服务贸易的动向和需求，参与相关法律法规和产业政策的研究、制定，参与制订修订行业标准和行业发展规划、行业准入条件，积极为国内服务贸易企业提供优质服务，充当政府和企业之间沟通的桥梁、

企业参与国际经济合作的纽带。行业协会要围绕规范市场秩序，健全各项自律性管理制度，制定并组织实施行业职业道德准则，推进行业诚信建设，建立完善行业自律性管理约束机制，维护公平竞争的市场环境。

（三）推动服务贸易区域协调发展

根据国内不同地区服务贸易发展特点和行业优势，以长三角、珠三角、环渤海地区和中西部地区重点城市为依托，在服务贸易重点领域确定一批重点企业或企业集团予以重点支持，培育服务贸易出口主体和增长带。通过窗口和辐射作用，引导和促进我国服务贸易的快速发展。充分发挥地方政府在服务贸易发展中的重要作用，鼓励地方政府为服务贸易企业提供各项政策支持。

五、建立和完善服务贸易统计体系

建立符合国际规范的社会化的服务贸易统计体系，科学、有效地开展服务贸易统计工作，为国家制定服务贸易政策提供数据信息服务。具体内容包括建立中国服务贸易统计制度、建设中国服务贸易统计数据库系统、发布权威统计数据和深入开展服务贸易统计分析等。

（一）建立中国服务贸易统计制度

本着"科学、全面、协调、统一"的精神，以《中华人民共和国统计法》及其实施细则和《中华人民共和国对外贸易法》为依据，遵循世界贸易组织《服务贸易总协定》和联合国等国际组织《国际服务贸易统计手册》的基本要求，并结合中国服务贸易的具体情况，制定中国《国际服务贸易统计管理办法》，使中国服务贸易统计工作规范化和制度化。《国际服务贸易统计管理办法》

要明确中国服务贸易统计的目标与原则，确定服务贸易统计范围和基本组成部分，规定统计资料的收集与统计数据的发布方式，以及统计信息资源的开发和利用等。从内容上看，中国服务贸易统计包括中国居民与非居民服务贸易（BOP）统计和外国附属机构服务贸易（FATS）统计两大主线，覆盖《服务贸易总协定》涉及的跨境提供、境外消费、商业存在和自然人移动四种供应模式。

（二）建设服务贸易统计数据库系统

建设中国服务贸易统计数据库系统，为国内外服务贸易统计信息的收集、展示、预警、分析与发布构建基础性平台；落实《服务外包统计报表制度》，细化服务外包统计口径，逐步建立完善全口径、多层次的实时服务外包统计体系；配合实施技术进出口的相关管理目录，继续做好技术

进出口统计，掌握技术贸易的总体情况，使服务贸易信息资源得以较好地开发与利用，进而为国家制定政策、进行宏观经济管理和国际交流与谈判提供数据信息。

（三）发布服务贸易统计数据

定期发布中国服务贸易（含服务外包、技术进出口）权威统计数据。于每年 9 月 30 日前发布《中国服务贸易统计》，公布上年度中国服务贸易总体统计数据；发布上年度《中国服务贸易发展报告》，全面介绍中国服务贸易发展状况、相关政策与未来趋势。

（四）深入开展服务贸易统计分析

建立国际服务贸易统计分析指标体系，加强对服务贸易结构变化及其对国民经济影响的分析。开展服务贸易进出口运行分析，掌握服务贸易总体动态；开展附属机构服务贸易企业经营情况分析，关注附属机构企业发展态势及其对国民经济的影响；开展双边服务贸易统计比较分析，把握国别（地区）市场状况。不定期发布服务贸易进出口分析报告、行业分析报告和国别（地区）市场分析报告等。

六、建立服务贸易发展促进体系

（一）建设服务贸易公众信息网

建设服务贸易公众信息网，发布政策法规、行业资讯、企业动向、市场动态、贸易机会、统计数据、研究分析等国际服务贸易信息，帮助服务业企业了解国内外相关法律法规和市场信息，引导企业加快国际化、市场化进程，满足企业开拓国际市场的需要。

（二）开展多种形式的服务贸易出口促进工作

注重服务贸易对外推广和促进工作，密切与各服务行业及重点企业的联系，选择重点行业成立专家咨询委员会。在行业专家的指导下，依据不同行业特点，研究制定推广方案并组织实施。及时为企业提供咨询服务，帮助企业了解国外市场，提供贸易机会，向有需要的企业发送最新市场调研报告，帮助企业竞争海外大型服务项目，协助了解境外合作伙伴背景和资信，为国内外服务业企业合作牵线搭桥。

（三）利用各种会展平台，加强国际交流

支持和组织服务业企业赴境外参加各类服务行业专业展会，同时以国内著名综合性展会为平台，充分发挥中国国际软件交易会、文博会、中部博览会、广交会、东盟博览会、厦洽会、北京国际图书博览会、中国国际教育展、中国国际广播影视博览会等国内知名展会的作用，增加服务贸易内容，开展多种形式的服务贸易促进活动，整体宣传我国服务业企业形象，通过展览和洽谈，寻找出口和对外合作商机。

（四）创立我国服务贸易会展品牌

借助香港地区的区位优势和服务业国际化优势，定期在香港地区举办中国国际服务贸易洽谈会，并积极开展国际推介，树立国际声誉和影响力。通过合作举办推广活动，加强与香港贸易发展局、香港服务业联盟等港澳地区、境外专业服务贸易促进机构的合作，建立长期合作机制，相互交流信息，为中国企业开拓国际服务贸易市场牵线搭桥。

（五）着力培育中国服务贸易品牌

深入实施品牌战略，扶持服务贸易自主出口

品牌，打造一批主业突出、具有核心竞争力、能够发挥龙头骨干作用和参与国际竞争的服务企业和企业集团。全面研究规划现有服务出口品牌，根据不同行业和不同目标市场国家（地区）的特点，进行分类研究，重点分析有比较优势行业的自主出口品牌现状，研究制定品牌扶持和推介的措施，引导企业创品牌，提升服务层次和水平，逐步提高和扩大品牌国际影响力；保护我国知名品牌在海外的合法权益，为自主出口品牌"走出去"提供法律和政策保障。

（六）推进形成全方位、多层次的服务贸易发展格局

顺应世界范围内服务贸易发展趋势，推动服务贸易多层次发展。稳步发展电讯、咨询等跨境交付模式服务贸易，逐步扩大和规范旅游、留学等境外消费模式服务贸易，不断提升发展质量和水平，夯实我国服务贸易发展基础。

实施"走出去"战略，推动商业存在模式服务贸易发展。以优势服务业和大型企业为依托，鼓励各类有实力的企业和机构到境外从事贸易分销、物流航运、银行、保险、证券、期货、基金管理、电子信息、旅游、教育、文化传媒和中介服务，增设境外经营网点和分支机构，获得国际知名品牌、先进技术以及营销网络，增强服务业的国际竞争力。

有序促进自然人移动模式下的服务贸易出口。发挥我国劳动力资源优势，密切跟踪国际市场需求动态，继续扩大医护人员、律师、教师、厨师、农技、建筑、制造、空乘、海运、医护、农林牧渔等传统优势领域人员外派规模；顺应科技进步和全球产业结构调整趋势，稳步扩大信息产业、教育、生物、环保、计算机、电信、金融保险、法律、商业流通、旅游等领域自然人移动模式服务贸易出口；加强对外派人员技能、知识培训，提高外派人员素质，优化外派人员结构；完善体制机制，维护外派人员的合法权益。

七、积极稳妥扩大服务业对外开放

（一）继续扩大服务贸易领域开放

把握新一轮国际产业转移机遇，积极稳妥地扩大服务业开放；强化外资政策与产业政策的协调，创新利用外资方式，优化利用外资结构，发挥利用外资在推动自主创新、产业升级、区域协调发展等方面的积极作用。充分利用多双边服务贸易谈判的契机，建立独立的行业开放度评估体系，促进中国服务业产业结构的调整和升级。

（二）引导外资合理有序流向服务贸易领域

完善法律法规和政策，吸引包括新建、并购、风险投资在内的多种服务业跨国投资，建设若干个国际服务外包基地。引导跨国公司在我国设立地区总部、研发中心、采购中心、培训中心。吸引外资能力较强的地区和开发区，要注重提高层次和水平，积极向研究开发、现代流通等领域拓展，充分发挥集聚和带动效应。合理把握服务业开放的力度和速度，降低风险，保护国内敏感服务行业。

（三）分阶段、有重点地扩大服务贸易进口

落实《国务院关于加快发展服务业的若干意见》，着眼于全面提升我国服务业发展水平，分阶段、有重点地扩大服务贸易进口，构建充满活力、特色明显、优势互补的服务业发展格局；着重引进境外先进的经营方式、先进适用技术、管理理念和经验，充分利用境外教育、科技、智力资源，有步骤地扩大研究与开发、技术检测与分析、管理咨询等领域服务进口，加大城市规划与环保服务、环境服务等进口，提升我国服务业相关领域的创新能力和技术水平，优化服务业产业结构。

八、分类指导，重点促进服务贸易发展

综合考虑世界服务贸易发展趋势、国际市场需求前景和行业优势等多方面因素，按照"分类指导，重点促进"的原则，有针对性地开展工作。对运输、旅游和建筑等传统服务贸易部门予以深度挖掘，充分发挥其潜力，不断提高出口效益和附加值，保持服务贸易出口骨干部门地位；对通信、保险、金融、动漫、计算机和信息服务、专利特许等部门，予以重点培育，激发增长潜力，加快发展速度，使之成为我国服务贸易出口的新增长点；对教育、文化、咨询、音像、体育、分销等部门，予以特别指导，发挥我国特色优势，顺应国际市场需求，不断扩大国际影响力和竞争力。

（一）进一步发展旅游业

进一步提升旅游供给水平，鼓励实施旅游精品战略，加快完善旅游产品体系，整合力量集中培育大型旅游活动，增强入境旅游吸引力；加强宣传促销，促进旅游与外宣、外交、外事、经贸、文化各部门联动，通过驻外使领馆和多种商业渠道，搭建多种平台，强化国家整体形象宣传，建立完善配套服务，进一步推动公路、铁路、航空、航运、口岸等服务设施建设，推动完善适应入境旅游需求的信用卡支付、外币兑换等金融服务体系，推动建立健全旅游紧急救援体系，提升入境旅游便利化水平；加强旅游国际和地区合作，探索和深化有效合作机制，不断开拓国际市场；推动参与旅游国际规则的制定，增强话语权；推动国内旅游企业参与国际旅游竞争，鼓励和扶持一批大型旅游企业在境外建设服务网络；积极稳妥推进出境游业务的试点开放，进一步加大对外开放的力度，提高利用外资的水平。

（二）大力促进以海洋运输为主的运输出口服务

加快航运立法步伐，加大航运市场监管力度，培育统一、开放、竞争、有序的航运市场；参照国际惯例，对国家骨干船队实行合理的载货保留，稳步扩大企业规模，鼓励运输企业对外投资和跨国并购，鼓励中资外籍国际航运船舶回国登记，悬挂五星红旗营运，扩大五星红旗船队规模，保障国家经济安全；加大对国家主力船队的扶持力度，通过外交协调维护国有船队的利益；在对外谈判中，争取其他国家和地区更多地开放国际海洋运输及其服务，取消港口设施的进入额和使用限制，并开放多式联运；逐步完善现行政策，鼓励企业在海外投资（含跨国并购）码头和港口等基础设施，以及建立营销网络；适当调整有关的税收政策，加大船舶折旧的速度与力度，允许企业根据自身条件与财务状况，自由选择有利于船舶更新换代的折旧法。

（三）采取措施促进建筑服务出口

研究国际建筑市场发展趋势，立足于我国建筑企业的特点和水平，加大扶持力度，促进提高我国建筑企业国际竞争力。加强境外能源、交通、电力、通信等领域调研，掌握国际建筑市场动态，鼓励企业进入国外大型基础设施和能源领域；通过国际多双边谈判，争取使世界贸易组织取消中国建筑企业和相关技术人员"走出去"的限制，放宽对中国企业的许可、标准和资质要求。

（四）积极发展金融保险服务

借鉴市场经济成熟国家的金融法律框架、原则和基本内容，吸收国际先进金融企业法人治理的经验和惯例，进一步完善金融法规和金融企业公司治理，为积极发展金融服务创造条件。积极稳妥扩大金融业对外开放，有关银行保险机构要进一步改善法人治理结构，通过合理引进境外战略投资者，吸收借鉴国际先进经验，提高管理水平，优化金融结构和鼓励金融业创新，提高金融业整体竞争力。同时，鼓励中资金融机构"走出去"，在全球化进程中为国民经济改革发展提供更好的服务。加强征信、支付体系等金融基础建设，不断加强金融监管，在维护国家经济和金融安全的同时，为金融机构有序竞争和健康发展提供良好的环境。进一步完善金融保险市场，充分发挥市场机构在金融资源配置中的作用。拓宽保险服务领域，提高保险服务水平，鼓励和引导企业通过境内保险公司为中国出口货物提供相关保险，促进保险服务出口。

（五）积极发展特许和专利权使用服务

积极引导各方科技力量支持技术引进和创新促进体系，实现"引进技术—消化吸收—创新开发—提高国际竞争力"的良性循环；推动有条件的企业"走出去"，利用产业的海外转移，把成熟和实用的技术推向国际市场。利用各种资金资源，重点扶持专利和专有技术对外许可、技术咨询和服务，并实行税收优惠，对出口免征所得税和营业税。在"中国服务贸易指南网"中，建立技术出口项目库，公布国外相关领域的技术需求，加大对中国成熟工业化技术的对外宣传力度，大力开拓技术出口市场。

（六）积极承接国际服务外包

发挥我国人力资源丰富的优势，积极承接信息管理、数据处理、财会核算、技术研发、工业设计等国际服务外包业务。具备条件的沿海地区和城市要根据自身优势，确定服务外包重点发展领域，加快培育一批具备国际资质的服务外包企业，形成一批外包产业基地。

研究制定鼓励承接服务外包的扶持政策，利用中央外贸发展基金，加大对服务外包人才培训、企业国际资质认证或评估、企业开拓国际市场等的支持力度；将软件设计、技术研发、流程改造、基础设施管理等服务外包列入《外商投资产业指导目录》鼓励类，推动跨国公司把一定规模的服务外包业务转移到中国，制定《服务外包出口指导目录》，对列入目录的项目和企业给予相应的优惠政策；经劳动部门批准，实施适合服务外包行业特点的弹性劳动工时制；加强服务外包行业的知识产权保护工作，制定信息数据保密规则，通过建立有效的数据安全机制规范服务外包领域的商业秩序；制定服务外包基地城市评估考核体系，充分调动各地方政府积极性，强化中央与地方的互动；全面落实《服务外包统计报表制度》，完善反映中国服务外包产业发展特点的统计指标体系，加强对数据的深入系统分析，掌握服务外包产业动态和发展趋势，指导产业的可持续快速发展。

（七）继续大力发展软件及相关信息服务出口

全面落实商务部等九部委联合发布的《关于发展软件及相关信息服务出口的指导意见》（商服贸发〔2006〕520号）和商务部、信息产业部联合发布的《关于推进我国信息产业"走出去"的若干意见》（商合发〔2006〕6号），加大对国家级软件出口基地和产业基地的资金投入，并根据基地发展情况逐年增加；利用中央外贸发展基金、国家高技术研究发展计划（863 计划）等，鼓励软件企业自主创新、采用国际标准实施软件开发过程管理，加大对企业开拓国际市场和境外知识产权保护的援助与支持力度；鼓励政策性银行在业务范围内为软件出口项目提供中短期流动资金贷款，并针对软件企业特点给予扶持；鼓励保险公司为软件企业提供出口收汇保障、商账追收服务和保险项下的贸易融资便利；允许软件企业根据实际经营需求保留一定比例的外汇。

（八）加大技术引进和创新的扶持力度

全面落实八部委《关于鼓励技术引进和创新，促进转变外贸增长方式的若干意见》（商服贸发 [2006] 13 号），利用中央外贸发展基金，支持企业通过引进技术和创新扩大出口；政策性银行和商业银行按照国家有关法规和政策要求，积极开展技术引进和消化吸收再创新的贷款业务；为企业在境外设立研发中心提供必要的金融和外汇政策支持，重点支持能利用国际先进技术、管理经验和专业人才的境外研发中心项目。

（九）积极开拓对外文化贸易

全面落实财政部等八部委《关于鼓励和支持文化产品和服务出口的若干政策》（国办发[2006]88 号）文件精神，鼓励和支持文化企业参与国际竞争，推动我国文化产品和服务更多地进入国际市场。扶持具有中国民族特色的文化艺术、演出展览、电影、电视剧、动画片、出版物、民族音乐舞蹈和杂技等产品和服务的出口，支持动漫游戏、电子出版物等新兴文化产品进入国际市场；鼓励投资主体多元化，形成一批具有竞争优势的品牌文化企业和企业集团；培育从事演出展览、广播影视、新闻出版等业务的对外文化中介机构；支持国内文化企业与国际知名演艺、展览、电影、出版中介机构或经纪人开展合作，向规模化、品牌化方向发展。

借助国际性的电影节、电视节、艺术节、书展、博览会等平台，积极推介中国文化产品和服务；构建国际文化营销网络，重点抓好影视剧、出版物、文艺演出三大国际营销网络建设；继续做好《文化产品和服务出口指导目录》，对列入目录的重点企业和重点项目给予政策支持；对符合条件的文化企业国际市场开拓活动给予支持；重点支持中国（深圳）国际文化产业博览交易会，将其建设成为重要的文化产品和服务出口平台；完善出口表彰和奖励政策，对出口规模较大、出口业务增长较快的文化企业进行表彰和奖励。

九、服务贸易发展保障措施

（一）积极推进服务贸易便利化

建立服务贸易信息服务体系，建设服务贸易指南网站，为国内服务贸易出口企业和海外进口商提供全方位的信息服务。对有实物通关需要的服务贸易出口企业实施便捷通关措施，对企业所必需的临时进口货物，可按照海关的有关规定予以延期出境。鼓励服务贸易出口企业开展国际安全认证、质量认证、环保认证等工作，对取得认证的企业，简化检验检疫手续，减少抽查批次。对服务贸易企业人员在办理出国护照及签证手续上提供便利。

（二）建立境内外服务贸易支持网络

以国务院有关部门、各省（自治区、直辖市）政府、驻外使领馆为主体，建立境内外及时沟通的服务贸易支持网络，为中外服务贸易企业的交流合作提供信息服务和必要的支持。建立服务贸易预警应急机制。加强对重点服务贸易企业的经营信息的收集与观测，做好各种危机事件的应急处理方案。研究合理利用紧急保障措施来保护国内服务贸易企业的合法利益。

（三）完善服务贸易法律体系

中国加入 WTO 以来，服务贸易领域的法律规章逐步健全，基本完成了服务贸易全国对外开放的法规格局，从政策上拓展了国外服务提供者进入中国的领域和地域范围，降低了有关行业的准入门槛。今后要着眼于法律体系的统一性和整体性，逐步建立和完善服务贸易各个领域的法律法规，规范服务贸易秩序，保护企业和个人在海内外的合法权益。制定与国际接轨的中国服务业标准化体系，提高整体水平和透明度，保护消费者权益。

（四）加大财政资金支持力度

有关部门要利用现有渠道继续加大对服务贸易出口的资金支持。鼓励国外资本、民间资本和社会资本加大对发展服务贸易的投入，拓宽企业融资渠道，通过多种方式筹措资金。完善制度安排与设计，支持和鼓励服务贸易公共技术平台建设。加大对国家级软件出口基地和产业基地的资金投入。加强服务贸易人才培训，在大专院校开展面向服务贸易出口市场的专项语言培训。

（五）加大税收优惠力度

国家通过税收政策，鼓励和支持服务贸易发展。借鉴高新技术企业税收优惠政策，研究适用于服务贸易的税收鼓励政策，鼓励企业进行技术开发和创新。对国家鼓励发展的服务贸易重点领域内的投资项目，在规定范围内，进口自用设备及其按照合同随设备进口的技术及配套件、备件，免征进口关税和进口环节增值税。

（六）加大金融保险支持力度

加大政策性金融支持力度。引导和鼓励金融机构改进对符合国家宏观经济、产业政策的服务贸易企业的金融服务，在控制风险的前提下，加快开发适应服务贸易企业需要的金融产品。加大技术引进和创新的扶持力度，银行业金融机构要积极创新技术引进和消化吸收再创新的金融产品，在业务范围内应积极开展涉及技术引进和消化吸收再创新的贷款业务。保险公司在国家出口信用保险政策范围内，积极创造条件，为服务贸易出口项目提供保险支持。简化服务贸易对外支付手续，鼓励服务贸易企业境外投资。

（七）强化人才保障

落实和完善各项吸引和培养服务贸易人才政策，建立健全激励机制，加强培养和引进金融、保险、信息、商务中介等行业急需人才。建立健全服务贸易人才信息库和人才服务机构，加强学历教育、职业培训和岗位技能培训，提高从业人员素质。服务贸易出口企业的高层管理人员和核心技术人员，可申请享受高新技术产业发展与创新人才奖励。造就一大批精通业务、熟悉国际规则，又熟练掌握外语、涉外工作能力强的复合型人才。符合条件的服务贸易出口企业聘用的中国籍人员，按规定给予商务赴港、澳、台地区及其他国家和地区的出境便利。

（八）加强知识产权保护

坚决查处各种侵犯服务贸易出口企业知识产权的行为，加强运用法律手段保护服务贸易出口企业的知识产权，积极支持服务贸易企业境外知识产权维权。加强服务贸易的知识产权战略研究，建立服务贸易的知识产权预警机制。加强服务贸易领域知识产权调研，在学历教育、人员培训、统计分析、企业交流等方面与国际组织和发达国家加强合作，组织好中外服务贸易领域的政府间沟通。支持行业协会制定行业标准和规范，建立行业自律监管体制，反映企业诉求。与国内外服务贸易相关部门、商会协会建立联系，加强知识产权保护的协同合作，有效组织国际市场开拓活动，积极为中国企业提供优质服务。

（九）创造良好的外部环境

统筹规划 WTO、自由贸易区等多双边谈判，细化落实与中国香港、中国澳门《关于建立更紧密经贸关系的安排》项下服务贸易的有关协议，建立政府间服务贸易合作机制，利用多双边政府渠道加强对重大问题的磋商和协调；紧密结合我国服务业发展现状和实力，在国际多双边谈判中根据不同谈判对象，有针对性地制定"要价—出价"方案，争取合理权益，推动我国具有优势的"自然人移动"领域实现进一步自由化；通过国际谈判，推动建立平等、自由的国际服务贸易体系，推动世界各国逐步放宽对服务贸易从业人员出入境管理；深入分析研究服务贸易不同领域的发展阶段和特点，分析不同行业的比较优势，针对不同国别（地区）市场特点和需求，统筹规划服务贸易出口格局，促进服务贸易规范有序出口，为服务贸易企业"走出去"创造良好环境，推动更多的中国企业进入国际市场。

商务部关于加强服务贸易工作的指导意见

商服贸发 ［2007］27 号

各省、自治区、直辖市、计划单列市及新疆生产建设兵团商务主管部门，本部各直属单位，各商会、协会、学会，各驻外经济商务机构：

改革开放以来，中国服务贸易迅速发展，出口世界排名由 1982 年的第 28 位上升到 2005 年的第 8 位，进口世界排名由第 40 位上升到第 7 位。中国服务贸易的发展对于促进国内服务业发展、转变外贸增长方式、改善我国在国际分工中的地位发挥了重要作用。国家"十一五"规划明确提出要大力发展服务贸易，中国服务贸易的进出口总额 2010 年要达到 4000 亿美元。为促进服务贸易的发展，做好 2007 年的服务贸易工作，现提出指导意见如下：

一、高度重视发展服务贸易，进一步加强服务贸易工作

（一）指导思想：以邓小平理论和"三个代表"重要思想为指导，贯彻科学发展观，全面落实"十一五"规划纲要提出的大力发展服务贸易的要求，深入进行调查研究，加强部门间的协调配合，完善服务贸易统计体系，大力促进文化、运输、软件和服务外包等重点领域的出口，搭建服务贸易促进平台，不断提高服务贸易在全国外贸总额中的比重。

（二）工作目标：通过政策扶持，各部门各地方密切配合，培育一批重点出口项目、一批重点出口企业、一批重点出口地区。力争 2007 年服务贸易进出口增长 20％以上。

（三）工作原则：将积极推进新兴的资金、技术密集型服务贸易出口与继续扩大传统劳动密集型服务贸易出口相结合，优化中国服务贸易出口结构，促进中国服务贸易的健康发展。

将稳妥扩大中国服务业开放与积极开拓国际服务贸易市场相结合，对内以开放促竞争，以开放促发展，增强中国企业的国际竞争力，对外大力扶持服务企"走出去"，促进中国企业在当地提供商业服务，扩大服务贸易出口。

将服务贸易的全面发展与重点区域和企业的重点突破相结合，积极建设服务贸易示范区和服务外包基地，优先支持具有较强国际竞争力和增长潜力的中国服务企业出口。

将扩大服务贸易规模与提高服务贸易质量相结合，不断提高服务贸易在对外贸易中的比重，在国际市场树立"中国服务"品牌，提高中国服务贸易企业的国际竞争力。

二、加强统筹协调，完善服务贸易管理体系

（四）建立服务贸易协调管理机制。服务贸易涉及旅游、运输、金融、保险、文化、教育、通信、建筑等诸多部门。要加强整体协调，推动建立各部门密切配合、中央和地方互动、政府和企业紧密联系的全国服务贸易协调管理机制。要加强宏观规划、调查统计、市场促进、政策协调、对外谈判等工作。各地要建立由商务部门牵头、相关部门参加的工作联系机制，共同做好服务贸易的促进工作。

（五）加强地方服务贸易管理队伍建设。各级地方商务主管部门要根据自身实际情况，确定负责服务贸易工作的处室，明确工作职责，充实工作队伍。

三、贯彻服务贸易统计制度，完善服务贸易统计体系

（六）贯彻落实《中国国际服务贸易统计制度》。《统计制度》将于 2007 年开始实施。服务贸易统计数据由商务部负责汇总、发布。统计数据内容包括国别数据、各省数据和行业部门数据。各地要结合本地实际情况，组织好相关学习、培训。

（七）加强与相关部门在统计数据方面的合作。积极争取相关部门的支持，收集、整理和完善服务贸易的统计数据。各地商务主管部门要与本地区服务贸易重点行业、重点企业建立联系，及时掌握本地区服务贸易发展的基本情况。

（八）加强与国际组织的联系。与国际组织开展数据交换比对合作。跟踪国际服务贸易统计规则的变化，结合中国服务贸易统计工作的实际，不断完善服务贸易统计制度。

（九）编撰发布《中国服务贸易发展报告2007》。作为推动中国服务贸易发展的一项重要的、经常性的工作，在进一步完善服务贸易统计数据的基础上，编撰发布《发展报告》，对 2006 年中国服务贸易发展进行回顾，分析服务贸易发展中的重点问题，展望各重点领域的发展趋势。

四、加强调查研究，完善促进服务贸易发展的政策法规体系

（十）出台鼓励服务贸易出口政策。为促进中国对外贸易尽快实现货物贸易与服务贸易协调发展，研究起草促进服务贸易出口的相关政策，加大促进服务贸易发展的支持力度。地方商务主管部门要把发展服务贸易摆上重要议事日程。结合本地区服务贸易发展优势，制定和实施本地区促进服务贸易发展的政策，加大对服务贸易的资金支持力度。

（十一）建立和完善符合国际规则的服务贸易法律法规体系。从具体的服务贸易领域立法做起，发布服务贸易统计、重点行业"走出去"的法规等，建立与国际接轨的服务贸易标准化体系。各地要整理、完善促进服务贸易发展的政策措施。

（十二）研究编制服务贸易发展"十一五"规划。围绕重点服务贸易领域、区域发展对策、服务业国际竞争力、服务贸易管理与促进体系等进行调研，通过与各部门的配合，确定"十一五"时期我国服务贸易发展的指导思想、目标、思路和重大措施。各地也要结合本地的实际情况制订本地区的服务贸易发展中长期规划。

（十三）深入开展调查研究工作。2007年商务部将重点就促进文化出口、促进重点服务贸易部门出口、建立服务贸易法律法规体系、建立服务贸易示范区、各国服务贸易市场准入限制等问题进行课题调研。各地商务主管部门在配合商务部做好调研的基础上，要结合本地的情况加强调研工作，积极发掘当地发展服务贸易的潜力和优势，深入研究有关困难和问题的解决办法，及时向商务部反映情况，提出政策建议。

五、推动重点服务部门发展，形成有竞争力的产业体系

（十四）鼓励重点领域服务贸易出口。积极推进软件、信息服务外包、金融、保险等新兴的资本技术密集型服务贸易的出口，大力促进中国文化、特许专利出口，继续扩大旅游、运输、建筑等传统劳动密集型服务贸易出口，不断优化中国服务贸易出口结构。

（十五）大力促进文化出口。实施"文化出口工程"，研究制订《鼓励文化产品和服务出口指导目录》，开展文化出口统计工作。各级商务主管部门要积极组织企业参加商务部参与主办的中国（深圳）国际文化产业博览交易会（简称文博会），以及在境外举办促进文化出口的研讨会、展览会，将中国文化出口提高到一个新水平。驻外经商机构要帮助文博会海外招商招展。

（十六）大力发展服务外包。研究制定发展服务外包的政策措施，在财政、税收、金融等方面进一步加强支持力度。以国家软件出口创新基地和服务外包城市为重点，加大服务外包人才的培训力度。各地要贯彻落实服务外包统计规范，完善服务外包统计体系。

（十七）着力培育"中国服务"的品牌。把扶持服务贸易自主出口品牌作为商务部2007年实施品牌战略的一项重要内容。各级商务主管部门要全面研究规划现有服务出口品牌，发展优势品牌，打造一批主业突出、具有核心竞争力、能够发挥龙头骨干作用和参与国际竞争的服务企业和企业集团。

（十八）大力促进技术出口。研究具体措施，落实《关于鼓励技术引进和创新，促进转变外贸增长方式的若干意见》，着力推动引进技术的消化吸收和再创新，增强技术出口的能力。

（十九）进一步开拓服务贸易市场。把服务贸易作为涉外谈判的重点，促进发达国家开放更多的服务贸易市场，推动建立平等、自由的世界服务贸易体系，为我国服务贸易出口及服务企业"走出去"创造良好环境。

六、把握服务贸易发展的特点，建立服务贸易促进体系

（二十）搭建服务贸易出口促进平台。充分利用国内广交会、厦洽会、文博会等平台，增加服务贸易交易的内容。在中国香港联合举办中国服务贸易洽谈会。组织服务外包企业在美国参加服务外包展览。在爱尔兰举办服务外包交易会。各地商务主管部门要积极组织企业参加相关活动。

（二十一）办好"中国服务贸易指南"网站。各级商务主管部门要积极参与网站的建设，有条件的地方要建立本地区的子站并与服务贸易指南网站联接，为我国企业提供国际市场信息。

（二十二）建设服务贸易示范区。根据中国不同地区服务贸易的特点和行业优势，以长三角、珠三角、环渤海地区和中西部大城市为重点，充分发挥地方商务主管部门的作用，建设3～5个国家级服务贸易示范区，培育中国服务贸易的增长带。

（二十三）筹备建立以企业为主体的服务贸易行业协会。在政府主管部门的指导下，由企业自发组建中国服务贸易行业协会。行业协会负责制定行业标准和规范，进行行业自律和约束，组织市场开拓活动，与国内外服务贸易相关部门、商会协会建立联系。各级商务主管部门要积极组织服务贸易企业参加协会的活动，并为企业提供优质服务。

（二十四）建立境内外服务贸易支持网络。以驻外经商参处、特办、地方商务主管部门为主体，建立境内境外相互联系、相互沟通的服务贸易支持网络。特办、地方商务主管部门主动与境外经商参处建立联系，为本地的服务贸易企业开拓国际市场提供服务。

（二十五）加强国际交流与合作。组织好中国和欧盟在服务贸易领域的司级定期联系机制。加强中美、中欧在服务贸易统计方面的合作。加强中外企业交流合作，组织中国企业参加相关交易会。加强人员培训合作，提高中国服务贸易人员的管理水平。

（二十六）加强人员培训工作。按照综合性和专题性相结合，政府官员培训和企业干部培训相结合，国内和国际培训相结合的原则，分类组织服务贸易的相关理论、管理、统计和政策培训。

财政部关于印发《中央财政促进服务业发展专项资金管理暂行办法》的通知

2007 年 12 月 6 日

财建〔2007〕853 号

各省、自治区、直辖市、计划单列市财政厅（局）：

根据《国务院关于加快发展服务业的若干意见》（国发〔2007〕7 号）等有关文件精神，我们制定了《中央财政促进服务业发展专项资金管理暂行办法》，现印发给你们，请认真贯彻执行。

促进服务业加快发展，提高服务业在三次产业结构中的比重，有利于推进经济结构调整、加快转变经济增长方式，也有利于缓解能源资源短缺的瓶颈制约、提高资源利用效率，还有利于解决城乡就业和民生问题。要高度重视这项工作，结合当地实际，尽快制定切实有效的办法和措施，管好和用好促进服务业发展专项资金，确保社会经济的和谐发展。

附件：

中央财政促进服务业发展专项资金管理暂行办法

第一章 总 则

第一条 根据《国务院关于加快发展服务业的若干意见》（国发〔2007〕7 号）等有关文件精神，为促进服务业加快发展，推进经济结构调整，转变经济增长方式，增加经济发展活力，繁荣地方经济，促进和谐社会建设，中央财政设立促进服务业发展专项资金。根据《中华人民共和国预算法》及其实施细则有关规定，为了规范促进服务业发展专项资金的管理，制定本办法。

第二条 促进服务业发展专项资金（以下简称专项资金）坚持"因素分配、突出重点、鼓励创新、公开透明"的原则。

（一）因素分配。专项资金采取因素法进行

分配。

（二）突出重点。专项资金重点扶持服务业发展的关键领域和薄弱环节，对关系民生和环保的重点行业优先支持。对骨干、优势特色企业加大支持力度。

（三）鼓励创新。通过专项资金的支持，提高服务业企业自主创新能力，促进产业优化升级，提高竞争力。

（四）公开透明。专项资金的分配因素、分配办法以及项目管理坚持公平、公正、公开。

第二章　支持范围和分配办法

第三条　专项资金重点扶持服务业发展的关键领域和薄弱环节，支持范围包括以下方面：

（一）社区服务、副食品安全服务体系等面向居民生活的服务业；

（二）农业信息服务体系、农业产业化服务体系等面向农村的服务业；

（三）第三方物流、连锁配送等商贸流通业、商务服务业、再生资源回收利用体系、业务外包、电子商务等面向生产的服务业；

（四）其他需支持的重点服务业。

第四条　根据国家服务业发展总体要求和专项资金的使用方向，财政部明确年度专项资金补助的重点行业和领域。

第五条　根据重点扶持行业和领域的各省（自治区、直辖市，下同）相关发展指标，按一定的补贴标准，并考虑地区财力情况等因素对专项资金进行分配。

第六条　专项资金分配测算因素原则上以国家统计局公布的统计年鉴数据为准。

第三章　支持方式

第七条　专项资金采取奖励、贷款贴息和财政补助等支持方式。

（一）奖励。为了提高资金使用效益，对于能够制定具体量化评价标准的项目，采取奖励的方式。在项目实施后，根据规定的标准，经审核符合条件的项目，安排奖励资金。

（二）贷款贴息。对于符合专项资金支持重点和银行贷款条件的项目采取贷款贴息的方式。贴息资金根据实际到位银行贷款、规定的利息率、

实际支付的利息数计算。贴息年限一般不超过 3 年，年贴息率最高不超过当年国家规定的银行贷款基准利率。具体年贴息率由地方财政部门根据上述规定确定。

（三）财政补助。对于营利性弱、公益性强，难以量化评价不适于以奖代补方式支持的项目采取财政补助的方式。项目承担单位自有资金比例较高的优先安排。

第四章　资金审核及拨付

第八条　财政部根据年度专项资金支持重点采取因素法将专项资金分配到省并下达资金预算指标，同时按国库支付管理的有关规定及时拨付资金。

第九条　省级财政部门根据财政部规定的年度专项资金支持重点和分配的专项资金预算指标，会同相关部门编制本省的具体项目安排意见，在规定时间内报财政部审核确认后组织实施。

第十条　省级财政部门可委托相关机构或组织专家对本省申报项目进行评审。评审费用在专项资金中列支，按照不超过专项资金额度的1.5%掌握。

第十一条　省级财政部门在收到财政部下达的专项资金和项目安排确认通知后，按照规定程序办理专项资金划拨手续，及时、足额将专项资金拨付给项目承担单位。

第十二条　中央所属单位根据本办法的规定和当年专项资金支持方向，提供符合要求的材料，向财政部直接申报。财政部按规定进行审核后，下达资金预算并直接支付资金。

第十三条　专项资金的申报材料一般应包括：

（一）专项资金申请文件；

（二）项目可行性研究报告；

（三）项目承担单位法人营业执照复印件，地税、国税登记证复印件；

（四）申请银行贷款财政贴息的项目，需提供相关银行贷款合同和贷款承诺书等凭证；

（五）项目承担单位相关资质证书复印件；

（六）其他要求提供的材料。

第五章　监督管理

第十四条　地方财政部门、中央所属单位应当加强对专项资金使用情况和项目执行情况的监督与检查，财政部进行不定期抽查。

第十五条　专项资金专款专用，任何单位或者个人不得滞留、截留、挤占和挪用以及改变或扩大专项资金使用范围。对以虚报、冒领等手段骗取和滞留、截留、挤占、挪用专项资金的，一经查实，财政部将收回专项资金，并按《财政违法行为处罚处分条例》（国务院令第427号）的相关规定进行处理。

第六章　附　则

第十六条　本办法自印发之日起施行。

中国人民银行、中国银行业监督管理委员会、中国证券监督管理委员会、中国保险监督管理委员会关于金融支持服务业加快发展的若干意见

银发［2008］90 号

中国人民银行上海总部；各分行、营业管理部；省会（首府）城市中心支行；副省级城市中心支行；国家外汇管理局；各银监局、证监局、保监局：

为落实《国务院关于加快发展服务业的若干意见》（国发［2007］7 号，以下简称国发 7 号文件），现就金融支持服务业加快发展提出以下意见：

一、高度重视，提高认识，大力支持服务业加快发展

服务业发展水平是体现经济社会发达程度的重要标志。加快发展服务业，是实现全面建设小康社会奋斗目标的内在要求，是扩大就业、解决民生问题的迫切需要。党中央、国务院要求从贯彻落实科学发展观和构建社会主义和谐社会的战略高度，抓紧抓好加快发展服务业这项重大任务，促进经济结构战略性调整，实现国际竞争力整体跃升，推动国民经济走上又好又快的科学发展轨道。

金融系统各部门和金融机构要充分认识加快发展服务业的重要性和紧迫性，增强大局意识、发展意识、创新意识、责任意识，积极组织学习国发 7 号文件精神，切实把思想和行动统一到中央的决策和要求上来。要解放思想、开拓进取，把金融支持服务业加快发展作为顺应经济社会发展趋势、适应建设创新型国家要求、促进经济发展方式转变和国民经济全面协调可持续发展的重大举措，狠抓贯彻落实，务求取得实效。要按照各自的职责范围，充分考虑服务业特点和自身实际情况，坚持重点支持与统筹发展相结合，市场导向与政策扶持相结合，抓紧研究制定加快服务业发展的配套实施方案和具体政策措施。要建立健全支持服务业加快发展的工作机制、评价体系和考核机制、宣传教育机制，科学制定指标，完善考评程序，努力为服务业加快发展创造良好的外部环境。要强化监督检查，落实工作责任，逐步形成支持服务业加快发展的长效工作机制。

二、深化改革，完善机制，为服务业加快发展创造良好金融环境

进一步提升银行业整体实力。积极培育银行类金融机构核心竞争力，提高银行业对经济增长贡献率，发挥银行业在促进服务业加快发展中的作用。创造公开、公平、公正的市场竞争环境。鼓励银行类金融机构上市融资和探索推进综合化经营，积极提供综合性、多样化、优势互补的金融服务。引导银行类金融机构坚持以市场需求为导向，整合营业网点，拓展电子服务渠道，优化业务流程，积极加强和改进对客户的全方位金融服务。倡导银行业实施品牌战略，提升银行业服务质量，规范服务行为，完善服务机制。探索建立有利于服务业发展的商业银行社会责任评价体系，积极引导资金流向加快发展服务业的领域。

进一步提升证券业的综合竞争力。适当放松管制措施，抓紧落实基础性制度，丰富证券市场产品，继续发挥经纪业务、自营业务、承销业务、资产管理业务等传统业务的支撑作用，提高综合经营水平。积极引导和支持证券公司在风险可测、可控的前提下开展创新活动，增强自主创新能力，提高核心竞争力，改善盈利模式，提高直接融资比重。推动基金管理公司组织制度创新和业务创新，完善产品结构，提高公司的核心竞争力。加强对证券公司、基金管理公司和期货经纪公司的监管和指导，提升安全运行水平、优质服务水准和市场运作效率。继续加强市场稽查和执法工作，加大对证券业违法违规行为的查处力度，切实保护投资者合法权益。

进一步促进保险业加快发展。因势利导，推动国有保险公司重组改制，深化保险资产管理体制改革，推进保险业综合经营试点，促进保险机构产品和服务创新，完善保险市场准入、退出机制，健全保险市场体系。完善责任保险配套法规体系，积极采取市场运作、政策引导、政府推动等方式，加快发展责任保险。支持保险机构投资医疗机构，探索保险机构参与新型农村合作医疗管理的有效方式，加快发展健康保险。完善商业养老保险税收政策，支持保险机构参与企业年金市场，发挥商业保险在完善多层次社会保障体系中的作用，加快发展商业养老保险。

正确处理支持服务业加快发展与防范金融风险的关系。金融系统各部门要密切关注银行业、证券业、保险业和金融业综合经营的发展状况，建立和完善风险监测信息系统，加强金融风险监测和评估，进一步提高金融风险预警能力，切实防范系统性风险，有效保障国家金融安全。金融机构要强化忧患意识和前瞻意识，规范和完善公司治理结构，及时反馈金融改革和金融发展动态信息，有效防止金融发展中的新生因素对金融稳定的冲击，不断提高抵御风险的综合能力。

三、科学发展，统筹兼顾，加大对服务业发展的金融支持力度

鼓励多领域开发适应服务业发展的金融产品。引导金融机构适应金融市场的发展变化趋势，研究服务企业个性化信贷需求特征，建立符合服务业特点的内外部信用评级体系，加快开发面向服务企业的多元化、多层次信贷产品。大力发展债券市场，完善市场定价机制和约束机制，积极创新适应服务企业融资需求的债券品种。发展外汇、黄金和金融衍生产品市场，为服务企业提供外汇避险工具和对冲利率风险工具。引导保险集团公司发挥子公司协同效应和集团优势，推动金融业务的交叉销售和综合拓展，促进保险服务多元化发展。加强和规范应收账款融资管理，推进应收账款融资业务顺利开展。逐步将收费权质押贷款范围扩大到城市供水、供热、公交等城市基础设施项目。对具有一定还贷能力的水利开发项目和城市环保项目，逐步探索开办以项目收益权或收费权为质押的贷款业务，促进公共服务业加快发展。

鼓励多层次拓宽服务业融资渠道。努力消除市场分隔、部门利益和地方保护对服务业发展的阻碍，促进生产要素合理流动和优化配置。加快创业板市场建设，形成高效率的场外交易市场，建立适合国情特点的多层次市场体系，拓宽服务企业融资渠道。积极支持符合条件的服务企业通过发行股票和企业债券等方式进入境内外资本市场融资。制订和完善股票和债券发行的相关规则以及信息披露准则时，要充分考虑服务企业的特点，为服务业加快发展提供直接融资便利。在符合条件的前提下，优先考虑批准服务企业集团设立财务公司等非银行金融机构。调整监管政策，鼓励信托公司、金融租赁公司等非银行金融机构为服务业提供优质高效的信托、融资租赁服务。支持保险资产管理公司扩大受托范围，培育市场竞争力和风险管控能力强的保险机构投资者。发挥民间借贷支持服务业发展的积极作用。引导外资依法进入服务业重点发展领域。

四、突出重点，优化结构，大力支持服务业
关键领域和薄弱环节加快发展

大力发展农村服务业。稳步调整放宽农村地区银行业金融机构准入政策试点范围，加快发展适合"三农"特点的新型农村金融机构。综合运用多种货币信贷政策手段，引导农村信用社加大对农村服务业的信贷资金支持力度。鼓励农业发展银行大力支持生产型的农村服务业。全面推动

小额贷款，大力扶持经营分散、资金需求规模小的农村服务业发展。加快推进农业保险法律法规体系建设，积极探索面向农村服务业的农业保险发展模式。积极研究建立国家政策支持的农业再保险体系和巨灾风险保险体系。逐步实行并推广对粮棉主产区主要农产品品种和养殖业的农业保

险试点。加快农村信用体系建设，逐步扩大企业和个人信用信息基础数据库在农村地区的信息采集和使用范围。鼓励和引导金融机构和信用评级机构研究农村服务企业和农户信用评价体系。支持农村金融机构采用多种方式，低成本接入现代化支付系统，逐步扩展支付清算网络在农村地区的覆盖范围，为农村服务企业提供安全、高效的资金清算服务。推广农民工银行卡特色服务，改善业务管理，提高服务效率，为农民工提供方便、快捷、安全的资金汇划服务。

大力扶持中小服务企业发展。加大面向中小服务企业的金融产品创新力度，完善信贷管理制度，加强针对中小服务企业的风险管控能力，促进中小服务企业规范可持续发展。对符合条件的中小服务企业，积极提供融资支持。进一步完善监管协调机制，加强部门间沟通合作，完善中小企业信用体系，优化中小服务企业融资环境。探索发展中小服务企业联保贷款业务。大力支持劳动密集型中小服务企业发展，充分发挥劳动密集型中小服务企业促进就业的积极作用。积极开展对信用担保机构和中小服务企业的信用评级，鼓励各类创业投资机构和信用担保机构对发展前景好、吸纳就业多以及运用新技术的中小服务企业开展业务。

大力支持电子商务和物流业等现代服务业发展。大力推广非现金支付工具，特别是电子支付工具，加强非现金支付法规建设，防范非现金支付风险，加快支付服务领域价格改革和市场化步伐，营造公平合理的竞争环境，促进电子商务和物流业加快发展。加快人民银行与税务、质（技）检部门相关信息系统的联网进程，为现代物流业发展提供便捷高效的服务。

大力支持重点区域的服务业加快发展。西部开发、东北振兴、中部崛起为服务业加快发展提供了良好机遇。加快发展服务业有利于促进重点区域产业结构调整和优化、实现东中西部良性互动和优势互补。金融机构要研究完善支持服务业发展的区域策略和激励约束机制，建立健全服务业贷款利率差别化定价机制，注意发挥重点区域的区位优势和特色产业的辐射拉动作用，推动餐饮、商贸、旅游等传统服务业改造升级，培育信息服务、环保服务、中介服务等现代服务业发展壮大，促进产业关联度高的生产性服务业和带动效应强的消费性服务业加快发展，推进重点区域一、二、三产业统筹协调发展。

大力支持服务企业"走出去"。适应国际市场竞争新形势，积极支持服务贸易发展。完善服务贸易外汇管理政策，健全服务贸易非现场监管体系，简化境内服务贸易企业对外支付手续，满足服务贸易企业合理用汇需求。对"走出去"服务企业的后续用汇及境外融资提供便利，支持有实力的中资服务企业开展境外投资和跨国经营。完善服务企业出口信贷、服务产品买方信贷政策措施，对服务贸易给予与货物贸易同等的便利和支持。鼓励政策性金融机构对列入《文化产品和服务出口指导目录》的出口项目或企业，按规定给予贷款支持，推动文化产品和服务出口。适应国际产业转移新趋势，重点支持服务外包发展，鼓励政策性金融机构在自身业务范围内积极支持服务外包发展；鼓励出口信用保险机构积极开发新型险种，支持服务外包产业发展；对服务外包企业办理外汇收支提供便利，大力支持服务企业对外承揽服务外包业务。

五、加快金融业基础设施建设，打造支持服务业
加快发展的金融服务平台

推进征信体系建设。完善企业和个人信用信息基础数据库，为服务企业普遍建立信用档案，充分发挥信息整合和共享功能。有效发挥政府推动作用，培育信用服务市场需求，扩大征信产品使用范围。完善市场筛选机制和市场监管体系，培养具有民族品牌、社会公信力的征信机构，建立各具特色、功能互补的征信机构体系，满足全社会多层次、专业化的信息服务需求，为服务业加快发展提供基础支撑。

健全"反洗钱"体系建设。进一步完善"反洗钱"法律法规制度，推进"反洗钱"工作从银行业向证券业、保险业等行业纵深发展，研究制定支付清算组织、彩票、贵金属、房地产和汽车销售等特定非金融行业的"反洗钱"规章。完善工作协调机制，提升依法行政水平，加快监测分析系统和业务综合管理系统建设，建立健全非现场监管体系，促进包括金融服务业在内的国民经济相关行业的合法规范经营。

加快国库信息化体系建设。推进财税库银横向联网系统建设，抓紧国库会计数据集中系统建设，加快政府对服务业扶持资金拨付，加强税收入库全程监控，为服务企业创造良好的纳税环境。

推动通过人民银行国库系统将政府性资金直接拨付到最终收款人账户的试点工作，推进由国库直接收缴和拨付社保资金业务，逐步将所有政府资金收支活动纳入国库单一账户进行管理，提高政府公共服务的效率和水平。

完善支付体系基础设施建设。建设第二代现代化支付系统和具有快速生产恢复能力、业务切换能力和数据查找功能的灾难备份系统，保障支付清算业务连续、安全运行，提高支付系统应对突发事件的能力。建设境内外币支付系统，为企业和个人提供低成本、高效率的外币支付服务。完善现代化支付系统运行维护机制，督促银行加强流动性和支付风险管理，保障各类支付系统安全、高效、稳定运行。

抓紧新型金融人才队伍建设。金融支持服务业加快发展的前提条件和关键环节是人才战略。要尊重人才，尊重知识，健全人才工作机制，激发人才创造活力，着力培养掌握市场规律、熟悉国际规则、具备创新能力的高级金融人才，大力提高金融系统干部队伍的综合能力和素质，增强服务意识和服务能力，为加强和改进金融服务，支持服务业加快发展提供金融人才支持。

中国人民银行　中国银行业监督管理委员会
中国证券监督管理委员会　中国保险监督管理委员会
二〇〇八年三月十九日

中国银监会关于银行业金融机构支持服务业加快发展的指导意见

银监发 [2008] 8 号

各银监局，各政策性银行、国有商业银行、股份制商业银行、金融资产管理公司，邮政储蓄银行，银监会直接监管的信托投资公司、财务公司、金融租赁公司：

第一条 为贯彻落实《国务院关于加快发展服务业的若干意见》(国发 [2007] 7 号) 文件精神，营造支持服务业加快发展的金融环境，促进银行业金融机构不断完善对服务业的金融服务，现提出以下指导意见。

第二条 本指导意见所称的银行业金融机构依照《中华人民共和国银行业监督管理法》对银行业金融机构的界定。

第三条 本指导意见所称的服务业是指《国家统计局关于印发〈三次产业划分规定〉的通知》(国统字 [2003] 14 号) 中所称的第三产业。

第四条 银行业金融机构应当优先支持国家战略重点服务业，以及具有较大发展潜力和良好社会效益的服务业；积极支持以高技术含量、高人力资本含量、高附加值为特点的现代服务业；培育和扶持欠发达地区的农村服务业；大力支持国家宏观管理部门按照产业和区域发展政策制定的服务业加快发展指导目录中所鼓励的服务业。

第五条 银行业金融机构应当提高对支持服务业发展重要性的认识，根据自身业务优势，确立优先支持发展的领域，将支持和促进服务业发展作为一项重要工作纳入发展战略。

第六条 银行业金融机构应当加强对服务业的研究，深入跟踪经济和产业形势发展变化，了解服务业及其市场主体的发展前景、运作模式及其特点，深入研究国家有关部门出台的服务业政策，提高识别、评价各类服务业企业发展方向和市场前景的能力。

第七条 银行业金融机构应当在组织机构、人力资源、授信安排、绩效考核等方面对支持服务业加快发展的工作予以合理的倾斜。积极探索支持服务业加快发展的路径与措施，认真摸索适应服务业加快发展的服务模式，提高对服务业企业的营销主动性，形成有序稳定的联系沟通渠道和专业营销团队。

第八条 银行业金融机构应当对服务业企业进行必要的市场细分，针对不同类别和发展阶段企业的特点，积极开展产品创新，开发符合企业需求的金融产品，提供差别化的金融服务，满足其个性化、全方位的金融服务需求。

第九条 银行业金融机构应当根据现代服务业企业轻资产、重知识和技术含量、抵押品少等特点，大力开展服务创新。要积极开发新的授信经营模式，转变仅重视抵押品的传统授信经营模式，充分重视企业的现金流和流程监控。探索围绕核心企业、开发上下游企业的全景式供应链融资方式，满足现代服务业对供应链金融服务的需求。

第十条　银行业金融机构应当根据现代服务业网络化、信息化等特点，进一步拓宽服务渠道，大力发展电子银行等业务，推动自助设备的配置、非现金支付工具的使用，丰富服务功能，提高服务质量和效率。

第十一条　银行业金融机构应当根据服务业企业的特殊需求，为企业提供政策咨询、项目评估、财务辅导、融资设计等服务，协助服务业企业筹措、运用资金。

第十二条　银行业金融机构应当按照《商业银行授信工作尽职指引》、《银行开展小企业授信业务指导意见》和《商业银行小企业授信工作尽职指引》等有关要求开展授信业务。应合理下放对服务业企业的授信审批权，优化内部审批流程，提高审贷效率。

第十三条　银行业金融机构对服务业企业和项目进行评估时应注意引入外部专家评审机制，根据需要委托专家对其技术、产品、市场等进行调查和评估。

第十四条　银行业金融机构应当根据服务业企业融资需求和现金流特点，设定合理的授信期限和还款方式，可采取分期定额、利随本清、附加宽限期（期内只付息不还本）等还款方式。

第十五条　银行业金融机构对服务业企业授信应当探索和开展多种形式的担保方式。积极开展应收账款质押、组合担保等已经相对成熟的业务，积极探索知识产权质押等其他行之有效的担保方式。

第十六条　银行业金融机构应当建立符合服务业企业特点的内部控制和风险管理制度。遵循自主经营、自负盈亏、自担风险和市场运作的原则，加强风险的全过程监管，实现对企业金融服务的商业性可持续发展。

第十七条　银行业金融机构应当加强服务业企业贷后管理。认真落实贷后检查和跟踪服务，重点检查贷款用途是否真实，企业贷后经营状况是否正常，抵押和第三方担保有效性是否发生变化，法人代表或实际控制人的信用状况在贷款期间是否出现负面信息等。

第十八条　银行业金融机构应当不断充实和完善服务业及其客户的数据信息，构筑风险屏障，提高风险防范的技术支持水平。

第十九条　银行业金融机构应当加强对企业贷款的风险分类管理，并按照有关法律法规和会计制度的规定，足额计提准备。

第二十条　银行业金融机构应当结合服务业授信业务特点，建立合理的问责与免责制度，根据实际情况和有关规定追究或免除有关责任人的相应责任。

第二十一条　银行业金融机构应当主动与政府部门沟通，充分利用政府的信息和资源平台开展支持服务业发展的工作，共同营造支持服务业加快发展的良好环境。

第二十二条　对于支持服务业加快发展工作成效显著的银行业金融机构，其增设机构和创新业务的申请，符合准入条件的，监管部门将在同等条件下优先予以审批。对于银行业金融机构在欠发达地区设立分支机构，以及有利于服务社区经济和服务业小企业的机构网点设置，监管部门将予以大力支持。

第二十三条　对有利于支持和促进农村服务业发展的村镇银行、贷款公司和农民资金互助组织等新型农村金融机构，监管部门将在市场准入方面优先予以考虑。

第二十四条　银行业协会等行业自律组织应当在推动服务业加快发展中发挥重要作用，积极推动银企交流，组织召开促进服务业加快发展座谈会，加大对银行业金融机构开展服务业工作的培训力度。

请银监局将本意见转发至辖内银行业金融机构。

二〇〇八年三月十二日

国际服务贸易统计制度

总说明

第一条 为了建立符合国际规范的服务贸易统计体系，科学、有效地开展服务贸易统计工作，为国家制定服务贸易政策提供数据信息服务，根据《中华人民共和国对外贸易法》和《中华人民共和国统计法》（以下简称《统计法》）及其实施细则，特制定本统计制度。

第二条 国际服务贸易统计的基本任务是对我国国际服务贸易情况进行统计调查、统计分析，提供统计信息与咨询，实行统计监督。

第三条 本制度所称的中国居民，是指在中国大陆境内具有经济利益中心的经济单位。不属于中国居民的各种经济单位，称为非居民。

第四条 本制度所称服务贸易包括中国居民与非居民之间相互提供服务的贸易行为，以及外国附属机构提供服务的贸易行为等。

第五条 中国居民与非居民之间的服务贸易统计范围，包括作为中国境内服务贸易出口的中国居民对非居民提供的服务，以及作为中国境内服务贸易进口的中国居民从非居民处获得的服务。外国附属机构服务贸易统计范围，包括内向外国附属机构的服务贸易和外向外国附属机构的服务贸易两部分。

第六条 本制度所统计的服务贸易包括跨境提供、境外消费、商业存在和自然人移动等内容。

第七条 服务贸易统计资料是指运用统计方法取得的、以数据形式反映服务贸易发展状况的统计信息的总称，包括统计数据、统计报表及分析报告等。

第八条 服务贸易统计采用统计报表和综合核算相结合的方法。根据需要，对重点统计调查项目可组织专项调查，收集、整理统计资料。

第九条 本制度数据采集的基本办法是：对境内外商投资企业和中国对外投资主体实行全数调查；同时综合利用相关部门数据。

第十条 商务部负责服务贸易统计调查工作的组织实施、全国服务贸易总体统计数据的汇总、管理和发布。

第十一条 服务贸易相关部门对服务贸易统计应给予积极配合和支持。

第十二条 商务部在数据汇总后应及时（最晚不得迟于发布前）向国家统计局提供服务贸易统计资料。

第十三条 中国服务贸易总体统计数据实行定期对外发布制度。年度统计数据由商务部次年9月30日前以《中国服务贸易统计》和《中国服务贸易发展报告》形式对外发布。

第十四条 商务部可根据服务贸易的实际情况对上年度数据予以修订并重新发布。

第十五条 从事服务贸易统计人员必须忠于职守，依法履行职责，并具备执行统计任务所需的专业知识。

第十六条　统计机构、统计人员享有统计法及其实施细则规定的权利和义务，对在统计调查中知悉的统计调查对象的商业秘密和个人隐私，负有保密义务。

第十七条　统计机构、统计人员如有违法行为，应按《统计法》及其他法律法规承担法律责任。

第十八条　与香港特别行政区、澳门特别行政区和台湾地区发生的服务贸易的统计适用本制度。

第十九条　本制度一律执行国家有关标准。

第二十条　本制度由商务部负责解释。

第二十一条　本制度自 2008 年 1 月 1 日起实施。

主要概念与指标解释

（一）主要概念

1. 服务贸易：

服务贸易包括跨境提供、境外消费、商业存在和自然人移动等内容。

（1）跨境提供。是指服务提供者从中国境内向任何其他国家或地区的服务消费者提供服务以及服务提供者从其他国家或地区向中国境内的服务消费者提供服务。

（2）境外消费。是指在中国境内向其他国家或地区的服务消费者提供服务以及在其他国家或地区向中国境内的服务消费者提供服务。

（3）商业存在。是指中国境内的服务提供者通过在任何其他国家或地区设立的企业或分支机构提供服务以及其他国家或地区的服务提供者通过在中国境内设立企业或分支机构提供服务。

（4）自然人移动。是指中国境内的服务提供者通过在其他国家或地区的自然人提供服务以及其他国家或地区的服务提供者通过在中国境内的自然人提供服务。

2. 外国附属机构服务贸易（Foreign Affiliates Trade in Services，简称 FATS）：

外国附属机构服务贸易是指中国境内的企业通过直接投资方式控制另一国或地区企业而在该国或地区内实现的服务销售，即外向附属机构服务贸易；以及外国或地区的企业通过直接投资方式控制的中国境内企业在中国境内实现的服务销售，即内向附属机构服务贸易。

（二）主要指标解释

1. 销售（营业）收入：指企业在销售商品或提供劳务等经营业务中实现的营业收入，包括主营业务收入和其他业务收入。

2. 资产总额：指企业拥有的流动资产、固定资产、无形资产、长期投资、在建工程、其他资产等用货币计量的价值总和。

3. 负债总额：反映报告期末企业承担的能够以货币计量、需要以资产或者劳务偿付的债务，包括流动负债、长期负债和其他负债。

4. 所有者权益：指所有者在企业资产中享有

的经济利益，其金额为资产减去负债后的余额，包括实收资本（或者股本）、资本公积、盈余公积和未分配利润等。

5. 利润总额：是企业在报告期的经营成果，包括营业利润、投资净收益和营业外收支净额。

6. 从业人员：指报告年度末在境（内）外企业从事一定的劳动并取得劳动报酬或其他形式劳动报酬的全部人员数。

国务院关于非公有资本进入文化产业的若干决定

国发〔2005〕10 号

各省、自治区、直辖市人民政府，国务院各部委、各直属机构：

为大力发展社会主义先进文化，充分调动全社会参与文化建设的积极性，进一步引导和规范非公有资本进入文化产业，逐步形成以公有制为主体、多种所有制经济共同发展的文化产业格局，提高我国文化产业的整体实力和竞争力，现就有关问题作出如下决定：

一、鼓励和支持非公有资本进入以下领域：文艺表演团体、演出场所、博物馆和展览馆、互联网上网服务营业场所、艺术教育与培训、文化艺术中介、旅游文化服务、文化娱乐、艺术品经营、动漫和网络游戏、广告、电影电视剧制作发行、广播影视技术开发运用、电影院和电影院线、农村电影放映、书报刊分销、音像制品分销、包装装潢印刷品印刷等。

二、鼓励和支持非公有资本从事文化产品和文化服务出口业务。

三、鼓励和支持非公有资本参与文艺表演团体、演出场所等国有文化单位的公司制改建，非公有资本可以控股。

四、允许非公有资本进入出版物印刷、可录类光盘生产、只读类光盘复制等文化行业和领域。

五、非公有资本可以投资参股下列领域国有文化企业：出版物印刷、发行，新闻出版单位的广告、发行，广播电台和电视台的音乐、科技、体育、娱乐方面的节目制作，电影制作发行放映。上述文化企业国有资本必须控股 51% 以上。

六、非公有资本可以建设和经营有线电视接入网，参与有线电视接收端数字化改造，从事上述业务的文化企业国有资本必须控股 51% 以上。非公有资本可以控股从事有线电视接入网社区部分业务的企业。

七、非公有资本可以开办户外、楼宇内、交通工具内、店堂等显示屏广告业务，可以在符合条件的宾馆饭店内提供广播电视视频节目点播服务。有关部门要严格资质认定，明确经营范围，加强日常监管。

八、非公有资本进入文化产业按现行有关规定管理，其中第五条、第六条、第七条规定的事项还须经有关行政主管部门批准。有关投资项目的审批或核准，按照《国务院关于投资体制改革的决定》（国发〔2004〕20 号）的规定办理。要严格审批程序，完善审批办法，规范文化产业发展，保护企业合法权益，取缔违法违规经营。非公有制文化企业在项目审批、资质认定、融资等方面与国有文化企业享受同等待遇。

九、非公有资本不得投资设立和经营通讯社、报刊社、出版社、广播电台（站）、电视台（站）、广播电视发射台（站）、转播台（站）、广播电视卫星、卫星上行站和收转站、微波站、监测台（站）、有线电视传输骨干网等；不得利用信息网络开展视听节目服务以及新闻网站等业务；不得经营报刊版面、广播电视频率频道和时段栏目；不得从事书报刊、影视片、音像制品成品等文化产品进口业务；不得进入国有文物博物馆。

十、文化部、广电总局、新闻出版总署根据本决定，制定具体实施办法，明确国家鼓励、允许、限制和禁止投资的产业目录，引导非公有制文化企业持续快速健康发展。

各地区、各部门要依法清理和修订与本决定相抵触的规定。外资进入文化产业依照有关法律法规的规定执行。

中华人民共和国国务院
二〇〇五年四月十三日

文化产品和服务出口指导目录

商务部、外交部、文化部、广电总局、新闻出版总署、
国务院新闻办公告 2007 年第 27 号

　　为发挥中华文化的传统优势，鼓励和支持文化企业参与国际竞争，提高文化企业国际竞争力，带动我国文化产品和服务出口，中华人民共和国商务部、外交部、文化部、广电总局、新闻出版总署、国务院新闻办等部门共同制定《文化产品和服务出口指导目录》，并负责解释和调整。

　　各部门将在列入本目录的项目中认定一批有利于弘扬中华民族优秀传统文化、有利于维护国家统一和民族团结、有利于发展中国同世界各国人民友谊的且具有比较优势和鲜明民族特色的"国家文化出口重点项目"；在符合本目录要求的企业中认定一批拥有国际文化贸易专门人才、具备较强国际市场竞争力、守法经营、信誉良好的"国家文化出口重点企业"。各部门、各地区依据有关规定在市场开拓、技术创新、海关通关等方面创造条件予以支持。

一、新闻出版类

01 出版单位出版发行的图书、电子出版物

重点企业标准：

1. 有相对固定的出口渠道，年出口版权成果 15 个以上或实物出口额 30 万美元以上；

2. 拥有自主知识产权的原创产品，产品体现中华文化特色，具有国际市场开发潜力。

说明：

电子出版物包括电子游戏出版物。

02 出版单位出版发行的报纸、期刊

重点企业标准：

1. 拥有自主知识产权的原创产品，产品体现中华文化特色，具有国际市场开发潜力；

2. 或拥有在国外有一定影响、学术水平较高的学术期刊和大众化报刊；或出版海外版、在海外设有出版机构、向海外输出版权的报刊；或使用外语和少数民族语言出版并发行到境外的报刊；或面向海外侨胞定向发行的侨刊乡讯。

03 互联网出版物与服务

重点企业标准：

1. 有相对固定的输出渠道，年出口额 1 万美元以上；

2. 拥有自主知识产权的原创产品，产品体现中华文化特色，具有国际市场开发潜力。

说明：

互联网出版物包括互联网图书、互联网杂志、互联网报纸、互联网电子出版物、互联网音像出版物、互联网学术文献出版物、互联网教育读物、互联网地图出版物、互联网游戏出版物、手机出版物等。

04 中外合作出版物

重点企业标准：

1. 积极与国外出版集团合作，针对国际市场开发的有良好市场潜力的外向型产品；

2. 进入国际主流销售渠道，海外宣传和推广活动效果突出；

3. 拥有自主知识产权或与外方共享知识产权的原创产品，产品体现中华文化特色。

说明：

中外合作出版物指：

1. 中方与境外出版机构共同投资、共同策划、共同分享收益并承担风险的出版物；

2. 由中方出资策划、与境外出版机构联合出版，并由外方负责在海外开拓市场的出版物；

3. 外方出资策划、中方提供内容，体现中华文化特色并面向国际市场的重大出版项目；

4. 包括图书、报纸、期刊、音像制品、电子出版物、互联网出版物等。

05 出版物版权输出

重点企业标准：

1. 有相对固定的出口渠道，年出口版权 30 项以上，或单品种（含系列丛书）出版物的年版权输出收益达到 1 万美元以上；

2. 拥有自主知识产权的原创产品，产品体现中华文化特色，具有国际市场开发潜力。

06 出版物实物出口

重点企业标准：

1. 有相对固定的出口渠道，年出口额 100 万美元以上；

2. 产品体现中华文化特色，具有国际市场开发和销售潜力。

07 重大国际性出版物商业展览

重点企业标准：

1. 所承办展览有固定举办的届次，境内展览每届达成输出版权交易 200 项以上，境外展览每届达成输出版权交易 200 项以上或销售实物金额 10 万美元以上；

2. 所承办展会有一定的规模和知名度。

08 对外翻译服务

重点企业标准：

1. 在国内翻译界具有较高声誉，有突出翻译成果；

2. 有固定的专门办公场所。

09 印刷、复制、制作服务

重点企业标准：

1. 年出口额在 10 万美元以上；

2. 工艺达到国际水平。

10 境外设立机构提供出版、发行、印刷、复制、制作等服务

重点企业标准：

1. 年出口版权项目数量或实物出口额在全国排名前十五名之内；

2. 具备较强国际市场开拓能力。

二、广播影视类

11 电影、电视产品完成片、宣传片和素材

重点企业标准：

1. 年出口业绩（数量和金额）位于全国前二十名之列，或出口金额30万美元以上；

2. 具有良好发展潜质，在提升影视文化产品的生产、发行、播映和后产品开发能力等方面成绩突出；

3. 积极与国外广播影视机构合作，每年固定参加国际知名影视节展并设置展台；

4. 拥有良好的海外销售网络，海外宣传和推广活动效果突出。

说明：

1. 电影、电视产品完成片指经国家电影、电视产品审查机构审查通过并取得《电影片公映许可证》、《电视剧发行许可证》、《动画片发行许可证》等播出许可的国产电影产品（故事片、纪录片、美术片、科教片等）和电视产品（电视剧、动画片、纪录片、综艺节目等）。载体包括各种规格的胶片拷贝、录像带、光盘、数字电影硬盘、数字或模拟电视磁带等；

2. 电影、电视产品宣传片指经国家电影电视行政主管部门批准拍摄的国产电影、电视产品的预告、宣传片（包括未完成的），主要用于为促进电影和电视产品出口而进行海外宣传、推广工作。载体包括各种规格的胶片、录像带、光盘、数字电影硬盘、数字或模拟电视磁带等；

3. 电影片、电视产品素材指根据电影、电视产品在海外发行、放映和译制工作的需要，应发行商要求，而向国外提供的国产电影、电视产品的翻正、翻底片及国际声带等素材；

4. 含上述电影、电视产品版权的输出。

12 中外合作制作电影、电视节目服务

重点企业标准：

1. 积极与国外影视制作机构合作，针对国际市场开发的有良好市场潜力的影视文化产品和服务；

2. 进入国际主流销售渠道，海外宣传和推广活动效果突出；

3. 拥有自主知识产权或与外方共享知识产权的原创产品，弘扬我国优秀传统文化，对加深世界各国对中国的了解具有积极意义。

说明：

中外合作制作电影、电视节目服务包括：

1. 中外合作制作电影是指依法取得《摄制电影许可证》或《摄制电影片许可证（单片）》的境内电影制片者与境外电影制片者在中国境内外联合摄制、协作摄制、委托摄制的电影；

2. 中外合作制作电视剧是指境内依法取得资质的广播电视节目制作机构与外国法人及自然人合作制作电视剧（含电视动画片）的活动；

3. 其他中外合作制作电影电视节目服务是指与电影电视业务相关的演出、制作、采编、传输、销售等服务；

4. 含上述电影、电视产品版权的输出。

13 广播电视节目境外落地的集成、播出服务

重点企业标准：

1. 已实施具有国际影响力的成功案例，在业内具有较高知名度；

2. 对树立我国的国际地位及形象具有积极作用；

3. 财务状况优良,信誉良好。

14 广播影视对外设计、咨询、勘察、监理服务

重点企业标准:同上

15 广播电视对外工程、劳务承包服务

重点企业标准:同上

16 广播影视对外培训服务

重点企业标准:同上

17 影视器材产品

重点企业标准:同上

18 互联网视听节目与服务

重点企业标准:同上

三、文化艺术类

19 商业演出类

重点企业标准:

1. 有相对固定的出口渠道,意向演出费在每场 3000 美元以上;

2. 拥有一个或一个以上演出产品的海外经营代理权,产品有独创性,具有较高的艺术水平和国际市场开发前景。

20 商业艺术展览类

重点企业标准:

1. 年出口额 20 万美元以上,有相对固定的出口渠道;

2. 拥有一个或一个以上展览产品的海外经营代理权,产品有独创性,具有较高的艺术水平和国际市场开发前景。

21 游戏产品

重点企业标准:

1. 年出口额 60 万美元以上,有相对固定的出口渠道;

2. 拥有自主知识产权,体现中华文化特色,具有国际市场开发潜力。

22 美术品

重点企业标准:

1. 年出口额 10 万美元以上,有相对固定的出口渠道;

2. 拥有一个或一个以上美术品或者艺术家作品的海外经营代理权,具有国际市场开发潜力。

23 乐器

重点企业标准:

1. 年出口额 100 万美元以上,有相对固定的出口渠道;

2. 拥有自主知识产权产品,具有国际市场开发潜力。

24 工艺品和手工艺品

重点企业标准:同上

四、综合类

25 动漫产品

重点企业标准:

1. 年出口额 30 万美元以上,有相对固定的出口渠道;

2. 产品拥有自主知识产权,体现中华文化特色,具有国际市场开发潜力。

说明：

动漫产品是指以"创意"为核心，以动画、漫画为表现形式，包含动漫图书、报刊、电影、电视、音像制品、舞台剧和基于现代信息技术传播手段的动漫新品种等动漫直接产品，不包含与动漫形象有关的服装、游戏、玩具等衍生产品。

26 出版发行的音像制品

重点企业标准：

1. 有相对固定的出口渠道，年出口版权数 5 个以上或出口额 60 万美元以上（含版权和实物出口）；

2. 拥有自主知识产权的原创产品，体现中华文化特色，具有国际市场开发潜力。

27 文化艺术商务代理

重点企业标准：

1. 已策划具有国际影响力的成功案例，在业内具有较高知名度；

2. 财务状况优良，信誉良好。

说明：

文化艺术商务代理指文化艺术经纪代理，演员、艺术家经纪代理，文化活动组织、策划服务等。

后 记

2008 年初，中国经济在主动地进行调整。2008 年下半年，美国金融危机爆发，进而对全球经济产生了深刻的影响，中国经济由此进入内外夹击的深度调整。在这个大背景下，这一年中国的服务经济发展显得相对平静。而且，我们不难发现，这一轮调整将为中国服务经济的发展创造很多的机遇。以金融业为例，这次金融危机，首先为中国未来金融产业和金融市场的发展提供了一系列不可多得的教训和启示，尤其在把握金融创新和金融监管的均衡方面，我们将获益良多。与此同时，还将为中国金融发展提供实质性的资本、人才等资源方面的机会。从研究服务经济的角度，我们也将从中获得新的课题和案例，进而扩大研究的视野，提升研究的水平。

编撰《中国服务经济报告》已经四年多了。可以说，每年都把主要精力投入主题报告中，但最终成果总是不尽如人意。去年的主题报告试图从经济形态演变的角度研究新兴服务经济，也没有作出预想的成果，后来就将主题报告的内容聚焦新兴服务经济的技术层面，而没有展开其内容层面。今年的主题报告初步地研究了服务经济结构，由于问题本身有较大的难度，再受能力和时间的限制，结果仍然不能令人满意。今后还要加倍努力，力争作出高质量的研究成果。

在这一年中，我们团队继续教育部哲学社会科学研究重大课题攻关项目《中国现代服务经济理论与发展战略研究》的工作，并在 2008 年 10 月通过中期检查。我们拟将该课题的成果出版一套丛书："中国服务经济研究丛书"，共四册，它们是：《服务经济的微观分析》、《服务经济发展趋势及中国的战略选择》、《中国服务产业研究》、《开放服务经济理论与中国的实践》，并在此基础上形成最终的研究报告。

在 2007 年末第一次发布"中国城市服务经济指数"以后，2008 年 4 月，我们发布了"长三角 16 城市服务经济指数"，引起了这些城市政府和 20 多家媒体的关注。此后，我们又编制了"中国城市服务经济指数·2008"，已于 2008 年 12 月 18 日发布。为此，我们将《中国服务经济报告 2007》目录中的"指数发布"改为"服务指数"，这两份发布和分析报告一并发表于此。我们 2008 年还获批上海市政府决策咨询招标项目《上海服务经济发展与专业人才政策研究》。投标这一课题，是为了加强有关服务经济与专业人力资本关系的研究。

在 2008 年，团队成员发表的主要论文有：①程大中：《中国生产性服务业的水平、结构及影响——基于投入—产出法的国际比较研究》，《经济研究》，2008 年第 1 期；②陈宪、殷凤：《服务贸易：国际特征与中国竞争力》，《财贸经济》，2008 年第 1 期；③陈宪、韩太祥：《文化要素与经济增长》，《经济理论与经济管理》，2008 年第 9 期；④ 陈宪、张恒龙：《分税制改革、财政均等化与政府间转移支付》，《学术月刊》，2008 年第 5 期；⑤ 陈宪、刘振杰：《服务业需求与服务业劳动生产率的相关性研究》，《上海交通大学学报》（社会科学版），2008 年第 2 期；⑥殷凤、陈宪：《中国及上海服务贸易国际竞争力研究》，《世界经济研究》，2008 年第 10 期。

在编撰工作中，我们的分工是：陈宪提供了编撰本报告的总体思路，并对全书的内容进行了把握，策划了本书的结构和框架脉络，并撰写了代序与后记；李怀勇、陈宪和康艺凡合作撰写了主题报告；专题报告的作者有：程大中、殷凤、陈宪、韩太祥、黄建锋、康艺凡、王佳、李炎、赵佳佳；殷凤负责法规政策的收集和选编以及本书的编务工作；黄建锋负责统计资料的工作。主题报告和专题报告的作者均在每篇报告的末尾署名。"中国城市服务经济指数·2008"、"长三角 16 城市服务经济指数"的编制和分析工作，由陈宪、殷凤、康艺凡、陈秋玲、张恒龙和王啸吟共同完成。

再次感谢教育部社会科学司、商务部服务贸易司、上海市发展和改革委员会、上海市政府发展研究中心、上海市对外经济贸易委员会和上海市统计局等部门长期以来对我们研究工作的支持和关心。

陈　宪

2008 年 12 月 31 日